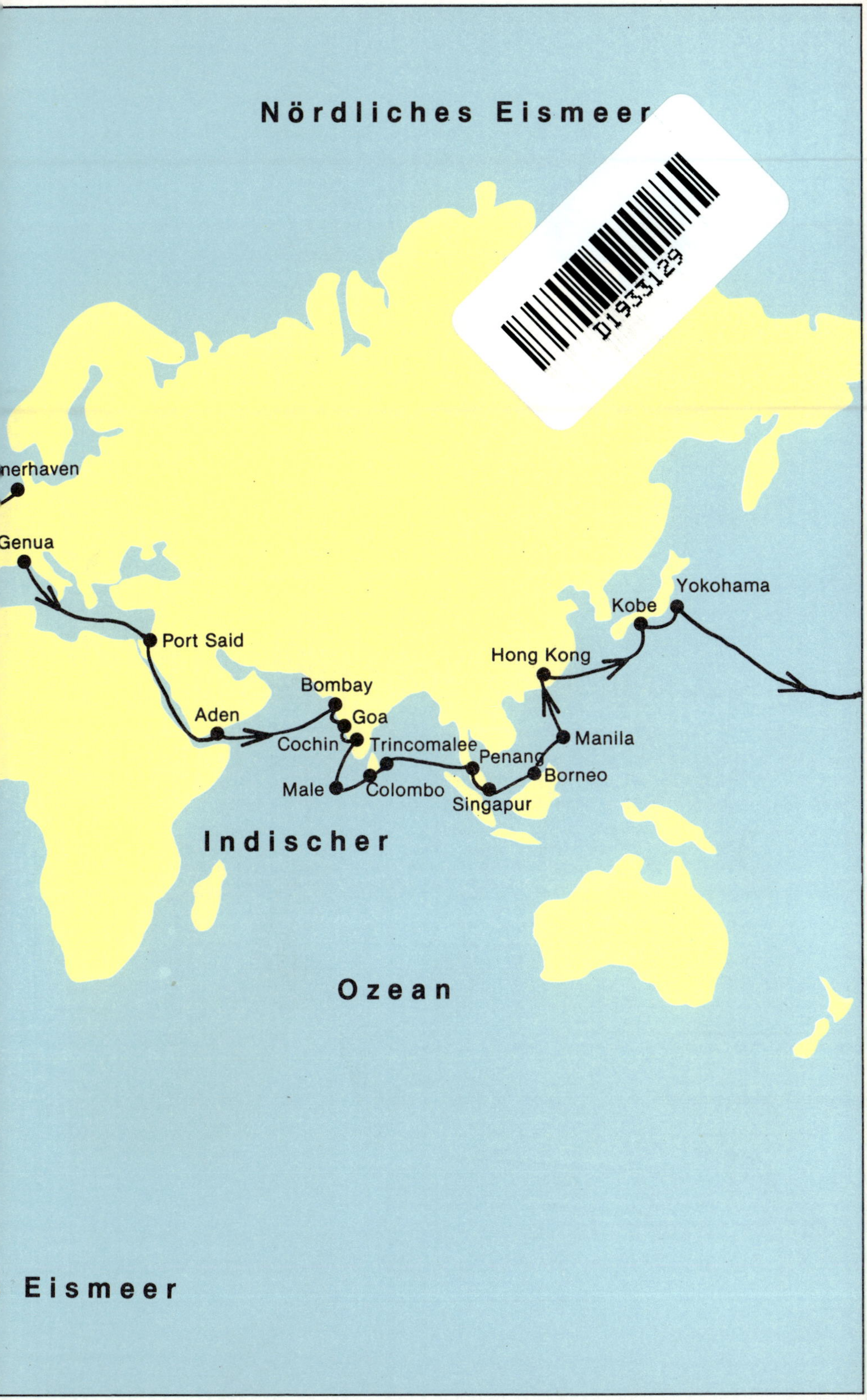
Nördliches Eismeer
nerhaven
Genua
Port Said
Aden
Bombay
Goa
Cochin
Trincomalee
Male
Colombo
Penang
Singapur
Borneo
Manila
Hong Kong
Kobe
Yokohama
Indischer
Ozean
Eismeer

HERMANN GERSTNER
An der Reling bei der Einfahrt in den Hafen von Hongkong

VIELFARBIGE BEGEGNUNGEN AUF DER WELTREISE: Arabische Mädchen in Jemen (oben links) — Inderinnen aus Bombay (oben rechts) — Schwarze Mutter mit ihren Kindern (unten links) — Japanische Schönheitskönigin (unten rechts)

Hermann Gerstner

Kreuzfahrt zu neuen Zielen

Seereise rund um die Welt

HERMANN GERSTNER

Kreuzfahrt zu neuen Zielen

SEEREISE RUND
UM DIE WELT

Mit 100 Abbildungen

HOHENLOHER DRUCK- UND VERLAGSHAUS
GERABRONN UND CRAÏLSHEIM

Gestaltung und Ausstattung:
Rolf Wankmüller

ISBN 3-87354-1033

Herstellung: Hohenloher Druck- und Verlagshaus, Gerabronn
Printed in Germany West

Alle Angaben im Text ohne Gewähr

Fotos: Hermann und Inge Gerstner

VORWORT

Am Beginn der abendländischen Dichtung steht eine großartige Seefahrergeschichte: Homers »Odyssee«. Man kennt die Abenteuer des Odysseus, die er nach der Eroberung von Troja auf seiner jahrelangen Irrfahrt über die Meere zu bestehen hatte. Hören wir einige Verse:

»Aber da nun die dritte der Morgenröten emporstieg,
Richteten wir die Masten und spannten die schimmernden Segel,
Setzten uns hin und ließen vom Wind und Steuer uns lenken.«

»Als die dämmernde Frühe mit Rosenfingern erwachte,
Trat ich selber ins Schiff und ermahnete meine Gefährten,
Einzusteigen und schnell die Seile vom Ufer zu lösen.
Und sie traten ins Schiff und setzten sich hin auf die Bänke,
Saßen in Reihn und schlugen die graue Woge mit Rudern.«

Homer berichtet hier über die frühen Methoden der Seefahrt, als man sich nur auf die Kraft des Windes, von dem »die schimmernden Segel« gebläht wurden, und auf die Stärke der Ruderer verließ. Über Jahrtausende wagte man sich so mit Segel und Ruder aufs Meer.

Eine Revolution für die Schiffahrt kam erst Ende des 18., Anfang des 19. Jahrhunderts mit der Erfindung der Dampfschiffe. Zuerst meldeten sich Zweifler. Einer der prominentesten war Napoleon, der meinte: »Das Ganze ist nichts als Narretei!« Den Skeptikern zum Trotz konnte aber schon 1807 der Raddampfer »Claremont« seine erste Fahrt auf dem Hudson unternehmen. In der Alten Welt erschien 1812 ein Dampfer namens »Comet« in den Küstengewässern von Großbritannien. Und nur ein paar Jahre dauerte es, da überquerte 1819 der Dampfer »Savannah«, der noch zusätzlich Segel hatte, den Atlantik. Ein

Jahrzehnt später erfand ein Österreicher die Schiffsschraube. Mit der »Great Britain« zeigte sich 1844 der erste eiserne Schraubendampfer auf dem Ozean. Kolbendampfmaschinen, Dampfturbinen, Dieselmotoren und weitere Erfindungen führten zu einem ungeahnten Siegeszug der Schiffahrt. Dieser ließ sich auch von Katastrophen wie dem Untergang der »Titanic« (1912) nicht aufhalten. Ja man baute so gewaltige Liner wie die »Queen Elizabeth I.« mit über 83 000 Bruttoregistertonnen. Der Personenverkehr von Kontinent zu Kontinent schien für immer den Schiffen zu gehören.

Als Charles Lindbergh 1927 mit der »Spirit of St. Louis« erstmals den Atlantik von Amerika nach Europa überflog, sah man dies als außergewöhnliche sportliche Leistung an, die besonderer Kühnheit bedurfte. Noch ahnte man nicht, wie rasend schnell sich der Luftverkehr entwickeln würde — und heute, nur ein Menschenalter später, nimmt es jedermann als eine Selbstverständlichkeit hin, daß die modernen Maschinen in wenigen Stunden Hunderte von Fahrgästen über die Ozeane transportieren.

Freilich in der Folge dieser Entwicklung wurden immer mehr Linienschiffe aus dem Verkehr gezogen. Freunde der Seefahrt bangten, daß die Liner in irgendeinem Hafen verrosten müßten. Aber bald fand sich eine neue Aufgabe für Dampfer und Ozeanriesen: Es schlug die Stunde der Kreuzfahrten! Diese gewannen unerwartet viele Liebhaber, so daß nicht nur die vorhandenen Schiffe dafür eingesetzt wurden. Jetzt hat man auch den Neubau von besonderen Kreuzfahrtschiffen in Auftrag gegeben.

Die Sehnsucht der Menschen, dem Meer nahe zu bleiben, es in Ruhe und Bewegung, bei Tag und Nacht gleichsam wie am ersten Schöpfungstag zu erleben und dabei die Welt zu sehen, ist so groß wie eh und je. Auch ich folgte von Jugend an dem Ruf des Meeres, obwohl ich als »Binnenländer« in Würzburg, mitten in Franken, geboren bin. Vor einiger Zeit war ich auf der »Südroute« rings um unsere Erde unterwegs und schrieb darüber das Buch »WELTREISE HEUTE«. Nun hat es mich abermals hinausgezogen, diesmal wählte ich bei der Fahrt »rundherum« die sogenannte »Nordroute«. Manche Bilder begegnen sich hier und dort, wenn man per Schiff um die Erde fährt. Man passiert zumeist den Suezkanal, den Panamakanal. Aber mit dem Anlaufen von ca. 30 Häfen, mit dem Besuch der Malediven, mit Borneo, den Philippinen, Hongkong, Japan, mit Hawaii sowie den mittel- und nordamerikanischen Schauplätzen war diese neue Weltreise doch wahrhaft eine »KREUZFAHRT ZU NEUEN ZIELEN«. Dabei habe ich an Bord und bei den Ausflügen ins Landesinnere das Erlebte gleich aufgezeichnet, um in Bericht und Dokumentation festzuhalten, wie sich gegen Ende unseres Jahrhunderts eine Weltreise vollzieht.

Daß ich sie glücklich durchführen konnte, dafür habe ich vielfachen Dank abzustatten: Meiner Frau Ingeborg, die mit mir wieder unterwegs war und dabei fleißig fotografierte, dem Kapitän und der Schiffsbesatzung, dem Reiseunternehmen, das die Weltreise organisierte, sowie der an Bord befindlichen Crew der Reiseleitung. Dank auch den mitfahrenden Freunden, die mich zu dem neuen Buch »aneiferten«, und last not least meinem Verleger, der bemüht war, das Buch genauso schön auszustatten wie das Werk »Weltreise heute«.

So möchte ich alle diejenigen, die gern das Salz des Meeres schmecken und sich ebenso gern den Wind der Ferne um die Ohren wehen lassen, einladen, mich auf den folgenden Seiten bei dieser neuen Weltreise zu begleiten.

»Willkommen an Bord! Gehen wir auf Große Fahrt!«

Dr. Hermann Gerstner

Von Genua
nach Bombay

Im Frühling durchs Mittelmeer

Genua, 22. März

»Willkommen an Bord!«

So tönt es uns entgegen, nachdem wir über die Gangway das Schiff betreten haben.

Wir suchen unsere Kabine, freuen uns, daß sie so wohnlich eingerichtet ist und ein großes Fenster nach außen besitzt. Gleich können wir die Mäntel in die Schränke hängen, das Handgepäck in eine Ecke stellen. Warten wir zuerst mal auf die großen Koffer, die von italienischen Gepäckträgern gebracht werden sollen.

»Alles geklappt«, sage ich aufatmend zu meiner Frau Ingeborg. »Habe eigentlich in dem Nachtschnellzug von München nach Genua ganz gut geschlafen.«

»Hm«, meint Inge, »gestern hat in München der Frühling mit Sonne und blauem Himmel begonnen — und hier in Genua regnet es heute.«

»Aber du bist doch nicht naß geworden, haben ja an der Stazione Principe gleich ein Taxi zum Hafen bekommen.«

In der Hafenhalle haben wir freilich noch ein paar Stunden warten müssen, bis alle Formalitäten mit den Pässen erledigt waren. Aber die Zeit wurde uns nicht lang, weil wir hier gleich alte Freunde getroffen haben, Reisegefährten von früher.

Jetzt trudeln auch die Koffer in der Kabine ein. Wir wollen gleich ans Auspacken gehn. Vor dem Abendessen sollen die Kleider im Schrank verstaut sein, die Schreibmaschine wird dort auf das Tischchen gestellt, meine Bücher und Papiere wandern in die Schubfächer.

»Ein wunderbares Schiff«, sage ich, »los Inge, mach dich fertig, wir wollen wieder mal durch die ›Maxim Gorki‹ laufen.«

Wieder mal — ja, wir haben mit diesem Schiff bereits vor einigen Jahren eine Weltreise gemacht, mit Westkurs. Eine Studienreise für ein Buch. Diesmal wollen wir in entgegengesetzter Richtung, also mit Ostkurs, die Welt umrunden und dabei »NEUE ZIELE« ansteuern. Wieder soll ein Buch daraus werden.

Nun — nach der Nachtfahrt von München nach Genua, nach den Formalitäten bei der Einschiffung und nach dem Auspacken der Koffer stellen wir uns erst mal unter die Dusche, dann Kleider gewechselt, so sind wir fürs Abendessen bereit. Das erste Abendessen wieder an Bord wollen wir uns schmecken lassen.

Wir haben einen Vierertisch in dem großen Speisesaal. Das Münchner Ehepaar, das mit uns schon einmal unterwegs war, sitzt zu unserer Freude wieder bei uns. Festlich gleißt von den Lampen an der Decke das Licht. Der Rotwein, der in einem Krug serviert wird, schmeckt ebenso gut wie das Essen.

Vor dem Schlafengehen umkreisen wir auf dem Promenadendeck noch einmal die »Maxim«. Kein Sternenhimmel, noch immer ist es regnerisch. Trotzdem zeigt sich Genua, die traditionsreiche Hafenstadt, im Glanz von Tausenden von Lichtern.

Genua, wo der Entdecker Amerikas, der berühmteste aller Seefahrer, geboren ist: Kolumbus.

Die »Maxim« ist mit dem Einladen des Proviantes noch nicht fertig. Es wird Mitternacht werden, bis sie ablegt.

Der Regen über Genua stört uns nicht. Auf unserem Ostkurs fahren wir der Sonne, dem Frühling entgegen.

Auf See, 23. März

In der Nacht, während wir schliefen, hat sich die »Maxim« von Genua verabschiedet. Als ich heute früh auf See zum Kabinenfenster hinausschaue, ist kaum ein Wölkchen am Himmel. Die Sonne steigt in blaue Höhe. Nach dem gestrigen Regentag in Genua zeigt sich heute das Mittelmeer von seiner schönsten Seite.

Unsere Weltreise hat begonnen. Südwärts geht es zunächst am italienischen Stiefel entlang dem ersten Ziel Ägypten entgegen. Ganz sanft wellt das Meer. Das Kabinenfenster öffnet den Blick weit über die Wasserfläche bis zum Horizont.

Ich will mal sehen, ob der Matrose schon Meerwasser im Swimming-pool auf dem Promenadendeck eingelassen hat. Man könnte zwar auch in einem Hallenbad weit unten im Schiffsbauch schwimmen, aber oben unter freiem Himmel lockt die klare Meeresluft.

Tatsächlich ist im oberen Swimming-pool schon Wasser drin. Die Brise ist noch vorfrühlingshaft kühl — aber der Matrose hat das Wasser im Becken auf 28 Grad erwärmt. Während ich auf dem Rücken durch den Pool treibe, schaue ich in den unendlich weiten, blauen Himmel hinein. Dem Wettergott bin ich für den freundlichen Beginn unserer Reise besonders dankbar — da läßt sich auch Inge verlocken, vor dem Frühstück zu schwimmen, zudem noch ein paar weitere Frühaufsteher hier erschienen sind.

Danach schmeckt uns das Frühstück! Die freundliche Stewardeß schenkt Kaffee ein, bringt Eier — mit Wurst, Käse, Früchten können wir uns am Büfett selbst bedienen.
Gegen Mittag sind wir etwa auf der Höhe von Elba. Backbord erscheint die bergige italienische Küste. Steuerbord buckeln sich Inseln aus der See. Wenn man das Fernglas zur Hand nimmt, kann man dort auf einer der Inseln einen Leuchtturm erkennen, während auf dem Festland Eisentürme über die Felskanten ragen — Sendetürme vermutlich. Am Schiff huschen Möwen vorbei, neugierig ziehen sie ihre Kreise und Schwünge.
Am Bordreisebüro buche ich den ersten Ausflug für Ägypten.
Nachmittags um 15 Uhr haben wir den Übungsalarm mit Schwimmwesten zu absolvieren. Jeder findet in seinem Schrank eine gelbe Schwimmweste, an der Innenseite der Kabinentür sind auch die Anweisungen für das Verhalten im Notfall und die Nummer des Rettungsbootes, das man aufzusuchen hat, angegeben.
Nach der Übung gehen wir in den Musiksalon, trinken eine Tasse Tee und schauen zu, wie leidenschaftlich einige Passagiere das Glück beim Bingo-Spiel erhoffen.
Dann ziehe ich mich für einige Zeit in unsere Kabine zurück. Sie enthält zwei Betten, zwei Schränke, zwei Stühle, einen Tisch, einen Frisiertisch mit einem großen Spiegel, hier kann man auch gut sitzen und schreiben.
Um 19 Uhr abends — ich habe meinen schwarzen Anzug angezogen, Inge trägt ein langes Kleid — gehen wir zum Begrüßungscocktail in den Musiksalon. Hier hat sich die Schiffsleitung eingefunden: der Kapitän, seine Offiziere, der Schiffsarzt, der Zahlmeister und der Chefkoch. Daneben der Reiseleiter mit seinen Mitarbeitern. Bei der Vorstellung erhält der Kapitän, den wir schon von früheren Fahrten kennen, warmherzigen Beifall — und dann wird besonders laut der Chefkoch begrüßt, da man von ihm eine gute Küche erhofft. Die Künste des Kochs erleben wir gleich beim Willkommensdinner, das mit einem Gläschen Wodka eingeleitet wird — und mit Kaviar. Man kann sich aber auch mit Gänseleber-Pastete oder mit geräucherten Austern bedienen. Freilich, wer davon zuviel ißt, muß bei der Hummerncreme-Suppe, bei den Seezungenröllchen und dem Hasenbraten die Kalorien einsparen oder er muß auf den Bananensplit verzichten.
Nach dem Dinner, das bei Kerzenlicht stattfindet, ist der Musiksalon

überfüllt. Hier stellt der kleine wohlbeleibte, schlagfertige und witzige Conférencier die Tänzer, Sänger und Musikanten vor, die zur Unterhaltung der Gäste aufgeboten sind und das Schiff auf der ersten Teilstrecke bis Singapur begleiten. Musik ist natürlich auch hier Trumpf. Trotzdem wollen wir das Wort »Musikdampfer« vermeiden; selbstverständlich wollen die Passagiere an den Seetagen auch unterhalten werden, aber die meisten benutzen eine solche Seefahrt, um fremde Länder und Völker zu sehen und kennenzulernen.
Wir selbst wandern noch einmal durch das Schiff, gehen an Deck, sehen draußen den weißen Wellenschaum neben den Lichtern der »Maxim« — dahinter steht schwarz das Meer.
Wir müssen uns erst wieder an die See gewöhnen — also ins Bett und in die Stille der Kabine, in der nur von fern her die Maschinen zu hören sind — und dazu das Summen der Klimaanlage.

Auf See, 24. März
Gegen sechs Uhr früh trete ich ans Fenster. Es ist hell geworden. Dort in der Ferne runden sich sizilianische Berge. Und da im Osten steigt gerade der Glutball der Sonne aus dem Meer und streift sein rotes Licht über die Wellen.
Nach dem Schwimmen und Frühstücken ist Zeit, wieder das Schiff kreuz und quer, von oben nach unten, von links nach rechts (sagen wir besser von Backbord nach Steuerbord) zu durchstreifen.
Erinnern wir uns mal an die Daten: Die »Maxim« hat 25 000 Bruttoregistertonnen, ist 195 Meter lang, 27 Meter breit. Von Turbinen angetrieben, kann sie eine Geschwindigkeit von 22 Knoten erreichen. Etwa 600 Passagiere können hier auf große Fahrt gehen, ca. 400 Angehörige der Besatzung und Reiseleitung umsorgen das Schiff.
Mit einem der vier Lifte fahren wir erst einmal zum Promenadendeck, werfen einen Blick in das Maxim-Theater, wo fast 300 Gäste Filme und Vorträge besuchen können, schauen in die Bibliothek und betrachten, was in der Einkaufsstraße die Boutique, der Fotograf, der Kosmetiksalon ausgestellt haben.
Zu einem Drink in der Bar ist es noch zu früh. Dafür treffen sich um elf Uhr zahlreiche Passagiere, nachdem sie ihre Schlankheitsgymnastik absolviert oder den Tischtennis-Unterricht genossen haben, im Maxim-Theater zu einem Vortrag über unser erstes Reiseziel: »Ägypten — Land der Pyramiden und Pharaonen«. Der Vortragende ist der

evangelische Bordgeistliche, der auf dieser Fahrt alternierend seinen katholischen Kollegen abgelöst hat. Der Pastor breitet heute vor seinen Zuhörern die Jahrtausende alte ägyptische Geschichte aus und führt die historischen Ereignisse bis in die Gegenwart hinein fort. Die kriegerischen Auseinandersetzungen der Mächtigen sind im Strudel der Jahrhunderte vergangen, geblieben aber sind die künstlerischen Taten. So haben die Pyramiden, von Mathematikern berechnet, von Bauleuten exakt ausgeführt, die Turbulenzen überstanden.

Wie genial hat man die Hieroglyphen entziffert, mit welchem Spürsinn hat man die Schätze aus den Gräbern der Könige geborgen!

Neben dieser schönen Vorbereitung auf den Besuch Ägyptens haftet ein Wort des Bordgeistlichen im Gedächtnis. »Mit jeder Seemeile entfernen wir uns mehr von der Heimat — aber mit jeder Seemeile nähern wir uns auch wieder dem heimatlichen Ausgangshafen!«

Eine Sentenz, deren Wahrheit in der Kugelgestalt der Erde begründet ist. Wenn du immer geradeaus wanderst, fährst oder fliegst — du kommst immer zu deinem Ausgangspunkt zurück. Man ist versucht zu folgern: Auch nach deiner Erdenwanderung, wenn der Tod die Hand auf deine Schulter legt — kommst du wieder an deinen Beginn zurück. Soll man sagen: Zur großen Stille der Ungeborenen? Soll man sagen: Zum ewigen Kreis des Lebens? Bei der bevorstehenden Begegnung mit den östlichen Religionen, beim Islam, bei Hinduismus und Buddhismus wird man die verschiedenen Antworten hören, mit denen die Menschen ihren Schicksalsweg zu erklären suchen. Und am Ende der Reise im Abendland wird man wieder die Antwort des Christentums vernehmen.

Diese Gedanken hat heute der Bordgeistliche nicht ausgesprochen, aber sie fallen einem ein, wenn man bedenkt, daß alle gradlinigen Erdenwege wieder zum Anfang führen ...

Mittlerweile haben wir auch die Exkursionen gebucht, die wir bis Singapur — dem ersten Teil der Weltreise — mitmachen wollen. Manches Ziel kennen wir bereits von früher, aber wir freuen uns, Interessantes und Schönes wiederzusehen.

Heute abend werden sich die engagierten Künstler wieder Mühe geben, wenn sie im Musiksalon ihren »verspielten Abend« unter dem Motto anbieten: »Machen Sie mit — lachen Sie mit!«

Inge freilich schlägt vor, wir sollten im Bordkino den Italo-Western »Maledetto Gringo« ansehen.

Aber noch ist es nicht so weit. Es ist die Stunde vor dem Abendessen. Langsam sinkt die Nacht vom Himmel, der vom Dunkelblau ins Schwarze übergeht. Im Westen erlischt der blasse rosige Schein, der nach dem Sonnenuntergang noch eine Weile den Horizont erhellte. Schwarz dunkeln auch die Wellen ein, die breiten Wasserhügel. Nur unten an den Schiffswänden strudelt noch weißlich der aufgewühlte Gischt. Ein wenig zittert der Schiffsleib im Gang der Maschinen. Ein monotones Geräusch, an das man sich aber schon gewöhnt hat, schwebt durch die Kabine.
Weit und breit ist kein anderes Schiff zu sehen — unsere »Maxim« ist hier allein — eine kleine Welt für sich. Einsam und doch auf dem Funkweg mit der großen Welt verbunden.
Der Mensch — geborgen im Schutz der Maschinen und der raffiniert gewordenen Technik — und doch vergißt man mitunter alle technischen Einrichtungen und kommt sich schutzlos vor, wenn man jetzt in die schwarze Weite des Meeres hinausschaut, von dem sich die Sonne längst wegbegeben hat...
Nur noch ein schmaler, hellerer Schaum-Rand strudelt unmittelbar neben der Schiffswand, durch die Bordlichter aus der Nacht herausgehoben. Ein zitternder Lichtstreifen neben der Nachtweite, die ohne Ende zu sein scheint.

Auf See, 25. März
Gestern abend doch noch ein wenig über das Promenadendeck flaniert. Dort auf dem breiten Mittelgang, im Spielsaal, im Lesezimmer und an der Wolgabar wieder Bekannte getroffen. Auch wenn der Vergleich abgenutzt ist, so muß ich ihn doch einmal verwenden: Das Schiff ist wirklich wie ein großes Hotel, wo man abends noch einmal sein Zimmer verläßt, hier Erfahrungen austauscht, dort ein wenig klatscht, Pläne schmiedet und sich auch freut, daß man sich von früher her kennt. Man ist so etwas wie eine Kreuzfahrer-Familie geworden — und so sagte der Reiseleiter bei seiner Begrüßungsansprache, er sehe hier an Bord gar keine Neulinge — sondern lauter vertraute Gesichter im »Club der Kreuzfahrer«.
Das hängt natürlich auch damit zusammen, daß es kaum mehr Linienschiffe gibt. Wer es eilig hat, auf Geschäftsreise geht oder ein bestimmtes Land als Reiseziel anvisiert, wählt ja das Flugzeug. So haben sich die meerbesessenen Leute und solche, die von einem Land zum ande-

ren vagabundieren, vielfach den Kreuzfahrern zugesellt. Natürlich gibt es auch gegenüber den Kreuzfahrtschiffen in Zeitschriften und Büchern kritische Stimmen, es ist ja so leicht, in der christlichen Seefahrt nur diejenigen gelten zu lassen, die es dem verwegenen Kolumbus gleichtun wollen und auch jetzt nur auf kleinen Frachtern rundherum reisen. Gut — sie sollen die Ehre des Abenteuerlichen haben. Aber genug Abenteuer für eine Generation, die durch die Wirren des 20. Jahrhunderts geschleust worden ist, stecken auch in einer »normalen« Kreuzfahrt, besonders wenn sie rund um den Globus führt.

Genug — gestern abend also hatten wir noch die Wahl zwischen dem italienischen Western und dem Unterhaltungsabend im Musiksalon. Im Western wurde uns aber zuviel geknallt, und so kamen wir zeitig ins Bett.

Mitten in der Nacht wachte ich noch einmal auf. Das Meer, das mir beim Einschlafen wie eine drohende schwarze Masse erschienen war, hatte seine Farbe inzwischen geändert, es war blauschwarz geworden, war ein wenig aufgehellt, deutlich abgegrenzt zeichnete sich der Rundbogen des Horizontes ab, der Himmelsbogen darüber schimmerte noch um einen Farbton heller — der Mond war inzwischen aufgegangen und besänftigte Farben und Umrisse...

Am Morgen in der Kabine begleitet uns von fern her wieder der Gang der Maschinen: Ein schwaches Zittern des Bodens, ein gleichförmiges Sausen der Klimaanlage — wir haben uns eingewöhnt, die Kabine wird uns auf der Fahrt durch die Sieben Meere zur Heimat werden. Mit einer vertrauten Atmosphäre.

Vertraut wirkt auch die aufmerksame Besatzung. Drei Stewardessen, jung, freundlich gekleidet, mit Lidschatten und Rouge aufgemacht, kümmern sich jetzt beim Frühstück darum, daß der Kaffee nicht ausgeht.

Schon nach dem Frühstück ist unsere Kabine aufgeräumt. Wir schreiben schnell ein paar Grüße in die Heimat, da ja die Post morgen von Port Said abgeht. Ruhig fährt das Schiff Ägypten entgegen.

Am heutigen Vormittag haben wir Windstärke 4, Seegang 3, Wassertemperatur 16 Grad, Lufttemperatur ebenfalls 16 Grad, die Meerestiefe beträgt hier 3500 Meter, wir fahren mit einer Geschwindigkeit von 20 Knoten.

Ich muß mich eilen, damit ich nach einem Sonnenbad noch um elf Uhr in den zweiten Ägyptenvortrag über »Religion und Kultur der alten

TS MAXIM GORKI: Die ehemalige »TS Hamburg« vor der Ausfahrt über die Weltmeere

GENUA: Ingeborg und Hermann Gerstner beim Start zu neuen Zielen rund um die Welt

ÄGYPTEN: Stadtbild von Kairo mit Mohammed-Ali-Moschee und Zitadelle im Abendlicht

Ägypter« zurecht komme. Gern lassen sich die Passagiere durch einen solchen Vortrag auf das ägyptische Reiseziel vorbereiten. Danach kann man, je nach Lust und Laune, Kurse für Gesundheitspflege oder Sprachkurse für Englisch und Russisch mitmachen, man kann sich in Yoga üben oder sich mit Bridge und anderen Kartenspielen unterhalten. Dazu gibt's Volleyball und Tanz — kurzum, zu langweilen braucht sich niemand.
Dabei vergißt man nicht das große Erlebnis: Über die Weltmeere bei Sonne, Wolken, Wind und Wetter zu fahren. Wie sagte einer aus der tschechischen Musikkapelle, als man ihn fragte, wie er die Reise finde. Seine Augen strahlten, als er gestand: »Ein Traum!«
Apropos Tschechen! Sie sind als Musikanten engagiert. Die Passagiere sind bei dieser Fahrt, die von einem deutschen Reiseveranstalter durchgeführt wird, meist deutsche Staatsangehörige, aber dazwischen hört man doch auch Englisch, Französisch, Italienisch, Holländisch.
Mit den Reisegefährten kommt man auch ins Gespräch, steht vor einer großen Landkarte und erinnert sich, daß sich die Menschheit mit über vier Milliarden auf einem verhältnismäßig engen Raum zusammendrängen muß, während die Ozeane fast Dreiviertel der Oberfläche unseres Planeten einnehmen. Nicht dem Land, nicht den Menschen gehört der größte Teil unseres Planeten — vielmehr gehören die größeren Flächen dem Wasser, den Fischen, den Muscheln und all dem, was da in der Tiefe kreucht und fleugt. Man wird als Mensch bescheidener, wenn man an diese »Realität« denkt.
Nach dem Mittagessen lockt es die Sonnenhungrigen auf die Decks. Im Zenit ein blauer wolkenloser Himmel, nur ein paar Zirruswölkchen huschen dahin, während seitwärts weiße Wolkenhügel ihr Spiel treiben. Bis zum Horizont wogt und wellt es in tiefer Bläue, Schaumköpfe spritzen blendend weiß darüber. Und unser Schiff furcht ein breites Schaumband in seinen Kurs.
Nachmittags nehme ich an einer Brückenführung teil und erneuere meine Erinnerung an die phantastischen Instrumente. Fast 80 Lämpchen zeigen sofort an, wenn es in irgendeinem Kabinenbezirk Feuer geben sollte. Andere Lichtzeichen orientieren, welche Türen offen, welche geschlossen sind, so daß man sie notfalls sofort gegen Wassereinbrüche schließen kann. Radargeräte melden auftauchende Schiffe im weiten Umkreis, zeigen das Relief des Meeresbodens, damit das Schiff auch bei geringer Tiefe nicht aufläuft, ebenso meldet ein Echolot die

Meerestiefe. Der Kurs kann automatisch gesteuert und eingestellt werden, natürlich kann man ihn aber auch, besonders in den Häfen, mit der Hand steuern. Brücke und Maschinenraum vermögen sich schnellstens zu verständigen. Etwa bei Seegang 6 bis 8 kann man die Stabilisatoren ausfahren und so das Schiff ruhiger stellen. Alles in allem — diese moderne Kommandobrücke, die im Verhältnis zu dem mächtigen Schiff gar nicht so groß ist, stellt mit Computer und neuester Technik das reinste Wunderwerk dar. In dieses Wunderwerk kann man auch die Himmelssatelliten mit ihren Wettermeldungen einbeziehen. Ein Offizier und zwei Matrosen beherrschen und dirigieren die Apparate. Da ist nicht mehr jener Steuermann aus alten Büchern oder Filmen zu sehen, der die Fäuste um sein Steuerrad schließt und, von Brechern überschüttet, an den Speichen dreht. Heute weisen die feinsten Instrumente dem Schiff seinen Weg.

Großartig auch, daß man das Süßwasser, also auch das Trinkwasser, für das Schiff aus dem Meer gewinnen kann. So viele Tonnen Wasser, wie ein modernes Schiff unterwegs braucht, könnte man nicht immer in den Häfen aufnehmen. Außerdem muß das Wasser in tropischen Häfen auch teuer bezahlt werden, und es ist dort auch bestimmt nicht immer so sauber wie das aus dem offenen Meer gewonnene und entsalzte Wasser. Nur wenn man länger als drei Tage in einem Hafen liegt, muß man dort Wasser aufnehmen, da der Vorrat nicht länger reicht. Übrigens schmeckt das Trinkwasser an Bord recht gut.

Vor dem Abendessen schalten wir heute das Bordfernsehen ein. In jeder Kabine steht ja ein Fernseh-Gerät, das nicht nur Filme zeigt, sondern auch die per Funk eingelaufenen Nachrichten übermittelt. Heute hören wir speziell die Informationen für den morgigen Landgang in Ägypten.

Und abends? Am »Dichter-Wettstreit« im Musiksalon, wo es um die besten Vierzeiler geht, mögen sich andere beteiligen. Da wir in München seit Jahren nicht mehr ins Kino gegangen sind, wollen wir uns lieber hier im Bordkino die vielgenannte Komödie »Scheidung auf Italienisch« ansehen, und wir können hinterher bestätigen, daß dies wirklich ein amüsanter Streifen ist.

Auf der Wüstenstraße nach Kairo

Port Said — Kairo, 26. März

Stolz liegt am Morgen »unsere Maxim« im Wasser bei der ägyptisch-afrikanischen Hafenstadt Port Said, die am Nordende des Suezkanals für die Schiffahrt besonders wichtig ist. Hier der Leuchtturm, hier die Silhouette der Häuser, die Schlepper und Lotsenboote. Temperatur 17 Grad. Wir ziehen leichte Sommerkleidung an. Ich werde den Ausflug nach Kairo und zu den Pyramiden mitmachen, die einen doch bei jeder Begegnung erneut faszinieren. Aber da dies eine Fahrt von ca. 450 Kilometern hin und zurück ist und da der Bus erst gegen Mitternacht wieder zum Schiff zurückkehrt, möchte Inge hier bleiben, mit unseren Münchner Freunden Port Said durchstreifen und für unsere beiden Enkelinnen vielleicht einen Skarabäus kaufen. Um acht Uhr ist die Abfahrt geplant, aber die ägyptischen Beamten brauchen noch einige Zeit, bis sie die Pässe durchstudiert haben, und so steht der Bus erst um neun Uhr für die Abfahrt bereit.

Ich gehe auf einem gewundenen Holzsteg, der auf Fässern und Pontons ruht, ans Ufer. Schon hier erwarten uns im hellen Licht der Sonne die ägyptischen Händler mit ihrem Angebot von Koffern, Ledertaschen, goldgestickten Kissen, Messingplatten, Alabasterfiguren und nachgebildeten Pharaonen, natürlich auch mit der Sphinx. »Nur eine Mark — nicht teuer«, so ertönt der Lockruf. Viele tragen lange Gewänder, andere haben über dem weißen Rock ein graues oder blaues Jackett angezogen. Und der weiße Turban fehlt nicht.

Ich kann mich aber bei den Händlern nicht aufhalten, sondern muß zum Bus eilen. Unsere heutige Führerin stellt sich vor, sie ist sorgsam aufgemacht mit Rouge und nachgezogenen Wimpern, die Backen sind pastellfarben, das Haar ist glatt frisiert. Mit der modischen, dunkel gerandeten Brille könnte man die freundliche, aber auch energische Person für eine Pariserin halten. Aber sie betont, sie sei geborene Ägypterin. Dabei spricht sie fließend Deutsch.

Sie meint, daß Port Said, dessen Einwohnerzahl in statistischen Büchern mit etwa 350000 angegeben ist, bald eine halbe Million Menschen haben wird. Zunächst geht es durch die Stadt, die im zurückliegenden Krieg um den Suezkanal durch Luftangriffe schwer gelitten hat, jetzt aber weitgehend wieder aufgebaut ist. Hier zu seiten einer breiten Palmenstraße liegen sich eine große Moschee und eine christliche Kathedrale gegenüber, zwei Bauwerke, die wir bei einem früheren Aufenthalt auch im Inneren betrachtet haben, an denen aber heute der Bus geschwind vorübergleitet. Schnell geht es auch am Obelisken, einem Kriegerdenkmal, vorüber. Wir biegen in eine Geschäftsstraße ein, wo in kleinen Straßencafés bereits in dieser Vormittagsstunde Männer ihren Plausch abhalten, während ihre Frauen als Straßenkehrerinnen die Wasserlachen am Rand der Gehsteige wegfegen, da es tags zuvor wolkenbruchartig hier geregnet hat. Eine Querstraße gibt den Blick in einen Markt frei, wo sich Käufer und Verkäufer tummeln.

Die mit festen Mauern errichteten Häuser der Stadt, die überall flache Dächer haben, bleiben zurück. Dafür erscheinen jetzt in den Vororten mehr Hütten, auch Zelte und Baracken für Militärlager, die mit Stacheldraht eingezäunt sind.

Es gibt von Port Said zwei Straßen nach Kairo: Eine Straße längs des Kanals, für die aber besondere Bewilligungen verlangt werden, damit die Sicherheit des Suezkanals nicht gefährdet wird — und es gibt eine zweite Straße, die Wüstenstraße, die unser Bus einzuschlagen hat. Ich kenne diese Straße noch nicht, da wir ja früher immer von Alexandria aus nach Kairo gefahren sind.

Diese Wüstenstraße macht ihrem Namen Ehre. Schon jetzt weiten sich zu beiden Seiten die ebenen Flächen in gelben oder grauen Tönen, größtenteils sind sie ohne jede Vegetation. Da es auch hier gestern zu einem der seltenen schweren Regengüsse gekommen ist, stehen häufig Wasserlachen in den tieferen Stellen. Elende Hütten sind hier und dort zu sehen, natürlich mit flachen Dächern, oft nur aus Stroh geflochten. Da hängt gerade eine schwarz gekleidete Ägypterin Wäschestücke über ein Seil, daneben trägt eine violett gekleidete, mollige Schöne einen Topf mit Wasser auf ihrem Kopf.

Ein seichter See breitet sich anschließend an die rechte Straßenseite aus. Fischer haben hier an den Ufern ihre Hütten aus Blech oder Brettern erbaut, mit ihren Ruderbooten holen sie die Fischbeute heim, um sie dann nach Port Said oder Ismailia zum Verkauf zu bringen.

Links erscheint zwischen Sandhügeln ein altes Dorf, noch heute sieht man, daß auch hier die Häuser und die Moschee in den vergangenen Kriegen Zerstörungen erlitten haben. Mit dem Aufbau geht es nur langsam voran, da in dieser Zone nicht viele Arbeitsmöglichkeiten gegeben sind. Da harkt gerade ein Fellache aus dem Wasser weißes Salz; das Grundwasser dringt ja vom Mittelmeer in diesen küstennahen

Strich herein und so kann man das Salz abräumen und in Säcke füllen. Freilich ist dieser versalzte Boden auch schuld daran, daß in diesem Gebiet sich die Landwirtschaft nicht entfalten kann.
Wir kommen an dem Dorf El-Kantarah vorbei, jener Siedlung, von der aus 1973 die Ägypter den Suezkanal überschritten. Der Bus fährt langsam ans Dorf heran, wo man sich um den Wiederaufbau bemüht. Eine Frau, die sich an die Tradition hält, ein schwarzes Kleid und ein schwarzes Kopftuch trägt, steht am Straßenrand und betrachtet den Bus neugierig und verwundert zugleich, als wollte sie fragen: »Was wollen denn die hier bei uns?« Daneben stehen ein paar Männer in einer Gruppe zusammen, das große Wort scheint ein hochgewachsener Mann zu führen, der in einen reich bestickten Kaftan gekleidet ist.
Während sich das Asphaltband der Straße näher an Kairo herandehnt, erscheint mehr Grün zu beiden Seiten: Klee gibt es hier als Viehfutter, ab und zu hebt eine Palme ihren Schaft in den Himmel und die Straße selbst wird von Eukalyptusbäumen gesäumt.
Die Kriege der vergangenen Jahre sind nicht vergessen. Hier zeigt man vor einem Obelisken den ersten gepanzerten Tank, der 1973 den Suezkanal überquerte. In dieser Gegend, in der wieder die gelbe Wüste den Charakter bestimmt, und wo nur hier und da graugrüne, niedere Büsche ihr Leben fristen, gibt es für die Bauern, die Fellachen, keine Lebenschance. Dafür erscheinen immer wieder Militärposten bei ihren Baracken, vor den Sendetürmen liegen Benzinfässer herum.
Während sich seitwärts von den Horizontlinien aus das grauweiße Gewölk immer höher in den Himmel hebt und das Zenitblau zurückdrängt, überholt unser schneller Busfahrer schneidig Laster und Personenwagen. Aber da die Straße sich allmählich in eine Autobahn verwandelt, bleiben die Überholmanöver ungefährlich.
Noch einmal droht die Wüste der Straße. Hier schieben sich die Sanddünen bis auf wenige Meter an den Asphalt heran — unsere Führerin betont, daß dies Wanderdünen seien, deren Gestalt sich unter dem Zugriff der Sandstürme immer erneut verändert. Der Sand ist hier ja so fein, daß man hügelabwärts — wenn dies nicht so absurd wäre — sogar Ski fahren könnte.
Da nochmals Baracken für Soldaten, Stacheldrahtzäune, Wassertanks, Wachttürme! Kairo kündigt sich an, neben den Hütten für die ärmeren Schichten stehen die Häuserblöcke für die finanzkräftigen Kreise. Dort drüben breitet sich das Gelände des Flughafens von Kai-

ro, deutlich erkennt man die Abfertigungshalle und einen flugbereiten Jumbo!
Abfallhaufen mehren sich, kaputte Autos liegen herum, aber gar nicht weit davon, hier unmittelbar am Rande der Wüste, erheben sich Neubauten mit fünf, sechs, sieben und acht Stockwerken. Alle mit flachen Dächern. Wir sind in Heliopolis, dem Vorort von Kairo.
Unterwegs hat unsere ägyptische Führerin uns die Zeit verkürzt, indem sie uns manches Bekannte und Unbekannte erzählte. Daß der Nil, die Lebensader des Landes, mit 6500 Kilometern der längste Strom Afrikas und der zweitgrößte Strom der Erde überhaupt ist, wissen die meisten. Ebenso, daß der Nilschlamm für die Fruchtbarkeit der Ufergebiete so wichtig ist. Heutzutage freilich liefert der Nil nicht mehr so freigebig wie in den vergangenen Jahrhunderten den Schlamm für die Felder, der Staudamm von Assuan bremst die Fluten, und so müssen jetzt die Fellachen vielfach zur kristallinisch-künstlichen Düngung übergehen. Auch die Kleidung hat sich in der modernen Zeit gewandelt, man trägt sich gern westlich-europäisch. Nur noch in den Dörfern und bei den ärmeren Schichten der Stadt Kairo bevorzugt man die überlieferten Gewänder, die schwarzen Tücher der Frauen, die Kaftane der Männer. Der Ernährung dienen wie vor Jahrtausenden die dunkelhäutigen Büffel, die Kühe, Schafe, Ziegen, Hähne — Schweine findet man dagegen im Islam so wenig wie bei den Juden. Kamele sind immer noch beliebte Helfer, aber im Zeitalter des Motors haben sie hier genauso ihre beherrschende Stellung verloren wie bei den Europäern die Pferde. Was die Ausbildung der Ägypter anlangt, so besteht wohl die allgemeine Schulpflicht mit mindestens sechs Jahren Grundschule. Aber vielerorts beachten die Fellachen diese Pflicht nicht, oft müssen die Kinder bei der Arbeit helfen, statt in die Schule gehen zu können — und so gibt es trotz der Gesetze noch zahlreiche Analphabeten. Etwa 90 Prozent der Bevölkerung hängen als Moslems dem Islam an, der restliche Teil verteilt sich auf die christlichen Religionen, darunter sind besonders viele koptische Christen. Eine Mitreisende fragt, wieviel Frauen sich denn ein Moslem leisten kann, darauf meint die Ägypterin: »Theoretisch vier! Aber da der Mann jede seiner Frauen gleich behandeln muß, reicht zumeist das Geld nicht für mehrere Frauen. Wer wollte schon der ersten Frau eine Goldkette schenken, wenn er gleich anschließend den drei anderen auch eine schenken muß! Nur bei den Bauern findet man es noch, daß sich ein Mann zwei Frauen lei-

stet: Da haben eben die Frauen ihren eigenen Wert als Arbeitskräfte!«
Insgesamt rechnet man, daß 42 Millionen Einwohner derzeit Ägypten bewohnen; in Kairo — die Vororte eingeschlossen — soll die Einwohnerzahl inzwischen schon auf elf Millionen gestiegen sein.
Daß diese Stadt nicht nur für die Einheimischen, sondern auch für die Fremden zu einem zentralen Punkt geworden ist, sieht man hier gleich in Heliopolis, wo nahe dem Flughafen ein zweites Sheraton-Hotel — das erste steht in der Stadtmitte — mit riesigen Ausmaßen entstanden ist.
Zweieinhalb Stunden hat unser Bus von Port Said her gebraucht, um die 220 Kilometer zurückzulegen. In der Vorstadtstraße fangen an diesem Märztag schon die Bäume an zu blühen, es sind Hahnenkopfbäume, sie verdanken ihren Namen den roten, hahnenkopfähnlichen Blüten. Hier in Heliopolis stehen schöne Häuser in grünen Gartenanlagen, ja es gibt Paläste mit Kuppeln und bizarren Türmen, die früher von den Paschas bewohnt wurden. Inzwischen sind aber auch zahlreiche Neubauten entstanden — zum Teil als Betonklötze ohne individuelles Gesicht.
Am Sportstadion, am Ausstellungsgelände, wo zahlreiche Busse auf den überfüllten Parkplätzen halten, wo Fahnen im Wind wehen und Menschentrauben Einlaß begehren, geht es vorbei. Die Straßen sind jetzt voll von Autos — Untergrundbahnen kennt man ja hier in Kairo nicht, da der sandige Untergrund solche unterirdischen Anlagen bisher zu schwierig und kostspielig machte. So sucht man den normalen Verkehr durch Straßenüberschneidungen und Brücken aufzulockern. Aber auch so gestaltet sich der Verkehr noch drangvoll eng. Unser Fahrer quetscht den Wagen zwischen den anderen Autos vorwärts, hier an einer Ampel müssen wir länger halten und da können wir auf dem Gehsteig ein Wägelchen beobachten, das mit bunten Gläsern gekennzeichnet ist: So sehen die kleinen ambulanten Restaurants aus, wo sich auch die Armen ein billiges Essen mit Spaghetti oder Reis genehmigen können. »Zu hungern braucht bei uns keiner mehr«, meint die Führerin.
Wir überholen einen Bus der öffentlichen Verkehrslinien, er ist dichtgedrängt voll von Menschen, überfüllt, auch an den Türen hängen noch ein paar Burschen.
Am Bahnhof fahren wir vorbei. Auch dieser Platz quillt über von Personen und Autos. Die Menschenströme fließen aneinander vorbei,

quirlen ineinander hinein. Über all den Eiligen steht zehn Meter hoch die Statue des Pharao Ramses. Sie befand sich früher in Memphis, jetzt ist sie aber als Zeuge einer großen Vergangenheit in die lebensvolle Gegenwart eingegliedert.

Gleich in der Nähe steht das Ramses Hilton-Hotel (es ist hier in Kairo das zweite Hilton), das mit einer riesenhaften Türe die Gäste zum Eintreten auffordert. Wir selber nähern uns aber zunächst dem Ägyptischen Museum. Dabei ist es ein Kunststück, wie unser Fahrer inmitten der Blechwüste für seinen Bus noch einen Platz findet.

Auch wenn man im Ägyptischen Museum früher schon gewesen ist, auch wenn man in Deutschland die letztjährigen Ausstellungen »Götter / Pharaonen«, »Echnaton«, »Tutanchamun« gesehen hat, so ist man doch immer wieder von den antiken Schätzen überwältigt, die man hier aus einer Jahrtausende alten Vergangenheit geborgen hat. Von den nahezu hunderttausend Ausstellungsgegenständen kann man natürlich nur einige heute näher anschauen. Da suche ich mir den »Schreiber mit der Papyrusrolle« heraus, der ja für jene Pharaonen, die trotz ihrer Machtfülle und trotz ihres göttlichen Signums nicht schreiben konnten, sicher manches wichtige Schriftstück entwerfen mußte. Mit Recht hat man ihm, dem Vertreter eines gelehrten Berufsstandes, dieses bleibende Denkmal gesetzt. Zwischen granitenen Sphinxen und Sarkophagen finden wir im Obergeschoß die Prachtstücke der Tutanchamun-Sammlung. Wenn auch die Goldmaske nach einem Wort unserer Führerin »auf Tournee« ist — wir haben sie jüngst in München gesehen —, so fesseln einen doch nicht weniger die Särge und die riesigen Holzschreine, in denen man dereinst den in jugendlichem Alter verstorbenen Pharao barg. Mit Gold und Edelsteinen geschmückt und überzogen hat man diese Särge, hat sie gleichsam für die Ewigkeit bewahren wollen. Tatsächlich haben sie ja auch Jahrtausende überstanden, bis sie erst in diesem Jahrhundert wieder ans Licht kamen und einer staunenden Mitwelt zeigten, was hier das Altertum an Kunst und religiöser Vorstellung geschaffen hatte. Das alte Ägypten kommt einem hier fast so nahe wie an den berühmten Ausgrabungsstätten des Niltales...

Nach dem Mittagessen im Hilton fahren wir über die lange Nilbrücke nach Gizeh zu den Pyramiden, während sich der Himmel schon mit Wolken bedeckt hat. Während wir früher beim Besuch der Pyramiden immer strahlendes Sonnenwetter hatten, stehen heute die drei Pyrami-

den von Cheops, Chefren und Mykerinos unter einem grauen Himmel.
Neben dem Leuchtturm auf der Insel Pharos, dem Koloß von Rhodos, dem Tempel der Artemis zu Ephesus, dem Mausoleum zu Halikarnassos, dem Olympischen Zeus von Phidias und den Hängenden Gärten in Babylon rechnete man im Altertum zu den »Sieben Wundern der Welt« auch die ägyptischen Pyramiden. Sie haben die Jahrhunderte überstanden, und so leben sie auch unter dem heutigen grauen Himmel als wahrhafte Wunder weiter. Unsere Führerin betont, daß diese Pyramiden nicht durch Sklavenheere errichtet worden sind, wie es vielfach in der Literatur steht und wie ich es selbst glaubte, sondern daß sie von freiwilligen Arbeitern errichtet wurden und zwar in der Zeit der jährlichen Überschwemmung, in der man auf dem Feld keine Arbeit verrichten konnte. Da gab's dann für die Familien das Essen, für die Bauern selbst ein bißchen Gold. Und um noch eine Meinung zu korrigieren: Heutzutage kann man die Pyramiden nicht mehr besteigen, man muß sich damit begnügen, sie von unten zu betrachten. Aber auch vom Wüstensand aus kann man darüber nachdenken, nach welchen wunderbaren mathematischen Gesetzen sie errichtet wurden.
Ich selbst klettere auf die umliegenden Hügel, lasse mich dabei von einem Hund, der aus einer Hütte herausläuft und mich ankläfft, nicht beirren, denn ich möchte heute gerade die Cheopspyramide voll ins Bild bekommen.
Von hier geht es dann an Kameltreibern vorbei, die für ein Foto gern ein Bakschisch einstreichen möchten, hin zur Sphinx: Gewaltig liegt der Löwe mit dem Königskopf über dem Sand. Die Sphinx hat die Stürme der Zeit überstanden, nur von den Schießereien der Mamelucken ist die Nase beschädigt, aber noch immer wirkt das Gesicht geheimnisumwittert.
Noch einmal hinaufsehen zur Landschaft der Pyramiden, dann heißt es wieder: Einsteigen ins Auto! Die Außenviertel, durch die wir fahren, sind nun schon weit in die Wüste hineingewachsen, man beachtet nicht mehr so streng wie früher die Vorschrift, daß Häuser den Blick auf die Pyramiden nicht verbauen dürfen. Infolge der Übervölkerung ist man auch hier gezwungen, Wohnsilos am Rande der Stadt zu errichten. Um eine Wohnung in einem solchen Hochhaus bezahlen zu können, müssen hier, ähnlich wie in Europa, die beiden Partner eines Ehepaares zur Arbeit gehen. Es ist also nicht mehr so wie früher, wo

im Orient die Frau daheim zu bleiben, nur zu kochen und Kinder zu hüten hatte. Inflation und Teuerung veranlassen auch hier die Frau, für den gemeinsamen Haushalt mitzuverdienen. Denn von der Nationalspeise allein, den braunen Bohnen und dem runden Fladenbrot, kann man auf die Dauer nicht satt werden.
Im Laufe des Nachmittags ist der Himmel etwas heller geworden und so erreichen wir noch bei gutem Licht die auf einem Gebirgssockel thronende Zitadelle, eine Festung, die man im 12. Jahrhundert aus dem Steinmaterial kleinerer Pyramiden errichtete. Natürlich betreten wir dort auch die im 19. Jahrhundert entstandene Mohammed-Ali-Moschee, die Alabaster-Moschee. Im Innenraum steht man unter der großen Kuppel, von hier aus blickt man in die vier seitwärtigen Kuppeln hinein. Kein Schritt ist zu hören, weil farbenprächtige weiche Teppiche das Schleifen der Überschuhe lautlos machen. Gedämpft schimmert das Licht im zarten Alabaster. Gläubige knieen und verbeugen sich vor Allah und seinem Propheten.
Bei der Weiterfahrt sieht man neben der Straße das Mokattam-Gebirge mehrere hundert Meter hoch emporragen, ein steinerner Koloß, aus dem dereinst die Pharaonen die Felsen brechen ließen.
In Kürze erreicht man die Sultan-Hassan-Moschee, ein Bauwerk aus dem Mittelalter, das mit Kuppel und einem steil ansteigenden Minarett seine Silhouette bedeutungsvoll ins Stadtbild fügt. Auch hier hilft einem ein Wächter vor dem Hauptportal, Überschuhe fest zu binden. Dabei zögert er allerdings, bis er sein Bakschisch in der Hand hält. Langsam wandert man im Innenraum über die Matten, blickt in die Kuppel hinauf, die dem Himmelsgewölbe nachgebildet ist, steht bewundernd vor den Arabesken und dem Zierat, mit dem man zur Ehre Allahs die Wände geschmückt hat. Eine sakrale Kunst, die den Frommen vom geschäftigen Alltag entfernt und zur Stille verinnerlichten Gebetes zwingt. Man versäumt natürlich auch nicht, durch eines der Fenster zu schauen und die höher gelegene Zitadelle gleichsam als Zentrum weltlicher Macht zu bewundern.
Nur noch einen Blick in die engen Gassen des Basarviertels, in die offenen Gewölbe, wo Schneider, Schuster, Lederhändler, Stoffverkäufer, Silberschmiede ihr Geschäft betreiben. Fein säuberlich bietet man auch dem Auge alles einladend dar, die Obsthändler haben ihre Orangen als kleine Pyramiden aufgebaut.
Die Stunden sind mit dem Besuch des Ägyptischen Museums, mit der

Fahrt nach Gizeh, der Besichtigung der Moscheen und der Zitadelle zu schnell vergangen. Nun erwartet uns im Hilton-Hotel das Abendessen, zu einem zarten Steak gibt es Rotwein und als Nachtisch eines Tasse Kaffee. Und damit man sich nicht langweilt, wird zu lautstarker Musik Folklore geboten, die Bauchtänzerinnen werden nicht müde, auf der Bühne hin und her zu wackeln. Ein Artist zeigt seine Kunst im Limbo-Tanz, indem er unter einer brennenden Stange seinen Körper durchwindet. Eine andere Gruppe trägt Ständer mit brennenden Kerzen auf dem Kopf und erwartet bei ihren Verrenkungen natürlich ebenfalls den Beifall der Zuschauer.
Es ist bereits Nacht geworden, als wir nach dem langen Tag die Heimfahrt von Kairo nach Port Said antreten. Aus dem Wirrwarr der Straßenlichter findet das Auto seinen Weg in die dunkle Landschaft hinein. Nur ab und zu glimmen aus einem Dorf ein paar Lichter auf — und da ist auch noch eine dörfliche Moschee angestrahlt, als Mitte einer frommen Gemeinschaft leuchtet sie in die Nacht.
Es ist schon gegen Mitternacht, als wir in Port Said wieder eintreffen. Aber noch immer bieten die Händler vor dem Schiff ihre Souvenirs an, und auch auf dem Schiff selbst haben sie im Vestibül Teppiche, Tücher, Silberketten und Alabasterfiguren ausgebreitet. Inge erwartet mich hier, ich erzähle ihr, daß ich ihr ein auf Papyrus gemaltes Kätzchen mitgebracht habe.
Dann genehmigen wir uns nach dem langen Tag beim Mitternachtssnack im Restaurant noch eine warme Gulaschsuppe.

Durch den Suezkanal

Kanal-Passage, 27. März
Ich schlafe schon, als sich die »Maxim« nachts um zwei Uhr von Port Said verabschiedet.
Als ich gegen Morgen aufwache, sehe ich, daß wir gerade das letzte Stück des Suezkanals vor dem Einlaufen in den Bittersee passieren. Die Rinne des Kanals zwischen der Wüste des Sinai und der afrikanisch-ägyptischen Wüste ist wie mit dem Lineal gezogen.
Im Bittersee liegt dann die »Maxim« auf Stunden fest. Hier müssen sich die Schiffe, die von dem nördlichen Port Said kommen, erst einmal sammeln und den Gegenverkehr, der von Suez herläuft, vorbeilassen.

Zahlreiche Schiffe begegnen sich, langsam fahren die Tanker und Frachter, die von Süden eintreffen, an uns vorbei und kreuzen in die nördliche Fahrrinne des Kanals ein.
Mit dem Schwimmen ist's heute nichts, im Hafen von Port Said konnte man kein Wasser in den Swimming-pool pumpen — wie überhaupt nur im freien Meer, also an den Seetagen, die beiden Pools gefüllt werden. Das schmutzige Hafenwasser ist dafür ungeeignet. So können wir uns heute bei sonnigem Wetter — die Luft ist 27 Grad warm — ganz dem Schauspiel hingeben, wie ein Schiff nach dem anderen an uns vorbeizieht, während wir im Kreis der wartenden Flotte still liegen.
Nachmittags ist es dann soweit. Im Konvoi und im gehörigen Abstand zwischen den Schiffen verlassen wir den Bittersee, um durch die südliche Rinne des Kanals zwischen den Erdteilen Afrika und Asien der Stadt Suez entgegenzufahren. Backbord liegen die sandigen Wüstenausläufer des Sinai. Steuerbord sind an den Ufern auch Palmenoasen und grüne Saaten zwischen die Sandflächen gestreut. Es scheint, als hätten sich seit unserer letzten Durchfahrt vor vier Jahren die ägyptischen Versuche gemehrt, dem Boden auch hier mit künstlicher Bewässerung einige fruchtbare Striche abzuringen. Steinmauern schützen die Ufer auf lange Strecken, so daß sich die Flutwellen, die trotz der langsamen Fahrt von den Schiffen erzeugt werden, an den Steinen brechen. Hinter den Mauern wölben sich Sandhügel, mancherorts ahnt man unter dem Sand die Bunker und Befestigungsanlagen. Eine neue Straße erschließt die Kanalzone, so daß nicht nur militärische Streitkräfte, sondern auch Arbeiter, die den Kanal erweitern und vertiefen sollen, leichter herangeführt werden können. Da der Kanal mit seinen hohen Gebühren, die man für eine Passage berechnet, ja dem armen Land erhebliche Geldbeträge bringt, möchte man die Wasserstraße noch für größere Schiffstitanen zugänglich machen.
Da wir uns bereits nachmittags der Stadt Suez nähern, machen sich die ägyptischen Händler, die sich seit Port Said im Vestibül der »Maxim« mit ihren Schätzen aufgehalten haben, bereit, das Schiff zu verlassen. Teller, Taschen, Schmuck, Andenken wandern, soweit sie nicht verkauft sind, wieder in die Säcke. Auf dem Vorderdeck der »Maxim« liegt das Boot der Händler. Dort wird alles verstaut.
Wir treiben an Suez, seinen Hafenanlagen und modernen Dammbauten vorbei und liegen nun, nicht weit von einer Öl-Bohrinsel entfernt, im Wasser. Der Lotse, der unser Schiff sicher durch den Kanal geleitet

hat, geht von Bord und fährt mit einem kleinen Dampfer der Stadt Suez da drüben entgegen. Das Boot der Händler wird mit seinen Insassen über die Reling gehievt, es folgt dem Lotsenboot. Die Händler winken zurück. Offenbar haben sie kein schlechtes Geschäft gemacht und sind mit dem Ertrag zufrieden.
Wir müssen mit der Weiterfahrt noch etwas warten, da eine Anzahl von Passagieren von Kairo aus auf dem Landweg zu den Ausgrabungsstätten von Sakkara und Memphis gefahren ist und von Suez aus mit Tenderbooten wieder eingeschifft wird.
Um 18.30 Uhr hören wir übers Fernsehen neue Nachrichten, die inzwischen per Funk angekommen sind. Geschäftige Politiker in Europa, Streiks, Verhandlungen um mehr Lohn, Reisen der Politiker.
Zum Abendessen kommen die Passagiere aus Memphis noch zurecht. So können wir, nachdem die Bordmarken alle am Schwarzen Brett aufgehängt sind und mit ihren Nummern kundtun, daß alle Passagiere an Bord sind, etwa um 21 Uhr Suez verlassen.
Zahlreiche Passagiere stehen an der Reling, um das Schauspiel zu genießen. Vor uns dunkel und schwarz das Meer, nur von den Lichtern der Schiffe aufgehellt. Dahinter im Norden das Feuerband von Suez — eine schmale, aber brennende Lichterkette — und darüber eingedunkelt, aber doch etwas heller als das Meer das himmlische Gewölbe. Rings im Bogen um uns machen sich an die 25 beleuchtete Schiffe startbereit, mit ihrem Lichtergewirk strahlen sie wie ein Kranz, der von dunklen Zwischenräumen unterbrochen ist, aus der Nacht.
Wir legen ab, die Lichter von Suez werden schwächer, verflimmern, nur der Bohrturm steht noch einige Zeit grell in der Nacht. Die »Maxim« hat Kurs auf das Rote Meer genommen.
Man bewundert immer wieder den Suezkanal als Meisterwerk der Technik. Seitdem er 1869 für den Schiffsverkehr eröffnet wurde, hat er unzähligen Fahrzeugen den Weg um Afrika herum erspart. Über 170 Kilometer lang läuft die Wasserstraße durch das Wüstengelände. Nachdem der Kanal in unserem Jahrhundert bei den Kriegen im Vorderen Orient unpassierbar wurde, konnte man 1975 seinen Weg wieder eröffnen, die Minen und Wracks wurden beseitigt, und so können auch wir heute nach der relativ kurzen Passage das Rote Meer erreichen.

Drei Seetage im Roten Meer

Im Roten Meer, 28. März

Nachts wache ich mehrfach auf. Jedesmal trete ich ans Fenster und immer sehe ich ein beleuchtetes Schiff, die Route vom und zum Suezkanal ist eben eine der wichtigsten Transit-Strecken der Schiffahrt.

Die Sonne am frühen Morgen braucht sich nicht lange durchs Gewölk durchzukämpfen, die rote und dann schnell golden-weiß glimmende Kugel steigt in einen rein blauen Himmel empor. Gleichzeitig ist die silberne Mondsichel, wenn auch nur noch in zarten Umrissen, sichtbar.

Heute am ersten der drei Seetage durchs Rote Meer kann man sich mit Sprachunterricht, mit Yoga, Tontaubenschießen, Schach oder Skat die Zeit vertreiben — man kann sich auch ein Buch aus der Bordbibliothek holen, um sich über das Rote Meer ein wenig zu orientieren. Seinen Namen verdankt es einer Alge, die rötlich schimmert. Aber in Wirklichkeit glänzt das Wasser grünblau. Zwischen Afrika und Arabien erstreckt sich dieses Meer in einer Breite von 350 Kilometern und in einer Länge von 2300 Kilometern und trennt mit seiner Wassermasse die Erdteile. Im Schnitt etwa 500 Meter tief erreicht das Meer an einzelnen Stellen aber auch eine Tiefe von 2300 Metern. Wer mit Tauchgeräten hinuntersteigt, kann das bunte Leben in den Korallenriffen bewundern.

Als wir vor vier Jahren mit entgegengesetztem Kurs — also von Süden nach Norden — durch das Rote Meer dampften, gebärdete es sich recht stürmisch. Heute aber ist es ruhig und so können wir die wolkenlose Bläue des Himmels genießen, ohne daß das Schiff vom Seegang behelligt wird.

Ein Dia-Vortrag über die nächsten Landeziele, über Südjemen, Indien, die Malediven und Sri Lanka (Ceylon) bereitet die Passagiere auf die Schönheiten vor, die uns erwarten. Dazwischen geht man mal ans Heck des Schiffes, schaut dem Farbenspiel des Wellenschaumes zu, der von den Schrauben aufgewühlt wird, oder beobachtet die Schützen, die sich dort bemühen, in die Luft katapultierte Tontauben zu treffen.

Nachmittags finden wir auf unserer Kabine eine Einladung des Kapitäns und der Reiseleitung für 18 Uhr zu einem Cocktail-Empfang. Der Kapitän, ganz in Weiß, begrüßt ebenso wie der Reiseleiter die festlich gekleideten Damen, die Herren, die im Abendanzug gekommen sind, da sie gleich anschließend zu einem Gala-Dinner gehen. Bekannte und

Freunde, die man von früheren Reisen her kennt, plauschen im gedämpften Licht des Night-Clubs, der sonst wenig benutzt wird.
Und um auch einmal die Feinschmecker zu befriedigen, sei hier gesagt, daß dieses besondere Dinner mit einem Gläschen Wodka zur Einstimmung beginnt und daß es mit russischem Champagner beschlossen wird. Als Vorspeise gibt es Malossol-Kaviar, dann eine französische Zwiebelsuppe, man knabbert an provenzalischen Froschschenkeln herum, verzehrt den zarten Chateaubriand mit Genuß, und der Nachtisch — Eisbombe Surprise — läßt keinen Wunsch offen. Dies alles servieren die Stewardessen bei Kerzenlicht geschickt und sorgfältig.
Man verzeihe, wenn ich hier auch mal die leiblichen Genüsse einer solchen Seereise anführe, aber man muß seiner Chronistenpflicht genügen und wo gibt es bei den Kreuzfahrt-Schiffen eine Seereise ohne Gala-Dinner!
An dem anschließenden »Internationalen Künstler-Karussell« im Musiksalon nehmen wir freilich nicht teil, obwohl die Namen der Mitwirkenden eine gute Unterhaltung versprechen. Aber der Musiksalon ist schon dicht besetzt und wir wollen ohnedies rechtzeitig ins Bett gehen, zudem die Schiffsuhren heute nacht wieder um eine Stunde vorgestellt werden müssen.
Inge geht in die Kabine, während ich auf dem Bootsdeck nochmals das Schiff umrunde. Klar und glimmend stehen die Sterne am Nachthimmel, die Milchstraße — eine scheinbar unendliche Welt — flimmert so deutlich wie kaum auf dem Festland, da die Atmosphäre hier über dem Meer rein ist und keine Wolken aufgezogen sind. Nur zwei oder drei Passagiere sind mit mir hier in dieser Nachtstunde unterwegs. Die meisten sind eben doch beim »Künstler-Karussell«. Ich selbst verweile noch längere Zeit an Deck, betrachte von der Höhe der Reling aus die weißgrünen Schaumbänder, die unsere »Maxim« in das schwarze »Rote Meer« fügt. Die Lichter des Schiffes gleißen in diese Schaumbänder hinein.

Im Roten Meer, 29. März

Nun ist schon eine ganze Woche vergangen, seitdem wir in Genua an Bord gegangen sind.
Da heute Sonntag ist, empfängt der Bordgeistliche vormittags zu einem ökumenischen Gottesdienst Gläubige aller Konfessionen. Nicht in der kleinen Kapelle, die es ja auch an Bord gibt, sondern im Maxim-

Theater, das leicht einige hundert Menschen aufnehmen kann. Auf der Bühne links steht ein weißer Flügel, in der Mitte ist auf einem weißgedeckten Tisch ein Kruzifix aufgestellt, es wird gerahmt von zwei brennenden Kerzen, und auf der rechten Seite der Bühne befindet sich als Kanzel ein Vortragspult. Der ökumenische Gottesdienst beginnt mit Psalmen, das Glaubensbekenntnis wird gesprochen, fromme Lieder werden gesungen, und dann erinnert der Geistliche in seiner Ansprache an die biblische Geschichte, in der Jesus den Schwestern Martha und Maria begegnete. Und die Erzählung vom barmherzigen Samariter beschließt die Feierstunde.

Anschließend wandern wir übers Deck. Eine Möwe zieht hier — weit vom nächsten Ufer entfernt — über dem Schiff ihre eleganten Schwünge und Schwebekreise.

Wohin man auch schaut, ob von Backbord oder von Steuerbord aus, über dem kräftigen Spiel der Wellen zeigt sich am sonnenhellen Himmel nicht das geringste Gewölk. Ein reines Blau, gegen den runden Horizont hin silbrig erhellt, enthüllt seine Schönheit. Keine Wolkenstreifen, keine Schwaden, nicht einmal ein Zirrusgespinst — nur Blau, Blau, Blau — durchsichtig, grenzenlos! Das einzige Wölkchen, das in den Himmel schleiert, steigt aus dem leise röhrenden Schornstein des Schiffes auf. Man könnte meinen, daß sich bei einem so großen Schiff wie der »Maxim« eine dunkle Rauchsäule erhebt — bei dem Ölbedarf, bei den gewaltigen Maschinen — aber nein, nur ein duftiger Rauchschleier zieht ab, das Gewirk spielt einige Sekunden über dem Schiff, wird dann vom Fahrwind abgetrieben, verliert sich, löst sich auf.

Um die Mittagszeit ist es heiß geworden. Auf den hölzernen Planken, die den Swimming-pool umgeben, kann man kaum mit bloßen Füßen gehen. Schnell zieht man Badeschuhe über. Und das Thermometer dort im Schatten bestätigt die Mittagshitze: 34 Grad.

Desto angenehmer empfindet man dann die Temperatur im Speisesaal, der ja wie alle anderen Innenräume klimatisiert ist. Und man erkennt wieder als später Nachfahre, welchen Strapazen die Seeleute früherer Jahrhunderte auf ihren Segelschiffen ausgesetzt waren. Wir sind froh, daß unser moderner Ozeanriese auch uns, deren Gesundheit nicht so robust ist, die Möglichkeit gibt, die Welt zu umrunden.

Bei einer nachmittäglichen Aperitif-Stunde in der Wolga-Bar entdecke ich auf einer Getränkekarte, daß die »Maxim« auch Wein aus meiner Geburtsstadt mitführt: Würzburger Stein und Würzburger Abtsleite!

ADEN/SÜDJEMEN: Auf schwarzem Lavagestein steht die weiße Moschee

JEMEN: Hütten der Armut vor den düsteren Vulkanbergen

BOMBAY: In der Bildmitte ein »Turm des Schweigens«, hierher bringen die Parsen ihre Toten den Geiern zum Fraß

Tatsächlich stehen da in einer Stellage an der Wand die vertrauten Bocksbeutel. Ein anheimelnder Gedanke, daß so gute Gewächse aus Franken auch dabei sind.
Gegen Abend geht das Thermometer auf 30 Grad zurück und dank der Klimaanlage braucht man sich im Schiff selbst, was die Abendkleidung anlangt, keine großen Gedanken zu machen. Da haben es denn auch die unternehmungslustigen Damen und Herren leicht, sich mit lockeren Gewändern für das abendliche Treiben im Musiksalon »Maxim total verrückt« fertig zu machen.
Vorher treffen wir uns, einem Vorschlag der Reiseleitung nachkommend, mit Landsleuten aus dem »Münchner Raum« in einem Clubzimmer des Promenadendecks. Man stellt sich vor, nimmt Kontakte auf, hört ohne großes Rätselraten, was der einzelne für einen Beruf, was er für ein Hobby hat — und siehe da, mit von der Partie sind auch ein paar gebürtige Würzburgerinnen und eine von ihnen hat das gleiche Gymnasium besucht wie ich selbst, nämlich das ehrwürdige Alte Gymnasium in Würzburg, in dem wir nicht nur Lateinisch, sondern auch Altgriechisch gelernt haben. Die große Welt — die kleine Welt! Begegnungen am Rand einer Weltreise.

Im Roten Meer, 30. März
Bevor die Sonne aufgeht, sehe ich vom Fenster aus mehrere Wolken an der Horizontlinie. Noch sind sie grau und von der Dämmerung umschattet. Man braucht aber keine Sorge zu haben, daß das schöne Wetter der letzten Tage umschlägt. Als die Sonne heraufbrennt, erkennt man gleich, daß da nur ein leichtes, lockeres Gewölk aufgezogen ist. Und im steigenden Tag lösen sich die duftigen Streifen ganz auf, zerfließen und verschweben ins Leere. Der Himmel wird wieder wolkenlos. Gegen acht Uhr zeigt das Thermometer im Schatten bereits 27 Grad.
Das tonig grüne Meer ist wenig bewegt. Weit entfernt orgeln die Maschinen, kaum merklich zittert über ihrer schweren Arbeit das Schiff. Ein heller Seetag — der dritte von Suez her — liegt mit seiner Bläue vor uns. Erst morgen werden wir dort, wo das Rote Meer in den Indischen Ozean übergeht, Südjemen und die Stadt Aden erreichen.
Schwimmen, frühstücken! Man könnte sich das Frühstück natürlich auch auf die Kabine bringen lassen, aber wir ziehen es vor, ins Restaurant zu gehen. Vorher hängen wir das blaue Schild »Bitte die Kabine

aufräumen« — »please make up my room« — an die Außenklinke der Türe. Als wir zurückkommen, ist die Kabine schon in Ordnung gebracht, die fleißige Stewardeß hat den Teppichboden gesaugt, neue Handtücher aufgehängt, das Trinkwasser in der Thermosflasche erneuert, sogar die Betten sind frisch überzogen.

Wenn man vormittags gegen elf Uhr die Quecksilbersäule des Außenthermometers im Schatten mißt, so sieht man, daß sie schon auf 34 Grad emporgeklettert ist.

So geht man gerne in das klimatisierte Maxim-Theater, um dort einen Vortrag über »Moscheen und Minarette — die Welt des Islams« anzuhören. In Ägypten, wo wir eben gewesen sind, und in den nächsten Ländern, die wir besuchen, spielt ja der Islam mit seinen Millionen Anhängern eine maßgebliche Rolle. Zu ihm bekennen sich, wenn auch in Sunniten und Schiiten gespalten, heute etwa 530 bis 540 Millionen Menschen. Im Koran hat man das göttliche Wort aufgezeichnet, folgt aber auch der Überlieferung, die Mohammed, der Prophet Allahs, begründet hat. Uns interessiert natürlich auch besonders die islamische Kunst, die den Baustil der Moscheen geschaffen hat mit den Kuppeln und Minaretten, mit den Innenräumen voller Teppiche, Matten und den Kanzeln der Gebetsrufer. Gerade in der Wüstenregion um das Rote Meer, in Arabien, aber auch in den afrikanischen Randgebieten, ja auch in Indien und Malaysia ist der Islam fest gegründet. In der neuesten Zeit haben die Moslems auch vielfach eine große wirtschaftliche Kraft erhalten durch die bedeutenden Ölvorkommen, etwa in Saudi-Arabien.

Man braucht nur an Deck zu gehen, dann wird man wieder an diesen Ölreichtum erinnert: Ein mächtiger Tanker begleitet uns, wenn auch in gebührendem Abstand, auf der Backbordseite den ganzen Vormittag. Mittlerweile rücken auch die Küsten näher an unseren Kurs heran. Backbord erscheinen Felseninseln vor der Horizontlinie, bald sind sie vierkantig und schroff wie ein rechteckiger Block ins Meer gestellt, man sieht auch durchs Fernglas weder Baum noch Strauch, noch irgendwelche Häuser. Dann liegen die Felskuppeln auch krumm und bucklig wie erstarrte Wale über dem Wasser.

Und hier kommt uns wieder ein Schiff entgegen, abermals ein Tanker, durchs Fernglas ist seine Bugwelle deutlich erkennbar.

Im Laufe des Nachmittags erscheinen auch auf der Steuerbordseite mehrere Inseln: Wieder sind es Felsenrücken, hart und vegetationslos,

die sich unwirtlich aus den blaugrünen Wellen heben. Es wird nun diesig über der Horizontlinie, Wolken bündeln sich dichter zusammen, nur die Himmelskuppe selbst bleibt noch blau.
Interesse erweckt abends das Interview des Bordfernsehens mit dem leitenden Ingenieur unseres Schiffes. Es ist erstaunlich, daß die »Maxim« für 20 Seetage Öl aufnehmen kann. Und immer wieder wundert man sich, in welcher Güte hier das Süßwasser aus dem Meer aufbereitet wird: Es ist sogar für Nierenkranke trinkbar.
Die Nachrichten anschließend im Fernsehen zeigen freilich, was für große Spannungen in der Welt bestehen und wie durch einen Krieg alle technischen Errungenschaften der Menschheit und die modernen Formen der Zivilisation zunichte gemacht werden könnten. So erklingen auch die Worte des Papstes ernst und gewichtig...
Die Fernsehsprecherin erinnert noch daran, daß wir morgen in Aden keine Kinder, keine Gebäude und besonders keine militärischen Einrichtungen fotografieren sollen. Es könnte sonst geschehen, daß man ohne Apparat aufs Schiff zurückkommt. Aber ich werde den Apparat doch mitnehmen, Aden hat ja auch einen landschaftlichen Hintergrund, der eine Aufnahme lohnt.

Im Krater eines Vulkans

Aden / Jemen, 31. März
Gestern abend habe ich noch einiges über Südjemen, das an der Südwestseite der arabischen Halbinsel gelegen ist, gelesen. Man beziffert jetzt die Einwohnerzahl auf 1,8 Millionen Menschen. Die meisten sind Araber, aber auch ein paar tausend Inder, Somalis, Pakistaner und sogar einige Europäer, namentlich Engländer, sind hier ansässig. Die herrschende Religion ist der Islam, die Staatssprache ist Arabisch. Aden selbst, ehedem eine englische Kronkolonie, ist zur Hauptstadt der Volksrepublik bestimmt worden und zählt gegen 300000 Einwohner. Das Land ist zu einem großen Teil Wüstengebiet und für die Landwirtschaft nicht auswertbar, nur im Küstengebiet finden sich einige fruchtbringende Striche. Die Stadt Aden selbst aber hat ihre Bedeutung für alle Schiffe, die durchs Rote Meer fahren, behalten, weil man hier bunkern kann. Die anlaufenden Schiffe und das Salz, das man aus dem Meer gewinnt, sind denn auch heute noch besondere Einnahme-

quellen von Aden. Dabei erinnert man sich, daß hier bereits in früheren Jahrhunderten ein zentraler Handelsplatz war für Gewürze, die aus Asien kamen, sowie für Edelmetalle, die Afrika lieferte. Allerdings ist das heiße Klima für Europäer oft schwer zu ertragen, so daß man diesem Punkt unserer Erde auch einmal den Beinamen »Grab des weißen Mannes« gegeben hat.
Nun wir werden einen halben Tag in Aden anlegen und da wollen wir doch eine Stadtrundfahrt unternehmen.
Um sechs Uhr rasselt der Wecker. Aufstehen, rasieren. Vom Fenster aus neue Felseninseln gesichtet. Ich gehe an Deck, jetzt schon 29 Grad. Die Sonne strahlt von einem blanken Himmel. Bei dieser Temperatur wählt man die leichteste Sommerkleidung.
Inzwischen hat sich die »Maxim« vor der Stadt Aden auf Reede gelegt. Und nun erkennt man deutlich aus der steilen Felsenkulisse, daß diese Stadt tatsächlich im Krater eines auseinandergeborstenen Vulkans liegt, dessen äußere Felsenränder hoch in den Himmel hineingezackt sind. Direkt neben den Schiffswänden liegt eine Bunkerinsel mit riesigen schwarzen Schläuchen, sie sind unmittelbar mit der Pipeline am Ufer verbunden und versorgen die »Maxim« wieder mit Öl. Riesenhafte Tanks der Öl-Multis sind über die verschiedenen Inseln verstreut, man kann die Namen der Weltfirmen wie Mobil, Esso und dergleichen in Großbuchstaben lesen. Zahlreiche Schiffe liegen in unserer Nachbarschaft auf Reede, aber kein Passagierschiff ragt so stolz und groß über das schmutzige Hafenwasser wie unsere weiße »Maxim«. Da man noch Zeit hat, bis das Schiff von den örtlichen Behörden für den Landgang freigegeben ist, fotografiert und filmt man vom Schiff aus die kahlen und schroffen Steinwände, die oft unmittelbar aus dem Meer aufsteigen und der Stadt selbst nur wenig Raum lassen. Nur einige wenige grüne Flecken sind in die vulkanisch zerrissenen Berge eingestreut.
Mittlerweile sind die örtlichen Behördenvertreter an Bord gekommen. Einige von ihnen lassen sich im Speisesaal das Frühstück mit Spiegelei und Würstchen gut schmecken. Wir selbst bekommen als Passagiere für die Hin- und Rückfahrt mit dem Tenderboot Fahrkarten und Landausweise von Südjemen.
Drüben am Ufer angekommen, werden wir von einem jungen Mann begrüßt, der uns durch die Stadt führen soll. Es ist ein schmaler dunkelhäutiger Araber mit schwarzem Haarwust, einem schmalen

Schnurrbart und einem schütteren Backenbart. Er spricht Deutsch, hat in Hamburg studiert und ist jetzt als Ingenieur in seiner jemenitischen Heimat tätig. Natürlich funktioniert das Mikrophon nicht, so daß der Ingenieur seine Sätze laut artikulieren muß. Es ist bereits recht schwül geworden, man schwitzt fast wie in einer Sauna. Die Temperatur ist inzwischen über 30 Grad gestiegen. Das hindert aber eine traditionsbewußte Frau, die an unserem Bus vorbeigeht, nicht, zum schwarzen Kopftuch, zum schwarzen Kleid auch dunklen Schleier zu tragen.
Über der bescheidenen Hafenhalle erhebt sich auf der erstarrten Lava des zerborstenen Vulkans eine Zitadelle. Auf der darunter gelegenen ebenen Fläche stehen auch hier riesige Öltanks, als wollten sie die Macht des arabischen Öls dokumentieren. Im Gegensatz dazu sind die Lavahänge oft voller Scherben und Unrat. Nun fahren wir durch die Hauptstraße mit schlichten Häusern, gelangen dann am Meer entlang auf einen neueren Verkehrsweg, der von hohen Häusern gesäumt ist. Diese wurden noch in der Kolonialzeit von Engländern erbaut, sind aber jetzt von Einheimischen bewohnt. Bunte Flecken im Einerlei der Häuser sind Wäschestücke, die man auf den Balkonen aufgehängt hat. Die Straße ist jetzt nach einem Freiheitskämpfer benannt, der sich damals in den Auseinandersetzungen mit den Engländern ausgezeichnet hat.
Orientalische Bilder bieten sich an: Da nähert sich auf einer steinigen, staubigen und brütend heißen Seitenstraße ein lastenbeladenes Kamel, gleich dort an einer Ecke hockt ein Kleinsthändler und hofft, mit seiner Schachtel voll Krimskrams Käufer anlocken zu können. Und zwischen den Häusern, deren Verputz an einzelnen Stellen bereits abbröckelt, liegen Bau- und Schuttplätze, auf denen man nicht nur Abfälle ausbreitet, sondern wo man auch alte Reifen und verrostete Autoteile dem völligen Verderb ausliefert. Nun, bei den heißen Temperaturen in Aden, soll man solche Erscheinungen nicht zu kritisch werten, man kann sich nicht allzu sehr um schadhaft gewordene Autoreifen kümmern, wenn man all seine Kraft darauf verwenden muß, die Familie satt zu bekommen.
Und um dieses Ziel zu erreichen, muß man in einer solchen Landschaft, wo Lava, Berge und Wüsten das Stadtgebiet umklammern, in der Familie zusammenhelfen.
Der Ingenieur sagt: »Bei uns müssen die Frauen arbeiten wie der Mann, und sie haben sogar im Krieg ihren Mann zu stehen.«

»Hm, und wie ist das mit der Gleichberechtigung in der Praxis?«, fragt einer der Mitreisenden und deutet durchs Fenster auf eine Frau, die schnell ihren schwarzen Schleier vors Gesicht zieht.
»Sie schämt sich«, meint der Führer.
»Wovor?«
Nun, man kommt nicht so ohne weiteres hinter dieses mehrdeutige Wort und muß sich eingestehen, daß man die Mentalität fremder Völker nicht immer durch die westliche europäische Brille betrachten sollte.
Weiter fahren wir durch die glutheiße Stadt am Meer entlang, nur selten sieht man an einer der Wohnungen ein Kästchen für eine Klimaanlage, die Einwohner tun sich mit der Hitze wohl leichter als wir Europäer, die ein gemäßigtes Klima gewöhnt sind. Hier ein Lichtblick in dem sonst so kahlen, kargen Gelände: In einem Garten blüht reich und füllig roter Oleander, daneben duften die weißen Blüten der Akazien.
»Vor drei Wochen«, erklärt der Ingenieur, »hatten wir hier einen gewaltigen Wolkenbruch, er hat zwar Autos und auch Wohnungen beschädigt — aber er hat auch den Oleander und die Akazien zu einer solchen Blüte gebracht.«
Es geht an einer Schule vorbei. Die einzelnen Klassen haben gerade Pause, genau wie bei uns laufen und rennen die Kinder fröhlich über den Schulhof.
»Wir haben auch hier in Jemen die allgemeine Schulpflicht«, sagt unser Führer, »zuerst gehen die Kleinen in einen Kindergarten, spätestens im achten Lebensjahr dann in die Schule. Wer tüchtig ist, kommt auch hier bis zum Abitur, und seit neuester Zeit gibt es bei uns eine Universität.«
Natürlich müssen die jungen Leute auch ihren Wehrdienst ableisten und so wundert es uns nicht, daß wir jetzt außerhalb der Stadt an einem Gelände vorbeikommen, das mit Stacheldraht umzäunt ist und in dem sich zahlreiche Zelte und Baracken befinden: ein Militärlager. Da gibt es auch Kolonnen von Soldaten, die unter dieser unbarmherzigen Sonne den Exerzierschritt üben und Griffe klopfen müssen.
In dem schmalen Landstreifen zwischen Meer und jäh aufsteigenden Vulkanwänden ist ein neueres Außenviertel unweit des Strandes angelegt, da gibt es moderne vierstöckige Häuser mit Dachterrassen. Man hält hier Heim und Haus in Ordnung, gerade säubert eine Frau den Gehsteig vor ihrem Haus von den zahllosen weggeworfenen Papierre-

sten. Der Gemeinschaft dienen eine Strandhalle und ein Sportplatz, und unser Führer fügt erläuternd hinzu: »Hier treffen sich abends nach den heißen Tagen die jungen Leute, sie spielen, tanzen und singen.« Jugendliche Freuden wie überall in der Welt.

Offizielle Gebäude schließen sich an, auf den Schildern stehen neben den arabischen auch englische Bezeichnungen: »Post-Office«, »Bank of Jemen« — hier sind auch Innenministerium und Paßbehörde. Freilich, man braucht nur eine Minute weiterzufahren, dann drängen sich wieder wüstenartige Geröllflächen bis in die Nähe der Straße. Hier liegt dann wieder Unrat zuhauf, verrostete Fässer buckeln sich zu Hügeln empor und überall liegen Scherben, Scherben und nochmals Scherben.

Da braten, dem Meer zugewandt, die staubigen Häuser in der Hitze, aber man findet doch im Inneren Schatten und Schutz gegen Unwetter. Wenn man aber ein paar hundert Meter weiter landeinwärts die ansteigenden kahlen Lavahalden betrachtet, dann sieht man dort immer noch armseligere Hütten aus Blech und Lattengerüsten — diese behelfsmäßigen Bauten bieten gewiß keine Gewähr dafür, daß sie einem tropischen Regenguß standhalten.

Auf unserem Weg kommen wir nun zu einem Minarett aus dem 18. Jahrhundert. Unser Ingenieur macht uns auf die schönen Formen des steilen Turmes aufmerksam. Wie wäre es mit einem Foto!

Weiter gehts: Hier ist eine Frauenklinik untergebracht, dort sind die Häuser des Arbeits- und Finanzministeriums. Zuweilen unterbrechen ein paar Kuppeln die einförmige Straßenlandschaft mit ihren flachen Dächern. Zwischen all die kahlen Bauten hat man gelben und roten Oleander gepflanzt, diese Farbtöne beleben das Bild ein wenig. Bei einem Blick durch die Straßen aber sieht man immer wieder die toten vegetationslosen Vulkanwände.

Wir halten an einer Moschee, an der ein Minarett angebaut ist. Hell stehen Kuppel und Turm im gleißenden Sonnenlicht. Wir ziehen die Schuhe aus, bevor wir das Innere betreten. Unterhalb der Kuppel stehen mehrere Sarkophage, in denen ein Prophet mit seinen Kindern die letzte Ruhe gefunden hat. Reich sind die Wände in dieser jemenitischen Moschee mit Arabesken und Ornamenten geschmückt. Wie in unseren Kirchen das Gebetbuch, so liegt hier der Koran auf. Wenn sich im Inneren des Gotteshauses Männer und Frauen zum Gebet versammeln, so knien vorn die Männer, hinten die Frauen, in geschlossenen Reihen.

»Würden die Frauen vorn knien«, flüstert unser jemenitischer Begleiter, »so könnten die Männer zu begehrlichen Blicken verleitet werden!«
Draußen vor der Moschee wieder angekommen, fügt unser Führer hinzu: »Wer betet, muß auch essen!« Und so gibt es in der Nähe eine Markthalle, wo hauptsächlich Fische und Gemüse als Produkte des eigenen Landes angeboten werden, während Fleisch aus den afrikanischen Ländern Äthiopien und Somalia eingeführt werden muß.
Eine Hauptsehenswürdigkeit von Aden und zugleich eine Lebensnotwendigkeit für die Stadt sind die Wasserspeicher oder, noch besser gesagt, die Staubecken, die in einer der Bergschluchten des zerklüfteten Vulkankraters übereinander angelegt sind und bereits vor 600 Jahren begründet wurden. Es sind, wie man sagt, 17 übereinanderliegende Becken, die das kostbare Naß, wenn es regnet, von den Felswänden her auffangen und für die karge Landwirtschaft im Tal bewahren. Ohne diese Wasserspeicher hätte sich die Stadt Aden durch die Jahrhunderte nicht am Leben erhalten können. Denn man muß sich ja immer wieder vergegenwärtigen, daß die unerbittliche Wüste mit Sand, Fels und Geröll unmittelbar bis an die Stadt heranreicht.
Nachdem wir einen bescheidenen »Botanischen Garten« durchquert haben, steigen wir auf Treppen an einem Staubecken nach dem anderen vorbei, während links und rechts vegetationslos die zerklüfteten Gebirgswände zu den Wolken ragen. Hier erreicht man eine Plattform, auf der zu anderen Gelegenheiten Tänze und Folklore dargeboten werden. Heute empfängt uns das laute grelle Geschrei der Raben, die in ausgewaschenen Löchern der Vulkanberge nisten, jetzt aber in den Zweigen eines Johannisbrotbaumes wie schwarze Totenvögel hocken. Während wir uns auf der Terrasse mit einem Coca-Cola erfrischen, kommen gleich ganze Schwärme von Fliegen an, sie wollen sich an den paar süßen Tropfen laben, die auf den Holztisch gefallen sind. Und dazwischen hoffen sie, auf unseren verschwitzten Händen und Armen etwas »Genießbares« zu finden. Kein Wunder, daß hier so viele Raben und Fliegenschwärme existieren können, in den Schutthalden nahe der Stadt haben sie eine gute Chance zum Überleben.
In den unteren Wassertanks ist trotz des Wolkenbruchs vor drei Wochen kein Tropfen Wasser. Steigen wir also über die vielen Steintreppen und Stufen zwischen den nahen Bergsockeln in dem eingeschnittenen engen Tal zu dem obersten Tank empor — und dort steht in einem

wohlbehüteten Wasserspeicher tatsächlich noch ein kleiner grünschillernder See und belehrt uns, welche Bedeutung in dieser so kahlen arabischen Südwestecke, die ehedem strategisch wichtig war, dem Wasser zugemessen wird. Ein mächtiges Bauwerk, diese Speicheranlage! Sie zeugt von einem Jahrhunderte langen Bemühen des Menschen, auch an einem klimatisch wenig begünstigten Fleck zu existieren und Heimat zu finden.

Lange schaut man von hier aus zu den Lavawänden hinauf — es ist wahrhaft ein schroffes Gebirge, das hier einmal die brennende Vulkanglut aufgetürmt hat. Wie Trennwände schirmen jetzt die hohen Zacken den kleinen Erdenfleck mit der Stadt Aden vor der Weite Arabiens.

Wir können nicht länger verweilen, sondern müssen in die Stadt zurückfahren. Denn bereits vor 13 Uhr sollen wir wieder auf der »Maxim« sein.

Hier noch einmal ein Markt mit Fischen und Gemüsen, kleine Basare, in denen man Nudeln und billige Haushaltsartikel verkauft. Winzige offene Cafés für die Männer, wo es auch die Rauschgift-Blätter zum Kauen gibt. Dann aber auch deutsche Weltfirmen wie Bayer, Grundig und Mercedes mit ihren Niederlassungen.

Der Wagen fährt uns noch eine kürzere Strecke hinaus in das Vorland der Stadt. Auch hier kann man an den Berghängen die Slums nicht übersehen; wie Krähen-Nester, den Stürmen preisgegeben, klammern sie sich dort ins Geklüft. Hier unten aber neben der Uferstraße erinnert ein englischer Friedhof, auf dem schwere Leichensteine lasten, an jene Zeit, da die Briten diesen Platz noch als ihre Kolonie betrachteten. Viele von ihnen haben hier — fern der nordischen Inselheimat — ihre Ruhe gefunden. Unter der sengenden Sonne ist zwischen den Grabsteinen keine Blume zu erkennen, auch kein Kreuz. Wahrhaft in fremde Erde sind hier die Briten gebettet. Ein Kapitel der Kolonialgeschichte hat sein Ende gefunden.

Wieder hinein in die kahle, karge Stadt. Wir gehen ins Theater. Ein großer schmuckloser Raum, hergerichtet wie ein Tanzsaal. Bühne, Parkett, Rang. Rote Sterne seitwärts der Bühne, ein paar Bilder mit bewaffneten Männern, mit Gewehren, Pistolen. Neon-Lichter! Propeller zur Kühlung. Links von der Bühne ein paar Musikanten; der eine bläst mit aufgeplusterten Backen auf seinem Instrument, das wie eine Flöte aussieht, aber wie ein Dudelsack klingt. Einförmig und einlullend seine

Melodie wie bei den Schlangenbeschwörern. Ein anderer haut auf seine Trommel mit der flachen Hand, so wild, als wollte er das Fell einschlagen, ein dritter bedient eine Art Tamburin. Immer wieder die gleiche Melodie, eintönig, aber aufreizend. In einer Kurzvorstellung erscheinen die Tänzer. Sie tragen eine Art schottische Röcke, dazu Gürtel, weiße, kurzärmelige Jäckchen, weiße Stirnbänder. In den Händen halten sie krumme, breite Dolche. Ihren Schwertertanz unterbrechen sie immer wieder mit lauten Schreien, halten dann jäh inne und stampfen mit ihren nackten, braunen Füßen auf der Bühne herum. Sie erglühen begehrlich, als eine Frau erscheint, die in rosagoldgestickte Seide gekleidet ist, mit Glöckchen am Fußgelenk, und die nun ihre Schleier schwingt. Acht Männer zücken ihre Dolche, stoßen diese in die Luft, hüpfen ekstatisch näher an die Tänzerin heran, ziehen drohende Kreise mit ihren Dolchen. Die Musik gleicht sich der Ekstase der Tänzer an, auch sie wird immer rasender — wilder. Kein Wunder! Acht Männer und *eine* verlockende, verführerische Frau.
Dann erscheinen Tänzerinnen in schwarzen Kleidern. Es sind lauter junge, hübsche Mädchen aus Jemen — mit ihren dunklen Haaren, den noblen Gesichtszügen, den weißen Zähnen, den glühenden Augen könnten sie auch europäischen Sinnen gefährlich werden. Wie überall in der Welt locken und verlocken die Mädchen, wie überall suchen auch die Männer hübsche Partnerinnen, die Paare trennen und nähern sich wieder — aber hier in dieser arabischen Ecke gibt man nichts Unverhülltes preis, man lockt mit Bewegungen, die das Schöne nur ahnen lassen, man lockt mit einem Lächeln zu einer behutsamen Zärtlichkeit. Keine Spur von Nackttänzen, wie man sie in ägyptischen, türkischen und natürlich in westlichen Nachtlokalen sehen kann. Hier in Aden reichen die Kleider der Tänzerinnen bis zu den Knöcheln. Liebenswert sind die Mädchen und jungen Frauen auch in diesen schwarzen Gewändern, und so ist es verständlich, daß sich die Paare zu einem Happy-End finden. Eng umschlungen ziehen Tänzer und Tänzerinnen gemeinsam ab.
Die Tanzenden sind von sich selbst so begeistert, daß sie zu Dudelsack und Trommel noch Dreingaben anbieten.
Uns aber ruft die Zeit. Mit unserem Wagen erreichen wir den Hafen, gönnen uns hier aber doch noch einen Rundgang durchs Museum, wo man Skulpturen und Inschriftentafeln aus früher Zeit verwahrt, die bezeugen, daß dieser Ort schon im Altertum besiedelt war.

Nun müssen wir aber doch zum Tenderboot laufen, eilig durchfurcht das Boot das Hafenwasser, und da erreichen wir auch schon die »Maxim«. Die Gangway emporgestiegen, Hände am Eingang gewaschen, die Passeport-Karte dem Soldaten aus Jemen zurückgegeben, die Bordmarke am Schwarzen Brett aufgehängt! Da ertönt schon durchs Schiff die bekannte Melodie, die zum Mittagessen ruft.
Danach hat man Gelegenheit, zu beobachten, wie das Schiff ablegt. Denn das Auslaufen, das auf 13 Uhr festgesetzt war, verzögert sich bis 15 Uhr. Da nähert sich vom Ufer her ein Boot, drei Männer springen auf eine riesige Boje, lösen die Ankerseile — dort auf dem Vorderdeck des Schiffes zerren nun ein paar Matrosen die Seile gegen eine Rolle, welche die dicken Seile aufspult. Die Männer drunten auf der Boje haben ihre Arbeit erledigt, sie können dort wieder in ihr Boot zurückspringen. Hier aber auf Deck wird nun der schwere Anker aus dem Grund gezogen, ruckweise hart krachende Töne begleiten die Kette, während sie aufgerollt wird. Dazwischen schlägt der wachhabende Offizier die Schiffsglocke an, auf der Brücke wird man hören, wie weit die Vorbereitungen zur Ausfahrt gediehen sind.
Zwei Schlepper erscheinen — der eine drückt gegen den Bug des Schiffes, der andere zieht mit einem Tau das Heck zurück — auf diese Weise wird die »Maxim« um 180 Grad gewendet und hat nun für die Ausfahrt die gewünschte Richtung.
Ein paar dunkle Heultöne des Schiffes — die »Maxim« verabschiedet sich von Aden und nimmt Kurs auf Bombay in Indien. Wieder liegen drei Tage auf See vor uns, wir werden den Teil des Indischen Ozeans, den man auch Arabisches Meer nennt, durchfahren.

Drei Seetage im Arabischen Meer

Indischer Ozean / Arabisches Meer, 31. März
Noch eine ganze Stunde können wir, nachdem wir Aden verlassen haben, die vorübergleitende Küstenlandschaft von Südjemen beobachten. Die steil ansteigenden Felsen, die schroffen Höhenzüge, die manchmal wie erstarrte Fladen aussehen, manchmal aber auch schichtweise übereinandergelegt sind. Hart und kantig sind die Spitzen und Zacken in den Himmel gezeichnet. Kein grüner Strich, kein Baum in diesen grauen, zerrissenen Wänden. Von der grellen Sonne — wir

haben jetzt 35 Grad im Schatten — sind sie überglüht. Allmählich neigt sich der Felsenzug seinem Ende zu, triftet hinunter zum Meer. Mitunter erscheint jetzt unten, wo die Wellen schäumen, ein schmaler Sandstrand, da läuft auch eine Sandhalde zwischen den Felsen vom Kamm herunter zum Wasserspiegel, sieht aus wie eine Gletscherzunge — aber natürlich nicht aus Eis, sondern aus Sand ist dieser eingebettete Strom gebildet, ein gelber Sandstreifen, gleichsam ein Ausläufer der dahinterliegenden Wüste.

Der letzte Höhenzug von Jemen schiebt sich hinunter ins Meer, mit ihm nehmen wir endgültig von Jemen Abschied. Mit dem Fernglas erkennt man auf der Höhe eine Straße, sie führt von einer Befestigungsanlage zum Leuchtturm am äußersten Felsenende, und diese Straße wird sogar von grünen Bäumen gesäumt! Fast ein Wunder neben den vegetationslosen Lavatürmen. Ein paar Häuser umkreisen den Leuchtturm, der die Schiffer warnt und ihnen den Weg weist, wenn sie sich nachts der Bergkette nähern. Man begreift beim Anblick der kahlen Felsen, bei dem anschließenden Wüstenstrich, in dem nur ein paar Oasen leben, wie schwer sich Südjemen tut, um seine Menschen zu ernähren...

Nachmittags hat der fleißige Matrose ins Schwimmbecken wieder frisches Meerwasser eingelassen, so daß man sich nach dem heißen Besuch in Jemen im Wasser erfrischen kann. Nahezu wolkenlos vergeht der Tag.

Während man sich in der Kabine fürs Abendessen umzieht, hört man im Fernsehen einem Angehörigen der Reiseleitung zu, der von der Arbeit des Zahlmeisters erzählt. Daß man beim Essen so perfekt bedient wird, das verdanken die 600 Passagiere etwa 70 Stewardessen, die als Kellnerinnen ausgebildet sind und nicht nur geschickt, sondern auch freundlich die Gerichte auftragen. In der Küche selbst sind etwa 50 Personen beschäftigt, Köche, Metzger, Konditoren, Lagerarbeiter, Pflegepersonal, damit Obst und Gemüse frisch gehalten werden. Es ist ja wirklich erstaunlich, daß über 600 Essensportionen mittags und abends nahezu gleichzeitig serviert werden können. Zum Aufgabenkreis der Zahlmeisterei gehört nicht nur die Abrechnung mit dem Personal und dem Reiseunternehmen, sondern der Zahlmeister hat auch in den Häfen die anfallenden Gebühren zu zahlen, so für den Lotsen, für die Schlepper, für das Anlegen an der Pier oder das Ankern auf Reede, er muß dafür sorgen, daß die Agenturen, die Gebühren für Te-

lefonate und für das Wasser, das man in den Häfen aufnimmt, beglichen werden.
Auf dem Schiff befinden sich über 300 Kabinen für die Passagiere, jede Zimmer-Stewardeß hat täglich 12 Kabinen sauber zu halten. Zum Ausgleich für die Arbeit auf dem Schiff, die ja keine Feiertage kennt, gibt es dann über Monate hinweg für das Personal einen ausgedehnten Heimaturlaub.
Bei alledem wird man daran erinnert, daß für eine solche lange Fahrt rings um die Erde Reise- und Schiffsleitung bereits vor Beginn vielerlei Vorarbeiten zu leisten haben.
In all diese Vorgänge ist der Zahlmeister eingeschaltet. Er ist übrigens auch für die Pässe verantwortlich, die in den einzelnen Häfen den Behörden vorgelegt werden müssen. Dabei gibt es Länder, die unsere »Maxim« bereits von früheren Fahrten kennen und daher großzügig sind, es gibt aber auch Hafenbehörden, die bei der Paßkontrolle recht pingelig verfahren.
Noch eine Frage, die immer wieder gestellt wird! Was geschieht auf dem Schiff mit den Speisen, die nicht aufgegessen werden? Übrig gebliebenes Brot muß grundsätzlich weggeworfen werden, da es sich nicht hält, man überläßt es den Fischen. Nicht aufgehoben werden auch die Salatreste und die geöffneten Konserven. Unter diese Regelung würden auch offene Kaviardosen fallen — aber Kaviar — bleibt niemals übrig!
Nun nach alledem schmeckt uns das Abendessen besonders gut. Wer dann noch Lust hat, kann sich auf das Sportdeck begeben und unter dem warmen Nachthimmel bei beleuchteten Lampions und den Tönen der Musikkapelle an einer »Mondschein-Party« teilnehmen, auf der es Sangria zu trinken gibt. Inge aber möchte lieber in einen Film gehen: Im Maximtheater gibt es die Thomas-Mann-Verfilmung von »Felix Krull«.
Die Uhren werden heute nacht wieder um eine Stunde vorgestellt, wir sind ja auf Ostkurs. Vom Fenster der Kabine aus sehen wir auch in der Nacht, daß der Sternenhimmel klar bleibt. Die »Maxim« macht flotte Fahrt.

Indischer Ozean / Arabisches Meer, 1. April
Schon vormittags beträgt die Lufttemperatur 28 Grad, das Meer hat 29 Grad. Es ist hier 2400 Meter tief. Diese Angaben klingen in der Durch-

sage der Sprecherin durchaus glaubhaft, da aber hört man erstaunt, daß die Windstärke 9, der Seegang 10 betragen soll! Habe ich mich verhört? Das kann doch nicht wahr sein. Ich schaue zum Kabinenfenster hinaus. Habe ich vielleicht beim Schreiben meiner Notizen übersehen, daß ein Sturm im Anzug ist? Da höre ich weiter durch den Lautsprecher die Stimme der Ansagerin: »Halten Sie sich auf den Gängen am Geländer fest!« Das begreife ich nicht, die See draußen ist doch nur ganz schwach bewegt, am Himmel sind nur ein paar Wattewolken ins Blaue getupft. Lautstark schimpfe ich los: »Wo soll es denn bei einem solchen Himmel einen Orkan geben, was für einen Mist hat denn da die Ansagerin gebaut!« Inge lacht: »Noch nicht kapiert? Wir haben heute doch den 1. April!«

Reingeflogen — 1. April ! Die Frauen sind eben doch klüger als wir, besonders dann, wenn wir in Arbeit vergraben sind.

Da will ich jetzt mal meine Schreibarbeit unterbrechen und einen Dia-Vortrag anhören, der an diesem späten Vormittag von unseren künftigen Zielen Penang und Singapur erzählt.

Anschließend liegt man auf dem Bootsdeck im Schatten. Davor der weite Halbkreis des tiefblauen Meeres bis hin zum Horizont, eine spielerisch bewegte Wasserfläche mit scharf abgegrenzter Horizontlinie, darüber der lichte azurene Himmel. Verstreut weißes Gewölk! In Gedankenspielen verleiht man den Wolken Tiergestalten: Hier ein Dromedar mit Höcker und vorgerecktem Kopf, dort ein langgestreckter Dinosaurier, daneben biegt ein Geier mit zerrupftem Gefieder seinen Hals, eine Wolkenmöwe schwebt daneben und verliert dabei einen Flügel, ein Seepferdchen gleitet durch die Lüfte — dann glaubt man auf einmal als Gebilde der Wolken Süd- und Nordamerika zu sehen, wie sie nur durch den schmalen Hals bei Panama miteinander verbunden sind — aber der Hals verweht, die Erdteile trennen sich, verschieben und verbiegen sich, als könnten sich in wenigen Minuten die Erdmassen auf Wanderschaft begeben. Träumereien!

Unter uns klingt nur sehr entfernt der Ton der Maschinen, man spürt ein leises Erzittern des Schiffes, hört in der Nähe das Rauschen vom Kamin her — aber man ist schon so sehr an diese Töne gewöhnt, daß man sie kaum mehr als störend empfindet.

Gegen Abend sind all die Wolkentiere, die vermeintlichen Erdteile verflogen, nicht ein einziges Wolken-Silberfischchen ist mehr zu sehen. All die Gebilde haben sich aufgelöst — wir schwimmen unter einem wolkenlos blauen Himmel durch das Arabische Meer. Kein Schiff begegnet uns. Weit und breit nur das Gewoge der See. Die Sonne glüht ins Meer hinein, im Westen brennt der Himmel. Auch nachdem die Sonne untergegangen ist, scheint noch ein schmaler Wolkenstreifen im Widerschein des untergegangenen Tagesgestirns.

Indischer Ozean / Arabisches Meer, 2. April
Wir schwimmen halbwegs zwischen Jemen und Indien und sind noch 800 Seemeilen von Bombay entfernt.
Niemand braucht sich an einem solchen Seetag zu langweilen, auf dem Sportdeck heißt es »Trimm dich fit«, im Sportzentrum kann man Kurse mitmachen, Lernfreudige wandern in ihre Sprachstunden.
Man kann aber auch ganz einfach in den Tag hineinleben und nur von der Reling aus das blaue Spiel der Wellen beobachten, das für mich jedenfalls gar nicht langweilig oder gar eintönig ist. Immer wieder wechseln die blauen Formen, buckeln sich auf, vertiefen sich, krümmen sich und branden dann wieder hoch, spritzen hier und da ihre weißen Schaumsträhnen — nicht drohend, sondern spielerisch, in die Luft. Kaum merklich schlingert das Schiff.
Ich höre mir im Laufe des Vormittags einen Vortrag über Indien an. Als ich danach noch einmal das Deck umrunde, fallen mir die Verse eines italienischen Volksliedes ein:

»Il cielo è blu,
il mare è tranquillo...«

Aber meine Nachbarn hier an der Reling genießen den blauen Himmel und das ruhige Meer nicht so sorglos wie ich. Sie fliegen nach dem ersten Teilstück der Reise von Singapur nach Deutschland zurück und machen sich bereits jetzt Gedanken über die Rückreise.
Für heute nachmittag haben wir uns mit zwei Passagierinnen in der Wolga-Bar zu einer Kaffeestunde verabredet. Eine von den beiden Damen hat mein Buch über die Südroute »Weltreise heute« so sorgfältig gelesen, daß sie noch einige Druckfehler gefunden hat, die sich nach der letzten Korrektur noch eingeschlichen haben. Daher der Name »Druckfehlerteufel«.
Ich bin meiner Leserin sehr dankbar, daß ich mit ihrer Hilfe die paar verbliebenen Teufelchen aus der zweiten Auflage meines Buches vertreiben konnte.
Eine angenehme Stunde mit den beiden Damen, die aufgrund eines ar-

beitsreichen Lebens sich jetzt eine Fahrt hinaus in die Welt gönnen können und als Freundinnen und Kabinen-Partnerinnen übers Meer fahren. So gibt es hier auf dem Schiff viele Freundschaften, die sich unterwegs bewähren.

Der Tag ist fast immer wolkenlos geblieben. Jetzt, da wir übers Deck gehen, neigt sich im Westen die Sonne wie eine Silberscheibe den Horizontlinien des Meeres entgegen und legt ein breites, weiß-glimmendes Band vom Horizont her über die schwachbewegte See bis zum Bug des Schiffes, das ruhig und majestätisch seinen Kurs einhält. Wir fahren dem Osten entgegen, wo morgen früh die Sonne wieder aufgehen wird, und dort versammelt sich eine kleine lichtgraue Wolkenherde — ihr Zug sieht aber gar nicht bedrohlich aus, es sind nur ein paar Wolkenschafe, die in der Himmelshürde vor dem Einbruch der Nacht Schutz suchen wollen.

Für heute abend ist eine große Fete geplant. Der Friseursalon an Bord ist daher von den Damen belagert, die natürlich nicht nur mit frisch gewellten Haaren, sondern auch mit den schönsten Kleidern erscheinen wollen. Auch die Herren werden ihren Abendanzug heraussuchen. Denn es soll »die charmanteste Dame« der »TS Maxim« gewählt und zur »Lady Maxim« gekürt werden. Inge sucht sich einen Sari heraus. Sie hat von einer jungen Inderin, die eine Dissertation über meine Bücher schreibt und uns in Deutschland besuchte, gelernt, wie man einen Sari wickelt. Nun der Sari macht sich recht hübsch und so bin ich überzeugt, daß Inge im nächsten Hafen, also in Bombay nach einem neuen Sari Ausschau halten wird.

Bei der Wahl der »Lady Maxim« ist der Musiksalon natürlich bis zum letzten Platz besetzt. Aus diesem Kreis werden zehn Männer gebeten, als Wahlmänner zu fungieren. Sie erhalten zehn Nummernschilder und geben diese an jene Damen weiter, die sie für die charmantesten halten. Der Conférencier und einer aus der Künstlerschar »verarzten« nun eine Schöne nach der anderen. Man fragt nach Name, Herkunft, prüft die Schlagfertigkeit in einem fingierten Interview und läßt die Kandidatinnen ein Lied singen. Schließlich dürfen alle Anwesenden abstimmen, die »Lady Maxim« hat man gefunden! Der italienische Chansonnier singt zu Ehren der neuen Lady ein Ständchen und nun zieht die Erkorene mit großem Gefolge hinunter ins Restaurant und eröffnet das Gala-Büfett.

Hm — Inge wird, wie ich sie kenne, so spät kaum etwas essen, ein paar

COCHIN/INDIEN: *Der alte Rikscha-Fahrer kutschiert seine Kunden auf einem Dreirad durch die Straßen*

SÜD-INDIEN: Vor dem »Hotel Beena« in Cochin warten Kellner und Koch auf Gäste (oben links) — Bettelndes Mädchen am Bus in Goa (oben rechts) — »Heilige Kühe« vor dem Holländischen Palast in Cochin (unten)

Kostproben vielleicht. Aber ich möchte mir doch von den Hummern einen an Land ziehen. Der arme Bursche, den ich auf meinen Teller hieve, hat mit seinen Scheren in der Tiefe des Meeres gegenüber den Schwächeren sicher kein Mitleid gekannt und so mache ich mir auch keine Gewissensbisse daraus, daß er mir gar köstlich schmeckt! Der Bursche ist ein delikater Zeitgenosse.
Bevor die Schlacht um das kalte Büfett begonnen hat, habe ich noch schnell ein paar Aufnahmen gemacht. Denn der Meisterkoch hat mit seinen weißbemützten Gehilfen wahrhafte Kunstwerke der Gastronomie geschaffen! Wer hätte in Kriegszeiten geträumt, daß man sich noch einmal wie im Schlaraffenland an einem solchen Tisch bedienen könnte!

Indischer Ozean / Arabisches Meer, 3. April
Morgens muß man sich nach dem lukullischen Gala-Büfett selbst einen »Renner« geben, um aus dem Bett zu steigen und eine halbe Stunde vor dem Frühstück zu schwimmen. Also raus! Die Wellen sind ruhig, auch dieser letzte Seetag im Arabischen Meer scheint sich sonnig und friedlich anzulassen.
Schauen wir schnell mal das Tagesprogramm an! Sprachunterricht, Massage, Sport, Yoga, Schach, Tanzstunden — das alles kann ich mir schenken, aber die Fortsetzung des Vortrages über Indien, den der Bordgeistliche unter dem Motto »700 Millionen Menschen — und wieviele Götter« hält, wollen Inge und ich doch besuchen. Und Inge hat sich für nachmittags die Schmuckausstellung vorgemerkt, deren Stücke »zu besonders günstigen Preisen« erhältlich sein sollen.
Bombay wirft seine Schatten voraus. Unten am Schwarzen Brett haben bereits drei indische Hotels Prospekte angeschlagen, sie preisen auch ihre Boutiquen und Shopping-Arkaden an: Das Taj-Mahal, Sheraton und Inter-Continental. Geschäftstüchtig!
Bei einem Bummel durchs Schiff bleibt man längere Zeit vor dem sogenannten »Geochron« stehen, einem Instrument, das auf einer Weltkarte ständig zeigt, welche Erdteile Nacht oder Tag haben. Das Licht wandert automatisch weiter, man sieht jeweils, welche Uhrzeit die einzelnen Städte und Länder haben. So kann man auch vermerken, daß daheim unsere Kinder und Enkel eben erst mit ihrer Tagesarbeit beginnen, während wir jetzt bereits auf dem Weg zum Mittagessen sind.
Danach schauen wir uns einmal in der Schmuckausstellung um, die in

einem Clubraum gezeigt wird. Da ruhen die bewundernden Blicke der Frauen auf den milchig weißen Opalen, den grünen Smaragden, den blauen Saphiren, dem braunen Topas, dem wasserblauen Aquamarin, dem grünen Turmalin, dem lila Amethyst. Welche Frau würde sich nicht gern mit diesen leuchtenden Steinen schmücken oder Anhänger, Ohrgehänge, Ringe und Armbänder wählen, wenn der Geldbeutel dies gestatten würde. So ein blitzender Brillant kann schon Staunen erregen. Aber billig sind auch hier an Bord diese echten Stücke nicht und so bleibt der größte Teil des Schmuckes vorerst in der Hand der Verkäufer.
Nach diesem wolkenlosen sonnigen Tag kommt später die Nacht sanft über den Indischen Ozean. Wir gehen noch längere Zeit über das Deck. Während im Musiksalon »Von Melodie zu Melodie« die Lieder der Entertainer erklingen, hören wir hier an der Reling die Melodie der nächtlichen Winde, die von den Wellen heranstreichen. Es ist allerdings unter dem sternenklaren Himmel subtropisch schwül, so daß man sich manchmal nach einer frischen nördlichen Brise sehnt. Neben uns tragen die Matrosen die Liegestühle zusammen, binden sie fest, man weiß ja nie, ob nachts nicht doch ein Sturm kommt. Auch die Matten werden sorgsam verstaut. Danach verklingen die Schritte der Matrosen, nur noch wenige Passagiere sind auf dem Deck unterwegs. In der Ferne kreuzt ein beleuchtetes Schiff unseren Kurs, schnell entfernen sich aber seine Lichter.

Von Indien
nach Singapur

Märchenstadt — Millionenstadt — Bombay

Bombay, 4. April

Von Bombay aus, das die »Maxim« heute erreicht, kann man mit Bus und Flugzeug weite Fahrten ins Innere von Indien unternehmen, so nach Agra und dem weltbekannten Taj Mahal, oder zu den Felsentempeln von Ellora, man kann auch zu dem Maharadscha-Palast nach Bangalore reisen — und alle die Passagiere, die eine solche Exkursion buchen, werden dann in dem südindischen Hafen Cochin wieder an Bord genommen.

Wir selbst wollen im Umkreis von Bombay bleiben. Um sieben Uhr früh liegt bereits die »Maxim« im Kranz zahlreicher anderer Schiffe auf Reede vor Bombay. Bom Baia! Schöne Bucht! Im Dunst der Frühe zeigen sich die Uferbauten der Stadt, einzelne Hochhäuser ragen steil und sonnenüberglänzt über die Silhouette der Stadt. Schmutzig umwellt das Hafenwasser unsere Schiffswände. Tanker, Segelboote, Schlepper zeigen deutlicher ihre Umrisse, während sich der Nebel lichtet. Möwen gleiten über unser Schiff hin. Die »Maxim« kann zur Stunde nicht an die vorgesehene Pier fahren, da wir Ebbe haben. Vorerst tauschen wir einen kleineren Markbetrag in indische Rupien um, holen die Bordmarken, nehmen die Landekarten in Empfang — und dann gehen wir über die Gangway in das Boot, das uns zur Insel mit den Elephanta-Höhlen bringen soll. Ich selbst habe wohl schon bei meinem letzten Aufenthalt hier in Bombay diese Höhlen gesehen, aber Inge kennt sie noch nicht und ich fahre gern noch einmal mit, um die Skulpturen des Felstempels aus dem 8. Jahrhundert zu bewundern.

Die Inderin, die unsere Gruppe führt, hat sich fein gemacht, sie trägt ein grünrot gebatiktes kurzes Kleid, darunter grüne enganliegende Hosen; am Fußgelenk hat sie ein silbernes Kettchen, die Füße stecken in goldenen Sandalen, auch die Zehennägel sind nicht vergessen, sondern rot lackiert. Mit ihren schwarzen Haaren und dem grünen Seidenschal sieht sie aus wie eine der berühmten indischen Miniaturen. Allerdings ist das Gesicht von Pockennarben gezeichnet. Eine Intellektuelle, die gut Deutsch spricht.

Es ist sehr schwül, obwohl es noch früh ist. Hier vor uns im Hafen ein Schiff mit dem stolzen Namen »Indian Fortune«, dort ein Dampfer mit schwarz puffender Rauchsäule. Rasch entfernt sich unser Boot von den hohen weißen Wänden der »Maxim«. Die Inseln und Küstenstri-

che sind noch von dunstigen, diesigen Schleiern verhüllt. Unser Boot, das dem Aussehen nach schon viele Jahre erlebt hat, tuckert aufgeregt durch das bewegte Wasser, der Gischt schlägt am Bug gegen die Scheiben, Wellenspritzer verschonen auch uns nicht am Heck. In der Mitte des Bootes steht ein schmächtiger Inder, er pumpt und pumpt unentwegt Kühlwasser in die Maschinen. Bei der Schwüle eine Schwerstarbeit! Durch die gelben Wellen schaukelt das Boot auf und ab, schlingert der Insel entgegen. Eine Passagierin hält schon ihr Taschentuch vor den Mund. Nun es kommt nicht zum Äußersten, eine knappe Stunde Fahrzeit, und dann sind wir neben anderen Ausflugsbooten am Steg der Insel gelandet.
Etwa zehn Kilometer von Bombay entfernt liegt diese berühmte Insel. Im Schlammwasser am Ufer stehen Laubbäume, sehen aus wie Mangroven. Sofort erscheinen auch bettelnde Kinder, strecken nach Bakschisch die Hände aus. Am Stufenweg zur Höhe bieten Kioske Getränke an, andere halten Ansichtskarten und kleine Erinnerungen wie Bastlampen und hölzerne Elefanten feil. Zwischen den Palmen geht der Weg über viele Stufen zur Höhe des Felsenbuckels hinauf. Man braucht zwar nur eine Viertelstunde, aber die Minuten ziehen sich bei diesen schwülen Temperaturen lange hin. Träger mit Sänften bieten sich an, aber alle wollen zu Fuß hinaufsteigen. Die Einheimischen, denen der angrenzende Boden gehört, graben hier und da Löcher in die Erde, sie pflanzen junge Palmen hinein und schützen die neue Anpflanzung mit Drahtgittern, damit sie von den Ziegen nicht angefressen wird. Außer den schwarzen Ziegen kommen auch zahlreiche Affen ganz nah an die Treppenstufen heran, setzen sich unbekümmert neben uns hin, wenn wir in der Hitze einmal rasten, oder sie betrachten uns neugierig von der seitwärtigen Mauer aus. Offenbar macht die Hitze den Tieren nicht so viel zu schaffen wie uns nordischen Menschen, denn da trägt gerade eine Affenmutter die Kinder, die sich an ihren Bauch krallen, lustig spazieren.
Wie bei europäischen Wallfahrtsstätten drängen sich auch an diesen Tempelweg links und rechts immer wieder die Händler heran, die mit ihren Andenken ein Geschäft machen wollen. Und da hierher ja Besucher aus aller Welt kommen, auch viele Amerikaner, werden sie sicher die Nachbildungen hinduistischer Göttergestalten verkaufen können. Wir stehen nun oben auf dem Kamm der Höhe vor dem gewaltigen Felseneingang, der schon 12 Jahrhunderte überlebt hat. Steinerne Pfei-

ler stützen die Decke in den mächtigen Höhlengewölben. Obwohl die darin befindlichen Göttergestalten im Entdeckungszeitalter von Portugiesen beschädigt wurden, die für die »Götzen« kein Verständnis hatten, sind doch heute noch die überlebensgroßen Gestalten an den Felsenwänden überwältigende Zeugnisse der hinduistischen Religion. Da hört man von Brahma, dem Weltenschöpfer, von Wischnu, dem Welterhalter, von Schiwa, dem Weltzerstörer. Zerstört aber wird die Welt nur, um sich wieder zu erneuern, so wie das Leben vergeht, um neuem Leben Platz einzuräumen. Auch wenn man nicht alle Einzelheiten der dargestellten göttlichen Persönlichkeiten kennt, so wirken doch die Gesichter, die tänzerischen Bewegungen und die Strenge der Erscheinung mit eindringlicher Gewalt. Wer könnte da den Schiwa vergessen, wie er als kosmischer Tänzer aus dem Felsen herausgemeißelt ist. Diese unterirdische Halle mit den verschiedenen Höhlen, mit den religiösen Plastiken, die von tiefem Glauben an den göttlichen Urgrund aller Dinge geschaffen sind, ist nicht weniger eindrucksvoll als der Schatz einer ägyptischen Grabkammer. Die hinduistischen Götterdarstellungen sind dem Alltag des Menschen scheinbar entrückt — und doch leiht auch hier immer der Mensch den Darstellungen der Götter seine Gestalt und seine Gesichtszüge.

Nur schwer trennt man sich von diesem monumentalen altindischen Meisterwerk und geht wieder den Treppenweg der steinernen Insel hinunter zum Boot, wieder vorbei an Händlern und Bettlern, an Ziegen, Affen und Raben. Dort ist unser Boot, da steht auch die indische Führerin in ihrem grün-rot gemusterten Gewand — das Boot legt vom Landesteg ab, es tuckert und arbeitet sich durch die grobe See, wir brauchen fast eine Stunde bis zur Pier, an der inzwischen mit der steigenden Flut die »Maxim« anlegen konnte. Wieder spritzen die Wellen gegen den gläsernen Vorbau, gegen die seitwärtigen Planen, die wir herunterlassen, damit wir trocken bleiben, wieder steht ein Inder pumpend und schwitzend an der Maschine, mit der er das Kühlwasser bedient...

Inge hat sich für den Nachmittag mit unseren Münchner Freunden einen Einkaufsbummel vorgenommen, zudem sie die Rundfahrt durch Bombay schon das letzte Mal mitgemacht hat. Ich aber möchte meine früheren Eindrücke vertiefen.

Dabei ist mir bewußt, daß man das ganze Bombay natürlich nicht in wenigen Stunden kennenlernen kann. Es ist nun mal so bei einer Reise um die Welt, daß man überall dort, wo man landet, sich nur einiges zur Besichtigung heraussuchen kann. Aber man erhält auf diese Weise doch einen intensiven Blick, der selbstverständlich nicht alles umfaßt, aber doch Charakteristisches erkennen läßt. Wenn man aber den Wunsch hat, ein einzelnes Land in seiner Breite aufzufassen, dann muß man eben gezielt in das Land seiner Sehnsucht fahren. Eine Weltreise, auch wenn sie ein ganzes Vierteljahr dauert, wie in unserm Fall, gibt nun einmal für die Besichtigung einzelner Punkte nur eine begrenzte Zeit frei.

Bombay ist als »Tor nach Indien« mit fast acht Millionen Menschen nach Kalkutta die zweitgrößte Stadt des Subkontinents und sowohl durch die Menschenansammlung wie auch durch den Handel ein gewichtiger Platz auf unserem Planeten. Bereits im Entdeckungszeitalter haben sich hier die Portugiesen festgesetzt, später im 17. Jahrhundert haben sich die Engländer eingenistet, und schließlich wurde das Gebiet im 18. Jahrhundert ein Zentrum der Ostindischen Kompanie. In einer solchen Metropole, in der das Kolonialzeitalter mit seinen Bauten noch sichtbar zugegen ist, in der einem auch das neuzeitliche indische Leben mit seiner verwirrenden Fülle auf Schritt und Tritt begegnet, rafft man gleichsam die Bilder begierig in sein Gedächtnis. Nein, die Wege durch eine solche Weltstadt kann ich mir nicht ersparen, auch wenn es inzwischen fast zu heiß geworden ist. Mit anderen Reisekameraden vertraue ich mich wieder einer indischen Führerin an.

Hier ist zuerst, gar nicht weit vom Hafenbecken und der Pier entfernt, das Taj Mahal-Hotel, der zier- und schmuckreiche Altbau wie aus einem Märchen, daneben der Neubau als Hochhaus gestaltet. Gleich in der Nähe ist auch das gewichtige »Tor« von Indien: Von hier aus hat man einen weiten Blick auf die Meeresbucht.

Da ein Fußweg durch den alten Teil von Bombay zu zeitraubend wäre, nehmen wir ein Taxi. Hier Häuser im Kolonialstil, umgrünt von Laubbäumen und Palmen. Im Linksverkehr, der früheren englischen Kolonialmacht gleichend, sucht unser Fahrzeug seinen Weg. Wenn wir mal an einer Ampel halten müssen, sehen wir gleich dort an der Ecke einen Kleinsthändler, der seinen Krimskrams im Umkreis von einem Quadratmeter auf den Boden gebreitet hat. Rätselhaft, wie er damit seinen Lebensunterhalt bestreiten kann. Neben dem Handelsmann steht ein Karren, ein Inder hat sich darauf ausgestreckt und schläft auf den harten Brettern hier mitten im Verkehr, wobei er sein Gefährt nur ein wenig auf die Seite gerückt hat. Da wir immer noch halten, nähert sich der Kleinsthändler unserem Auto, erstaunlich, daß er nicht nur Getränke und Obst, sondern sogar Bücher anzubieten hat. Ein alter müder Mann! Aber die alte Inderin, die an ihm vorbeigeht, hat immer noch Grazie in ihren Bewegungen. Mit einem gewissen Stolz schreitet sie auf dem Gehsteig dahin, mit Charme trägt sie den Sari, den sie locker um den Körper geschlungen hat. Der indische Handelsmann freilich würdigt sie keines Blickes, ihm wäre es wichtiger, wenn er ein paar Rupien verdienen könnte. Aber nun schaltet die Ampel auf Grün — enttäuscht blickt uns der Alte nach.

Autos, Autos, Autos! Dazwischen Motorradfahrer, Radler, Ochsenkarren, Handkarren und natürlich die Fußgänger. Ich bewundere unseren Chauffeur, wie er sein Fahrzeug durch dieses Tohuwabohu steuert.

Endlich kommen wir aus der drangvollen Altstadt heraus. Der Fischmarkt kündigt sich mit seinen Gerüchen an — die Straßen sind hier schmutziger — nun man versteht es, wenn man, ähnlich wie in dem jemenitischen Hafen Aden, bei diesen Hitzegraden den Besen nicht gern zur Hand nimmt. Ja, bei der Hitze muß man natürlich die Fenster unseres Wagens weit öffnen — und da darf ich mich nicht wundern, wenn vor einer Ampel, an der wir halten, ein Junge herankommt, von draußen auf meinen Arm tippt und mich mit freundlichem Lächeln um ein paar Münzen anbettelt. Ich hätte sie ihm gern gegönnt, aber der Junge hat kein Glück, die Ampel ist bereits umgeschaltet und so bleibt der kleine Kerl zurück, er lächelt immer noch, als wäre er gar nicht böse, daß er leer ausgeht.

Immer wieder säumen Laubbäume die Straßen, nicht selten lassen sie ihre gewaltigen Luftwurzeln zur Erde herabhängen, als könnten sie mit ihrer Hilfe hier in der Millionenstadt besser überleben. Freilich je weiter man in die Außenviertel hinausgelangt, desto weniger Bäume gibt es, da liegt z. B. ein militärisches Gelände mit seinen Baracken und Exerzierplätzen schutzlos in der Sonnenglut. Nicht weit davon entfernt steht die älteste protestantische Kirche von Bombay, sie ist noch in der Kolonialzeit von den Engländern erbaut worden und bezeugt, daß auch im »Tor nach Indien« das Christentum Fuß gefaßt hat.

Als ungelöste Probleme von Indien sind auch hier Reichtum und Armut dicht nebeneinander: Da existiert beispielsweise noch eine Wäscherei mit Elendshütten, während man dort auf einem Gelände, das man aufgeschüttet und dem Meer abgerungen hat, Wohntürme modernster Bauart errichtet hat. Wolkenkratzer auch hier, ein »Mini-Manhattan«, so bleibt das Welthandelszentrum Bombay voller Kontraste. Auf der einen Seite zerbrechliche Fischerhütten, dort wo die Boote ankern, und gar nicht weit wieder die Hochhäuser, die ihren Bewohnern natürlich einen wunderbaren Blick auf die Bucht Bom Baia gestatten.

Wir fahren wieder stadteinwärts. Durch den dichten, lautstarken Verkehr hupt und hupt sich unser Auto in ein Viertel hinein, wo sich die Amtsgebäude zwischen hohen Palmenschäften repräsentativ aus dem Gewirr der Häuser herausheben. Hier der Sitz der lokalen Regierung, dort ein Universitätstrakt, das Gericht im anglogotischen Stil, eine Ausstellungshalle für moderne Malerei. Und immer wieder blüht es gelb und rot dazwischen, man will auch in dieser volkreichen Stadt nicht nur zwischen Steinmauern leben.

Natürlich besuchen wir das Museum, in dem man indische Kunst und Kultur an den erhaltenen Meisterwerken studieren kann. Einen bunten Ausschnitt aus dem Leben dieser Stadt finden wir dann auch am Eingang in den Museumsgarten, wo sich die verschiedensten Einheimischen zusammengefunden haben, um vom Strom der Touristen ihr Scherflein zu verdienen. Da sind natürlich wieder jene kleinen Händler, die allerlei Talmi feilbieten, Lampen, Nachbildungen der Tiere und Götter, glitzernde Anhänger, falsche Edelsteine. Zwei Schlangenbeschwörer hocken hier, einer hält eine Schlange in die Höhe, holt dann aus seiner Tasche ein wieselartiges Tier heraus, das der Schlange in den Schwanz beißen muß. Ich fotografiere diese unheimliche Szene und da kommt auch schon der Beschwörer mit seiner Schlange, die ein ganz blutiges Maul hat, zu mir heran, er drückt die Schlange so fest, daß sie ihr Maul öffnet, er stößt das Tier dicht vor mein Gesicht und fordert drohend sein Bakschisch. Aber nicht nur die Schlangen werden hier gedrückt und gebissen, damit man aus den Fremden ein paar Münzen herausholt, da scheuen sich auch einige Frauen nicht, die nackten Babys, die sie im Arm halten, zu zwicken, damit sie laut losschreien. Auch damit möchte man das Mitleid der Museumsbesucher herausfordern. Bedrückende Bilder der Armut vor diesem Kunsttempel!

Steigen wir wieder in unseren Wagen ein. Rasant überholt unser Chauffeur die zweigeschossigen Busse, die schwarz-gelben Taxis. An

der Hauptpost, am Bahnhof sind wir wieder eingekeilt in den Verkehr, neben uns quälen sich die Räder, die Handkarren, die Kuhgespanne durch die Blechlawine.
Geschäftiges Leben wohin man schaut. Freilich gibt es auch in dieser Nachmittagsstunde bereits viele, die mit ihrer Tagesarbeit fertig sind und nun neugierig vor einem der Kinos stehen. Bei den 600 Filmen, die man pro Jahr in Indien abdreht, kann jeder Schaulustige auf seine Kosten kommen und wenigstens in seinen Träumen Glanz und Reichtum genießen.
Nach einer weiteren Fahrstrecke können wir aufatmen. Die sonnenüberflutete Straße führt wieder am Meer entlang, wo doch ein frischerer Wind weht. Die Uferstaße ist zu einer Prachtallee ausgestaltet. Nun, auch wenn hier die Hitze nicht mehr so drückend ist wie in der Stadt, so möchten wir es doch nicht jenen Indern gleichtun, die auch jetzt da drüben auf einem Sportplatz unter einem schattenlosen Himmel Kricket spielen.
In einer schattigen baumbepflanzten Straßen lassen wir den Chauffeur halten, da wir hier den Jaina (Dschaina)-Tempel besuchen wollen. Hier haben sich die Anhänger einer besonderen indischen Religionsgruppe einen Mittelpunkt geschaffen. Über zwei Millionen Menschen bekennen sich zum Jainismus, der so alt ist wie der Buddhismus.
Wir wollen heute auch am Nehru-Park und an den »Hängenden Gärten« nicht vorübergehen, die ihren Namen der Tatsache verdanken, daß sie sich über dem Wasserreservoir von Bombay befinden. Es sind Parkanlagen mit weiten Grünflächen und erholsamen Wegen, mit Blumenbeeten, in denen Kallas weiß blühen und wo Bougainvillea-Sträucher mit dichten roten Büscheln leuchten. Hier finden auch die Inder nach Feierabend ruhigere Wege, wenn sie aus den verwirrenden Straßen der Stadt kommen.
Hinter den blühenden Gärten stehen dunkel, schwarz, schwer und gedrungen die Türme des Schweigens. Es sind jene Türme, wo die Parsen ihre Verstorbenen unter freiem Himmel niederlegen. Dort warten dann schon die Geier, um ihren unheimlichen Leichenschmaus zu verzehren. Für unser westliches Denken ist dies scheinbar eine grausame Art, wenn man die Leichen den Raubvögeln zum Fraß vorsetzt. Aber die etwa 100 000 indischen Anhänger Zarathustras wollen die von ihnen verehrten Elemente Luft, Wasser, Erde, Feuer rein halten und so überlassen sie eben ihre Toten in den Türmen des Schweigens den Gei-

ern, die dort auf neue Beute warten. Unheimlich bleibt für uns hinter den blühenden Gärten jener schwarze Turm, der zu einem Wahrzeichen von Bombay geworden ist.
Auch bei dem heutigen Besuch in Bombay will man seine Reverenz dem Mahatma Gandhi erweisen, der mit seinem passiven, gewaltlosen Widerstand seinen Kampf gegen die britische Herrschaft führte, dabei auch Gefängnishaft nicht scheute und schließlich durch seine eigene Integrität und seine religiöse Überzeugung entscheidend dazu beitrug, daß sich der Subkontinent befreite. Was für ein Schicksal, daß gerade dieser asketische Mann, der sich selbst alles abverlangte und als Prediger der Gewaltlosigkeit in die Geschichte einging, im Jahre 1948 einem Mordanschlag zum Opfer fiel.
In einer stillen, vom Baumschatten gezeichneten Straße besuche ich das Haus, in dem zwischen 1917 und 1934 Gandhi sein Hauptquartier aufgeschlagen hatte. Von hier aus suchte er die indischen Menschenmassen für sein Freiheitsideal zu begeistern, von hier aus suchte er die britische Herrschaft zu erschüttern.
In einem besonderen Raum dieses Hauses wird in einer Reihe von Schaukästen wie in einem fortlaufenden Panorama das Leben dieses großen Inders dargestellt, szenenartig folgen die wichtigsten Stationen seines Daseins aufeinander bis zur Ermordung und bis zur Feuerlohe, darin der asketische Leib Gandhis entschwindet...
Jetzt sind wir wieder mitten in der Stadt. Es scheint so, als würden die Stadtbewohner zu Menschenaufläufen zusammenwallen, aber dafür ist kein besonderer Grund vorhanden. Gegen Abend pilgern eben die Leute von der Arbeit heimwärts durch die Straßen, wie dichte Aufzüge erscheinen sie auf dem Gehsteig, aber auch auf die Fahrstraße drängen sich ganze Girlanden von Menschen, und die Autos, die Busse, die Karren, die Radler sind noch zahlreicher geworden als am frühen Nachmittag. Die Stadtmitte hat sich in eine von Menschen überquillende Landschaft verwandelt. Und in den Anlagen, die auch hier mit Baumbepflanzungen die Flucht der Häuser unterbrechen, haben sich unbekümmert Menschen zur Rast niedergelegt und schlafen inmitten des wüsten Verkehrslärmes. Niemand stört sie, man weiß nicht, ob sie auch die Nacht hier verbringen, zu frieren brauchen sie nicht, aber der Boden ist hart und der neue Tag verlangt ja auch wieder, daß man sich nach Brot umsieht...
Es ist schon 18 Uhr, der Zeitpunkt, wo die »Maxim« auslaufen will.

Inge ist etwas aufgeregt, da sie bereits befürchtet hat, wir würden zu spät kommen, nun ist aber die Bordmarke wieder am Schwarzen Brett aufgehängt, wir sind doch noch rechtzeitig da. Und so kann mir Inge erzählen, daß sie mit unseren Freunden in Bombay nahe dem Taj Mahal-Hotel im Einheimischen-Viertel einen Sari kaufen konnte. Allerdings muß dies ein schwieriges Geschäft gewesen sein, denn sie hatte nicht genug Rupien, mußte also zuerst mit dem Ladenbesitzer handelseins werden und dann mit drei Geldsorten, Deutscher Mark, Dollars und Rupien den Stoff bezahlen. Dabei war es ein recht feierlicher Handel, die Käufer müssen sich zuerst die Schuhe ausziehen und dann in einem Lichthof auf weißen Lederpolstern am Boden Platz nehmen...
In der Abendstunde verabschiedet sich die »Maxim« von Bombay. In die Nacht hinein nehmen wir Kurs auf die weiter südlich gelegene indische Stadt Goa.

Wo Portugals Flagge wehte

Goa, 5. April
Noch hat man das geschlossene Stadtbild von Bombay mit seiner Häuserflut und den Millionen Menschen im Kopf, da nähert man sich an der Westküste Indiens der früheren portugiesischen Besitzung Goa. Und hier wird einen keine gewaltige Stadt erwarten, Goa ist vielmehr der Name für ein ganzes Territorium. Bereits zu Anfang des 16. Jahrhunderts wurde dieses Gebiet von portugiesischen Seefahrern in Besitz genommen und war dann eine Kolonie von Portugal bis in unser Jahrhundert. Erst 1961 wurde auch dieser Streifen aus dem alten Kolonialstatus entlassen und in die Republik Indien eingegliedert. Es leben hier über 600000 Einwohner, als Zentrum der ganzen Region gilt die Stadt Panaji, auch New Goa genannt.
Schon früh um sieben Uhr nähern wir uns dem Kranz der Schiffe, die hier in einer Bucht auf Reede liegen. Es dauert aber dann noch bis neun Uhr, erst dann haben die örtlichen Behörden die Formalitäten erledigt und geben das Schiff zum Landgang frei.
Den Verkehr zum Festland hin besorgen die schiffseigenen Tenderboote. Durch die unruhigen Wellen und den spritzenden Gischt erreicht man das Ufer. Dort führt eine steinerne Treppe zu den Kaianlagen und zu einer Brücke, über die man ins Land hineinfahren kann.

Unseren Wagen wird ein junger Inder als Führer begleiten. Er trägt an diesem sonnigen Tag eine helle Hose, eine grasgrüne bestickte Nylonbluse, freundlich hebt er seinen dunklen Kopf mit dem schwarzen kurzgeschnittenen Haar, ein Schnurrbärtchen ziert modisch die Oberlippe.
Es ist beinahe Mittag geworden, bis wir aufbrechen können. Zuerst fahren wir an einem Fischerdorf vorüber, die Hütten stehen bescheiden im Schatten hoher Palmen, dahinter spiegelt sich das Meer. Weiß, rot und orange quillen die Blüten der Bougainvillea über und über. Nur wenige Einheimische zeigen sich bei der Hitze im Garten — es ist eine Ausnahme, daß hier gerade mal ein Mädchen mit einem Kupferkessel Wasser aus einer Zisterne schöpft.
Die Straße führt nahe am Strand entlang. Wieder duckt sich ein Dorf mitten in Palmenpflanzungen und zwischen Bananenstauden. Eine kleine Kirche erinnert daran, daß die Bevölkerung dieser Region 40 Prozent Katholiken aufweist. Sie haben den Glauben angenommen, den die Portugiesen aus ihrer europäischen Heimat mitgebracht haben. Überall sieht man die Zeichen christlichen Einflusses, da stehen Kreuze am Wegrand, dort trägt eine Kapelle ein Kreuz auf dem Dachfirst.
Rotgelbe Felder lösen die Anpflanzungen der Palmen ab, an vielen Stellen sind Löcher in die Felder gegraben, sie sollen in den Regenzeiten das kostbare Naß bewahren. Daß man hier auch Fremde erwartet, davon zeugt ein bescheidenes »Hotel International«, das zwischen den Häusern der Einheimischen steht.
Gezeichnet ist die Landschaft von dem Mandovi-Fluß, der hier so breit ist wie der Nil bei Kairo. An ihn schmiegt sich die Hauptstadt der ganzen Region Goa, die Stadt Panaji. Wahrhaftig keine Weltstadt, nur etwa 10000 Einwohner. Die Häuser bestehen meist nur aus Parterre und erstem Stock. Herausgehoben ist eine Herberge, die den Namen »Tourist-Hotel« trägt, anspruchsvoll erscheint auch die Architektur einer Bank, deren Firmennamen groß in Metall an der Fassade prunkt. Obwohl heute Sonntag ist, drängen sich in einer der Hauptstraßen zahlreiche Menschen, dort ist Markt.
Wir wollen hier nicht lange bleiben, sondern nach Alt-Goa fahren, das noch Erinnerungen an die portugiesische Epoche bewahrt. Für eine Weile geht es an dem breiten Fluß entlang. Eine Palmenlandschaft tut sich auf, im Schatten stehen Häuschen und Hütten eines Dorfes, Fi-

schernetze hat man von Stamm zu Stamm aufgehängt. Rot schimmern die Ziegeldächer unter dem Grün der Palmen, Fähnchen wehen von den Dächern, man feiert Neujahr! Um das neue Jahr gut zu beginnen, haben einige Frauen Reisigbesen in die Hand genommen und kehren den ausgetrockneten Boden rings um ihr Haus.

Endlich kommen wir zum Zentrum von Alt-Goa, wo die Portugiesen im 16. Jahrhundert eine glanzvolle Stadt erbauen wollten. Aber die Pest hat diese Pläne durchkreuzt und so sind heute nur wenige Gebäude von der Herrlichkeit übrig geblieben. Ehrwürdig ist die mit einer Barockfassade geschmückte Basilika Bom Jesus. In ihrem Inneren glänzen goldene Statuen und goldene Altäre, besondere Verehrung genießt aber der reichverzierte Sarkophag des Heiligen Franz Xaver. Für mich ist die Begegnung mit dieser Stätte besonders eindrucksvoll, da ich dem Heiligen Franz Xaver eine meiner Biographien gewidmet habe. Dieser große Missionar des 16. Jahrhunderts hat lange hier in Goa gewirkt, er ist bekanntlich auch in der malaiischen Inselwelt gewesen, in Japan, ja er hat sogar vor den Toren des chinesischen Reiches gepredigt, bis er auf der Insel Sanzian den Strapazen erlag. Über Malakka hat man dann den Toten nach Goa zurückgeführt, hier ruht er nun, mehrfach umgebettet in dieser Kirche Bom Jesus, die nicht nur mit ihrer barocken Fülle und dem goldenen Glanz für Touristen ein begehrtes Ziel geblieben ist, sondern für Pilger aus aller Welt. Durch die weiten Parkanlagen erreicht man auch die Se Kathedrale mit ihren prunkvollen Altären und die Kirche St. Cajetan.

Die weltlichen Gebäude von Alt-Goa sind den Stürmen der Jahrhunderte erlegen, geblieben aber sind in dieser Kirchenlandschaft die barocken Fassaden, die barocken goldglänzenden Altäre, die christlichen Mönche, deren Gebete dort vom Chor her anschwellen und das Gespräch der Touristen übertönen. Es ist so, als wäre man im Gotteshaus einer spanischen oder portugiesischen Stadt. Alt-Goa ist ein Wallfahrtsort geblieben, umrandet von Palmengärten, Wiesen und Blütenbeeten.

Wir nehmen Abschied von dieser weihevollen Stätte. Neben der Straße liegen die Häuser und Hütten eines Dorfes in sonntäglicher Ruhe unter dem Schatten der Bäume. Die einzelnen Gärten hat man hier mit Mauern, die aus luftgetrockneten Lehmziegeln erbaut sind, voneinander getrennt. Nahebei auf dem Strom schwimmen Schiffe talabwärts, sie bringen einen wichtigen Exportartikel des Landes, nämlich Erz, aus

dem Inneren. Unser Auto überquert auf einer großen Brücke den Strom.
Hinter den gelben Lehmfeldern steigen Höhenzüge an, auf ihnen stehen einzelne Palmen wie Wächter, die Hänge selbst sind von Gestrüpp und Gesträuch überwuchert. Zuweilen wölbt sich das mächtige Laubdach eines Baumes darüber, dicke Luftwurzeln hängen rings um den Stamm zum Boden herunter.
Unser Fahrer hat vor seinem Sitz ein Bild von Schiwa hängen, das mit rotgelben Blüten umkränzt ist. Er erklärt uns, daß für ihn nicht nur Kühe, Affen, sondern sogar kleine Insekten schutzwürdig sind. Aber er ist trotz seines anderen Glaubens tolerant und zeigt im Vorüberfahren dort auf einen Bergfriedhof. Es ist — man kann es an den Kreuzen sehen — ein christlicher Gottesacker. Er liegt an einem kahlen, gelbroten Hang, nur hier und da spenden einzelne Sträucher und Büsche in der Sonnenglut ein wenig Schatten.
Immer wieder sieht man es an den streng abgeteilten Feldern und Gärten, daß dies ein Land der Bauern ist. Tatsächlich sind 99 Prozent der Bevölkerung von Goa in der Landwirtschaft tätig.
Die Vegetation hat subtropischen Charakter: Mangobäume, Gummibäume, aus denen man Kautschuk gewinnt, und immer wieder Palmen.
Seitwärts des Weges wiederholen sich die Zeugen des Christentums, kleine Kapellen oder Gedenksteine — ähnlich wie sie bei uns als »Marterl« am Wege stehen. Hier aber auch wieder ein großes Gotteshaus: »Kirche der guten Hoffnung«.
Mittlerweile ist es drückend heiß geworden, selbst die Kühe dösen da drüben im Schatten. Und da ist es dann auch Zeit, daß wir auf der guten Asphaltstraße zu dem ehemaligen portugiesischen Fort Aguada hinkommen, einem Küstenstreifen, der noch heute als »kleines Paradies« gepriesen wird. Freilich es ist kein weltabgeschiedenes Paradies, sondern — die Fernsehantennen bezeugen es — mit der Welt durch die moderne Technik verbunden.
Da schimmern die roten Dächer des weiträumig angelegten Hotels »Fort Aguada Beach Resort« aus dem Grün der Palmen. Unser Wagen hält im Garten des Hotels, rot glüht Bougainvillea in einer Fülle, auf die man sogar in Madeira neidisch werden könnte. Im Garten finden wir einen schattigen Platz, gleich in der Nähe wird gerade das Mittagessen unter einem Zeltdach im Freien vorbereitet. Da wird Suppe ge-

kocht, Fleisch gebraten, Reis gedämpft, Salate aller Art werden gemischt, Fische gegrillt. Pudding und Obstsalat stehen als Nachspeisen auf einem Nebentisch. Dazu gibt es Tee.
Wir bedienen uns am offenen Büfett. Besonders die Salate, der Pudding und die einheimischen Früchte schmecken vorzüglich. Nach dem Essen mustern wir die mächtigen Mauern des Forts, das gedrungen und abwehrbereit die Macht der Kolonialherren dokumentierte. Hier war es, wo einmal die portugiesische Flagge wehte... Heute fühlt man sich von den Kanonenrohren nicht mehr bedroht, da kann man gleich unterhalb des Hotelgartens mit hundert Schritten den Strand erreichen. Wir finden einen schattigen Platz unter einem Dach, das aus getrockneten Palmenwedeln auf Holzstützen ruht, gleich sind wir umgezogen und laufen nun in Badeschuhen — da der weiße Sand glühend heiß ist — in die Brandung des Indischen Ozeans hinein. Es macht nichts, daß die Brandung uns untertaucht. Die Badeschuhe muß man festzurren, damit sie vom Sog nicht abgestreift werden.
Hinterher geht's noch einmal in den großen Swimming-pool des Hotelgartens, um auch das Süßwasser auszuprobieren — hier könnte man's mit Leichtigkeit ein paar Wochen aushalten. Nach dem Schwimmen laden einen die Liegestühle, die im Palmenschatten des weiträumigen Hotelgartens stehen, zur Siesta ein. Man schließt die Augen und hört dem Brandungslied der Arabischen See zu.
Freilich die Siesta dauert nicht allzu lange. Wir müssen zum Schiff zurück, um 16.30 Uhr fährt das letzte Tenderboot vom Ufer ab. Solche Zeitprobleme haben die heiligen Kühe nicht. Während wir zur Küste zurückfahren, dösen sie immer noch auf dem gelbbraunen Boden neben den Wasserlöchern, die aber erst in der Monsunzeit vom Juni bis zum September von den Regengüssen gefüllt werden. Dann freilich werden auch die zahlreichen Tanks wieder voll, die verstreut in der Hügellandschaft stehen und der Bewässerung des Ackerbodens dienen. Da haben sich denn auch in dieser Landschaft, die so lange Trockenzeiten kennt, zahlreiche Bäume gleich in den Küstengewässern angesiedelt, sie wuchern in ähnlicher Weise wie die tropischen Mangroven. Wie im fernen Europa hält man auch hier die sonntägliche Ruhe ein. So stehen da in einem Sägewerk die Maschinen still. Davor sitzen in einem Garten ein paar Leute, essen, trinken und lassen sich den heimischen Palmenwein schmecken, da ja in diesem katholischen Bezirk alkoholische Getränke nicht verboten sind.

COLOMBO/CEYLON: *Die Dämonenmaske ist fast größer als der strahlende Verkäufer*

MALEDIVEN UND CEYLON: Palmenstrand auf der Insel Villingili (oben links) — Tropischer Regen in Colombo (oben rechts) — Tempel des Zahns in Kandy (unten)

Wieder folgt die Straße dem Mandovi-Fluß, wieder sind Schiffe unterwegs, für sie gilt heute nicht die sonntägliche Ruhe. Die Eisenerze, die im Landesinneren gefördert werden und hauptsächlich für Japan und europäische Länder bestimmt sind, müssen Tag für Tag transportiert werden. Auch wenn da drüben dunkelgefiederte Vögel schimpfend und kreischend aus den Baumwipfeln in die Luft flattern.
Bilder am Wege: eine »College-Medical-Clinic«, ein Kinderspielplatz mit sonnenverbranntem Gras, alte Häuschen mit Strohdächern, neue Betonbauten mit Kästchen für Klimaanlagen. Dann wieder außerhalb der Siedlungen schwarze Büffelherden auf den braunen Feldern.
Eine Besonderheit ist hier ein Institut für Meeresforschung, dessen Angestellte nicht nur Fische und das unterseeische Leben der Krustentiere erforschen, sondern auf dem Meeresboden sogar schon wertvolle Metalle wie Eisen, Nickel und Gold ausgemacht haben.
Wir sind am steinernen Landungssteg wieder angekommen. Matrosen unseres Schiffes haben hier in großen gekühlten Behältern Tee und Orangensaft bereitgestellt, nach den heißen Stunden eine herrliche Erfrischung. Da schaukelt über den Wellen auch schon ein Tenderboot heran, pünktlich legt das Boot ab, wir schaukeln wieder über die Meeresbucht hin zur »Maxim«.

An der Malabar-Küste

Arabisches Meer / Cochin, 6. April
Es wird gewiß wieder ein heißer Tag. Zwar zeigt sich früh weißes Gewölk am hohen Himmel, aber die blauen Flecke dazwischen verlieren sich schnell, die Sonne wird strahlender hier über der See, sie besiegt und zerteilt das Gewölk. Man erfrischt sich beim Schwimmen an Deck.
Wiederholt ziehen Fischerboote an unserem Schiff vorbei, sie lassen die Nähe der südindischen Küste ahnen. Am frühen Nachmittag legt sich die »Maxim« vor Cochin an der südwestindischen Malabar-Küste zunächst auf Reede, etwas später geht sie dann aber an eine Pier. Grün schäumt das Wasser um die Schiffswände.
Inge meint, sie möchte auf eigene Faust mal in die Stadt fahren, da wir ja die Hauptsehenswürdigkeiten von Cochin, einer Stadt mit ca. 400 000 Einwohnern, schon bei einem früheren Besuch gesehen hätten.

Ich aber beharre auf meinem Standpunkt, daß es sich lohnt, wenn ich noch einmal eine Rundfahrt mitmache.
Um 16 Uhr kann ich dann mit anderen Passagieren starten. Weiträumige Hafenhallen, wuchtige Container lassen erkennen, daß Cochin von vielen Handelsschiffen angelaufen wird. Es ist ein Platz, der neben seinem indischen Charakter auch christliche und europäische Züge aufweist. So erzählt man sich, daß hier bereits einmal der Apostel Thomas gewirkt habe, außerdem haben die Engländer, die Portugiesen und Holländer seit dem Entdeckungszeitalter an vielen Stellen ihr Signum hinterlassen.
Mit einem Boot fahren wir vom Hafen aus durch das Wasser der Lagune zu einer der vorgelagerten Koralleninseln, die jetzt mit Palmen bestanden sind. Hier haben die Fischer ihre Netze ausgespannt und da steht auch noch die Fabrik für Kokosmatten, die ihre mit primitiven Webstühlen gefertigten Fabrikate in alle Welt hinausschickt. Die Halle ist von stickiger und staubiger Luft erfüllt — es ist Schwerstarbeit, die hier von den Männern und Frauen geleistet wird. Um sich ein paar Münzen zu verdienen, hält einer der schmächtigen halbnackten Arbeiter lila eingefärbte Fasernbündel hoch, er lädt uns ein, einen Schnappschuß zu machen, und ist dankbar, wenn man ihm dafür eine Kleinigkeit in die Hand drückt.
Bei der Weiterfahrt mit dem Boot durch die Lagune staunt man über riesige Schläuche, die wie eine Pipeline auf hölzernen Pfahlbauten ruhen. Im ersten Augenblick denkt man, daß sie für Öl bestimmt sind — aber nein, sie haben den Schlamm weiterzutransportieren, den die Bagger aus Lagune und Fahrrinne herausholen, um den Schiffen den Weg in den Hafen freizuhalten.
Mit dem Boot fährt man von der Mattenfabrik aus quer über die Lagune zum Bolghatty-Palast, der aus dem 18. Jahrhundert stammt.
Das Programm unseres heutigen Ausfluges sieht noch eine Reihe von Zielen vor und so muß man bald das Schloß und den schattenspendenden Garten mit seinen weißen Tempelblüten verlassen. Mit dem Boot geht's weiter.
Man landet in einem Viertel der Einheimischen, wo die Gassen schmal und die Häuser niedrig sich aneinander ducken. Wenn man hier die Einwohner von Cochin betrachtet, so erscheinen sie einem viel dunkelhäutiger als die Bewohner von Bombay, die ja auch viel weiter im Norden wohnen. Einzelne Leute hier auf der Straße von Cochin sind

rabenschwarz. Als Kleidung genügt den meisten ein Lendenschurz, die Frauen tragen den Sari. Man gibt sich in allen Dingen sehr bescheiden. Vor einem elenden »Hotel« lungern ein paar Buben herum, daneben stehen ein paar armselige Rikschas mit ihren Fahrern, darunter befindet sich auch ein Greis mit schlohweißem Bart, er ist dürr und abgezehrt wie eine klapprige Mähre und man möchte ihm nicht zumuten, daß er einen mit seiner Rikscha in die Gassen hineinfährt. So begeben wir uns zu Fuß in die engen Straßen, die von Buden und kleinen Geschäften gesäumt und von Menschenschwärmen durchströmt sind. Links und rechts blickt man in die offenen Basare, wo geplauscht, gehandelt und gearbeitet wird.

In einer der Gassen ein Bild, das man nicht vergißt: Abgehärmte Frauen heben Erde und Gestein für einen Kanalbau aus; mit schmutzigen, zerrissenen Saris bekleidet, tragen sie schwere Bretter auf dem Kopf. Ihre Arme, mit denen sie die Lasten halten, sind knochendürr, ihre Augen schauen hoffnungslos ins Leere. Als Hinduisten glauben sie wohl selbst, daß sie ungezählte Male wiedergeboren werden müssen, bis sie — von Schuld gereinigt — auf der Stufenleiter des Lebens in eine höhere Kaste gelangen können.

Ganz andere Bilder in dem nahegelegenen »Holländischen Palast«. Im 16. Jahrhundert von Portugiesen errichtet, haben hier später holländische Machthaber gewohnt. Daher auch der Name. Mit seinen Sälen, den Goldbildern an den Wänden, der wertvollen Einrichtung und dem Ausblick über die Stadt hin mochte er damals seinen Besitzern als prächtige Herberge dienen. Man mußte repräsentieren, um herrschen zu können. Heute erregt der Palast kein Ärgernis mehr, denn er ist zu einer musealen Stätte geworden, die nur noch an den verblichenen Glanz ehemaliger Goldkronen erinnert.

Die Kühe, die im Hof des Holländischen Palastes ein wenig Gras zu finden hoffen, kümmern sich weder um den Zug der Einheimischen, die durch den Hof zu einer anderen Gasse hinlaufen, noch um die fotografierenden Touristen, denen diese mageren Kühe nicht heilig sind. Im allgemeinen Hin und Her bewahrt nur ein Soldat seine Ruhe: Er trägt als Symbol der Obrigkeit einen Schlagstock in der Hand.

Während bereits die Dämmerung über die Stadt kommt, haben wir vor uns noch als Ziel die Kirche »St. Francis«, die Franz-Xaver-Kirche. Der Chauffeur hat es besonders eilig und so fährt er in einem geradezu vehementen Tempo durch die engen Straßen, hier wird einem der

Linksverkehr geradezu unheimlich. Man wundert sich nur, daß nichts passiert. Aber der Fahrer ist ein Künstler, man staunt immer wieder, wie er Fußgänger und Radfahrer zur Seite scheucht, wie er im Millimeterabstand an entgegenkommenden Fahrzeugen vorbeisaust, bei all diesen Manövern aber kaum auf die Bremse tritt. Dabei sind jetzt in dieser Abendstunde die Straßen voll von Einheimischen, alle Basare sind geöffnet, in den Werkstätten arbeiten immer noch fleißige Hände, und diejenigen, die bereits Feierabend gemacht haben, betätigen ihren Einkauf. Da kann man vom Wagen aus in den letzten Winkel hineinspähen, einzelne Neonröhren und Glühbirnen leuchten auf.

Endlich sind wir vor der Kirche des hl. Franz Xaver angekommen. Es ist Nacht geworden. Trotzdem treibt sich hier noch eine Schar von bettelnden Buben herum. Und da bietet auch noch ein Händler einen ganzen Troß von holzgeschnitzten Elefanten und grausam dreinblickenden Tigern an.

In der schmucklosen Kirche setzt ein Diener die großen Tücher in Bewegung, die vom Eingang bis zum Chor hin aufgehängt sind. Wenn man an Stricken zieht, wedeln die Tücher wie Fahnen hin und her und verschaffen den Gläubigen Kühlung.

In diesem Gotteshaus gedenkt eine Grabplatte des Seefahrers Vasco da Gama, der bereits 1502 auf einer seiner Reisen nach Cochin kam und hier im Jahre 1524 starb. Seinen Leib hat man dann später nach Lissabon heimgebracht. Mit ihrem Namen erinnert die Kirche daran, daß der hl. Franz Xaver auch hier in Cochin eine missionarische Tätigkeit entfaltet hat.

Wir müssen zum Einschiffungstermin zurückfahren. Nach der Ankunft auf dem hellerleuchteten Schiff tauscht man die restlichen Rupien gegen Dollar ein. Die Stunde des Abendessens ist längst vorbei, aber die Stewardeß serviert den so spät Heimgekommenen doch noch einen Imbiß.

Inge, die unterwegs selbständig durch die Stadt gebummelt ist, hat keine Masken für meine Sammlung gefunden, das schwülheiße Wetter hat ihr zu schaffen gemacht und so ist sie mit einer Rikscha zurückgefahren.

Inzwischen sind auch jene Passagiere, die von Bombay aus eine mehrtägige Flugreise ins Innere von Indien unternommen hatten, hier in Cochin wieder an Bord gekommen. Sie erzählen begeistert vom Taj Mahal. Man nennt dieses Grabmal, das ein indischer Maharadscha für

seine früh verstorbene Lieblingsfrau errichten ließ, das achte Weltwunder.
Nun haben wir doch noch etwas Zeit nach dem Essen, bis die »Maxim« ausläuft, und da erscheint eine indische Folklore-Gruppe, die im großen Saal ihre Tanzkunst zeigen will. Zur monotonen Musik von Trommeln und Schalmeien tanzt man eine Szene aus dem indischen National-Epos Ramajana. Man erinnert sich, daß in diesem Werk, das bald zwei Jahrtausende alt ist, der Königssohn Rama seine von Dämonen geraubte Gemahlin Sita zurückholen will und daß er dabei die Hilfe des Affenkönigs und des Ministers Hanuman findet. Der Tänzer, der den Hanuman verkörpert, hat auf sein Gesicht eine Maske geschminkt, die sich weit vom Alltag entfernt und wie ein Bild aus einem alten exotischen Märchen erscheint.
Nach dem Tanz gehe ich nochmals an Deck. Die Nacht hat keine Kühlung gebracht, schwül steht sie über Cochin und dem Hafen und noch immer verbindet die Gangway das Schiff mit der Pier. Da wiederholt der Lautsprecher seine Mahnung an die indischen Besucher, daß es Zeit sei, das Schiff zu verlassen. »All visitors are kindly requested, to leave the ship now. TS-Maxim-Gorki is ready to sail!« Und da verlassen denn auch zahlreiche Inderinnen in ihren Saris, Inder in ihren Sommeranzügen sowie die einheimischen Beamten die Gangway, bleiben aber noch unten an der Pier stehen, bis sich die »Maxim« endgültig von Cochin verabschiedet.
Noch liegt die Küstenlinie mit ihrem Lichterbogen im Halbkreis hinter dem Schiff. Es ist hier freilich kein leuchtendes Lichtermeer. Je mehr wir uns vom Festland entfernen, desto tiefer wird die Dunkelheit der Lagune. Nur einzelne Schiffe heben sich mit ihren Lichtern aus dem Schwarz des Wassers.
Die Nacht ist vorgeschritten, die indische Küste ist verlassen, das Schiff hat Kurs auf die Inselgruppe der Malediven genommen.

Indischer Ozean, 7. April
Wenn sich am Vormittag auch graues Gewölk zeigt, so bleibt trotz der Schatten der Tag heiß. Wir haben Wasser- und Lufttemperaturen in diesen frühen Stunden schon bei 30 Grad.
Der Vormittag vergeht mit allerlei Schreibarbeit, mit dem Einlegen neuer Filme. So kommt schnell die Zeit des Mittagessens heran. Wer von den daheimgebliebenen Freunden die Speisekarte sehen würde,

der würde bestimmt denken, na, die schlagen sich ja ein Vierteljahr lang wirklich den Bauch voll. Dem ist aber nicht so. In einer Zeit, die Schlankheit zu schätzen weiß, läßt man gleich von vornherein eine Reihe von Gerichten aus. Besonders die Damen halten auf ihre Linie: Die Molligen wissen, daß sie auf keinen Fall noch mehr Pfunde ansetzen dürfen — und die Schlanken möchten nicht, daß ihre Kleider und Röcke geändert werden müßten. Aber es gibt natürlich auch Ausnahmen und Vielesser, solche, bei denen es schon nichts mehr ausmacht, wenn sie noch dicker werden, und einige andere, die schlechte Futterverwerter sind und auf ihr Gewicht nicht zu achten brauchen.
Nachmittags füllen wir bereits die notwendigen Formulare für die Malediven aus.
Der Himmel bezieht sich mehr und mehr, er ist jetzt von dunkelgrauem Gewölk überzogen, bleiern wölbt er sich über dem schwülen Deck. Und da bekommt man Bedenken, ob man morgen bei den Malediven die gerühmten, sonnigen Strände und das durchsichtige Wasser im Leuchtglanz der Sonne sehen wird.
Hoffentlich kommt kein Unwetter. Denn heute abend soll auf dem Sportdeck eine »Piratenmeuterei« stattfinden. Seeräuber, Meerjungfrauen, Wikinger, Seelöwen, Nymphen, Seeungeheuer und »sonstiges Gesindel« sollen das Schiff »entern«. Ich möchte all den Möchtegern-Seeräubern gönnen, daß sie unter einem blanken Sternenhimmel auf ihre Kosten kommen.
Die Wellen, die der Kiel des Schiffes durchschneidet, klatschen an die Wände. Würden wir immer unseren gegenwärtigen Kurs beibehalten, so würden wir wohl über viele Meilen nur noch ein paar Inseln sehen und schließlich die Antarktis erreichen. Wasser, Wasser — nur das Wasser des Indischen Ozeans — man muß immer daran denken, daß da unten seit Millionen Jahren eine Tierwelt lebt, die nichts von den Kontinenten weiß — all die Lebewesen dort in der Tiefe wissen nichts von den Menschen, ahnen nichts von unserem Dasein, auch wenn einmal der Schatten des Schiffes über sie hinweggleitet. Und wir Menschen? Wissen wir denn etwas von jenen Lebewesen, die in der Sternenferne existieren? Wieviele Jahrhunderte hat der Mensch gedacht, die Welt sei nur seinetwegen erschaffen, das Leben aber hat viele Gestalten...

Ein Insel-Traum

Malé / Malediven, 8. April

Die Republik der Malediven im Südwesten von Indien gelegen, mitten im Indischen Ozean, besteht aus etwa 2000 Inseln, von denen allerdings nur an die 200 bewohnt sind, während die übrigen sich als Kleinst-Inseln aus den Wellen herausheben. Insgesamt leben im Inselstaat ca. 150000 Einwohner, Araber — Malaien — Singhalesen, davon haben 30000 in der Hauptstadt Malé Unterkunft gefunden. Sie bekennen sich zum mohammedanischen Glauben. Erwartungsvoll steuern wir diesen entlegenen Eilanden zu, die dem Äquator so nahe sind. Zwischen sechs und sieben Uhr früh erscheinen die ersten flachen Atolle, nur wenige Meter steigen diese Koralleninseln über den Wasserspiegel. Von türkisfarbenen Wellen sind sie umspült. Weiß ziehen sich die Sandstreifen der Strände in die Länge, dahinter runden die Palmen grün ihre Wedel, zwischen ihren Stämmen haben sich Büsche und Sträucher angesiedelt. Im gebührenden Abstand von den unterseeischen Korallenriffen, die mit ihren scharfen Spitzen einem Schiff gefährlich werden können, legt sich die »Maxim« vor Anker. Die See ist wenig bewegt, der Himmel gleißend blau, nur über den Horizont wehen ein paar graue Dunstschleier.

Es dauert heute nicht lange, bis die lokalen Behörden das Schiff für unseren Landgang freigegeben haben.

Im Tenderboot erreichen wir nach kurzer Fahrt die Hauptinsel mit der Stadt Malé, dem Regierungssitz und Mittelpunkt der weitverstreuten Malediven. Am Ufer entlang ziehen sich weiße Gebäude. Hochhäuser gibt es nicht, die Flucht der weißen Häuser besteht nur aus Parterre und erstem Stock. Flache Dächer. Die heiße Sonne läßt die kalkweißen Wände besonders hell erscheinen, wie in einer Kette fügen sich die gleichartigen, sauberen und zweckdienlichen Gebäude aneinander. Aufschriften, auch in englischer Sprache, geben Kunde, um welche Ministerien und Verwaltungsbehörden es sich jeweils handelt. Oft weht darüber die Nationalflagge: im roten Feld ein grünes Rechteck und ein weißer Halbmond.

Dunkle Typen die Schiffsleute und Fischer, die vor der Uferstraße am Strand in ihren Booten und Schaluppen arbeiten. Ebenso dunkelhäutig die Händler und die Buben, die Briefmarken, Muscheln und schwarze Korallen verkaufen wollen. Wir gehen in die Seitenstraßen hinein. Sie sind weder asphaltiert noch gepflastert, der Korallenuntergrund ist mit feinem weißen Sand bestäubt. Frauen kehren mit Reisigbesen die Wege sauber, und so sehen die Straßen, die breit angelegt sind, sehr ordentlich aus. Die Häuser, die auch hier nur niedrig sind, weisen zahlreiche offene Basare und Läden auf. Reichtümer gibt es gewiß nicht, aber alles macht einen properen Eindruck, da es sich zumeist um Neubauten handelt. Zwischen den kalkweißen Häusern stehen in üppiger Fülle die Sträucher der roten Bougainvillea, Johannisbrotbäume und Tempelblütenbäume.

Die Eingeborenen sind sehr freundlich. In einem kleinen Geschäft, wo wir Ansichtskarten kaufen, vergißt einer unserer Mitpassagiere seinen teuern Filmapparat — er ist mit mehreren Apparaten bepackt und merkt deshalb seinen Verlust gar nicht! Doch da rennt ein kleiner schwarzbrauner Boy dem davoneilenden Fotografen nach und gibt ihm die vergessene Kamera in die Hand. Man muß schon weit gehen, um ein solches Zeugnis der Ehrlichkeit zu finden.

Sonnenhell all diese weißen Häuserstraßen! Hier in einem Park das Palais des Präsidenten, bewacht von einem Soldaten, der vor seinem Schilderhäuschen steht.

Nicht weit davon ragt der Mast einer Rundfunkstation dem Himmelsblau entgegen, dort befindet sich auch ein Radarschirm für den Satelliten. So kann auch diese weitverstreute Inselgruppe mit den neuesten Nachrichten versorgt werden, zugleich werden von hier die lokalen Nachrichten ausgestrahlt und geben so dem Inselreich einen inneren Zusammenhalt.

In der Hitze glühen die Straßen, die Sonne steht in der Nähe des Äquators fast senkrecht über der Stadt, so ist auch am Rand der breiten Straßen der Schatten, den wir suchen, nur so breit, daß gerade *ein* Fußgänger in seinen Genuß kommt. Vor Autos, die einem in den Weg kommen, braucht man kaum auszuweichen, es gibt hier auf dieser Insel mit seiner geringen Flächenausdehnung nur wenige motorisierte Fahrzeuge, den meisten Einheimischen genügen Räder oder man geht per pedes. Zwischen den Radfahrern schieben ein paar Männer ihre Karren voran, sie haben Holz geladen, das man zur Feuerung braucht. Andere Karren stehen in einem Schattenwinkel. Wer keine aktuelle Arbeit zu leisten hat, liegt darauf und schläft.

Wenn man in den Tropen so viele schmuddelige Ortschaften gesehen hat, so staunt man immer wieder, wie sauber und sinnvoll sich diese

Stadt hier ans Ufer schmiegt. Die Einwohner sind auch stolz darauf, daß sie für ihren Inselstaat, der so weit von den Weltzentren entfernt ist, mit der Stadt Malé einen respektablen Mittelpunkt gebaut haben. Ihren Stolz dokumentiert auch eine große Tafel, darauf steht in englischer Sprache, daß man das Heimatland gegen jeden äußeren Angriff mit allen Mitteln verteidigen wird.

Gegen elf Uhr verlassen wir auf einem Boot diese Hauptinsel der Malediven und steuern an der »Maxim« vorbei die Nachbarinsel Villingili an. Die See ist nur schwach bewegt, nur manchmal flitzt ein Spritzer herein. Ein brauner Bursche hält das Steuerrad fest in der Hand. Tiefblau schimmert das Meer, dann aber, als wir das Riff passiert haben und an Villingili herankommen, wird das Wasser in wunderbarer Klarheit grünblau wie Türkis. An einem Holzsteg legen wir an, und uns empfängt der blendendweiße Ring des Sandstrandes, der sich geschlossen um die Insel herumlegt. Dahinter die Palmen, bald neigen sie sich dem Meer zu, bald wachsen sie senkrecht empor, hinaus über andere Bäume und Sträucher, die hier auf dem Korallenboden Wurzeln geschlagen haben. In ihrem Schatten ist auch das Inselhotel erbaut, es weist stattliche Speise- und Aufenthaltsräume auf. Mit seinen Strohdächern überragt es nicht die Kronen der Bäume, unaufdringlich liegt es im Palmenwald. Seitwärts des Hotels schließen sich flache Bauten an, hier sind die Zimmer für die Gäste untergebracht, jedes hat eine eigene Veranda zum Meer hin.

Ein Boy bringt uns für einen Dollar — mit der deutschen Mark können wir hier nichts anfangen — zwei Korbstühle, er stellt diese nur zehn Schritte entfernt vom Strand unter die breiten Wedel der schattenspendenden Palmen. Hier können wir uns fürs Schwimmen umziehen und sind froh, daß wir unsere leichten sommerlichen Sachen mit dem Badeanzug vertauschen können, da die Temperaturen inzwischen noch höher gestiegen sind.

Eine Landschaft, die das Wort »paradiesisch« einmal wirklich verdient! Zudem sie für den Welttourismus noch nicht allgemein erschlossen ist. Eine wunderbare Dreiheit: Bald türkisfarben bald dunkelblau die Meereswellen, kristallweiß der Sandstrand, sattgrün die Palmen! Alle bedrückenden Gedanken verwehen, wenn man hier dem Plätschern der Wellen, dem leichten Streifzug der Winde zuhört, und hinsieht, wie die wandernde Sonne das Schattengewirk der Palmen verändert. Nach einer Weile zurren wir die Badeschuhe fest, auch hier muß

man sich vor den Spitzen der Korallen schützen, man geht an das Wassertürkis heran und schwimmt über die Widerscheine der unterseeischen Korallenbauten. Man braucht sich nur auf den Rücken zu legen, dann blaut über einem der Himmel ins Unendliche hinein.
Das Mittagessen wird im nahen Hotel gereicht. Hier sitzt man in einer Veranda dicht am Meer, der Wind streicht herein. Inge holt die Köstlichkeiten vom Büfett heran, sie weiß, was mir schmeckt. Ich bestelle einstweilen die Getränke. Von den Hügeln der Lobster erhalte ich einen halben Hummer, man merkt, er kommt gerade frisch von der Zubereitung. Eine Köstlichkeit mit Mayonnaise. Aber nicht so teuer wie in Old Germany, denn in den Fischgründen der Malediven bei den Korallenriffen, da treiben sich ja unzählige dieser gepanzerten Burschen herum. Sie stellen hier gleichsam ein heimatliches Gericht dar, sind auf den Inseln so populär wie bei uns der Schweinebraten. Zum Hummer gibt es die verschiedensten Salate und natürlich Reis. Als Fleischspeise wird Gulasch gereicht, es ist allerdings für unsere Zunge recht scharf gewürzt — und für den Nachtisch kann man neben den Papayas auch Scheiben aus den eben erst geschälten Ananas bekommen.
Zur Siesta ziehen wir uns wieder in die Korbstühle unter den schattigen Palmen zurück. Ich würde mich gern mal auf meinem Handtuch über dem Sandboden ausstrecken, aber unter der hauchdünnen Sandschicht ist der Grund so hart wie Zement — die Korallen haben so steinfest gebaut, daß einem da am Boden alle Knochen weh tun.
Nach der Siesta gehen wir immer wieder in die Wellen des Indischen Ozeans hinein, die nassen Badesachen braucht man bei diesen hohen Temperaturen nicht zu wechseln. Da fällt mir ein: Donnerwetter — die Taucherbrille, die ich eigens von München aus mitgenommen habe, ist an Bord der »Maxim« geblieben. Ehrlich gesagt — ich war zu faul, sie auf die Insel mitzunehmen, habe mir weiter keine Gedanken darüber gemacht — und weiß doch, von meinem Schnorcheln auf der Mittelmeerinsel Elba oder von anderen Fahrten in die Südsee, wie interessant es sein kann, das Leben in der See drin zu beobachten! Offenbar hört ein beinbehinderter Hotelgast, der nebenan sein Liegebett aufgeschlagen hat und seit einigen Wochen hier weilt, meine Selbstbezichtigungen. Er hat einen Schnorchel dabei, da er offensichtlich häufig Schwimmausflüge zum Riff hin unternimmt. Da bietet er mir freundlicherweise seinen Schnorchel für eine kleine Unterwasserexkursion an. Dankbar greife ich zu.

Alsbald liegen im Meer unter mir völlig klar die Korallenbauten, weiß, dann grünlich wie geschlungene Bordüren, dann rosa Streifen eingesprenkelt. Auf vulkanischen Spitzen haben sich in der Weite des Ozeans hier nahe dem Äquator die Korallen angesiedelt, es hat Jahrmillionen gedauert, bis sich dann die Atolle über das Meer gehoben haben. Eine untermeerische Welt, die den Beschauer immer wieder ergreift, weil sie so unabhängig von den Maßstäben der Menschen, so unabhängig von unserem Dasein existiert.
Nach der biblischen Schöpfungsgeschichte hat Gott dem Tierreich einen ganzen Tag gewidmet: »Das Wasser soll Tiere aller Art hervorbringen und Vögel sollen die Luft beleben!« Und weiter heißt es: »Da entstanden all die Tiere des Wassers und die Vögel der Luft. Und Gott segnete sie und gebot, daß sie wachsen und sich mehren sollen.« Dem Tierreich hat Gott den fünften Tag gewidmet, während der Mensch erst am sechsten Tag erschaffen wurde.
Die See unter mir ist wahrhaftig so reich belebt, wie ich es mir nicht vorgestellt hatte. Da ein bunter Fisch, ein roter, ein blauer — und da huscht ein gelber Fisch in eine Korallengrotte. Ich treibe weit hinaus, dem vorgelagerten Riff entgegen, da schwimmen unter mir ganze Fischvölker! Hier eines von ihnen, das sich dicht zusammenhält, den Vogelschwärmen ähnlich scheint die ganze Sippe dem Befehl eines einzigen zu gehorchen, kaum einer kommt aus der Reihe. Auf meinem Weg begegnen mir in dem glasklaren Wasser tiefschwarze Fische, sie sind etwas größer als unsere Forellen, um ihren Schwanz sind weiße Streifen. Dazwischen tummeln sich ein paar silbrige Fische mit großen Querringen. Und da mal ein Einzelgänger, ein besonders großer Kerl, vielleicht einen Dreiviertelmeter lang, ein mächtiges Exemplar, vielfarbig gestreift und gepunktet wie ein Papagei. Nennen wir ihn mal Papageien-Fisch, obwohl er vielleicht in der Zoologie einen anderen Namen trägt. Nun aber schwimmt er doch zu einem Schwarm von etwa 100 Fischen hin, er ist der größte von allen, ist vielleicht der Befehlshaber, jedenfalls ist er der schönste. Aber nein, gleich dicht dabei erscheint jetzt ein ebenso bunt gezeichneter Fisch, nur etwas kleiner, vielleicht die Frau des Befehlshabers oder der Kronprinz. Über die Korallenzacken, zwischen den Korallenbauten finden sie sicher ihren Weg. Der Schwarm läßt sich von mir nicht stören, ich folge ihm, hierhin, dorthin, und da die Fische es nicht eilig haben, kann auch ich ihnen auf eine weite Strecke hin folgen. Dann freilich fesselt meinen

Blick ein Rotfeuerfisch, der mit seinem Purpur und der skurrilen Form wie ein Wesen aus einer anderen Welt über eine weiße Korallenbank gleitet.
An den Strand zurückgekehrt, gebe ich dem Herrn, der mir den Schnorchel geliehen hat, das Gerät mit aufrichtigem Dank zurück. Habe ich doch mit Hilfe des Schnorchels einen wunderbaren Blick in die Tierwelt tun dürfen, die dort in der Nähe des Riffs die See bevölkert. Und da erhalte ich denn auch eine kleine Vorlesung: »Vor allem im Riff nicht in die Löcher hineinlangen oder in Grotten! Dort kann man im tieferen Wasser schon einmal einen Hai antreffen.«
Das Riff steht hier mit seinen Spitzen nur wenige Meter unter den Wellen und es fällt dann in einer Steilwand auf etwa 35 Meter Tiefe zum Meeresboden hinab. Und dort begegnet man immer wieder auch den großen Fischdämonen, den Bonitos, Groupers und den Snappers.
Nun muß ich dem Herrn, der mir so freundlich den Schnorchel geliehen hat, auf Wiedersehen sagen. Mit meiner Kamera streife ich noch eine halbe Stunde durch die Insel, fotografiere die Palmen, wie sie sich der Brandung entgegenneigen. Aber was ist denn das? Eine kleine Echse — ähnlich wie eine Eidechse, aber viel größer, auch mit einem längeren Schwanz — klettert an einem Palmenstamm herum.
Was krabbelt denn dort zwischen den abgeschnittenen Stümpfen der Palmwedel durch das Fasergrau? Ein Einsiedlerkrebs mit seinem Schneckengehäuse. Er hat es nicht so leicht, durchs Leben zu kommen, wie jener weiße Reiher, der da draußen auf einem ins Meer vorgebauten Steindamm steht. Stolz wie ein Wächter verweilt er auf seinem Ausguck.
Die Koralleninsel Villingili ist nicht groß. Man kann sie in einer halben Stunde umrunden. Außer den Hotelbauten und einem Andenkenshop existieren keine weiteren Häuser. Der größte Teil der Insel ist von einem Palmenwald bedeckt, zwischen den Stämmen wuchert noch wild das Gestrüpp, aber durch Buschwerk und Palmen ist eine gerade Schneise zur Gegenseite des Eilandes geschlagen — ein reizvoller Weg unter dem Schatten der Wipfel zu einer Stelle, wo man mit dem Lied der Wellen völlig allein und einsam ist.
Ich gehe zurück zu der kleinen Hotelsiedlung. Hier gibt es Mauern, die vollständig aus handgroßen Korallensteinen gebaut sind. Andere Mauern sind über und über bedeckt mit halben Kokosnuß-Schalen, die man hier eingegipst hat. Und man erinnert sich, daß es gerade die

Kokosnüsse waren, die in der Frühzeit über das Meer getrieben und auf den Inseln wieder ans Land geworfen wurden. So hat die Natur selbst dafür gesorgt, daß die Koralleninseln nicht kahl geblieben, sondern allüberall von Palmen überkrönt sind.

Am Strand und in den wenig bewegten Wellen des Ufergeländes suche ich mir als Andenken ein paar Korallenzweige — dann müssen wir von diesem Insel-Traum Abschied nehmen. Gegen 17 Uhr fährt das letzte Boot zur »Maxim« zurück.

Dort am Landungssteg, wo man auf das Boot wartet, kann man noch einmal einzelne der typischen Meeresbewohner in einem großen Becken bewundern, das man durch Mauern vom Meer abgegrenzt hat. Auch hier ist das Wasser kristallklar. Fische, grellfarben gemustert, große Kerle schwimmen ohne Angst herum. Sie schnappen nach den Brocken, die ihnen zugeworfen werden. Wie in einem Karpfenteich bei uns daheim gibt es ein dichtes Gedränge, wenn's ums Fressen geht. Ein paar Haifische, meterlang, schwimmen dazwischen. Mir wäre es doch etwas ungemütlich, wenn ich da draußen vor dem Riff so einem Raubfisch begegnen würde. Hier im Becken scheinen sich die Haie weder um die schwächeren Fische noch um eine Riesenschildkröte zu kümmern, die sich da nähert. Dieses grau gepanzerte Exemplar hat gewiß schon ein ehrwürdiges Alter erreicht, ist so groß wie eine Tischplatte, ist aber gar nicht schwerfällig, recht geschickt hebt sich der kleine Kopf, wenn es gilt, einen Brocken der Fischmeute wegzuschnappen. Jetzt segelt daneben ein dunkler Schatten, schwarz und breit: ein Rochen!

Inzwischen ist das Boot am Steindamm angekommen. Ein Boy ruft herüber: »Einsteigen!« Durch die leicht bewegte See geht es heimwärts zur »Maxim«, die dort wie ein Koloß auf Reede liegt. Ich wechsle meinen Platz, um besser unser weißes Schiff aufnehmen zu können. Und da platscht auch schon eine Spritzwelle zu meinem früheren Sitz hin, Inge wird pitschnaß, ich aber bin mit meinen Apparaten gerade noch davongekommen.

Um 19 Uhr ist es bereits über dem Meer Nacht geworden. Heftig rauscht der Kamin der »Maxim«, um 20 Uhr wollen wir ja die Malediven verlassen, um Kurs auf Ceylon (Sri Lanka) zu nehmen.

Dort wo Malé liegt, steht eine weiße Lichterkette, schmal wie von einem Lineal gezogen, im Schwarzen. In der Ortsmitte bündeln sich die Lichter. Da sind auch in der Nähe ein paar hinaufsteigende rote Warnlichter, blinken rotglühend auf, erlöschen dann wieder, um gleich darauf aufs neue aufzuleuchten. Warnlichter vom Funkturm, die auch den kleineren von Ceylon herkommenden Flugzeugen Wegweiser sind!

Ferngerückt ist der Insel-Traum der Malediven.

Indischer Ozean, 9. April

Ein neuer Tag auf See! Mit der Windstärke 3, dem Seegang 2 können wir recht zufrieden sein. Die Temperaturen lassen sich allerdings vormittags schon recht hoch an. Luft und Wasser 30 Grad.

Ein stiller ruhiger Tag auf See. Gesundheitsapostel können wieder »Schlankheitsgymnastik« betreiben, und auch für Sportfreudige ist natürlich — wie an allen Seetagen — gesorgt. Wie wäre es, wenn wir mal beim Wasserball — oder beim Volleyball-Spiel zusehen würden? Damit nicht nur die berufsmäßigen Entertainer an Bord zu Wort kommen, soll es heute eine Abendveranstaltung geben, an der sich jeder beteiligen kann. »Jekami« heißt das Motto: »Jeder kann mitmachen« — und da werden denn heute abend »Gäste andere Gäste« unterhalten. Wer sich zum Conférencier, Sänger, Liedermacher oder Witzbold berufen fühlt, kann also seine Kunst zeigen und um die Gunst der Mitreisenden werben. Da hört man abends humoristische Gedichte aus Frankfurt, Berliner Chansons, Lieder wie sie die Zarah Leander gesungen hat (»Nur nicht aus Liebe weinen«). Dann gibt es ein Ballett, ein Büttenredner wird beklatscht, von einem anderen verlangt man »noch ein Gedicht«. Mundharmonika und Ziehharmonika werden gemeistert und nicht zuletzt zeigt man seine Tanzkunst. Kurzum: Jekami — jeder kann mitmachen — man glaubt gar nicht, was für verborgene Talente da ans Licht kommen.

Anschließend gehen wir noch einmal zu unserem Nachtspaziergang an Deck. Es sind jetzt kaum Sterne zu sehen, das Nachtgewölk hat den Himmel überdeckt.

Tropische Farben auf Ceylon

Colombo / Sri Lanka, 10. April

Zwischen sechs und sieben Uhr morgens sind wir im Hafen von Colombo. Schiffe ankern im nahen Umkreis. Der Himmel ist bedeckt, sehr heiß! Wir legen an der Pier an, vor uns liegt ein anderes Kreuzfahrtschiff, die »Regina Maris«. Die Vertreter der örtlichen Behörden kommen an Bord, wir holen die Pässe ab, tauschen etwas Geld in ceylonesische Rupien — und dann können wir von Bord gehen. Man könnte von hier aus Mehrtagesausflüge unternehmen und z. B. mit einem Helikopter nach Anuradhapura fliegen, um dort die Tempel- und Palastruinen zu sehen, die von der jahrhundertelangen Herrschaft der buddhistischen Singhalesen-Könige heute noch ein großartiges Zeugnis ablegen. Man kann aber auch an dem mehrtägigen Ausflug mit dem Bus nach Sigiriya teilnehmen, um dort die Fresken der »Wolkenmädchen« zu bewundern. Wer an einer solchen Exkursion mitmacht, kommt dann in Trincomalee an der Nordostecke von Ceylon wieder an Bord. Wir selbst fahren nach Kandy ins Innere der Insel. Kandy war früher die Hauptstadt des singhalesischen Königreichs.

Vor einigen Jahren sind wir dorthin mit dem Wagen gefahren. Heute werden wir die Eisenbahn benutzen, man hat auf dieser Strecke moderne Touristenwagen mit Klimaanlage eingesetzt, von denen die Strecke ins Landesinnere in etwa drei Stunden bewältigt wird. Wir möchten die Gelegenheit wahrnehmen, um von den großen Wagenfenstern aus die ceylonesische Landschaft in ihrer Vielfalt betrachten zu können.

Als wir im Begriff sind, das Schiff zu verlassen, begrüßt eine ceylonesische Musikkapelle die Ankunft der »Maxim«. Da auf dem Kai steht ein Dutzend Musiker, sie tragen weiße Hosen, ein rotes Westchen um den Leib, braun und nackt ist der Oberkörper, auf die schwarzen Haare haben sie einen weiß-roten Turban gestülpt. Lautstark werden die Trommeln und Holzinstrumente von den freundlichen Musikanten bearbeitet.

Gleich auf dem Kai haben geschäftstüchtige Händler mit überdachten Ständen eine ganze Ladenkette aufgebaut. Da wir aber rechtzeitig zum Bahnhof müssen, vertrösten wir die Leute auf unsere Rückkehr. Die Masken, die Batikarbeiten, die Elefanten, die Muschelketten bilden schon einen Anreiz für Andenkensammler. Schnell ins Auto, der Zug wartet nicht.

Auf der Fahrt vom Hafen zum Bahnhof tut sich unser Fahrer gar nicht leicht, um zwischen den anderen Autos, Bussen, Karren, Radlern und Fußgängern durchzukommen. Lautstark ist die Stadt erwacht. Vorbei an den staatlichen offiziellen Gebäuden, die zum Teil noch aus der

englischen Kolonialzeit stammen, vorbei am Palais der Regierung, wo Soldaten Wache halten, vorbei an der Handelskammer, an den Bankpalästen tastet sich der Chauffeur vorwärts. Um diese Stunde sind jetzt überall bereits die Geschäfte eröffnet, man handelt, kauft, verkauft. Ein überquillendes Leben in dieser Stadt mit über 600 000 Einwohnern. Aussteigen — wir sind am Bahnhof. Da drüben steht ein normaler Personenzug mit offenen Fenstern. Die Abteile sind überfüllt von Einheimischen. Uns aber hat man Fahrkarten für den sogenannten »Luxuszug« in die Hand gedrückt, den »Stolz der Nation«, der nur aus wenigen Wagen, darunter einem Speisewagen besteht. Im Inneren finden wir bequeme Sitze, durch die großen Fenster hat man einen freien Blick. Der Wagen ist so stark klimatisiert, daß man sogar einen leichten Wollpulli verträgt. Für einen geringen Preis bringt der ceylonesische Boy den feinschmeckenden Hochland-Tee. Er ist sehr stolz, daß sich bei seinem Weg aus dem Speisewagen die Türen automatisch öffnen, und lächelt jedesmal, wenn dies funktioniert. Den Speisewagen selbst werden wir auf der Hinfahrt nach Kandy kaum in Anspruch nehmen, da für uns am Zielort ein Mittagessen bestellt ist.
Im Nachbarzug drängen sich immer noch mehr Einheimische aneinander. Er hat aber den Vorteil, daß er jeden Tag fährt, während unser »Luxuszug« nur an bestimmten Tagen eingesetzt wird.
Unsere Wagen setzen sich um neun Uhr in Bewegung. Beim Hinausfahren aus dem Bahnhof erscheint seitwärts noch eine riesige handgemalte Kinoreklame, die für den Streifen »The man from Hong Kong« wirbt. Gleich danach bietet uns der dunkelbraune Boy, dessen Uniform aus blauer Hose und orangenem Pulli besteht, wieder eine Tasse von dem köstlichen Tee an.
Wir werden ein paar hundert Kilometer weit in das Landesinnere von Sri Lanka hineinfahren. Einer der Mitreisenden hält uns einen kleinen Vortrag und erzählt, daß die Insel Ceylon 1972 eine Republik geworden ist, auch den Namen Sri Lanka angenommen hat, der aus dem Sanskrit stammt. Der Buddhismus ist hier die herrschende Religion.
Während des Vortrags fährt der Zug durch die Ebene, die sich an Colombo anschließt. Immer wieder Kokosplantagen, Reisfelder, Bananenstauden. Eine tropische Landschaft! Auf einer Brücke überqueren wir einen Flußlauf. Je weiter man ins Innere kommt, desto ärmlicher ducken sich die Hütten unter die breiten Blätter der Bananen.
Wie verschiedenartig sind doch die Formen der Palmen, die dieser

MALAYSIA: Fabeltier vor einem Tempel in Penang

PENANG — die Insel der Betelnuß: Betende Göttin (oben links) — Zierliche Pagode im Tempelgarten (oben rechts) — Der weiße Elefant bewacht einen Tempeleingang (unten)

»Palmeninsel« das Gesicht geben. Da stehen hier hohe Stämme kahl und fast nackt, nur eine Krone wölbt sich darüber. Daneben wachsen niedrige Palmen, bereits knapp über dem Boden breiten sie schon ihre Wedel und heben diese wie Fächer in die Luft. Ein ungewöhnliches Bild, wenn hier im Palmenwald Kühe stehen und vom Rattern des Zuges ein wenig erschreckt zu den Wagen herüberglotzen.
Nach kurzem Halt auf einer kleinen Station geht es wieder hinaus in die Landschaft, vorbei an einem idyllischen See mit Seerosen. Die Reiskulturen vermehren sich; die Rechtecke der Felder sind voneinander durch niedrige Erdwälle getrennt, der Boden steht häufig unter Wasser.
Beim Anblick der Wälder denkt man an die Nützlicheit der Kokospalmen: Sie liefern Holz für das Haus, Blätter für Dächer und Wände, Öl für die Nahrung, die Nußschalen kann man für die Feuerstellen verwenden, die zerschnittenen und getrockneten Kokosnußkerne geben Kopra und die Blüten verwendet man zur Herstellung von Arrak.
Über die weitreichende Bedeutung von Reis braucht man kaum etwas zu sagen. Die Reiskulturen, die jetzt nach den Regengüssen der letzten Tage über weite Strecken hin im Wasser stehen, liefern ja das Grundnahrungsmittel für die asiatischen Völker. Eine Handvoll — und man wird satt. Auch die Kautschukplantagen bringen Geld aus dem Ausland.
Aber nicht nur den Menschen gehört das Land. Ein Lebensrecht haben hier auch die Reiher, die teils einzeln, teils in Kolonien auf den Reisfeldern stehen oder sich voller Stolz in die Luft schwingen. Ein Lebensrecht fordern auch die Raben, die im schwarzen Zug gerade über ein rotes Hausdach streichen.
Die Kühe, die man hier sieht, die schwarzen, braunen und gefleckten, genießen hier aber nicht nur ein heiligmäßiges Ansehen. Bei aller Achtung, die man ihnen entgegenbringt, müssen sie auch tüchtig arbeiten. Sie werden auf den Feldern als Zugtiere angesetzt oder haben Holzlasten zu ziehen. Den heiligen Tieren wird nichts geschenkt. Sie müssen genauso fleißig sein wie die Männer, die zur Arbeit hin zu ihrem Dorf radeln, oder wie die Frauen, die am Ufer eines Flusses stehen und auf den Felsbrocken ihre Wäsche reinigen. Freilich die Wasserbüffel, die da drüben in einem schlammigen Reisfeld eingesetzt sind, durchfurchen die Felder doch noch schneller als die mageren Kühe.
Die Bergkuppen werden höher, der Zug kommt an romantisch klin-

genden Dorfnamen vorbei, ich lese: Walakumbura, Polgahawela, Rambukkana! Die Bilder wiederholen sich in ihrer tropischen Schönheit: Reiskulturen — Wälder aus Palmen, Bananen, Kautschukbäumen — dazwischen mal ein Brotfruchtbaum (man kann die Früchte gekocht oder gebraten essen) — ein Jackfruchtbaum, auch dessen Früchte kann man kochen und essen.

Lassen wir uns von dem Oberkellner noch eine Tasse von dem köstlichen ceylonesischen Tee bringen. Mit seinen schwarzen Augen, den schwarzen Brauen, dem schwarzen Haar, dem schwarzen Schnurrbärtchen, den schwarzen Koteletten (alles schwarz, auch die Haut schwarz) streift der Mann wie ein Schatten durch den Wagen.

Da draußen gibt es nun auch Betelnußpalmen. Man sollte sich aber auf das Rauschmittel, das aus der Betelnuß gewonnen wird, nicht einlassen — wenn man zuviel Betel kaut, fallen einem eines Tages auch die gesunden Zähne aus dem Mund.

Einer der wichtigsten Flüsse der Insel begleitet eine Zeitlang unseren Schienenweg. Er führt heute wenig Wasser mit sich. Zahlreiche gelbe Sandbänke, neben denen Papyrusstauden wachsen, überragen die Lachen. Der Fluß muß sich nach einer längeren Trockenperiode erst wieder mit Wasser auffüllen — und so ist man Buddha dankbar, daß es heute ziemlich stark regnet. Man muß ihm auch deswegen dankbar sein, weil der elektrische Strom nur dann in ausreichender Menge geliefert werden kann, wenn die Wasserspeicher voll sind.

Allmählich klart es etwas auf. Weit reicht jetzt der Blick in die steil ansteigende Berglandschaft hinein. In den Tälern zwischen den Höhen hat man wieder Reiskulturen angelegt, an den Hängen aber mehren sich die Wälder. Da führt der Schienenstrang durch einen Tunnel, kaum hat man ihn verlassen, da stehen an der seitwärtigen Halde große Bäume mit ihren weißen Tempelblüten. Rote Tulpenbäume blühen dazwischen aus dem Dunkelgrün der Wälder. Die Berge werden steiler, die Wolken heben sich darüber höher in den Himmel, rot buckeln sich nackte Felsblöcke zwischen die Palmen.

Während wir wieder einmal halten, vollführen draußen die Raben ein Riesenspektakel. Der Zug hat mittlerweile im Bergland eine Höhe von nahezu 600 Metern über dem Meeresspiegel erreicht. Hier hat man einen freien Ausblick in das noch höher ansteigende Bergpanorama. Die meisten Hänge sind bis zu den Spitzen der Kuppen hinauf bewaldet. An einer Berglehne entlang fährt unser Zug.

Gegen 12 Uhr mittags sind wir in Kandy, das in einem Hochtal vor einer großartigen Bergkulisse gelegen ist.
Diese alte ceylonesische Königsstadt, die jetzt ca. 100 000 Einwohner hat, wird von den meisten Touristen aufgesucht, da es hier nicht nur bemerkenswerte Kulturdenkmäler gibt, sondern auch eine herrliche waldreiche Umgebung. Auch wir freuen uns, daß wir hier im Hochland von Ceylon mit dieser Stadt Wiedersehen feiern können. Ist doch Kandy zugleich einer der Mittelpunkte der buddhistischen Welt.
Unser erster Weg führt uns in den Botanischen Garten. Es regnet zwar immer noch — aber der Regen soll uns nicht stören, wenn wir die rotleuchtenden Blütenbüsche, die Baumriesen, die Gewürzbäume, die Bambusstauden, die Wasserpflanzen auf dem See anschauen und dann vor der vielfältigen Pracht der Orchideen stehen.
Zum Mittagessen um 13 Uhr fahren wir an einem Volkspark vorbei zum modernen »Hotel Suisse«, dessen Speisekarte wir bereits früher ausprobiert haben. Im klimatisierten Saal steht ein Büfett, an dem man sich selbst bedienen kann. Es gibt Hammelfleisch, Curry-Reis, Salate, dazu knuspriges Fladenbrot und als Nachtisch frische Ananasscheiben.
Der elekrische Strom scheint wegen der vorausgegangenen Trockenperiode auch hier nicht zu funktionieren und so hat man in den dunklen Hotelgängen und an den Treppen Kerzen aufgestellt. Wir schlendern nach dem Essen an einigen Juweliergeschäften vorbei, die sich in den Passagen des Hotels befinden. Hier gibt es denn auch Kostbarkeiten der »Juweleninsel« — wie man Sri Lanka auch nennt. Da glitzern und gleißen in den Fenstern Aquamarine und Saphire, Rubine und Topase, Turmaline, Granate und Mondsteine. Viele der Steine sind zu verlockenden Ringen und Gehängen verarbeitet. Da muß so mancher Besucher einen Scheck für seine Partnerin riskieren, wir selbst aber wollen trotz der Versuchungen unsere Reisekasse schonen.
Nach Tisch geht es dann in Kleinbussen auf einer steilen Serpentinenstraße zum Gipfel eines angrenzenden Berges, auf dessen Höhe eine Teefabrik zu besichtigen ist. In früherer Zeit wurde hierzulande auch der Anbau von Kaffee betrieben. Seine Pflanzen wurden aber von einer sogenannten Kaffeepest dezimiert — man probierte stattdessen den Anbau von Tee, das Experiment glückte, und heute ist Sri Lanka neben Indien der größte Tee-Exporteur. An sich würde die Teepflanze zu einem hohen Baum bis zu 20 Metern emporwachsen, wenn man ihr

nicht immer wieder die Knospen und Blüten wegnähme. Die Folge ist, daß man heute nicht von Teebäumen, sondern von Teesträuchern spricht. Etwa ab 1200 Metern Meereshöhe wächst in den Hochlagen der beste Tee. Jeder Kenner schätzt das Aroma dieser Sorten.
Zwischen grünen Teesträuchern, die weithin die Hänge bedecken, fährt unser Kleinbus dem Bergsattel entgegen. Droben genießt man zuerst einmal den Blick in den Talkessel mit der Stadt Kandy, dann bemerkt man aber auch die Reihenhäuser und die im Entstehen begriffenen Neubauten, die oberhalb der Stadt in die Berghänge eingegliedert sind, aber gewiß bei Mietern oder Käufern einen wohlgefüllten Geldbeutel erfordern.
In der Teefabrik selbst hier auf der Berghöhe stehen wir nun vor den mächtigen Rosten: Sie sind 20 Meter lang und zwei Meter breit. Über diese Roste sind die mit der Hand gepflückten Teeblätter geschüttet, hier werden sie erst einmal getrocknet, bis sie anschließend gewalzt und dann in einem ausführlichen Verfahren bis zum Export fertig gemacht werden können. Zwei Blättchen und eine Knospe — in dieser Art werden die Sträucher alle paar Tage abgeerntet — nehmen wir uns als Andenken mit, um Blättchen und Knospe in einem Buch zu pressen.
Mit allen Sinnen genießt man als Teeliebhaber hier das Gewächs und die Verarbeitung: Das Auge blickt über die frisch gepflückten Blätter hin, die Finger fühlen ihre Zartheit, man riecht den Duft in der Halle und schließlich genießt man die frisch aufgegossene Tasse Tee hier am Ursprung der Pflanze.
Auf der Serpentinenstraße fahren wir zwischen den Teesträucher-Hängen wieder der Stadt Kandy entgegen.
Unser nächstes Ziel ist der »Tempel des Zahns«. Hier verehren die Buddhisten in einer goldenen, mit Edelsteinen reich geschmückten Lotosblüte einen Zahn Buddhas als kostbare Reliquie. Man soll darüber nicht lächeln, finden sich doch auch in unseren christlichen Kirchen oft genug Gebeine von Heiligen, denen man seine Reverenz erweist.
Heute interessiert uns besonders die Architektur des Tempels. Rotweiß gemustert ist das ein ganzer Gebäudekomplex, durch einen Eckbau herausgehoben steht der Tempel nahe am Weg, die Silhouette zeichnet sich mit Turm und einem Anbau für die Mönche vor dem Hintergrund des grünen Bergwaldes als eine weihevolle Stätte ab. Palmen mit ihren hohen grünen Kronen und steinerne Elefanten, die eine

Brücke begrenzen, erhöhen den fremdartigen, exotischen Eindruck. Vor dem Heiligtum haben die Händler ihre Buden aufgestellt, verkaufen alte Weiblein Tempelblüten und Räucherstäbchen, so wie man bei uns vor den Wallfahrtsorten Kerzen verkauft. Auf einer Mauer steht ein kahlgeschorener Mönch, hell leuchtet sein safrangelbes Gewand, er blickt über Händler, Wallfahrer und Fremde hin, als wollte er darüber wachen, daß im Umkreis des Tempels nichts Böses geschieht.

Wir gehen am See unter den Palmen entlang und wandern in die belebten Straßen der Stadt hinein. Freilich können wir unsere Wege nicht allzu lange ausdehnen, denn die Rückreise mit dem Zug nach Colombo ist bereits auf 16 Uhr festgesetzt.

Vom »Tempel des Zahns« aus eine kurze Fahrt mit dem Auto, dann sitzen wir wieder im klimatisierten Zug. Wohltuend empfindet man hier als Europäer nach dem heißen, regenschweren Tag die kühlere Temperatur. Nachdem der Zug angefahren ist, suchen wir einmal den Speisewagen auf und lassen uns nochmals den erstklassigen Ceylon-Tee servieren. Eine ganze Kanne voll kostet nur soviel Rupien, wie sie einer deutschen Mark entsprechen. Der starke Tee macht uns wieder so frisch, daß wir auf der Rückfahrt noch einmal die vielgepriesene ceylonesische Landschaft von den Bergen um Kandy bis hinunter zum Meer bei Colombo genießen können.

Der »Oberschaffner« des Zuges möchte zwischendurch gern den Besuch der Fremden in einem Gästebuch festhalten. Auch wir schreiben ein paar Zeilen hinein:

»Ceylon tea is the best —
Wohin wir auch reisen,
Wir wollen ihn preisen.«

Und wenn ich daheim meinen Tee zum Frühstück trinke, werde ich an die Bergfahrt denken, hinauf zur Teefabrik, werde die weiten Hänge mit den grünen Sträuchern vor mir sehen...

Die Abendschatten wachsen zur Seite des talwärts fahrenden Zuges.

»Übrigens haben Sie den Arbeitselefanten von Kandy gesehen?«, fragt ein Nachbar. Ich nicke: »Ja, eine ganze Gruppe von Elefanten im Sägewerk.« Mein Nachbar seufzt: »Ja, die gibt es noch — aber mit den Leoparden, Antilopen, Wildkatzen, Schakalen und Bären, die es auch noch auf dieser Insel geben soll, werden wir wohl keine Bekanntschaft mehr machen, sie werden immer seltener.«

Ich rate ihm: »Da müssen Sie tiefer in den Dschungel eindringen. Viel-

leicht begegnen Sie dort sogar noch Eidechsen, die im Dickicht zwei Meter lang werden können, Geckos. Aber passen Sie auf, damit Sie nicht ein ruhendes Krokodil für einen Baumstumpf halten!«
Mein Nachbar lacht: »Jünger müßte man sein! Na, vielleicht gehe ich morgen in den Zoo von Colombo.«
»Freilich — freilich« — der Nachbar hat auch schon weiße Haare — auf eigene Faust in den Dschungel einzudringen, das ist immer noch ein Abenteuer.
Wenn der Zug auf seiner Fahrt hinunter an die Küste die Behausungen der Einheimischen passiert oder auf einer Station anhält, sehen wir immer mehr Menschengruppen beisammenstehen. Nur noch selten arbeiten ein paar Frauen in gebückter Haltung auf den Reisfeldern. Die meisten rüsten das Abendessen. In den Hütten flackert hier und da Feuer. Wieder einmal hält der Zug, und hier im Licht des Bahnhofes schimmert aus einer Staude eine violette Bananenblüte, und darunter hängt auch eine grüne Traube von Bananen, die übrigens hier auf Ceylon kleiner sind als diejenigen, die bei uns in Europa gehandelt werden. Gleich neben der Bananenstaude steht eine Hütte, am Eingang verweilt ein Elternpaar mit einer Schar kleiner und kleinster Kinder. Wir brauchen nur ein wenig hinüberzuwinken, da ist die ganze Familie hellauf begeistert und grüßt mit lebhaften Gebärden zurück. Die Gesichter sind so hübsch in ihrer Freundlichkeit, daß man die zerschlissenen Hemdchen der Kleinen gar nicht mehr sieht.
Vorbei! Bereits gegen 19 Uhr ist die Dunkelheit ausgebreitet. In den Hütten schimmert nur selten ein Licht. Die meisten verschwinden in der Nacht der Palmenwälder. Da tauchen unmittelbar neben den Geleisen ein paar Frauen auf, sie tragen Wäsche heim, der Lichtschein des Zuges fällt auf die Lasten, die sie auf den Kopf getürmt haben.
Die Stadt Colombo kommt näher — mitunter blinken jetzt nackte elektrische Birnen aus den Hütten, ein Signallicht leuchtet rot auf, Neonlichter schillern grün, nun kommen auch beleuchtete Häuserblocks heran, Scheinwerfer der Autos flitzen über die Straße. Wir fahren im Bahnhof von Colombo ein.
Um einen benachbarten Zug drängen sich wieder die Einheimischen, sie wollen noch in ihre Dörfer heimfahren. Wir selbst eilen zum Auto, das uns zu unserem Schiff zurückbringen soll. Unser Chauffeur hat vor seinem Sitz eine der ceylonesischen Dämonenmasken angebracht, aus den Augenhöhlen der Maske blinken jedesmal Glühlämpchen auf,

wenn der Chauffeur seinen Winker einschaltet und um die Ecke fährt. Vor dem Schiff ist die Ladengasse der einheimischen Händler immer noch in Betrieb. Aber bevor wir uns die Herrlichkeiten anschauen, müssen wir uns erst einmal nach dem langen Tag, der trotz des Regens schwül und heiß war, unter die Brause stellen. Dann laufen auch wir an den Buden hier auf dem Kai entlang. Da erklärt ein Ceylonese, daß er nur echte Edelsteine führe, und hebt dabei die glitzernden Steinchen den Frauen vor die Nase. Ein anderer Verkäufer preist überdimensionale Dämonen-Masken und Elefanten aus Ebenholz an.
Das schwüle Regenwetter treibt uns dann von diesem Basar ceylonesischer Andenken hinweg. Es ist Zeit zum Abendessen, wo man im kühleren Saal nach dem langen heißen Tag eine stille Stunde einschalten möchte.
In der Kabine finden wir an diesem Abend ein Orchideengebinde, eine Aufmerksamkeit vom »Club der Kreuzfahrer.«

Colombo / Sri Lanka, 11. April
Früh sind wir schon zeitig aus den Federn. Wir wollen den Vormittag nutzen, um Colombo, die Hauptstadt von Ceylon, zu durchstreifen. Wir nehmen einen Wagen, da die Wege zu Fuß zu weitläufig wären, wollen wir doch möglichst viel sehen. Da ist zuerst das repräsentative Stadtviertel mit dem Sitz des Staatspräsidenten, mit Kaufhäusern, Banken, den Büros der internationalen Fluggesellschaften, den großen Juwelieren. Vielfach im Kolonialstil, heben sich diese Gebäude mit Säulen und Zierat aus den Straßenzeilen heraus. Besonderes Leben gewinnt Colombo dadurch, daß es als Freihandelszone gilt, und da haben sich die internationalen Gesellschaften, aber auch die Japaner mit ihren Autos und Optikerzeugnissen erfolgreich eingeschaltet. Zwischen den Großbauten haben sich aber auch in diesem Viertel kleinere Geschäfte eingenistet, besonders Stoffgeschäfte, die ihre Gewebe aus Baumwolle, Kunststoff und Seide an die Frau zu bringen hoffen.
Übervoll sind die Straßen mit Fahrzeugen und Menschenströmen. Nur ein paar Schritte von der Straße entfernt bekundet eine Moschee mit ihrer rot-weiß gestreiften Kuppel, daß der Islam auch hier auf Ceylon, wo die meisten dem Buddhismus anhängen, Gläubige besitzt. Das gleiche gilt für das Christentum, das ebenfalls unweit über eine Kirche verfügt. Ja, auch der Hinduismus stellt seinen Tempel mit den kühn bemalten Figuren an den Wegrand.

Was für ein Treiben zwischen Kirchen, Tempeln, Banken und Geschäften! Da ersteht in einer Straßenlücke eben ein Neubau, man braucht dafür nicht wie bei uns ein Stahlgerüst, sondern baut hierzulande ein solches Gerüst aus Bambusstangen, die aber offenbar recht gut halten.

Goldschmiede, Schmuckgeschäfte, Gewürzläden, Schuhgeschäfte, dazwischen der Fischmarkt — alles quirlt durcheinander, wir sind in dem Viertel, in dem die Einheimischen ihre Einkäufe betätigen. Da werden nun die Häuser kleiner, meist verfügen sie nur über Parterre und ersten Stock. Unten verkauft man seine Sachen oder hat die Geräte für sein Handwerk eingebaut, oben wohnt man. Nicht selten sind die Behausungen windschief, nicht selten begnügt man sich mit Wellblechhütten. Gleich am Straßenrand wird gehandelt und gefeilscht. Die Frauen sind in die buntesten Gewänder gekleidet, Kinder laufen dazwischen, es ist ein orientalisch-asiatisches Leben und Treiben. Natürlich gibt es auch bettelnde Kinder, nicht wenige von ihnen haben das Betteln bereits in den Rang eines Geschäftes erhoben — sie gehen nicht zur Schule, arbeiten nicht und bereiten sich schon jetzt darauf vor, auch später ihr Leben als Bettler zu verbringen. Und so meint die Ceylonesin, die uns auf den Wegen durch Colombo begleitet: »Die kleinen Burschen verdienen oft mehr als ein Arbeiter. Es ist ein Problem, wie man ihnen beibringt, daß sie sich nicht durchs Leben betteln sollen.« Eine schwierige Frage, wenn man die Slums in dieser Straße betrachtet.

»Lucky Palace« — steht wie zum Hohn über einer Hütte. Die Wände sind hier aus Palmwedeln gefügt, man hat sie zu Matten festgepreßt, bei einem Regenguß quellen sie auf und bieten dadurch einen gewissen Schutz. Ja von einem Wohlleben ist hier nichts zu merken. Die Ceylonesin berichtet, wie niedrig die Einkommen sind.

Sollen wir über den Markt fahren? Neben uns piepst ein japanischer Wagen, kaum kommen wir voran. Eine Fahrt über den Markt ist unmöglich, wir würden rettungslos im Verkehr, in den Massen von Autos und Menschen stecken bleiben. Drängen wir uns an den Slums vorbei, wo auf windschiefen Wänden die Wellblechdächer mit ausgedienten Autoreifen und Steinbrocken beschwert sind. Auch eine Methode, die Dächer gegen die tropischen Unwetter festzuhalten!

Ein anderes Viertel, ein ganz anderes Viertel: Das Gebiet der sogenannten »Zimtgärten«, wo das weiße Rathaus mit einer ausladenden Kuppel errichtet ist. In diesem modernen Viertel haben sich auch die

Botschaften und Konsulate niedergelassen, da gibt es die schönsten Villen inmitten der Gärten und dazwischen sind neuzeitliche Wohngebäude erstellt. Hier muß man allerdings gut betucht sein, wenn man eine Wohnung nach europäischem Maß erhalten will.
Von dem Viertel der »Zimtgärten« geht es noch einmal zu einem Bezirk, wo wiederum die Massen eine Unterkunft gefunden haben. Kinder gibt's hier genug. Da sitzen sie vor den Hütten, auch die Schulkinder, sie haben gerade Ferien, da das singhalesische Neujahrsfest vor der Türe steht. Mit einem gewissen Stolz sagt unsere Ceylonesin, daß es nur noch 30 Prozent Analphabeten auf der Insel gibt. Wer mit Rechenstift und Feder umgehen kann, hat auch in diesem Land eine bessere Lebens-Chance und kann vielleicht als Kaufmann oder als Sekretärin bei einer der großen Handelsfirmen unterkommen, von denen Tee, Kautschuk, Kopra, Kokosöl und dergleichen exportiert werden. Auf der abwechslungsreichen Fahrt nähern wir uns dem Victoria-Park und sind damit wieder in einem »besseren« Stadtteil. Wiesenflächen und Gärten reihen sich aneinander und in einem dieser Gärten sehen wir den goldschimmernden sitzenden Buddha. In seiner Erhabenheit, in seiner inneren Stille und in der monumentalen Größe scheint er das so zwiespältige Leben in Colombo zu überwachen, als wollte er sagen: Mögt ihr in eurer gegenwärtigen Existenz arm oder reich sein, auf euch alle warten noch 1000 Wiedergeburten, bis ihr endlich die Erlösung aus dem Kreis des Lebens findet.
Als Europäer hat man freilich Mühe, sich eine solche Lebensphilosophie zu eigen zu machen. Da empfindet man die Gegensätze in dieser Stadt doch als bedrückend. Hier eine Hütte am Zerfallen, dort eine Villa unter Palmen — ja gar ein Schloß mit Türmen und Kuppeln. Und doch gehört Ceylon zu jenen asiatischen Ländern, in denen auch die Armen — so sagt man — nicht mehr zu hungern brauchen.
Ceylon ist selbstbewußt geworden und so gibt es auch eine Halle der Unabhängigkeit, ihr Dach wird von zahlreichen Säulen machtvoll gestützt. Ein Mahnmal, diese offene imposante Halle, ein Mahnmal, daß das koloniale Zeitalter sein Ende gefunden hat.
Die Ceylonesin, die uns führt, möchte mit uns noch einen Edelsteinladen, einen »seriösen«, wie sie sagt, ansteuern. Sie hofft natürlich, daß sie dort nach den Kaufabschlüssen von dem Geschäftsführer ihre Prozente erhält. Aber da wir nicht die Absicht haben, hier mitzubieten, verabschieden wir uns und machen uns selbständig. Ein Rikschafahrer

soll uns mal zu dem supermodernen Hotel »Lanka Oberoi« fahren. Wir verabreden vor der Fahrt den Preis und dann lenkt der Rikscha-Fahrer sein Gefährt durch den Verkehr, rechts, links, wie es gerade kommt, er schlängelt sich durch, er nützt jede Lücke aus — und da halten wir auch schon vor dem mächtigen Hotelblock.
Ein schwarzer Boy hält die Türe offen. Eine riesenhafte Halle empfängt den Besucher, darin findet man die Portiersloge, die Information, ein Restaurant, zahlreiche Geschäfte und in der Mitte eine ansteigende Empore mit roten Sesseln und Sofas, wo man einen Aperitif nehmen, Geschäfte abschließen oder auch nur plauschen kann. Dieser Lichthof steigt bis zum Dach empor, er ist von Gängen umgeben, die sich um sämtliche Stockwerke herumziehen. Von ihnen aus kann man die Hotelzimmer erreichen. Das Hotel ist wie eine Stadt für sich. Alle Zimmer blicken nach außen, aber zentral eingebettet ist der Lichthof.
Davor — man möchte sagen »natürlich« — ein tropischer Garten, ein Swimming-pool. Und dahinter schimmert das Gewelle des Indischen Ozeans.
Treten wir noch einmal in den Lichthof! Riesige, mit bordeauxroten Farben durchwirkte Fahnen hängen von der Decke herunter, begrenzen den ungewöhnlich großen Raum. Schwellende rote Teppiche geben ihm bei aller Ausdehnung etwas Intimes.
In einem Shop suchen wir nach einer indischen Puppe für unsere Enkelin — aber da gibt es nur Fabrikerzeugnisse, lieber ist uns als Andenken ein kleines Batiktuch mit dem typischen Elefanten.
Als wir auf die Uhr sehen, erinnern wir uns daran, daß die »Maxim« ja bereits um 13 Uhr sich von Colombo verabschieden will. So müssen auch wir uns von diesem Hotel-Universum trennen. Draußen regnet es, macht nichts — wir finden schnell ein Taxi und kommen rechtzeitig zu unserem Schiff.
An der Reling können wir zusehen, wie die »Maxim« ausläuft. Wir nehmen Kurs auf Trincomalee an der Nordostküste von Ceylon.
Am Abend ist die Temperatur noch tropisch warm, aber das macht mir nichts aus. Ich laufe über das Bootsdeck hin und her und begegne dabei nur einer einzigen Person, einem Matrosen. Die meisten Passagiere bevorzugen nach dem heißen Tag die kühleren Innenräume des Schiffes. Backbord erscheint ein rotes Blinklicht von Sri Lanka her, wir fahren ja parallel zur Küste nordwärts. Warm und schwer weht der Wind um die Rettungsboote. Frisch gescheuert ist das Deck, man

muß achtgeben, daß man in der Nässe nicht ausrutscht. Ein halber Mond steht zwischen den Wolken, auch ein paar Sterne lassen sich sehen. Das Schiff schneidet einen weißen Gischtstreifen, der von den Bordlichtern erhellt wird, in den Indischen Ozean.

Auf See, Trincomalee/Sri Lanka, 12. April

Bereits kurz nach 7 Uhr in der Frühe kündet sich an der Küste Ceylons die Stadt Trincomalee an. Wir fahren in das Hafenbecken ein, wo das Wasser wie ein Spiegel ruht. Ich eile aufs Bootsdeck, mache ein paar Aufnahmen von den Bergen, den hell angestrichenen Silos und der Stadt Trincomalee im Hintergrund des Hafenbeckens. Wir liegen auf Reede. Tenderboote werden den Verkehr zur Stadt hin besorgen.

Ein Fischerboot fährt neugierig heran, stolz hebt der Besitzer einen riesengroßen Fisch als Beute empor.

Ein strahlender Tag! Nach dem wechselnden, regnerischen und schwülen Wetter in Colombo überglänzt heute die Sonne ungestört das weite, von der Natur vorgeformte und viel gerühmte Hafenbecken von Trincomalee.

So kann der Ausflug, der eine Stadtrundfahrt und eine Badegelegenheit an einem der schönen Strände vorsieht, beginnen. Nur eines ist zu beachten. Die Stadt meldet einige Cholera-Fälle und so wird man ermahnt, an Land kein Wasser zu trinken, kein ungeschältes Obst zu essen und keinerlei Lebensmittel mit an Bord zu bringen.

Nicht nur wegen seines Naturhafens, der auch Kriegsschiffen Ankerplätze gewährt, ist Trincomalee bekannt, angeblich ist die Stadt selbst auch schon mehrere tausend Jahre alt. Großartig steht auch heute ein Tempel in diesem Ort. Dieser ist allerdings ein Neubau, nachdem im 17. Jahrhundert der alte ehrwürdige Tempel von den Potugiesen zerstört wurde. Die zerbrochenen Säulen liegen mit versunkenen Galeonen am Meeresgrund. Auch an anderen Ruinen, Forts und Befestigungsanlagen erkennt man, wie sich hier im Laufe der Jahrhunderte außer den Portugiesen auch Holländer, Franzosen und Briten eingenistet haben. Der Ausspruch eines holländischen Generals »Geben Sie mir Trincomalee und ich werde den ganzen Osten regieren!« bezeugt, wie wichtig man die strategische Lage dieses Punktes einschätzte. Sagenumwoben sind die Felsen. Hier spielen nicht nur Szenen aus dem indischen Epos Ramajana, hier zeigt man auch den Felsen Swami Rock, von dem sich mal eine unglücklich verliebte Holländerin ins

Meer gestürzt haben soll. »Sprung der Verliebten« nennt man noch jetzt diese Klippe.
Von den Passagieren, die heute zum Strand gefahren sind und dort die Meeresfrüchte genießen, hat aber gewiß keiner solche selbstmörderischen Anwandlungen. Im Gegenteil, da kann man durch den feinen weißen Sand zu den Wellen hinunterlaufen, und wer einen Schnorchel oder ein Tauchgerät besitzt, der kann hier wieder einen erregenden Blick tun in das »Unterwasser-Wunderland«, kann die Korallengärten sehen und dazwischen die tropischen Fische, die nicht weniger bunt leuchten wie die Orchideen von Kandy.
Freilich, auf die samtenen Nächte von Trincomalee kann man nicht warten, da das Schiff um 18 Uhr schon wieder auslaufen will. So kommen denn im Laufe des Nachmittags alle Ausflügler zurück, die von der Tempelpracht und dem Farbenreichtum Ceylons entzückt sind und gern länger hier blieben.
Inzwischen hat ein einheimisches Tenderboot auch eine Gruppe ceylonesischer Besucher an Bord gebracht, neugierig und staunend laufen sie durch Gänge und Säle und sind glücklich, wenn sie ein Foto von der »Maxim« erhalten oder ein paar Zigaretten.
Wir tauschen inzwischen bei den Bankbeamten von Sri Lanka, die im Vestibül an einem Schalter sitzen, unsere übriggebliebenen ceylonesischen Rupien um. Nur ein paar kleine Scheine behalten wir für das heimatliche Album, weil sie mit den exotischen Tieren, den Schmetterlingen, den Echsen, Feuerfischen und Pelikanen besonders hübsch sind.
In der späten Nachmittagsstunde gehen die ceylonesischen Besucher wieder von Bord, aus lauter Begeisterung über die freundliche Besatzung möchten sie am liebsten jedem Matrosen, jeder Stewardeß dort an der Gangway die Hand geben.
Allmählich sammeln sich am Schwarzen Brett die Bordmarken der letzten Ausflügler, der Lautsprecher bittet wieder alle Besucher das Schiff zu verlassen. »Maxim Gorki is ready to sail.«
Die Sonne ist verschwunden. Das letzte Boot legt von der Gangway ab. Gewölk ist aufgezogen. Aber keine Regenwolke.
Ich gehe — es ist jetzt 18 Uhr — auf das Bootsdeck zum Fotografieren, da sich die »Maxim« pünktlich von Trincomalee verabschiedet, um Kurs auf Penang in Malaysia zu nehmen. Zweieinhalb Seetage durch den Golf von Bengalen liegen vor uns.
Mit drei Heultönen grüßt die »Maxim«. Der Schlepper, der unserem

Schiff das Ablegemanöver erleichtert hat, tutet zurück und wendet. Abendröte streicht über die Stadt Trincomalee hin. Eine Uferpromenade zeigt die ersten Lichter. Schnell entfernen wir uns. Zu beiden Seiten dieses von der Natur geschaffenen Hafenbeckens schieben sich wie Theaterkulissen die Hügel vor, gedrungene Blöcke, die von den Kuppen bis zum Wasserspiegel hin bewaldet sind. Schnell kommt die tropische Nacht. An der äußersten Landspitze flammt noch einmal das Licht eines Leuchtturmes auf.
Steil, fast senkrecht steht über dem Schiff der halbe Mond wie ein unvollendeter Lampion. Sterne zeigen sich noch nicht. Hinter unserer Fahrspur ist der Westhimmel dunkel und fahl geworden, nur noch dort, wo die Sonne versunken ist, überhaucht ein Gelbschimmer den Horizont. Vor unserem Bug aber nachtgraues Gewölk, auch das Meer schwärzt sich nachtgrau ein.
Wie gut, wenn man in einer solchen Stunde des Abschiedes und der Erwartung zugleich einen vertrauten Menschen neben sich an der Reling gewahrt. Man entfernt sich von der einen Küste, steuert eine andere Küste an, man fährt in die Nacht hinein, erlebnishungrig, dankbar.

Mit Ostkurs Malaysia entgegen

Indischer Ozean / Golf von Bengalen, 13. April
Ich steige zuerst mal in den Swimming-pool, wo das Wasser dem heftigen Schwanken des Schiffes folgt und wild gegen die Wände klatscht. Es ist gut, daß in der Mitte des Pools ein Wellenbrecher eingebaut ist, der das allzu starke Überschwappen verhindert. Trotz dieser Vorrichtung ist aber das Becken heute in ein natürliches Wellenbad verwandelt — es ist daher auch wenig besucht.
Der Matrose hat an die Tafel beim Pool bereits früh seine Temperaturen angeschrieben: 30 Grad Wasser, 30 Grad Luft. Dabei weht ein ziemlich heftiger Wind, viele graue Wolken trotten über den Himmel, nur wenig Blau dazwischen. Wenn die Sonne einmal durchkommt und dabei das Meer streift, erscheinen die Wellen silbrig — tonig, verwandeln sich dann aber gleich wieder in ein bleiartiges, fast schwärzliches Gewoge. Nur um die Schiffswände herum perlt der Gischt grün-weiß. Wir fahren mit einer Geschwindigkeit von 18 Knoten, das Meer unter uns hat eine Tiefe von 3900 Metern.

Wem es nicht genug ist, den Wolkenhimmel und die See in den leisen Schattierungen zu betrachten und über die weite Welt nachzusinnen, der kann auch heute mitten auf dem Indischen Ozean Leibesübungen im Sportzentrum betreiben, er kann sich bei »Trimm-dich-fit« anmelden. Danach kann man auch am ökumenischen Gottesdienst teilnehmen, den der Pastor heute am Montag hält, da gestern ein Tag mit Landausflügen war.
Gegen Mittag legen wir uns auf dem Bootsdeck in die Liegestühle, da der Wind angenehm abkühlt. Der Wolkenhimmel ist auch in dieser Stunde grau geblieben, es regnet ein wenig, aber da wir Badesachen anhaben, schadet das nichts. Gegen den Horizont hin, wo sich der Himmel neigt, sind zwischen das Grau ein paar blaue Himmelsstreifen gemalt. Während ich Backbord auf das Wellentreiben hinausluge, sehe ich, wie plötzlich ganz nahe Delphine aus dem Wasser springen. Zuerst sind es etwa ein halbes Dutzend Delphine, dann werden es immer mehr, schlank schnellen sie über die Wellen, tauchen ins Wasser, heben sich wieder in die Luft — eine ganze Sippe verfolgt unser Schiff. Allerdings ist die »Maxim« mit ihren 18 Knoten doch schneller als sie — schade, daß die klugen Begleiter nicht mithalten können. Zu kurz war die Begrüßung — aber es ist doch schön zu wissen, daß hier in unserer Nähe die Delphine zu Hause sind. Eine Begegnung, die man nicht vergißt!
Wegen des regnerischen Wetters disponiert die Reiseleitung schnell um. Da die meisten Passagiere sich nicht für längere Zeit an Deck aufhalten wollen, werden zwei Filme — einer fürs Bordfernsehen, einer fürs große Kino — schon am Nachmittag für Unterhaltung sorgen.
Aber es zeigt sich dann doch, daß es das Wetter an diesem Nachmittag gar nicht so schlecht mit unserem Schiff meint, das hier einsam, ohne einem anderen Fahrzeug zu begegnen, den Indischen Ozean mit Ostkurs durchzieht. Der Himmel lichtet sich auf, ja, man kann jetzt sogar ein Sonnenbad genießen oder den sportfreudigen Faustballern auf dem Sportdeck zuschauen.
Abends zeigt die Besatzung ihre Kunst. Auf dem »Russischen Abend« erklingen alte Volkslieder. Dann bieten die hübschen Mädchen, die untertags als Stewardessen fungieren, in ihren malerischen Trachten die überlieferten Volkstänze. Bei einem Zigeunertanz entfalten die jungen Leute zu den Klängen der Balalaika so viel Temperament, daß man sogar in Ungarn darüber staunen würde.

Indischer Ozean / Golf von Bengalen, 14. April
Nachts, während ich durchs Fenster sehe, Wetterleuchten am Himmel! Aufblitzende Widerscheine, wie Leuchtfahnen in die schwarze Kuppel geweht. Es kommt aber dann doch kein Gewitter.
Früh allerdings beim Aufwachen sehe ich, daß das Fenster naß beschlagen ist. Es regnet in Strömen aus dem grau überdeckten Himmel. Kein zweites Schiff zeigt sich weit und breit — nur Wasser ringsum, nur spielendes und erregtes Wasser.
Das ist so recht ein Vormittag, um Grüße an Kinder, Enkel und Freunde nach Hause zu schreiben, auch wenn sie wohl zum bevorstehenden Osterfest nicht mehr zurecht kommen. Hoffentlich werden unterwegs nicht zu viele Karten von Briefmarkenräubern gestohlen.
Von den paar Regentropfen, die immer noch draußen aufs Deck fallen, lasse ich mich nicht aufhalten, vor dem Essen meine Lektion »abzuschwimmen«. Ich steige aber schnell wieder aus dem Becken heraus, als ich durch den Lautsprecher höre, daß Backbord bereits ein paar Inseln von Malaysia sichtbar sind. Rasch in die Kabine und mit dem Fernglas die Inseln herangeholt!
Die »Maxim« hat ruhige Fahrt. Zur Teestunde werden wir erfahren, ob wir in der Tombola, die zugunsten der Besatzung abgehalten wird, etwas gewonnen haben. Ein Ehepaar, das gerade hinter uns sitzt, kann als Hauptpreis einen Samowar in Empfang nehmen, wir selbst bekommen eine Abbildung des Schiffes.
Während wir die Verteilung der Tombola-Gewinne verfolgen, taucht beim Schiff ein Flugzeug auf, zieht seine Kreise ganz dicht in unserer Nähe. Was der Vogel wohl von uns will? Möchte er mal sehen, was das für ein Schiff ist, das da mutterseelenallein seinen Kurs durch den Indischen Ozean hält? Leider können wir nicht feststellen, was für eine Nationalität das Flugzeug hat. Es fliegt davon, während sich die graue Wolkendecke wieder über dem Himmel verdichtet.
Heute abend sind alle Fahrgäste zu einem Abschiedsdinner bei festlichem Kerzenlicht eingeladen. Es gilt jenen Passagieren, die in wenigen Tagen in Singapur von Bord gehen und nach Deutschland zurückfliegen. Das erste Drittel der Weltreise ist ja in Singapur abgeschlossen. Auch zwei Ehepaare aus Hamburg, die wir an unserem Nachbartisch bei allen Mahlzeiten treffen, verlassen uns in Singapur. Schade — wir haben gern mit ihnen geplaudert. Gute Heimreise!
Das heißt — heute brauchen wir uns nicht zu verabschieden. Stoßen

wir mit einem Drink an — gute Wünsche! Zum Händedruck ist es noch bis Singapur Zeit. Und vorher — morgen — laufen wir ja erst mal Penang in Malaysia an.
Das Abschiedsdinner und auch die letzte Veranstaltung mit jenen Entertainern, Sängern, Clowns, Musikern, Tänzern und dem Conférencier, die in Singapur das Schiff verlassen, soll sich für uns nicht zu lange ausdehnen. Müssen doch heute nacht die Uhren wieder mal um eine Stunde vorgestellt werden. Wir wollen morgen frisch und ausgeschlafen sein zum Besuch von Penang, wo wir früher schon mal waren. Die »Insel der Betelnuß« ist so interessant, daß man sich auf ein Wiedersehen freut.

Indischer Ozean / Golf von Bengalen, 15. April vormittags
Morgens im Osten ein paar zarte rosa Striche. Aber keine glühende Morgenröte. Bedeckter Himmel, aus dem es ein wenig regnet. Ruhiger Seegang, geringe Windstärke. Bereits um 10 Uhr erkennt man Erhebungen der Halbinsel von Malaysia, die Berge sind hier gegen 1000 Meter hoch.
Die Bewegungen des Wassers werden noch stiller. Nur die Schiffsschrauben wirbeln Wasser empor. Die Meerestiefe beträgt hier nur 13 Meter. Eine Stunde später zeichnen sich die Küstenstreifen von Malaysia auf der Backbordseite noch deutlicher ab. Die Berge sind nun so nahe, daß auch ein Regenguß, der vormittags Pfützen auf die Decks fegt, sie nicht mehr aus dem Gesichtsfeld vertreiben kann. Und die Hitze, die hier nahe dem Äquator herrscht, trocknet auch bald wieder die Pfützen. Schwärme von kleineren Fischen schwimmen so dicht unter der Oberfläche des Wassers, daß wir sie vom Deck aus gut erkennen können, wie sie das Schiff begleiten.
Bei der Einfahrt in den Hafen von Penang und beim Anlegen an der Pier stehen viele Passagiere an der Reling. Da gibt es allerlei zu knipsen, die Hafenbauten, die Kirchtürme und hohen Hotels, dann die Frachtschiffe, die dort ankern, und die Fähren, die den Verkehr zwischen Penang — der Inselstadt — und dem Festland von Malaysia vermitteln. Um diese Stunde taucht die Sonne, die am Himmel das weiße Gewölk durchbrochen hat, alles in ihr grelles Licht.

SINGAPUR: Betende Frauen im hinduistischen Tempel

SINGAPUR: Hinduistische Götterbilder (oben links) — PENANG: Wächter vor Buddha-Tempel (oben rechts) — SINGAPUR: Blick auf die Wolkenkratzer der City (unten)

Tropischer Inselglanz

Penang / Malaysia, 15. April nachmittags
Die örtlichen Behörden von Penang geben das Schiff bald zum Landgang frei — ohne große Formalitäten, so daß wir weder Paß noch Landekarte benötigen. Man kennt unser Schiff schon.
Gegen 14 Uhr verlassen wir also bei großer Hitze die »Maxim«, die an der Pier gleich neben einer Lagerhalle liegt. Die Hafenarbeiter bewundern unser mächtiges Schiff, wie es da vom Kai aus mit seinen weißen Wänden hochsteigt. Dort neben der Halle liegen hochgestapelt die Zinn-Barren zum Versand nach Übersee: Hongkong, Yokohama, Odessa sind heute als Zielorte für das wertvolle Metall, das in Malaysia gewonnen wird, angegeben.
Rikscha-Fahrer, die hinten auf dem Sattel eines Rades sitzen, laden uns ein, auf der Bank davor Platz zu nehmen, gern würden sie uns auf ihrem Dreirad durch George-Town fahren, wie man die City von Penang auch nennt. »Später, später!« sagen wir und nehmen dann lieber einen Bus, der für die Rundfahrt gechartert ist und mit dem wir die wenigen Stunden unseres Aufenthaltes besser ausnützen können.
Die Insel Penang, die vor der Küste Malaysias liegt und auf der sich die Hauptstadt gleichen Namens befindet, ist an einem Schnittpunkt zwischen West und Ost von den verschiedensten Völkern und Rassen bewohnt. Da gibt es Araber und Inder, Malaien und Singhalesen. Vom Osten her haben sich auch Chinesen niedergelassen, während der Westen mit Engländern vertreten ist. Briten haben dereinst auch der Hauptstadt den Namen George-Town gegeben — zu Ehren eines englischen Königs. Bereits im 19. Jahrhundert aber wurde die Stadt ein Freihafen. Heute wird sie mit ihrer Umgebung, die über schöne Strände verfügt, gern von Besuchern aus aller Welt für ein paar Ferienwochen gewählt.
Die modernen Banken und Hotels, in deren Gärten man Palmen und exotische Blütenbäume bewundert, bleiben schnell zurück. Und da erscheint auch wieder als erste Sehenswürdigkeit das Haus der chinesischen Familie Khoo. Eine ganze Sippe zeigt mit diesem prunkvoll überladenen Gebäude, wie weit sie es gebracht hat. Aus allen Ecken und Enden leuchtet und glänzt das Gold, mögen es nun Geländer sein, Lampen oder Säulen. Und auf den geschwungenen Dächern sitzen Drachen, Fabeltiere so dicht beisammen, daß man sie von den Orna-

menten kaum mehr unterscheiden kann. Gewiß zeigen die Namen, die man hier auf Tafeln eingetragen hat, daß die Sippe tüchtige Männer hervorgebracht hat. Aber man scheut sich auch nicht, die eigene Bedeutung und den angesammelten Reichtum mit Prunk, Pracht und einer gewissen Protzerei sichtbar zu machen. Die pagodenförmig geschwungenen Dächer, die skurrilen und grotesken Gestalten, die reichverzierten Säulen, die schmucküberladenen Wände und Decken wirken aber dann doch wie eine märchenhafte Kostbarkeit aus dem alten kaiserlichen China.

Vom Haus der Familie Khoo geht man durch ein paar Gassen zur Hauptstraße und zum Bus zurück. Dort sind die Weltautofirmen Mercedes, Opel, Ford im hastenden Verkehr vertreten, aber auch aus dem Bereich des Volkswagenwerkes sieht man den »Käfer« und den »Audi« — und natürlich sind zahlreiche japanische Typen eingestreut. Wie in den anderen asiatischen Städten drängen sich durch diese Autokarawanen die Radfahrer, die Motorräder, die Rikschas und nicht zuletzt die Fußgänger. Von all dem Lärm lassen sich die Händler am Straßenrand nicht beirren, sie achten nur auf ihr Geschäft. Wir selber kurven an der Chinesischen Oper vorbei und passieren ein Hochhaus, dessen Balkone von Wäschestücken bunt überweht sind.

Nach der Begegnung mit dem Haus der Familie Khoo biegen wir jetzt in ein ganzes chinesisches Stadtviertel ein, wo es zwischen den niedrigen Häusern quicklebendig zugeht. In den offenen Gewölben gleich neben der Straße haben die Chinesen ihre Geschäfte oder Handwerksstuben eingerichtet, im ersten Stock haben sie ihre Wohn- und Schlafzimmer. Ein quirlender Betrieb in den Straßen!

Wir haben auf dieser »Insel der Betelnuß« — die Betelnuß kaut man hier, um sich damit zu berauschen und die Lebenskräfte zu erhöhen — eine Fahrt von 20 Minuten durch die Stadt vor uns. Dicht belaubt heben sich die Waldberge hinter George-Town über die Stadt, umgrenzen Straßen und Ansiedlungen mit einem hohen grünen Gürtel. Eine farbenreiche Skala diese ganze Landschaft, das bläulich flirrende Meer, die Häuser und Gärten mit Rot und Gelb, der grüne Saum der Waldrücken, die weißen Wolkengebirge und das Himmelsblau im Äther.

Bei der Fahrt durch die Vorstadt scheint es, als seien hier seit unserem letzten Besuch vor vier Jahren zahlreiche stattliche Häuser und offizielle Gebäude dazugekommen. Der Handel mit Zinn, Gummi und Kopra hat das Einkommen in Malaysia, wo es nur wenige Analphabeten gibt, vermehrt. Daß man auf eine gediegene Ausbildung der jungen Leute Wert legt, das zeigt hier ein modernes College. In zahlreichen Einzelgebäuden werden Lehrer ausgebildet, sie müssen sich verpflichten, daß sie nach dem Examen nicht nur in der Stadt, sondern auch im entlegensten Ort eine Stelle übernehmen. Wohin man sie auch schickt, haben sie hinzugehen.

Dabei haben die Lehrer Toleranz zu üben. Wenn auch der Islam die Staatsreligion ist, so gibt es doch zugleich Hinduisten, Buddhisten und Anhänger des Christentums. Tolerant müssen nicht nur die verschiedensten Rassen, sondern auch die verschiedensten Religionen miteinander auskommen. Und sie fahren bei dieser Lebensauffassung nicht schlecht. Gerade hier in der Vorstadt werden die verkehrsreichen, asphaltierten Ausfallstraßen immer wieder von schmucken Einfamilien- oder Reihenhäusern gesäumt. Sie stehen in hübsch angelegten Gärten. Freilich, ganz überwunden sind auch hier die Slums noch nicht. Doch scheint man auch im Bezirk der Armut auf einen besseren Lebensstil bedacht zu sein: Da breitet gerade eine Frau frisch gewaschene weiße Wäsche über den Rasen und gießt danach die Blumen in ihrem kleinen Garten.

Wir sind in einer Batikfabrik angekommen. Der Ausdruck Batik kommt aus dem Javanischen und heißt eigentlich »gesprenkelt«. Seit vielen Jahrhunderten hat man in Südost-Asien eine besondere Methode entwickelt, wie man Baumwollgewebe färben kann. Man deckt dabei diejenigen Stellen mit Wachs ab, die zunächst ohne Farbe bleiben sollen. Erst später wird nach dem Entfernen von Wachs eine zweite oder dritte Farbe aufgetragen. Hier in der Halle stehen lange Arbeitstische. Die dunkelhäutigen Arbeiter pressen millimetergenau die Wachsformen auf Tücher.

Natürlich darf man auch einen Besuch im »Schlangentempel« nicht vergessen. Er stammt aus der Mitte des 19. Jahrhunderts, man verehrt dort einen Heiligen, zu dessen Gefolgschaft auch Schlangen gehörten. Heute scheinen sich aber die Reptilien in dunklen Nischen versteckt zu halten, jedenfalls bekommen wir nur wenige zu sehen. Sie sind vom Duft der Räucherstäbchen betäubt. Eine Besonderheit bleibt dieser Tempel auf jeden Fall, es gibt dafür kein weiteres Beispiel auf der ganzen Welt, und so betrachtet man interessiert ein paar alte Frauen von Malaysia, wie sie für die Schlangen ihre Opfergaben in Schüsselchen hinstellen. Die Hauptmahlzeit werden die Schlangen freilich erst nachts vertilgen, wenn die Räucherstäbchen erloschen sind und die Lebensgeister der Kriechtiere wieder erwachen. Dann werden sie sich auch über die Eier hermachen. Wer dem Wärter heute einen Dollar gibt, bekommt eine der Schlangen als Halsschmuck umgelegt — und die Gattin kann eine Aufnahme machen, die man daheim den staunenden Freunden vorführt.

Zurück geht es in die Stadt. Zuerst erscheinen wieder die Neubauten der Vorstadt, dann die Gärten mit Hollywoodschaukeln, die Grasflächen, die in englischer Manier kurz geschnitten sind, mit blühendem Gezweig. In diesem Viertel der wohlhabenden Leute haben sich auch die Diplomaten mit ihren Botschaften niedergelassen. Und da gibt es denn auch einen großen Platz für Pferderennen — ebenfalls ein Überbleibsel aus der britischen Kolonialzeit. Hier pflegt man neben dem weltbeherrschenden Fußball auch Kricket und Tennis, man folgt dabei dem Beispiel der früheren Herren. Die Neuzeit hat sich mit Tankstellen der großen Weltfirmen unmittelbar neben einer Moschee eingenistet, die sich mit Goldkuppeln und Minarett seltsam zwischen den Zapfsäulen für Benzin ausnimmt.

Der Straße selbst hat man mit hohen Königspalmen einen repräsentativen Charakter gegeben. Diese Palme hat den Vorzug, daß sie keine großen Kokosnüsse trägt, die den Fußgängern auf die Köpfe fallen könnten.

Noch außerhalb der Stadt erreicht man den Botanischen Garten. Dschungelwälder umkreisen den Talgrund, in dem der Garten mit seiner tropischen Fülle gelegen ist. Vor dem Eingang drängen sich ganze Scharen von Buben heran. Für einen malaysischen Dollar oder eine Mark bieten sie drei Tütchen mit Erdnüssen an, mit ihnen kann man die Rhesusäffchen füttern, die auf den Wiesen zwischen den Pflanzen und den Teichen frei herumlaufen.

Auf den Grasflächen haben sich neben den spielenden und neugierigen Affen ganze Gruppen von Einheimischen zum Picknick niedergelassen, man sieht malaiische und chinesische Gesichter. Und hinter diesen Szenen Lilienteiche und Seen mit Wasserrosen sowie wunderbare Palmen als grüne Kulisse. Eine in sich verschlungene tropische Vegetation!

Von hier aus erreicht man in Kürze den »Tempel des Liegenden Buddha«. Es ist ein thailändischer Tempel, erst in neuerer Zeit erbaut. Vor dem Eingang empfängt ein furchterregend aussehender Drache den Besucher, weit und drohend öffnet er sein Maul und zeigt seine gefährlichen Zähne. Rot, gelb und blau bemalt ist dieser Drache neben anderen Artgenossen eine starre Nachbildung asiatischer Träume. Dahinter stehen überlebensgroß, ebenso vielfarbig bemalt, seltsame Gestalten in rüstungsähnlichen Gewändern. Reich mit Gold verziert, halten sie Schwerter in ihren Händen, tragen Helme auf den Köpfen. Ja, die Köpfe! Die Gesichter haben kaum noch menschliche Züge, sind wie Dämonen in grelle und unheimliche Farben getaucht, scheinen hocherhaben dort Wache zu halten. So ganz anders sehen sie aus als die Heiligenfiguren in unseren Gotteshäusern. Von dem magischen Blick der menschenfernen Wächter ist man gebannt. Wir sind eben in einem anderen, europafernen Kulturkreis.

Und dahinter, an die 50 Meter aufragend, eine imposante Pagode!

Ziehen wir die Schuhe aus, treten wir mit Ehrfurcht ein in den Tempel des »Liegenden Buddha«. Gewaltig liegt der Erhabene in seinem Goldglanz da über die ganze Breite des Tempels, oberhalb von Grabnischen und Opferaltären. Mehr als 30 Meter mißt die Gestalt! Buddha stützt den Kopf auf einen seiner Arme, es ist der Augenblick, wo der Erleuchtete ins Nirwana eingeht...

Auf der anderen Straßenseite steht, von zwei Elefanten an der Eingangspforte bewacht, ein birmanischer Tempel. Mit seinem reichen Zierat, mit den überladenen Schmuckformen hebt er sich von den nüchternen modernen Wohnbauten ab, die man neuerdings auch in den Außenvierteln von Penang errichtet hat. Erfüllt, ja überfüllt mit Figuren, Tiergestalten und Ornamenten, prächtig verziert mit goldenem Glanz, führt dieses Heiligtum in eine Welt, die sich durch die Fülle kunstvoller Formen bewußt vom nüchternen Alltag unterscheidet.

Wir fahren mit dem Bus in die Stadtmitte und lassen uns dort im chinesischen Viertel absetzen. Meine Frau und ich streunen nun zu zweit durch die Straßen, und sammeln dabei Eindrücke für unsere Fotos. Jetzt gegen Abend ist die Innenstadt von einem tollen Verkehr überflutet. Die Autos, Zweiräder und Rikschas drängen sich in einer solchen Fülle, daß es nicht möglich ist, auf die andere Straßenseite zu gelangen. Bleiben wir also hier, wo ein kleiner »Ablaufkanal« zur Kloake geworden ist, sehen wir zu, wie eine Chinesin ihre Garküche säubert, betrachten wir einen Schnellkoch, der im Gespräch mit einer Nachbarin seine Nudeln vergißt und anbrennen läßt, betrachten wir einen

Buchladen, einen Zeitungsstand, schauen wir in die offenen Gewölbe einer Apotheke, in ein Schuhgeschäft, in ein Kleidergeschäft, in einen Trödelladen. Nun um diese abendliche Stunde schließt schon mancher Händler die Türe seines Ladens zu — umsonst halten wir Ausschau nach einem Kunstgewerbeladen, wo wir einige Batikbilder für Freunde kaufen möchten. Vielleicht finden wir im Hafenviertel eher etwas.
Nein, laufen können wir dorthin nicht. Es ist zu weit. Ein Rikscha-Fahrer mit seinem Dreirad bietet sich an, aber die Verhandlungen mit ihm sind gar nicht einfach. Sprachschwierigkeiten! Eine Malaiin, die eben aus ihrem Wagen steigt, bitten wir auf englisch um Vermittlung. Sie macht dem Rikscha-Fahrer begreiflich, daß wir auf dem nächsten Weg zum Hafen wollen. Ein fester Preis wird vereinbart, wir nehmen auf dem Zweisitzer Platz, hinten strengt nun der Fahrer seine Beine an, um uns durch den Verkehr zu schleusen. Fast unheimlich wird es uns, wie er sich an einem mächtigen Bus vorbei drängt und seine Rikscha dann schneidig vor dem entgegenkommenden Verkehr in eine Seitenstraße lenkt.
Unversehrt kommen wir vor dem Hafengebäude an. Wir haben nun doch etwas Zeit gewonnen. Es genügt, wenn wir um 19 Uhr auf dem Schiff sind. Da haben wir immer noch Hoffnung, irgendwo die Batikbilder erwerben zu können, obwohl die meisten Geschäfte schon geschlossen haben. Wir suchen in der Nähe des Hotels »Merlin« nach offenen Läden. Und da haben wir tatsächlich Glück. Hier ist ein Antiquitätengeschäft. In seinem Gewölbe besitzt der alte Händler Figuren aus Elfenbein und Holz, kostbare Stücke, und dort finden wir auch die Batikbilder: Motive der malaiischen Landschaft, Palmen, Seen, Strände, Dschunken, Fischerhütten! In echtem Besitzerstolz schließt der Händler noch einen Lack-Schrank auf und zeigt uns seine versteckten Schätze: antike Buddha-Figuren, Tierköpfe, Dämonen. Er erzählt in englischer Sprache, daß er viele Deutsche als Geschäftspartner hat, offenbar versorgt er eine ganze Anzahl jener exotischen Läden, die auch in unsere deutschen Großstädte Eingang gefunden haben. Kaum haben wir uns verabschiedet, da schließt der Antiquitätenhändler sein Geschäft.
Zu Fuß gehen wir die kurze Strecke bis zum Schiff. Dort stellen wir uns zuerst einmal unter die Brause, da der Tag doch mancherlei Schweiß gekostet hat. Frisch angezogen können wir uns das Abendessen schmecken lassen.

Geschäftszentrum in Südost-Asien

Auf See / Malakka-Straße, 16. April

Nachts wieder starkes Wetterleuchten von unserer Kabine aus beobachtet. Oft breit aufblitzende Streifen im Gewölk. Aber das Gewitter kommt nicht heran.

Früh wolkig, dann aufhellender Himmel mit sphärischem Blau und Sonne. Mäßiger Seegang. Das Meer ist hier nur 31 Meter tief. Wir fahren durch die Straße von Malakka, die eine wichtige Verbindung zum Fernen Osten darstellt. Wir sind jetzt gegen elf Uhr auf der Höhe der Stadt Malakka selbst. Immer wieder begegnen uns Frachtschiffe. Diejenigen, die den gleichen Kurs haben wie wir selbst, können mit unserer Geschwindigkeit nicht mithalten, sie bleiben zurück. Ein Flugzeug zieht, von der Sonne angestrahlt, über der »Maxim« seine Kreise, verschwindet aber so schnell, wie es gekommen ist.

Heute ist Gründonnerstag. Als Bub habe ich daheim in Franken an diesem Tag ein Nest ausgepolstert, in das dann die Mutter, die den Osterhasen spielte, rot und blau gefärbte Eier legte und dazwischen zu meiner besonderen Freude einen schokoladenen Osterhasen stellte. Unsere Töchter werden gewiß heute im Münchener Umkreis, wo sie wohnen, ihren Kindern ein ähnliches Osternest hinter den Büschen verstecken. Weit weggerückt sind wir hier in der Straße von Malakka solchen heimatlichen Bräuchen. Schnell überholen wir gerade ein malaysisches Fischerboot, durchs Glas sehen wir die Leute hantieren, aber auch ihnen scheint es unter der offenen Sonne zu warm zu werden, sie entschwinden an Deck unter einem Sonnendach. Jetzt begegnen sich zwei Frachter — hinter ihnen werden die blauen Bergrücken von Malaysia deutlicher erkennbar.

Um 14 Uhr trifft man sich oben an Deck mit Freunden, wo der Bordfotograf in der Hitze des Mittags ein Erinnerungsfoto machen will. Ein buntes Durcheinander, das Bordvölkchen! Herren in der Badehose oder im weißen Smoking, Damen im Bikini oder in abendlicher Robe. Eine attraktive Mischung von jung und alt. Hinterher genießt man gern einen kühlen Drink in der Lido-Bar.

Zur abendlichen Stunde um 17 Uhr wird es dann freilich wieder feierlich. Man wird an das bevorstehende Osterfest erinnert und vom Bordgeistlichen zu einer Abendmahlsfeier eingeladen.

Gegen 18 Uhr bereits nähert sich das Schiff der Stadt Singapur. Die

Höhenzüge rücken heran, die Frachter, Tanker und Passagierdampfer vermehren sich. Vom Dunst umschleiert zeigen sich die Wolkenkratzer der Weltstadt. Eine Skyline, stolz, fast überheblich reckt sich in den Himmel. Alle paar Minuten erscheint am Himmel ein Flugzeug, senkt sich herab, um zu landen: Singapur ist auch für den Luftverkehr an einem zentralen Schnittpunkt der Weltlinien gelegen. Und daß diese Stadt, die zwischen Europa, Indien und dem Fernen Osten an einer Nahtstelle liegt, auch für den Schiffsverkehr eine eminente Bedeutung hat, erkennt hier im Hafengebiet jedermann, man braucht nur die vielen Schiffe zu betrachten.
Es dauert eine Stunde, bis unser Ozeanriese behutsam unter der Leitung des Lotsen an die Mauer der Pier geschoben ist. Schon dunkelt es, als die Haltetaue um die Poller da drunten geschlungen werden.

Singapur, 16. April abends
Nach dem Abendessen ist das Schiff von den örtlichen Behörden zum Landgang freigegeben. Wir müssen unseren Paß mitnehmen, da man eventuell beim Verlassen des Hafens kontrolliert wird. Einige Freunde fahren mit dem Taxi in die Stadt, um sich das Nachtleben in den Hauptstraßen anzusehen, wir selbst wollen nur das Hafenviertel erkunden.
Vor den Hallen stehen weithin mächtige Container, hohe wuchtige Behälter aus Eisen, die fast so groß sind wie ein Güterwagen und den Handel bewerkstelligen. Es sind ganze Containerstraßen, die man aufgebaut hat. Grelle Scheinwerfer darüber! Und da sind noch die Riesenstapler am Werk, vielleicht zehn Meter hoch, unheimliche Roboter, die von einem einzigen Mann oben im Häuschen hin und her bugsiert werden. Es sind gigantische Eisengerüste mit Greifzangen, die über den Containern schweben. Dabei blinken diese Roboter aufgeregt wie Feuerwehrautos, die zu einer Brandstelle rasen müssen, und stoßen zur Warnung schrille Sirenentöne aus. Sie sind in dieser Nachtstunde noch tätig, um die Schiffe zu beladen oder zu entladen, zwischen Fässern und Containern fahren sie wie fauchende Eisensaurier einher, jagen wie in einem Horrorfilm den paar Leuten, die über das Hafengelände irren, Schrecken ein.
In der Nachtschwüle bin ich froh, daß ich auf mein Jackett verzichtet habe. Man kommt trotzdem ins Schwitzen. Singapur ist nur 140 Kilometer vom Äquator entfernt, eine tropische Stadt!

Am Ausgang des Hafengeländes, das mit einem hohen Drahtzaun umgeben ist, brauche ich nur den Paß hochzuheben und den Namen unseres Schiffes zu sagen. Freundlich lächelnd lassen uns die Beamten, die chinesische oder malaiische Züge tragen, durch das Tor hinausgehen.

Vorsicht, beim Überschreiten der Straßen! Auch hier ist Linksverkehr. Da in diesem Gebäude ist das Hauptquartier der Polizei untergebracht, dahinter hat man wuchtige Hochhäuser, überdimensionale Wohnblocks in die Höhe gezogen. Der Blick wandert über die Wolkenkratzer himmelwärts. Was für eine Stadt — eine Weltstadt! Die Lichter der Häuser erstürmen den Himmel.

Welche Zusammenballung von Menschen! Der Stadtstaat von Singapur, eine Republik, zählt über zwei Millionen Menschen. Dreiviertel der Bewohner sind Chinesen, weiter haben sich hier Malaien, Inder und Pakistaner sowie einige zehntausend Europäer und Eurasier angesiedelt. Ein Vielvölkerstaat, in dem man sich mit Englisch als Amtssprache verständigt. So bunt wie hier die Völker gemischt sind, so bunt sind auch deren religiöse Vorstellungen. Da gibt es Konfuzianer, Taoisten, Anhänger des Buddhismus und des Hinduismus, Moslems, Christen und Juden. All dies verschafft der Stadt Singapur das internationale Flair.

Wir wandern an einem der Hochhäuser entlang. Unten im Parterre hat sich eine ganze Ladenstraße etabliert, es sind lauter offene Gewölbe, die auch in dieser Nachtstunde ihre Waren noch feilbieten: Koffer, elektrische Apparate, Gemüse, Obst, Kleider, Schuhe, Postkarten, Elefanten aus Ebenholz, Elfenbeintürme, Arzneimittel, Zeitungen, Milch, Bonbons, Brot — es ist alles da, sogar Blutdruckmesser gibt's hier! Aber wir haben heute nicht vor, etwas zu kaufen, wir wollen nur in diese fremde vielfältige Welt hineinblicken.

Bald treibt uns freilich die nächtliche Schwüle, die zwischen den Häusern brütet, zum Hafen zurück. Am Rand des Weges hin zur Pier stehen Papaya-Bäume, die gleichzeitig blühen und Früchte tragen. Wir brauchen wohl gute zehn Minuten, dann haben wir zwischen den riesigen Gabelstaplern, die immer noch schnauben, rattern, fauchen, Sirenentöne ausspucken und mit ihren Blinklichtern drohen, die »Maxim« erreicht.

Singapur, 17. April

Heute ist Karfreitag.

Wir stecken Paß und Fotoapparat für die Stadtrundfahrt in unsere Tasche. Gegen 8.30 Uhr können wir schon in einem klimatisierten Bus losfahren. Mira heißt unsere Begleiterin, sie spricht gut Deutsch, hat unsere Sprache bei einem Aufenthalt in München gelernt. Eine malaiische Katholikin. In den letzten Tagen — so erzählt Mira — hat es hier in Singapur ausgiebig geregnet, aber heute können wir nach der Wettervorhersage einen schönen und sonnigen Tag erwarten.

Die »Stadt des Löwen« nennt man Singapur, aber es gibt hier gar keine Löwen. Vielmehr hat man bei der Namengebung Tiger für Löwen gehalten, und Tiger gab es wohl genug, wenn sie heute auch hier nur noch im Zoo zu besichtigen sind.

Auch wenn man schon viele Hochhäuser in der ganzen Welt gesehen hat, ist man von dieser steinernen Stadtlandschaft von Singapur aufs neue überwältigt. Und man begreift hierzulande die Notwendigkeit dieser Wolkenkratzer. Denn da müssen in dem beschränkten Lebensraum des Stadtstaates für Millionen Einwohner Wohnungen, Büros, Arbeitsstätten geschaffen werden. So scheinen hier diese Wohn-, Büro- und Arbeitstürme sinnvoll zu sein. Sie geben der City ein zukunftsweisendes Bild.

Heute besitzt das höchste Gebäude der Stadt 51 oder 52 Stockwerke, aber man ist dabei, ein noch höheres Gebäude zu errichten, es soll innerhalb von drei Jahren auf 70 bis 80 Stockwerke hochgezogen werden. Und zwar wird dann dieser Wolkenkratzer in der Nähe des weltbekannten, auch jetzt noch betriebenen »Raffles-Hotel« stehen, das ja nicht nur Könige und Politiker, sondern auch berühmte Dichter wie Kipling und Somerset Maugham beherbergte.

Da — und hier sieht man auch einmal das Wahrzeichen von Singapur. Der Kopf als Löwe — der Schwanz als Fisch, ein seltsames Tier! Singapur — soll man vielleicht sagen, die Löwenfisch-Stadt!

Eine Löwenpranke scheint diese Stadt zu besitzen — seit unserem Besuch vor einigen Jahren haben sich die Wolkenkratzer vermehrt, die Stadt ist noch monumentaler, noch gigantischer geworden. Wir sehen an den Riesen-Baugerüsten, die den Wolken zuwachsen, hinauf. Wie würde mein Vater, der als Baumeister die alte deutsche Tradition verkörperte und schon vier Stockwerke für eine bemerkenswerte Haushöhe hielt, staunen, wenn er diese Baukolosse sehen könnte!

Und immer wieder sind es auch die Banken — darunter sind japanische, russische, aber auch deutsche — die mit ihren Fassaden zugleich die Macht des Geldes zeigen. Singapur — nicht nur Mitte von Handel und Industrie, sondern auch Mitte des internationalen Geldverkehrs!
Inzwischen sind wir im Chinesenviertel angelangt. Aber das originelle Viertel scheint in seinem Bestand bedroht zu sein. Diese niederen Häuser, in deren Parterre wie in Penang Geschäfte und Werkstätten sind, während der erste Stock dem Wohnen vorbehalten ist, diese bescheidenen Häuser stehen auf einem Grund, der unsagbar teuer geworden ist und den man daher für Hochhäuser in Anspruch nehmen will, damit man auf engem Raum mehr Menschen unterbringen und mehr verdienen kann. So ist man gerade dabei, eine ganze chinesische Straße abzubrechen, man blickt in Ruinen, auf Bauplätze. Wer im nächsten Jahr hier einfliegt oder mit dem Schiff landet, wird wohl an dieser Stelle schon die Neubauten wachsen sehen.
Wir steigen aus dem Bus. Denn hier sind wir nun endlich in einer noch unversehrten chinesischen Straße. Es ist etwa zehn Uhr morgens. Wohin man auch schaut, links und rechts die offenen Gewölbe, man arbeitet hier und handelt.
Was für eine Sauberkeit, was für eine Ordnung in den chinesischen Geschäften! Da liegen die Orangen, Äpfel und Birnen wie Soldaten in Reih und Glied nebeneinander, ebenso sorgsam stapelt man das Gemüse. Da hängen auch Hühner, Enten nackt und fein säuberlich gerupft herum, da duftet es nach Öl und Gewürzen. Überall ist ein Kochen und Schmalzen, alles wird direkt an der Straße zubereitet, die Garküchen haben ihre Stunde. Fische schwimmen träg in einem Bottich, Schildkröten starren dich an. Für manche hat bereits das letzte Stündlein geschlagen. Fische werden ausgenommen, und da liegt — für uns ein ungewohnter Anblick — der blutige Leib einer Schildkröte auf dem Verkaufstisch. Grausam grell fließt das Blut aus dem Körper. Und da drüben taumeln frisch geschlachtete Schlangen von einer Latte — man empfiehlt sie besonders den Herren als anregende Speise vor amourösen Abenteuern!
Das ist China! Mein Universitätslehrer Erich von Drygalski — ein berühmter Forscher — hat einmal China mit einem kochenden überquellenden Reiskessel verglichen. So scheint es auch zu sein. Von China sind sie ausgezogen, haben Fuß gefaßt in Penang, in Singapur — wir werden ihnen außer in Hongkong auch in den USA wieder begegnen.

Und die meisten sind auch in der Fremde der heimatlichen Lebensweise treu geblieben und haben sich dabei gern in eigenen Wohnvierteln zusammengeschlossen.

Aus diesem quirlenden exotischen Leben, wo sich alle Gerüche der Welt vereinigt zu haben scheinen, begeben wir uns in die Stille eines hinduistischen Tempels, dessen Außenfront mit buntbemalten Figuren geschmückt ist. Dort haben sich viele Gläubige vor den Altären versammelt. Die Priester zelebrieren den heiligen Dienst, während Frauen im Feiertags-Sari und Kinder mit Kerzen sich an die blumengeschmückten Stufen drängen. Sie werden mit einer brennenden Fackel gesegnet. Der Feuerschein glänzt auf den goldenen Statuen, der Duft der Räucherstäbchen erfüllt den Raum.

Nicht weit von diesem hinduistischen Tempel entfernt, beweist wieder einmal die Existenz einer katholischen Kirche, daß in dieser Stadt die Weltreligionen tolerant nebeneinander bestehen.

Zurück zum Bus! Unsere Begleiterin erzählt interessant, wie man hierzulande bestrebt ist, die Slums zu beseitigen und jeder Familie im Lauf der Zeit eine eigene Wohnung in einem der Hochhäuser zu verschaffen. Man finanziert das neue Heim mit Darlehen oder indem man einen gewissen Teil des Einkommens abzieht — und so sind solche neuen Wohnungen erschwinglich und nicht nur Wunschträume. Zwei bis drei Jahre soll es dauern, bis man eine solche Wohnung erhalten kann. Durch weiträumige Parkanlagen erreichen wir den vielgerühmten Aussichtspunkt von Singapur, den Mount Faber, der zwar nur 110 Meter hoch ist, aber damit doch die Ebene, auf der Singapur liegt, überragt. Man könnte auch mit einer Seilbahn hier herauffahren, ihre Gondeln schweben zwischen den Wolkenkratzern empor. Was für ein Ausblick von diesem Mount Faber aus, wenn man jenseits der Millionenstadt den Hafen, die Schiffe, das glitzernde Meer, die Inseln überschaut!

Natürlich fehlt bei der Weiterfahrt auch eine Besichtigung des Tiger-Balm-Gardens nicht. Tüchtig, diese Brüder, die das allbekannte Heilmittel »Tiger-Balsam« zusammengebraut haben und damit angeblich viele Wehwehchen heilen oder lindern können. Jedenfalls haben die Brüder damit soviel Geld verdient, daß sie mit den Überschüssen den Tiger-Balm-Garden begründen und der Öffentlichkeit zur Verfügung stellen konnten. In diesem Garten ist die ganze östliche Mythologie mit den buntbemalten Nachbildungen von Tieren und Sagenfiguren dargestellt. Ein asiatisches Disneyland! Märchen, Historien und Sagen werden in diesem Volkspark den Besuchern vorgeführt. Aus Gips und Stein hat man hier Szene an Szene gefügt und alles reiht sich an den Wegen entlang wie in einem Panorama. Ich muß dabei immer an die Figuren denken, die wir bei unseren Volksfesten an den Karussells haben. So farbenprächtig und naiv sehen diese Gestalten aus. Es ist ein Lehrgarten, in dem der Jugend auch die Tiere der ganzen Welt vorgeführt werden, allerdings gleich den anderen Figuren nur in Gips und Stein. Da fehlen unter dem schwülen heißen Tropenhimmel von Singapur sogar die Eisbären nicht! Natürlich erliegen auch wir der Versuchung »Tiger-Balm« zu kaufen, und tatsächlich, es hilft gegen Kopfschmerzen, müde Füße, Hexenschuß, Mückenstiche. Und Mücken gibt es hier ja genug.

Man muß sich in Singapur regen, um all die Probleme, die sich aus der Menschenzusammenballung ergeben, lösen zu können. Wie intensiv man sich darum bemüht, das zeigen die zahlreichen Fabriken, die Niederlassungen der Weltfirmen, das beweisen auch die Schulen, die man in eine grüne Umgebung gesetzt hat. Natürlich besteht Schulpflicht: Die Kinder erscheinen in einer Art Uniform, damit nicht das eine Kind besser angezogen ist als das andere.

Man denkt aber auch an die Erwachsenen. Die Arbeitslosigkeit ist gering. Arbeitskollegen können sich nach Feierabend in einem Gemeindezentrum treffen, dort können sie bei Spiel, Unterhaltung und gemeinsamen Veranstaltungen ihre Probleme erörtern. Auf diese Weise hofft man, die Wellblechhütten, die sich hier und da noch unter dem Grün verstecken, in den nächsten Jahren beseitigen zu können. Da sollen die Häuser mit festen Wohnungen weiter wachsen, da sollen sich die Königspalmen auf den Straßen, die Papayas, die Tempelblüten, die schönen weißen, in den Gärten vermehren.

Apropos weiß! Während bei uns in Europa im Sommer jedermann sportlich gebräunt nach Hause kommen will, ist es ein Wunschtraum der asiatischen Frau, möglichst hell zu erscheinen. So scheut man auch ein Sonnenbad — und unsere Begleiterin Mira, die doch längere Zeit im sportlichen München gewesen ist, gesteht, daß sie aus dem gleichen Grund die Freibäder meidet und auch nicht schwimmen kann. Aber nun will sie diese Kunst doch erlernen, da sie ja München wieder einmal für längere Zeit aufsuchen und als Nichtschwimmerin bei uns nicht auffallen möchte. Und »dunkel« ist ja in München »in«!

Interessant noch, was Mira über die Bevölkerungspolitik der Regierung erzählt. Früher hatte man hier acht Kinder pro Familie, jetzt hat man auf dem beschränkten Raum von Singapur zum Zweikindersystem hingefunden. Wenn ein drittes Kind der gleichen Familie in die Schule kommt, so erhält es dort den schlechtesten Platz. Wenn sich aber einer der Elternteile sterilisieren läßt und dies durch ein ärztliches Zeugnis nachweist, dann erhält das bisher benachteiligte Kind in der Schule einen besonders guten Platz. Methoden!
Bei der Weiterfahrt reihen sich links von der Prachtstraße Gärtnereien aneinander, rechts Parkanlagen. Wir sind in dem Viertel, in dem Gesandtschaften und Botschaften residieren. Die Villen in den Gärten wollen aufwendig repräsentieren. Da läßt es sich schon aushalten, zudem diese Villen auch über Klimaanlagen verfügen.
Nach einem erholsamen Spaziergang durch den Botanischen Garten ruft uns Mira zum Wagen zurück. Wir kommen am Jade-Haus vorbei, in dem wir das letzte Mal die Kostbarkeiten aus Jade besichtigen konnten. Heute aber ist dieses Haus geschlossen, die »Tiger-Balm-Brüder«, denen die Schätze gehörten, haben ihre Jade-Sammlung nun dem Nationalmuseum übergeben.
Heimwärts zum Schiff an vielen Hochhäusern vorbei, in denen heute bereits fünfzig Prozent der Bevölkerung von Singapur wohnt.
Auf dem Schiff essen wir zu Mittag, ruhen uns in der klimatisierten Kabine ein wenig aus und dann fahren wir in einem Taxi mit unseren Münchner Freunden noch einmal zum Stadtzentrum.
Am Eingang des »Mandarin-Hotels« öffnet ein schwarzer Boy höflich die Türe. Zuerst geht's per Lift in den obersten Stock, wo ein Restaurant, klimatisiert natürlich, mit hohen Fensterscheiben die Aussicht nach allen Seiten freigibt. Bei einem kühlen Drink, den eine langbeinige Malaiin — bekleidet mit einem schmalen geschlitzten Seidenrock — diskret serviert, hat man einen großartigen Blick über die steinerne Stadtlandschaft ringsum. Von Eintönigkeit dabei keine Spur! Denn die Fassaden sind verschiedenartig gestaltet, mit und ohne Balkon, rechteckig geformt oder halbkreisförmig, mit herumlaufenden Betonbändern — oder auch die Fenster unmittelbar nach außen gerückt.
Dabei noch eine Besonderheit: An vielen Balkonen sind Stangen angebracht, sehen aus wie Fahnenstangen, aber es flattern keine Wimpel daran, sondern Wäschestücke zum Trocknen. So nennt man diese Vorrichtung auch die »Nationalflagge von Singapur«.

Wir schauen uns auch noch das Hotel etwas näher an, um zu sehen, wie an dieser Drehscheibe des Handels Touristen und Geschäftsleute aus aller Welt untergebracht sind. Natürlich kann man in einem der oberen Stockwerke einen Swimming-pool vorzeigen, dann gibt es Ausstellungsräume, in denen man soeben japanische Kunst vorführt, Konferenzsäle und noble Boutiquen. Die Fremden, die hier absteigen, finden internationalen Komfort.

Aus der Kühle des Hotels wollen wir noch einmal in die heiße Orchard-Road gehen. Kaum können wir bei dem tollen Verkehr die Straße überqueren — aber da leuchtet eine Ampel auf — das Rot gebietet auch hier den Autos Halt. Drüben auf der anderen Straßenseite landen wir im Lucky-Plaza, jenem gigantischen Komplex, der Hunderte von Einzelgeschäften enthält. Kein einheitlich geführtes Warenhaus, sondern um einen Lichthof mit vielen Stockwerken, die durch Rolltreppen verbunden sind, die Spezialgeschäfte. Sagt mir, was es hier nicht gibt! Es gibt alles!

Ich nehme mir ein paar Batterien für den Fotoapparat mit, ein paar Postkarten, einige Briefmarken. Wir trinken eine Tasse Tee, machen noch einen kleinen Bummel durch die Straßen. Dann geht's zurück zur »Maxim«.

Vom Bootsdeck aus kann man zu dieser nächtlichen Stunde in das Lichtergewirr von Singapur zurückschauen, in diese Lichtertürme, in die glühenden Lampen der Straßen, in die Scheinwerfer der Schiffe. Deutlich zeigt sich jetzt in dem Nachthimmel, der mit Sternen über den Wassern vor Singapur steht, der Vollmond. Unter ihm ein schnell dahinziehender Lichtstreifen — ein Flugzeug gleitet auf den Airport hinab.

Etwa 200 Passagiere haben mittlerweile hier in Singapur unser Schiff verlassen, um heimzufliegen. Morgen werden dafür 200 andere Gäste ankommen, die den zweiten Teil der Weltreise bis Acapulco mitmachen. Der Wechsel fällt uns gerade ein, weil wieder Flugzeuge die Nacht durchkreuzen.

Singapur, 18. April

Wir wollen heute außerhalb der Stadt den sogenannten »Chinesischen Garten« und den »Vogelpark Jurong« besuchen.

Auf einer Autobahn, die in beiden Richtungen drei Fahrspuren hat, fahren wir dem Chinesischen Garten entgegen. Der malaiische Begleiter, dem wir uns heute anvertrauen und der auch Deutsch spricht, ist sehr stolz auf seine Stadt und erklärt, Singapur sei bestrebt »asiatischen Charme mit modern-westlichem Komfort« zu verbinden. Er fügt hinzu, daß Singapur bereits jetzt einen Ruf als »Paradies für Feinschmecker« besitze und den Ehrgeiz habe, so etwas wie das »Zürich des Fernen Ostens« zu werden. Der Vergleich hinkt, was die Architektur anlangt. Aber er stimmt vielleicht insofern, als Singapur eine Burg des internationalen Kapitals geworden ist — man braucht, um dies zu erkennen, nur die Bankpaläste mit den klangvollen Namen anzusehen. Ein sonniger Tag — es macht Freude, auf diesen blitzsauberen Straßen dahinzufahren.

Da erscheint als Satellitenstadt von Singapur eine aufgelockerte Ortschaft, wo wohl auch einzelne Hochhäuser stehen, aber wo es ebenso viele Parkanlagen gibt. An dieser Stelle hat man Land aufgeschüttet, das Meer zurückgedrängt, hat in einem Gebiet, wo ehemals Sümpfe sich breiteten und Mangroven wucherten, Neuland gewonnen. So konnte man gerade hier vielen Familien, auch aus den ärmeren Schichten, zu Wohnungseigentum verhelfen. Allerdings gehen die Wohnungen — gleichsam in Erbpacht — nur für 99 Jahre in den Besitz der einzelnen Familien über, der Staat behält sich das Recht vor, nach einem Jahrhundert, wenn sich vielleicht die Verhältnisse geändert haben, für den raren Grund und Boden neue Bestimmungen zu erlassen. Diese Wohnblöcke sind recht ansehnlich, sie haben zum Teil Klimaanlagen, vielfach gibt es auch Fernsehantennen — man geht mit der Zeit.

Natürlich muß man schon im Familienverband tüchtig arbeiten, um zu einem solchen Wohnungseigentum zu kommen. Daher fehlen auch hier industrielle Anlagen nicht. Da hat man zum Beispiel eine Ölraffinerie erbaut, über der nicht nur eine Feuerflamme hochlodert, sondern wo auch eine schwarze Rauchwolke fast drohend in den Himmel geblasen wird. Durch Arbeit, Glück und eine robuste Gesundheit gelingt es so manchem, sich nicht nur eine eigene Wohnung zu leisten, sondern sogar eines von diesen Landhäusern zu erwerben, die jetzt mit Gärten, Terrassen, Auto-Abstellplätzen die Straße begleiten. Einen solchen Wohlstand haben freilich jene Fischer noch nicht erreicht, die am Ufersaum des Meeres neben einem Segelboothafen von primitiven Hütten aus zum Fischfang losfahren.

Auf der Prachtstraße mit den hohen Königspalmen erreicht man bald den »Chinesischen Garten«. Für uns hat dieser Garten exotischen Reiz,

BORNEO: Mutter mit Kind auf dem Eingeborenenmarkt

BORNEO: Pfahlbauten im Land der ehemaligen Kopfjäger (oben links) — Von ihrem »schwimmenden Dorf« wollen sich die Einwohner nicht trennen (oben rechts) — Lange Hängebrücke (unten links) — Alte Frau auf dem Markt (unten rechts)

aber für die hiesige chinesische Bevölkerung ist das ein Stück Heimaterde. Mit den Teichen, auf denen Wasserrosen rot und weiß blühen, mit den darüberführenden geschwungenen Brücken, mit den Bambusgewächsen, den Papyrusstauden, besonders aber mit den in die Gartenlandschaft gefügten chinesischen Tempelchen und Pagoden gibt der Park all die Bilder wieder, wie man sie auf chinesischen Teppichen und Tuschzeichnungen findet. Voll liegt heute die Sonne über dem Park. Dann geht's weiter dem »Jurong-Vogelpark« entgegen. Wieder säumen Hochhäuser die Straßen. Dazwischen ein Fußballplatz, bei dessen Auftauchen unser einheimischer Gewährsmann voller Triumph verkündet, daß gestern die Mannschaft von Singapur gegen Malaysia gewonnen hat. König Fußball auch hier!

Der auf einem Hügel angelegte Vogelpark ist schon etwas Besonderes. Er hat viele tausend Vögel, die man aus allen Ländern der Erde hierher geholt hat. Also auf zur Rundfahrt mit einer Kleinbahn durch den weiten Park. Ein Vogelparadies — eine paradiesische Welt aber auch für alle Naturfreunde. Soll ich sie aufzählen, die Strauße, die Pfauen, die Pelikane, die Reiher, die Ibisse, die Flamingos, die schwarzen und weißen Schwäne, die Geier und Adler, die Eulen und Kraniche, die Papageien und Kakadus, die Tukane und Paradiesvögel. Ich müßte über Seiten weiterschreiben, Namen über Namen nennen, müßte ein Lob auf den Formenreichtum der Schöpfung singen.

Man braucht aber in dem »Jurong-Vogelpark« nicht nur vor großen Käfigen stehen zu bleiben, da kann man in eine riesenhaft emporgewölbte Volière selbst eintreten, in einen weiträumig angelegten Flugraum, wo sich die Vögel wie in Freiheit fühlen können und dabei von den Besuchern, die brav auf den Wegen bleiben, nicht belästigt werden. Ein riesenhaftes Netz hoch über den Bäumen überspannt diese Volière — und im Hintergrund der Anlage stürzt ein Wasserfall senkrecht in einen Schwanensee herunter.

Allzu früh verlassen wir den Vogelpark — aber halt, da müssen wir doch noch einen Blick in das Haus der Pinguine werfen, die es also nicht nur in der Antarktis, sondern auch hier so dicht am Äquator gibt! Natürlich brauchen die Pinguine Kälte — und so unterhält man für sie eine besondere Klimaanlage.

Zurück zum Schiff!

Diesmal brauchen wir durch das heiße Hafengelände nicht zu Fuß zu gehen, man läßt unseren Wagen bis zur Pier heranfahren...

Nachmittags freilich geht es nochmals zu Fuß durch das schwüle Hafenviertel. Es regnet ein wenig. Zuerst zu einem Geschäftshaus, das im ersten und zweiten Stock wieder eine Fülle von Einzelläden beherbergt. Vielleicht finden wir ein Andenken. Aber die Schwüle treibt uns ins Erdgeschoß hinunter, wo es etwas luftiger ist, und da sind nun gewiß zwanzig oder dreißig kleine Restaurants im rechteckigen Umlauf. Da brutzelt und brotzelt es, und so mancher Einwohner von Singapur hat sich da niedergelassen, um Reis, Fisch oder Gebratenes, Nudeln oder Tintenfische, Hühnerfleisch oder Gemüse — alles mit appetitlicher Soße getränkt — zu verzehren. Ein Gastwirt, der es besonders gut mit den Germans meint, bietet uns ein erstklassiges Essen an für einen Dollar. Es ist wirklich ausgezeichnet!

An einer nahen Geschäftsstraße suchen wir noch immer nach einem Andenken. Und da finden wir endlich das Wahrzeichen von Singapur in Zinn nachgebildet: Den bekannten Löwenfisch. Dazu nehmen wir noch einen Zinnbecher mit.

Zwischen 19 und 20 Uhr, als es schon dunkel ist, läuft das Schiff aus. Auf dem Bootsdeck achtern sehe ich die Lichterstadt Singapur entschwinden.

Das Abendessen vereinigt nun die Passagiere, von denen die ganze Weltreise gebucht worden ist, mit jenen nahezu 200 Neuankömmlingen, die am zweiten Abschnitt der Reise von Singapur bis Acapulco teilnehmen wollen.

Die See ist ruhig, als die »Maxim« ihren Kurs durch das Südchinesische Meer aufgenommen hat. Unser nächstes Ziel ist die Insel Borneo.

Im Fernen Osten

Durch die Malaien-See

Südchinesisches Meer, 19. April

Ostersonntag! Heller Sonnenschein. Fast glatt das Meer. »Frohe Ostern!« So klingt es überall. Zum Frühstück hat man auf jeden Tisch ein Körbchen gestellt, darin sind bunte Eier, daneben ein »Kulitsch«, ein russischer Gugelhupf. Nach dem Frühstück erscheint noch ein Matrose in unserer Kabine, der ebenfalls »Frohe Ostern« wünscht und im Auftrag des Cruise-Directors eine Flasche Krim-Sekt als Feiertagsgruß überreicht.

Die Nähe des Äquators sorgt dafür, daß die Temperatur des Meereswassers 30 Grad erreicht, die Lufttemperatur steigt nachmittags auf 34 Grad. Die Meerestiefe beträgt hier nur 65 Meter.

Vormittags besuchen wir den ökumenischen Gottesdienst im Maxim-Theater. Man läßt sich von der weltlichen Atmosphäre des Saales nicht stören, man singt das alte Lied »Christ ist erstanden«, dazu spielt ein Mitpassagier auf dem Flügel. Eine Besonderheit, hier auf dem Südchinesischen Meer Ostern zu feiern.

Anschließend hört man noch einen Dia-Vortrag an, der über die nächsten Reiseziele informiert: Borneo, Manila, Hongkong und Japan.

Am Nachmittag stoppt unter der glühenden Sonne das Schiff im Chinesischen Meer. Die Mannschaft hält pflichtgemäß ihre Rettungsübung ab, die Boote werden herabgelassen, eines gleitet unmittelbar vor unserem Kabinenfenster in die Tiefe. Es klappt alles wie am Schnürchen, auch die stille See bietet keine Probleme, nur die Sonne brennt unbarmherzig. Da unser Schiff längere Zeit still liegt, überholen uns ein paar Frachter, die den gleichen Kurs wie wir haben.

Abends stellt im Musiksalon — ich erwähne dies, um meiner Chronistenpflicht zu genügen — der neue Conférencier die Entertainer vor, die mit ihm in Singapur an Bord gekommen sind: Sänger, Zauberer, Tänzer! Es hat sich nun mal auf den Kreuzfahrten so eingebürgert, daß abends das Künstlervölkchen regiert.

Trotzdem bleibt immer die Hauptsache: Das Erlebnis über die Sieben Meere der Welt zu fahren, die Weite von Sonnenaufgang bis zum Sonnenuntergang zu schauen, das Geheimnisvolle der Meeresnacht zu empfinden — und dabei eine große Anzahl von Häfen anzulaufen und dort Länder, Lebensart und Leistungen der verschiedenen Völker aus eigener Sicht kennenzulernen.

Südchinesisches Meer, 20. April

Wir benutzen die Stille des Vormittags, um zu schwimmen und in der Sonne zu liegen. Ich will auch ein wenig über das nächste Ziel Borneo nachlesen, Notizen machen, den Fotoapparat für morgen mit einem neuen Film versehen, einen »Kassensturz« veranstalten.

Voller Erwartung sieht man Borneo entgegen, der größten Insel des Malaiischen Archipels. Die Insel ist kein einheitliches Staatsgebilde. Ein großer Teil gehört zu Indonesien. Die nördlichen Landesteile waren früher britisch, es gibt aber jetzt dort neben einem Sultanat die Staaten Sabah und Sarawak, die der Föderation Malaysia angeschlossen sind. Unser Ziel ist das Gebiet von Sabah, an der Nordostecke von Borneo gelegen, mit der Hauptstadt Kota Kinabalu. Die Bevölkerung besteht aus den Dajaks, wie man die altmalaiischen Stämme nannte, aber auch aus neuhinzugezogenen Malaien und Chinesen sowie anderen Asiaten. Als Kopfjäger waren die im Inneren der Insel lebenden Volksgruppen berühmt und berüchtigt. Bei den Bergbewohnern sind heute noch Pfeil und Bogen in Gebrauch.

Gegen Abend lege ich das Buch über Borneo aus der Hand, gehe an Deck und erlebe hier in einem Naturschauspiel, wie großartig die Sonne in das Chinesische Meer eintaucht.

Im Widerschein des Himmels ist das Rot übers Meer ausgebreitet. Ein purpurner Hauch gleitet über die Wellen. Freilich allzu schnell erlischt der brennende Schein, das Meer dunkelt in seiner Weite schwarz ein. Auch die Wolken im Zenit sind finster geworden, haben sich zu einem dunkeln Nachtgewölk verdichtet. Jetzt steht im Westen nur noch eine schmale Lohe, immer dunkler wird die Glut, bis auch sie der tropischen Nacht weichen muß.

Das Bordfernsehen bringt in die Kabine die Nachrichten der Deutschen Welle, man hört hier in den malaiischen Gewässern, daß der Papst seinen österlichen Segen »urbi et orbi« gespendet hat. In Deutschland selbst ist über Ostern noch einmal der Winter zurückgekehrt — Schneefälle auch in Bayern. Weiße Ostern in der Heimat, während uns hier die Temperaturen über 30 Grad zum Schwitzen bringen.

Im Schatten des Berges Kinabalu

Borneo / Sabah, 21. April

Wer früh aufsteht und an Deck geht, kann jetzt, da wir uns Borneo nähern, das Wahrzeichen des Staates Sabah sehen. Es ist der Berg Kinabalu, 4200 Meter hoch. Zumeist ist der Gipfel nur in den ersten Morgenstunden zu sehen, später verschwindet er im Gewölk. Der majestätische Berg ist einer der höchsten von Südostasien. Seinen granitenen Gipfel haben die Eingeborenen mit ihren Sagen umwoben und nennen ihn auch »Wohnung der Seelen der Verstorbenen«. Ein heiliger Berg also, die aufgehende Sonne leuchtet darüber.

Da wir zeitig aufgestanden sind, haben wir genug Zeit, das Einlaufen der »Maxim« im Hafen der Hauptstadt, die nach dem Berg Kota Kinabalu genannt ist, zu verfolgen.

Borneo! Ein Jugendtraum — kaum konnte man jemals hoffen, diese ferne Insel in Wirklichkeit zu betreten. Damals in der Jugend las man viel von den Wilden, von den grausamen Kopfjägern. So ist man heute geradezu überrascht, daß man hier in dem von bewaldeten Bergen eingerahmten Hafen modernen Bauten begegnet. Im Zweiten Weltkrieg war die Stadt zeitweise von Japanern besetzt, bei den Auseinandersetzungen mit den Westmächten wurde sie vollständig zerstört. Darum existieren hier in Kota Kinabalu keine alten, traditionsgebundenen Bauten mehr, es ist neu aufgebaut. Sogar Hochhäuser gibt es jetzt hier, auch die Lagerhallen und die anderen Hafengebäude sind modern eingerichtet.

Bei unserer Exkursion ins Innere des Landes fahren wir zuerst auf guter Asphaltstraße zu einem außerhalb der Stadt gelegenen hochragenden Wahrzeichen: Als Metallturm steht ein verblüffend moderner Rundbau mit 32 Stockwerken in der Küstenebene vor der imposanten Kulisse der Berglandschaft! Dicht am Meer gelegen, kann er von keinem einfahrenden Schiff übersehen werden. Von einem Amerikaner errichtet, dient nun der einsam dastehende Rundturm aus Stahl, Beton und Glas den Behörden und Firmen mit seinen Büroräumen als Amtssitz. In den Kellern des Gebäudes fehlt die Tiefgarage nicht, während in der Höhe ein drehbares Restaurant eingerichtet ist, und darüber ist sogar noch eine Betonfläche planiert, auf der ein Helikopter landen kann! Von mächtigen Sockeln getragen, von Grünanlagen und blühenden Büschen gesäumt, ist dieses Bauwerk der »Stolz des Landes Sabah« ge-

worden, ein metallglänzender Blickpunkt. In der Mitte des Gebäudes unterbricht eine offene Veranda die gleichförmige Höhenlinie. Offenbar pflegt man diesen »Stolz der Nation« sowie die umgebenden Gartenanlagen besonders sorgfältig. Gerade ist ein Gärtner dabei, mit einer Handmähmaschine das Gras zurecht zu stutzen. Wer hätte im »Land der Kopfjäger« so einen Turm von Babel vermutet!
Vor dem Gebäude gegen die Bucht hin ist Neuland aufgeschüttet und eingeebnet, und da erscheinen — was für ein Gegensatz zu dem supermodernen Büroturm — Fischerhütten, die als Pfahlbauten erstellt sind. Diese Bilder hat man eher in Borneo vermutet.
Wir fahren weiter. Auf der gut asphaltierten Straße kommt man schnell voran. Wenn auch der größte Teil der Bevölkerung sich noch durch bäuerliche Arbeit den Lebensunterhalt verdient, so bekunden doch die zahlreichen Schuppen, Lagerhallen und Industriewerke, daß sich die Lebensmöglichkeiten erweitert haben. Zu beiden Seiten der Straße hat man dem Wald und dem Dschungel ebene Flächen abgerungen, auf denen sich die industriellen Werkstätten breitmachen. Man hat sich motorisiert und so entdeckt man neben den japanischen Toyotas Modelle von VW und Audi. Die Schriftzüge an den Werkstätten sind auf chinesisch und englisch angebracht. Daß man fleißig ist, das zeigen die Straßenarbeiter, die trotz der brütenden Hitze dabei sind, die Straße zu erweitern, einen Mittelstreifen anzulegen und mit Schottergrund zu festigen.
Der dschungelartige Wald hinter den Lichtungen weist eine geschlossene Baumkrone auf, das dichte Grün steigt mit tropischer Baumfülle hinauf zu den Höhen und Bergen. In diesen schwerdurchdringlichen Wäldern ist natürlich kein Platz für Dörfer, darum haben sich die Eingeborenen ihre Hütten in die Nähe der Straße gestellt. Aus Holz und Blech gefertigt, reihen sich die einfachen Behausungen auf dem roten Erdgrund nebeneinander. Häufig stützen sie sich auf Pfähle oder Holzpfeiler, das darüberliegende Wohn- und Schlafgemach ist dann nur mit Außentreppen oder Leitern erreichbar. Diese Pfahlbauweise hat den Vorteil, daß die oberen Räume in der Regenzeit gegen die Wasserfluten gesichert sind, daß aber auch die tropischen Tiere, die mitunter gar nicht ungefährlich sind, nicht eindringen können. Außer den Fliegen natürlich. Wenn man hier auch Fenster in die Wände eingeschnitten hat, so gibt es doch zumeist keine Glasscheiben. Was solls! Glasfenster müßten ja ohnedies offen sein, damit bei den tropischen

Temperaturen der Wind durch den Raum streichen kann. Wenn man einen Blick ins Innere der Räume tut, sieht man gleich, daß sie aufs kärglichste eingerichtet sind. In der Nähe des Äquators kann man auf Polstermöbel verzichten, man braucht Schutz gegen Regen und Sonne, Schutz gegen Tiere.

Häufig sind die Hütten von Schattengrün umgeben: Palmen, Gummibäume, Bananenstauden, Bambusbüsche umkreisen die schlichten Heimstätten. Wie überall in der Welt haben sich die Kinder — hier nur notdürftig bekleidet — zum Spiel zusammengefunden. Bei all der Armut und bescheidenen Lebensführung achten auch hier die Hausfrauen auf Ordnung und Sauberkeit, gerade sind einige Frauen dabei, Wäschestücke auf die Leinen zu hängen oder sie im Gras zum Trocknen auszubreiten.

Die Bauern verdienen sich hier ihren Lebensunterhalt mit Kokosfrüchten, Pfeffer, Sago, Reis und Kautschuk. Teilweise haben sie in den Pferden und besonders in den Büffeln gute Helfer.

Ja, es gibt hier schon allerlei Exotisches! So die fleischfressenden Pflanzen. Allerdings die größte Blume, die hierzulande gedeiht und den Durchmesser von fast einem Meter erreichen soll, die Rafflesia, bekommen wir leider nicht zu sehen.

Und immer wieder der nahe Wald! Unterbrochen hier und da von einem See, von Tümpeln, an deren Ufern Mangroven wachsen. Dann hat man aber auch ganze Hänge abgeholzt und kahlgeschlagen, da man ja das Holz auch für industrielle Arbeiten braucht. Mitunter zwängen sich grellgelbe Steinbrüche oder ebenso gelbe Lehmgruben vor das Grün des Dschungels.

Auf unserer Fahrt sind wir inzwischen in dem Dorf Tamparuli angekommen. Ein Eingeborenen-Markt enthüllt auf einem großen Platz all seine Farben. Über den Ständen hat man provisorische Dächer errichtet, mit Tüchern und Schirmen schützt man sich gegen die sengende Sonne. Da gibt es nicht nur all das, was im Land angebaut wird, Reis, Kokosnüsse, Gewürze, Gemüse — da gibt es ebenso alles, was die See anbietet. Kleine getrocknete Fischchen, die offenbar in Schwärmen die Küste bevölkern — daneben armgroße Fische, die mit langen Sägen ausgestattet sind und denen wir den Namen »Sägefische« geben.

In den Marktgassen drängen sich die Einheimischen, sie mustern uns nur mit einem kurzen neugierigen Blick, widmen sich dann wieder ihren Geschäften. Da humpeln alte Weiblein, krumm und ausgemergelt, da suchen alte Männer mit Knittergesichtern nach etwas Eßbarem, unbekümmerter als sie tummeln sich Burschen und junge Mädchen an den Ständen. Die Generationen begegnen sich — vielleicht haben die Jüngeren mit der fortschreitenden Erschließung des Landesinneren ein leichteres Leben als diese gebückten Alten. Wie das alles durcheinander handelt, feilbietet und kauft! Dabei haben die Verkäufer ihre Waren sorgfältig aufgeschichtet, sie spritzen immer wieder Wasser auf die Fische, damit diese frisch bleiben.

Nur ein paar Minuten von diesem exotischen Markt entfernt ist die längste Hängebrücke des Staates Sabah. An Drahtseilen und an rostigen Eisengeländern hängend, führt diese schmale Fußgängerbrücke über ein Flußbett, das sich zu Regenzeiten in einen reißenden Strom verwandelt. Bretter sind über das Fußgitter gelegt, zwischen ihnen klaffen breite Spalten, man muß aufpassen, wenn man über diesen langen schwankenden Steg geht. Wenn man ans andere Ufer wandert, ist es am besten, daß man wie auf einem Schiff bei Seegang den breiten Matrosenschritt einschlägt. Manche gehen barfuß hinüber. Es ist ein eigenes Gefühl, so leicht und luftig, fast tänzerisch auf diesem unruhigen Steg den in der Tiefe dahingurgelnden Fluß zu überschreiten.

Als nächstes Fahrziel erwartet uns das »schwimmende Dorf« Mengkabong, das man auch eher witzig das »Venedig von Sabah« nennt. An die Paläste von Venedig darf man freilich nicht denken — aber die Häuser dieses Pfahldorfes stehen wahrhaftig im Wasser, hölzerne Stege führen als schmale Straßen hindurch. Kanus und Holzboote schwimmen auf dem Wasser und vermitteln den Verkehr zwischen den Hütten, soweit man sie auf den Holzpfaden nicht erreicht. Hier in dieser Pfahlbausiedlung, die man in ähnlicher Form seit Jahrtausenden bei den Naturvölkern kennt, ist man vor Schlangen und Raubtieren sicher. Freilich nicht ganz so leicht ist es, wenn die Mücken einen abends überfallen. Aber an solche Unbilden denken die Kinder und jungen Burschen nicht, die sich jetzt unter den Hütten im Wasser balgen und lachend einander tauchen, während die Mütter an den Geländern Wäsche zum Trocknen aufhängen. Und damit wir nicht vergessen, daß dieses originelle Pfahldorf in tropischen Gewässern steht, fächeln am Uferrand die Palmenwedel im Wind.

Hu, es ist heiß geworden! In dem Auto, mit dem wir wieder der Hauptstadt Kota Kinabalu entgegenfahren, schwitzt man, obwohl alle Fenster geöffnet sind. Beim Blick auf die Landschaft aber vergißt man

die Hitze. Hier wieder die grün heranwuchtenden Dschungelwälder, die Hütten auf ihren Stelzen und Pfählen, die Arbeitsschuppen, dann Möbelfabriken und Sägewerke.
Wir halten auf der Rückfahrt zum Schiff vor einem Buddha-Tempel. Auf einer Anhöhe gelegen, empfängt uns ein Tor, gekrönt von einem geschwungenen Dach und Drachenfiguren. Rot und weiß heben sich die Farben voneinander ab. Erst vor wenigen Jahren gebaut, bewahrt der Tempel die alten ererbten Formen. Und im Inneren natürlich Buddha: In Gold glänzend thront er auf einer Lotosblume.
Unweit des Heiligtums, nur durch ein Tal von ihm getrennt, hat man auf dem jenseitigen Hügel einen Friedhof angelegt. Auch hier kleine Tempelchen über einzelnen Gräbern.
Noch eine kurze Fahrt zum Hafen, an der Pier steigen wir aus der „Sauna" des Wagens. Eine Reisegefährtin, die uns so erhitzt in das kühlere Schiff kommen sieht, sagt, man habe heute im Schatten 40 Grad gemessen. Ich kann das nicht nachkontrollieren — aber auf jeden Fall wollen wir erst einmal „auf Stube" eine Ruhepause einlegen. Danach wage ich mich nochmals hinaus in die tropische Hitze. An der Pier steht ein Postauto, wo ich Marken von Malaysia kaufe. Der freundliche Postbeamte erhält von mir als Andenken deutsche Briefmarken, da wir soeben einen Brief von daheim erhalten haben. Am Lagerschuppen vorbei geht's zu Fuß über eine Brücke dem Hafenausgang entgegen. Ich will noch ein paar Schnappschüsse machen und am Weg noch ein paar kleine Steine von Borneo für meine Steinsammlung aufklauben. Ich stecke sie in die Hosentasche — nehme so ein winziges Stück von Borneo mit. Jugendträume — von denen ich vielleicht meinen Enkeln daheim einmal erzähle.
Ich schaue auf die Uhr. Ich habe noch etwas Zeit. Da kann ich gerade vor dem Hafen ein Taxi aufhalten. Im Einsteigen sage ich dem Chauffeur nur ein Wort: »Moschee«. Er hat mich verstanden, und an der Küste geht es noch einmal entlang, hinaus zu dem Platz, wo sich die Staatsmoschee als Mittelpunkt der hiesigen islamischen Welt befindet. Wie anders als die ägyptischen Moscheen hat man hier mächtige nach oben sich verjüngende Pfeiler ringsherum gestellt, hat Betonplatten für die Hallen dazwischen gefügt — hat aber auch hier die Pfeiler, die Kuppel in der Mitte sowie die Spitze des Minaretts mit Gold überdeckt. Eine Konstruktion, die sogar dem Chauffeur den Ausruf entlockt: »Ultramodern!«

Auch die Stadt Kota Kinabalu, in die mich jetzt der Chauffeur mit rasantem Tempo zurückfährt, hat man nach der totalen Zerstörung im Zweiten Weltkrieg ganz modern wieder aufgebaut. Bei der Durchfahrt durch die geometrisch angeordneten Straßen spart der Chauffeur mit seinen Erklärungen nicht: Das »Hyatt Kinabalu-International-Hotel« hat 350 Zimmer! Man sieht die Niederlassung der Bank von Hongkong, ein Museum, die Zentrale Bibliothek und das Rathaus. An die 40 000 Einwohner haben sich eine moderne City geschaffen. An die Zeiten der Kopfjäger will man hier nicht mehr denken!
Rechtzeitig liefert mich der Chauffeur am Hafeneingang wieder ab. Dort machen neben der Halle die Arbeiter gerade Feierabend.
Sie grüßen von der Pier herauf, als die »Maxim« ablegt. Es ist nun doch fast 18 Uhr geworden.
Drüben am Ufer wächst in der Abenddämmerung der Büroturm mit seinen 32 Stockwerken himmelwärts. Ein Ungetüm, mit dem sein eigenwilliger Bauherr, der Amerikaner, die Zeiten hier in Südost-Asien überspringen möchte. Da las man in der Jugend die gruseligen Geschichten von den wilden Stämmen Borneos — und jetzt sieht man als Wahrzeichen des 20. Jahrhunderts einen Büroturm!
Ich bleibe an Deck, da die Sonne schnell sinkt, sie brennt über dem Horizont nieder, berührt als Feuerscheibe das ruhige Meer, taucht ein. Borneo verschwindet — schnell kommt in diesen Breiten die Nacht.
»Selamat Jalan» — sagt man in Borneo: »Auf Wiedersehn!«

Südchinesisches Meer, 22. April

Beim Aufwachen scheint das Meer ganz still und friedlich unter dem Sonnenschein zu liegen. Trotzdem spürt man das Schlingern des Schiffes. Wenn man genau das Meer betrachtet, erkennt man, daß eine Dünung weiß darüber hinwegwogt.
Aufmerksame Beobachter sehen jetzt auch fliegende Fische, die vor dem Schiffsriesen seitwärts über das Wasser fliehen. Silberne Striche — ehe sie wieder eintauchen.
»Wo trifft man sich heute?« fragt jemand im Vorbeigehen. »Beim Tischtennis-Turnier? Beim Singen alter deutscher Volkslieder? Oder spielen wir eine Partie Schach?«
Nun — es gibt viele Einzelreisende, die gar nicht immer spielen, sondern auch mal ein ernsthaftes Gespräch führen wollen. Und da ist es ganz gut, daß heute abend der Kapitän und der Cruise-Direktor alle

alleinreisenden Gäste zu einem Cocktail einladen, wo man Bekanntschaften oder Freundschaften schließen kann.
Ich selber brauche nicht dorthin zu gehen, da ich ja nicht allein reise. Außerdem werde ich heute abend im Fernseh-Studio als Autor des Buches »Weltreise heute« interviewt, als Autor, der auch jetzt wieder ein Buch über unsere gegenwärtige Nordroute schreibt. Ich muß also ins Fernseh-Atelier eilen, wo alle technischen Einrichtungen bestehen, um Sendungen auch auf Band aufzunehmen.
Abends wieder ein reichhaltiges Unterhaltungsprogramm. Im Maxim-Theater wird der Farbfilm »Einer flog übers Kuckucksnest« angeboten, ein amerikanischer, gesellschaftskritischer Film mit Jack Nicholson. Wir haben darüber schon in den Münchner Zeitungen gelesen, der Film führt in die Sphäre einer Nervenheilanstalt, führt zu den Außenseitern der Gesellschaft.
Gleichzeitig steht für Musikfreunde — und das sind unter den Passagieren nicht wenige — ein Opernabend zur Debatte. Da sollen Arien und Duette von Mozart erklingen, Lieder aus dem »Figaro«, aus der »Entführung«, aus »Don Giovanni« und der »Zauberflöte«.
Da bleiben heute abend im Kino viele Plätze frei, der Film wird ja auch nochmals auf dieser Reise wiederholt — im Musiksalon aber drängen sich die Gäste.
Mozart siegt heute über das »Kuckucksnest«.

Im Malaiischen Archipel

Manila / Philippinen, 23. April
Inge wird heute auf eigene Faust eine Taxifahrt in die Stadt Manila unternehmen. Ich selbst hätte zu den Pagsanjan-Wasserfällen fahren können, wähle dann aber doch die Ganztags-Tour nach Tagaytay, bei der man die vulkanisch-philippinische Landschaft erlebt.
Die im Malaiischen Archipel gelegene Republik der Philippinen umfaßt über 7000 große, kleine und kleinste Inseln. Die größte Insel trägt den Namen Luzon, auf ihr ist die Hauptstadt Manila mit eineinhalb Millionen Einwohnern gelegen. Hier werden wir anlegen.
Schon früh gegen 8 Uhr fährt die »Maxim« in den Hafen von Manila ein. Er ist gegen die Wellen und Brecher durch Mauern und Molen aus mächtigen Steinbrocken geschützt, sicher gleitet das Schiff, vom Lot-

sen geführt, zwischen zwei Blinklichtern in das Hafenbecken. Dahinter zeigen sich die Hochhäuser von Manila, sie sind in dieser Stunde noch vom Morgendunst umschleiert. Langsam schiebt sich das Schiff an die Pier heran, die Taue halten es am Ufer fest. Dort auf dem Kai hat sich schon so frühzeitig eine große Blaskapelle eingefunden. Die Musikanten tragen grüne Hosen und darüber weiße Hemden mit grünen Streifen. Lautstark folgen die Musiker dem Stab ihres Dirigenten und schmettern ihre Melodien zu den Passagieren herüber, die noch nicht an Land gehen können, aber das Begrüßungsschauspiel von der Reling aus verfolgen.

Lautes Klatschen und Winken der Gäste belohnt die Musikanten. Inzwischen ist die »Maxim« zum Landgang freigegeben, ich suche meinen Bus nach Tagaytay. Prima, ein klimatisierter Bus, der neben der Halle bereitsteht. Wir liegen im Südhafen an der Pier 13 — das will ich mir merken, falls ich mit dem Taxi zurückfahre. Marcello heißt der einheimische Führer.

Zuerst durchs Hafengelände, vorbei an der Jacht des Präsidenten. Diesmal im Rechtsverkehr! Da kommt man gleich an dem monumentalen Manila-Hotel vorbei, wo die Amerikaner während des Krieges 500 Japaner festgehalten hatten. Man passiert die sogenannte Paradehalle, wo der Präsident die militärischen Paraden abnimmt. Vor uns liegt die breite Hauptstraße, und da mischen sich zwischen die vielen modernen Autos die bunten philippinischen Jeepneys. Lustige offene Jeeps, oft mit 12 und noch mehr Personen besetzt. Man steigt von hinten ein, kann sich links oder rechts auf eine der Bänke setzen. Fenster braucht man bei den tropischen Temperaturen nicht, eher Vorhänge gegen Sonne oder Regen. Lustig die Farben dieser Jeeps, die sich überall die Vorfahrt erkämpfen. Gelb und grün, rot oder blau bemalt, mit Ornamenten und Bildern geschmückt, tummeln sie sich im Verkehr. Manchmal hat man auf ihre Wände ganze Landschaften gemalt. Und vorn auf den Motorhauben stehen Pferdchen aus Metall, ca. 30 cm hoch, glänzend silbrig, zwei, drei Pferdchen — manchmal sogar ein ganzes Dutzend! Vielleicht eine Erinnerung an die lebenden Pferde, die der Motor ins Abseits stellte.

Unser Bus schiebt sich an den Jeeps vorüber, wir lassen — von einem Sirenengeheul aufgeschreckt — Polizisten auf ihren Motorrädern vorbeisausen. Neben uns das Denkmal eines erschossenen Nationalhelden. Die Geschichte des Landes ist nicht arm an Gewalttaten. Auch

jetzt müssen die Polizisten ein wachsames Auge haben, um der immer mehr wachsenden Kriminalität Herr zu werden.
In die Altstadt hat der Zweite Weltkrieg bei den Kämpfen zwischen Japanern und Amerikanern große Wunden geschlagen. Nach dem Krieg sind moderne Bauten entstanden, über die eine Kathedrale hoch mit Turm und Kuppel aufragt.
Am Fort Santiago halten wir. Das Fort stammt noch aus der Kolonialzeit, diente den spanischen und später den amerikanischen Machthabern. Erstaunlich, daß dieses Fort die Kämpfe des letzten Krieges überlebte. Das stattliche Tor, die Steinmauern und Befestigungsanlagen sind so stark, daß sie wohl noch Einschüsse und Narben aus dem Jahre 1945 aufweisen, aber im wesentlichen erhalten sind. Wie bei den neuen Wohnungsbauten grünen auch hier Wiesen zwischen den Mauern. Alte Kanonen stehen auf den Wällen, aber sie haben für alle Zeiten ausgedient, sind ein historisches Relikt. Aber damit die heutige Zeit nicht fehlt, hat man besondere Autotypen zur musealen Betrachtung in offene Kasematten gestellt.
Ein eigener Anbau ist hier dem Freiheitshelden José Rizal gewidmet, der Ende des vorigen Jahrhunderts in diesem Fort eingekerkert war und dann hingerichtet wurde. Zum Gedächtnis an diesen Mann, der auch als Augenarzt wirkte, zeigt man in der Gedächtnisstätte Bilder, die er gemalt, Gedichte, die er geschrieben hat.
Der Verkehr in der Stadt ist ebenso stark wie bei uns in München. Kommen doch hier nicht nur die Einwohner von Manila zusammen, sondern die Philippinos der ganzen Region, deren Zahl man etwa auf 5 Millionen beziffert. Da drängt sich alles durcheinander: Personenwagen, Laster, Busse — und immer wieder die lustigen Jeepneys mit ihren Metallpferdchen. Hunderttausend solcher Jeepneys soll es allein in Manila geben, sie dienen dem schnellen Personenverkehr mehr als die größeren Busse, sie sind hier das Hauptverkehrsmittel.
Immer noch das »amtliche Viertel« mit Regierungsgebäude, Nationalmuseen, Finanzamt. Wie vor dem Fort versuchen die Straßenkehrer, die Bluejeans und gelbe T-Shirts tragen, dieses amtliche Viertel sauber zu halten. Mit einem breitkrempigen Chinesenhut schützen sie sich vor der Sonne, gegen den Staub haben sie Tücher vor den Mund gebunden — so winken sie zu uns herüber.
Wenn es zu einem Stau kommt, drängen sich gleich Händler an die haltenden Wagen heran, sie kennen anscheinend die Schwachstellen

im Personenverkehr: Sie halten ihre kleinen Bauchläden mit Zigaretten, Süßigkeiten und Kaugummi vor die Fenster.
Die Ampel schaltet auf Grün. Der Fahrer unseres Busses schraubt sich vorwärts in der Blechflut.
Vergeblich suchte man bisher in Manila des Verkehrs Herr zu werden. Man plante bereits eine Untergrundbahn, aber bei den vehementen tropischen Regengüssen scheint der unterirdische Bau zu schwierig zu sein, in der Monsunzeit könnten die Tunnel leicht überschwemmt werden. Daher plant man jetzt hier in Manila — übrigens auch in Bangkok — mit Schwebebahnen den Straßenverkehr zu entlasten.
Halten, halten — immer wieder. Auch der kleine Jeepney neben uns, dessen gebündelte rosa Papierstreifen im Wind wehen, muß seine Pferdestärken zügeln. Unser Fahrer gibt ihm keine Chance, an uns vorbeizukommen. So kann man auf dem Jeep in allen Einzelheiten eine groß hingepinselte Taube erkennen, wie sie ihre Flügel breitet. Sie könnte davonfliegen — so naturalistisch sieht sie aus.
Auf einer Brücke überqueren wir einen gelb dahinkriechenden Fluß, während sich der Himmel eingetrübt hat. Zum Stadtbild gehören auch hier die Gotteshäuser. Eine Moschee und gleich in der Nähe eine katholische Kirche, deren Bedeutung man beim letzten Papst-Besuch auf dem Bildschirm sah, die Quiapo-Kirche. In ihrem Inneren verehrt man die Statue eines schwarzen Christus, eines »Black Nazarene« aus dem 17. Jahrhundert. Die Figur ist eine Arbeit von mexikanischen Indianern. Viel besuchte Prozessionen ziehen alljährlich daran vorbei.
Vor uns liegt jetzt die Universitätsstadt: Angeblich studieren in diesem Komplex Hunderttausende von Studenten! Besonderes Ansehen hat dabei die von Dominikanern bereits im 17. Jahrhundert ins Leben gerufene Universität »Santo Tomas«. Wer sein Examen an dieser Universität »Santo Tomas« besteht, genießt auf den Philippinen ein besonderes Ansehen.
Endlich haben wir uns nun durch den Verkehr durchgequält. Je weiter wir aus der Stadt herauskommen, desto armseliger werden die Wohnhäuser, werden zu Hütten, zu Slums. Aber bei aller Ärmlichkeit haben sie doch Fernsehantennen auf den Dächern. Die Antenne hat die Welt verwandelt, sie zaubert auch in diese Winkel einen Schimmer von der großen weiten Welt. Warum gibt es in diesen Vorstädten überhaupt noch diese Hütten? Nun, immer mehr schlecht bezahlte Bauern kommen vom Land und aus den Bergen in die Millionenstadt, versuchen

hier Fuß zu fassen, begnügen sich zunächst mit der einfachsten Unterkunft — hoffen und hoffen.

Aber es ist schwierig für viele, den Schlüssel zum Reichtum zu finden. Da drängen sich denn gleich wieder an einer Straßenkreuzung die Kinder und Halbwüchsigen aus diesen Slums mit ihren winzigen Bauchläden heran: »Kaufen gute Zigaretten, Fächer gut gegen Hitze, bunte Wedel!« Dabei paffen die Halbwüchsigen selber schon Zigaretten, während sie an die Fensterscheiben klopfen. Daneben ein Bild des Elends: Ein Kind führt einen jungen Burschen an der Außenseite des Busses entlang, die Augen des Burschen sind blind, mit einem Stecken tastet er sich voran, auf seinem T-Shirt hat man zur Kennzeichnung seines Elends ein rotes Kreuz gemalt. Neben ihm heben die Kinder schmale Packungen empor: Kaugummi.

Die kleinen Händler haben sich gut an dieser Stelle postiert; denn da ist ein Engpaß für den Verkehr, eine Baustelle, an der wir einige Minuten halten müssen. Ein Teil der Arbeiter packt fleißig zu, andere blicken neugierig in den Verkehr hinein, der sich langsam voranschiebt.

Was für Gegensätze! Die Slums, die halbnackten, handelnden Kinder — dann die mächtigen Öl- und Benzintanks der Weltfirmen — und hier das Präsidentenpalais mit seinen Gärten.

Man möchte natürlich auch auf den Philippinen die Kinder von der Straße wegbekommen, hat die Schulpflicht eingeführt. Fraglich aber, ob man sie einhält. Es sind keine Ferien. Wieso können dann vormittags so viele Kinder vor den Hütten herumlungern?

Jetzt wächst die Vorstadtstraße dreispurig und durch Mauern oder Grünstreifen vom Gegenverkehr getrennt ins Land hinein. Und da verbreitet sich unser philippinischer Begleiter Marcello auch über die Bemühungen des Staates, wie man die Ärmsten aus den Slums herausholen und Wohnungen für sie bauen kann. Dies wird freilich noch eine geraume Zeit in Anspruch nehmen. Vorläufig aber pirschen sich die Kinder immer wieder an Autos heran, um sich durch den Verkauf von Zeitschriften oder Camel-Zigaretten ein paar Pesos zu verdienen.

Später fahren wir durch den Stadtteil Makati, einer Wohngegend für vermögendere Leute.

Wir halten nicht — streben weiter ins Land hinein. Kleine Szene am Wegrand: Arbeiter haben Kopf und Gesicht eingebunden, nur die Augen schauen heraus, so schützen sich die Leute bei der Befestigung ei-

MANILA/PHILIPPINEN: Buntbemalte Jeeps (Jeepneys) verlassen die Fabrik (oben) — Lustige Zinn-Pferdchen sind auf den Kühlerhauben der Jeepneys montiert (unten)

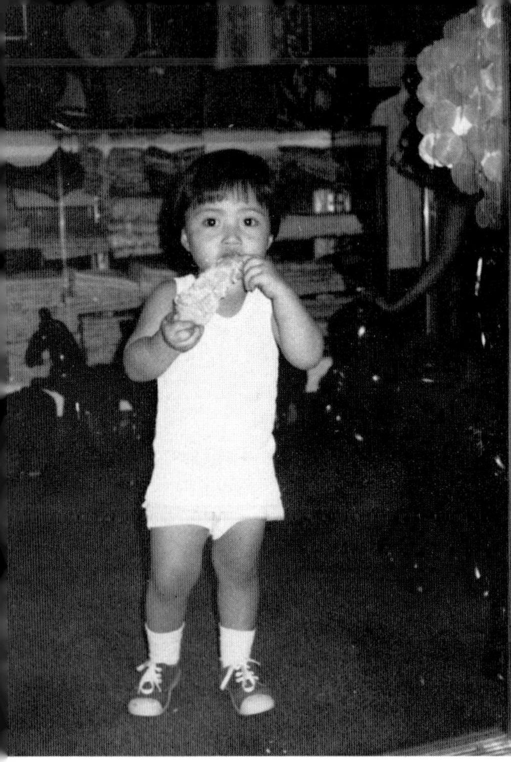

PHILIPPINEN: *Der kleine Malaie läßt sich den Maiskolben schmecken (oben links) — In den Ananas-Plantagen (oben rechts) — Containerverladung im Hafen von Manila (unten)*

nes Straßenrandes gegen Sonne und Staub. Ihre Arbeit freilich schränkt den Verkehr ein. Rettungslos sind wir eingekeilt. Unser Begleiter Marcello weiß sich zu helfen. Er springt aus dem Bus, setzt eine Trillerpfeife an, waltet für wenige Minuten als Verkehrspolizist, hebt seine Arme bald links, bald rechts — dann springt er in unseren Bus zurück, hat für uns eine Gasse freigekämpft.
Da ducken sich schon wieder einige Slums an die Seitenstraße. Apathisch, bewegungslos hocken ein paar Alte im schwülen Schatten eines Vordaches. Man wundert sich, daß diese windschiefen Hütten, die aus Holz, Pappe und Blech zusammengekleistert sind, vom nächsten Windstoß nicht zu einem Schutthaufen niedergefegt werden.
Freundlichere Bilder schenkt ein Fluß. Dort haben die Fischer große Netze in einen Bambusrahmen gespannt, haben die Netze ins Wasser gelassen und warten nun darauf, daß sich möglichst viele ahnungslose Fische darin verfangen. Wir sind in dem Vorort Parañaque, wo man sich neben der Fischerei auch noch mit Körbeflechten und Stickereien sein Brot verdient. Von hierher kommen auch viele bequeme Korbmöbel.
Autohalt in Las Piñas, einer Ortschaft, in deren Kirche die einzige Bambusorgel der ganzen Welt gezeigt wird. Ende des 18. Jahrhunderts wurde sie von einem Missionar gebaut, da der Geistliche nicht über das Metall verfügte, wie man es sonst für Orgeln verwendet. So nahm er den einheimischen Bambus zu Hilfe. Ursprünglich mit über 800 Orgelpfeifen ausgestattet, umfaßt das eigenartige Musikinstrument auch jetzt noch trotz mehrerer Diebstähle Hunderte von Orgelpfeifen. Vor wenigen Jahren wurde die Orgel in Bad Godesberg restauriert und überholt. Beim Versand nach Deutschland durch ein Schiff beachtete man besondere Vorsichtsmaßregeln, gewährte dem wertvollen Stück die gleichen Klimaanlagen wie dem Menschen. Die Rückkehr erfolgte dann auf schnellstem Wege per Flugzeug. Wir steigen in der bescheidenen Ortskirche auf Holztreppen zum Chor empor, sehen unterhalb vor der Tastatur zwei einheimische Frauen sitzen, die nacheinander die Orgel spielen. Die Pfeifen nehmen eine ganze Wand ein, sie erklingen wahrhaftig genauso schön, als stünde eine »normale« Orgel in dieser Dorfkirche.
Der Bus will weiter durch das schlichte Dorf, wo sich wieder Slums an der Straße entlang ziehen. Man fragt sich: Wo haben die Leute bloß das viele Blech her, das sie für ihre Dächer brauchen? Nun, die nack-

ten braunen Kinder, die wie überall in diesen tropischen Ländern gern im Flußwasser herumschwimmen und dort Abkühlung suchen, hören unsere Frage nicht. Sie würden wohl auch nicht aufs erste verstehen, wenn wir ihnen erklären würden, daß wir im kühleren Deutschland unsere Wohnungen »gemütlich« ausstaffieren wollen. Was man in den Behausungen unter dem Äquator am notwendigsten braucht, ist Schatten, Luftzug, eine Ecke zum Schlafen.

Schroffe Gegensätze auch hier im Landesinneren! Neben den Slum-Siedlungen tauchen Hotelanlagen auf, in denen feudale Clubs residieren.

Wir stoßen tiefer ins Land hinein vor. Viele Reisfelder zu beiden Seiten der Straße sind bereits abgeerntet. Jetzt in der Trockenzeit sind sie entweder gelb überwuchert oder man hat die Stoppeln der Felder bereits abgebrannt, damit der Regen leichter ins Erdreich eindringen kann. Auf diese Weise erreicht man drei Reisernten im Jahr, die Erträgnisse genügen, um damit die ganze Bevölkerung der Philippinen zu versorgen. Man erzeugt sogar Überschüsse für den Export. Mit einem gewissen Stolz erklärt Marcello: »Man wohnt oft noch sehr schlicht — aber zu hungern braucht hierzulande niemand mehr!«

Die Landschaft, in die wir auf unserer breiten Straße vorstoßen, schmückt sich immer mehr mit Palmen, hohen und halbwüchsigen, schmückt sich mit Bananenstauden und diesen wunderbaren Mangobäumen, die ihre gewaltigen Blattkronen wie grüne Riesen in die Landschaft stellen. Die Kokosplantagen erweitern sich zu richtigen Wäldern. Neben den Kokosnüssen liefern auch die Papayas Früchte von erstaunlicher Größe. Ob es auch Weintrauben gibt, fragt einer der Mitfahrenden. Marcello lächelt: »Trauben wie in Europa haben wir hier nicht. Aber wir produzieren Wein aus Kokosnüssen und Reis. Und da wir Zuckerrohr anbauen, fehlt auch der Schnaps nicht.«

Hier ein paar Wasserbüffel, einer von ihnen kann als Faulenzer sein Spiegelbild in einem Tümpel anglotzen, ein anderer aber muß sich vor einen Pflug spannen lassen, mit dem ein Bauer eben seinen Acker umpflügt. Bei dieser Hitze!

Ja, sie müssen sich schon anstrengen, diese Malaien, Chinesen, Negritos und Mischlinge, von denen die philippinischen Inseln bewohnt werden. Müssen auch jetzt in den Bananenplantagen arbeiten, wo es neben den kleinen süßen Bananen auch jene großen Bananen gibt, die man nicht frisch ißt, sondern wie Kartoffeln gekocht oder gebraten.

Unter hohen Palmen gibt es viele kleinere Sträucher mit gelblich grünen Blättern: Es sind Kaffeesträucher, die keine grelle Sonne, sondern tropischen Schatten lieben. Dazu kommen Ananasplantagen. Wir haben sie als Felder in Mittelamerika, in der Karibik, auf der Insel Moorea in der Südsee gesehen — hier aber auf den Philippinen ist das etwas Besonderes, daß diese Ananaskulturen unter den Palmen in geordneten Reihen wachsen und ihre saftigen Früchte tragen. Übrigens sind auch die harten Blätter der Ananasstauden verwertbar, sie sind fasrig und diese Fasern kann man zu Textilgeweben verarbeiten.
Und immer wieder Palmen: Sieben Jahre brauchen sie, bis sie Erträgnisse liefern, dann aber erfreuen sie siebzig oder gar achtzig Jahre hindurch den Menschen mit ihren Früchten.
Je weiter wir ins Landesinnere vorstoßen, desto mehr Berge tauchen vor uns auf und steigen zum bewölkten Himmel empor. Jetzt sind wir in Tagaytay, fast 60 Kilometer von Manila entfernt, an die 700 Meter hoch über dem Meeresspiegel. Leider nieselt es noch immer, nebelhafte Streifen umweben die Bergrücken. In dieser Landschaft ist es viel kühler als in der Stadt am Meer — eine wunderbare angenehme Luft.
Ein großes Restaurant-Gebäude erwartet uns zum Mittagessen. Der riesige Saal ist schon vollgepfropft mit braunen und weißen Besuchern. Mit lautem Tamtam zeigen auf einer Bühne Folklore-Tänzer artistische Leistungen. Ich hole mir von dem reich bestückten Büfett etwas Hühnerfleisch, Bambussprossengemüse, Reis sowie als Nachtisch ein Stück Kuchen und frische Ananasscheiben. Eine Tasse Kaffee genehmige ich mir an der Bar. Dort an der Vista-Lodge hängen sogar wie in einem deutschen Jagdzimmer Geweihe von erlegtem Rotwild.
Inzwischen hat sich der Himmel aufgelichtet, es hat zu regnen aufgehört — und da hat man vom Restaurantgarten aus eine großartige Aussicht in diese philippinische Berglandschaft. Noch sind die Höhenzüge ein wenig verschleiert, zart wie auf einem Aquarell mit graublauen Farben. Drunten aus dem sogenannten Taal-See steigt der Krater empor, der keineswegs erloschen ist sondern durch seine mehrfachen Ausbrüche auch in diesem Jahrhundert Opfer gefordert hat. Ein Krater, in dem das Feuer noch brennt — und dieser steht im Kratersee eines Vulkans, der nicht mehr aktiv ist. Ein Naturereignis besonderer Art! Ein paar vulkanische schwarze Steine nehme ich mir als Andenken mit. Stehe bis zur letzten Minute vor diesem Bild, während sich andere mitfahrende Gäste bereits im Andenkenladen stauen. Dann

muß ich von diesem zarten Aquarellbild Abschied nehmen, stelle mir in der Phantasie noch das Bild vor, wie bei einem neuen Ausbruch alles Sanfte verschwindet und wie dann die Feuerglut in den Himmel geschleudert wird. Gern wäre man zu den Mönchen hinübergefahren, die sich drunten auf der Kraterflanke im Taal-See in ihrer frommen Klause keiner Angst hingeben, daß die Erde aufbrechen könnte.
Zurück nach Manila! Vor einigen Hütten hält für ein paar Minuten der Wagen an. Da haben die Philippinos einen Obststand aufgebaut, wo man sich ein paar Früchte kaufen kann.
Nächstes Ziel: Die Fabrik, wo die Jeepneys zusammengebaut werden! Da stehen sie, die frisch hergestellten, gelb, rot, blau und braun bemalten Jeeps, viele Spiegelchen auf der Motorhaube glitzern und blenden in der Sonne, neben ihnen stehen geduldig die Zinn-Pferdchen! Chassis, Karosserie — alles wird in dieser Werkstätte in Handarbeit hergestellt, nur die Motoren werden aus Japan eingeführt. Zehn Tage dauert es, bis so ein Wagen fertig ist. Nun die 100000 Jeeps, die jetzt in Manila herumfahren, sind aus dem Bild der Millionenstadt nicht mehr wegzudenken. Für 10000 Dollar könnte man sich so einen Wagen nach Deutschland schicken lassen. Da würde selbst ein Mercedesfahrer vor Neid erblassen, wenn neben ihm so ein Jeepney mit den Zinn-Pferdchen auftauchte!
Wir müssen zurück zum Schiff, tasten uns wieder durch den Verkehr vorwärts, am Flughafen vorbei, »Manila Domestic Terminal« steht da mit großen Buchstaben. Wir durchqueren das Viertel der sogenannten »Mittelklasse«, fahren durch das Viertel der Reichen, wo man nur dann ein Grundstück erwerben kann, wenn man sich gleichzeitig verpflichtet, einen Garten und einen eigenen Swimming-pool anzulegen. In diesem Bezirk gibt es nicht nur einen feudalen Golfclub, sondern auch einen Platz für Polo: Die Pferde für diese Ballspiele importiert man aus Australien und — man muß dies als Chronist festhalten — hat für diese wertvollen Pferde eine Halle mit Air-Condition erbaut! In einem solchen Viertel will man sich nicht nur auf die staatliche Polizei verlassen, da hat man eine eigene Schutzpolizei engagiert, um sich gegen Überfälle abzusichern.
Bevor man zum Schiff zurückkehrt, erfährt man noch einmal, wieviel Schmerzen auch auf den Philippinen bei kriegerischen Auseinandersetzungen erduldet werden mußten. Da ruhen auf einem amerikanischen Soldatenfriedhof 17000 Tote. Grabkreuze aus philippinischem Mar-

mor reihen sich aneinander. Über allem steht ein großes Kreuz, für das man eigens Carrara-Marmor aus Italien geholt hat. In die Wände eines offenen Rundbaues hat man weitere 36000 Namen eingetragen von Toten, die man nicht finden oder nicht mehr identifizieren konnte. Aufs sorgsamste sind auch jetzt in der Trockenzeit die Grasflächen gepflegt — wie grüner Samt liegen sie zu dieser Stunde im Sonnenglanz. Von der Wiese aus führt eine Freitreppe zu dem Monument empor, wo die 36000 Namen das Leid unseres Jahrhunderts verkünden.
Die letzte Wegstrecke zum Schiff hin! Noch ein paar Blickpunkte! Eine Kongreßhalle für 5000 Menschen, das größte Hotel-Hochhaus von Manila »Philippine Plaza«, dann das Kulturzentrum für internationale Theatergruppen und Ballett. Schnell führt uns die fünfspurige Straße hin zum Hafen und endlich zur »Maxim«.
Freilich der Tag ist noch nicht zu Ende. Ich treffe mich mit Inge, die inzwischen ihre Taxifahrt durch Manila ebenfalls beendet hat, und zu zweit gehen wir nochmals hinunter auf den Kai zur improvisierten Ladengasse, wo die Händler noch möglichst viele von ihren Waren loswerden wollen. Wie wäre es dort mit einem Pferdchen aus Zinn, wie sie die Jeeps vorn auf der Motorhaube tragen? Beim Handeln gibt uns die Verkäuferin, ein Mischlingstyp mit malaiisch-chinesischen Zügen, ihre Adresse, sie möchte als Hausmädchen in Deutschland arbeiten.
So — nun haben wir im Schiff die Landekarten abgegeben. Über den Lautsprecher tönt die allbekannte Bitte, die Besucher möchten das Schiff verlassen. »Maxim Gorki is ready to sail.« Die Gangway wird eingezogen. Gegen 19 Uhr legen wir ab.

Südchinesisches Meer, 24. April
Eine erfreuliche Nachricht: Ein Reisegefährte, der in Singapur die Abfahrt unseres Schiffes versäumt hatte und nicht rechtzeitig an Bord war, ist mit einem Flugzeug nachgekommen und hat auf unserer vorletzten Station in Borneo die »Maxim« wieder erreicht. Eine weitere erfreuliche Nachricht: Ein Bekannter, der ein paar Tage mit Fieber im Schiffshospital lag, ist nun wieder genesen auf seiner Kabine.
Die Wasser- und Lufttemperaturen sind heute nicht weniger hoch als in Manila, man mißt schon vormittags 30 Grad. Die Meerestiefe beträgt hier 3800 Meter.
Blau durchstrahlt wogt das Wasser, soweit das Auge reicht, in sanfter Dünung.

Und wieder die Silberpfeile der fliegenden Fische: Ganze Schwärme fliegen vom Schiff weg. Manche Fische erreichen wie aufgeschreckt nur eine Entfernung von einigen Metern, andere »Frühgewarnte« erzielen eine stattliche Weite und einzelne sind wahre »Weltrekordler« im Fliegen.
Inge entdeckt an diesem Vormittag noch eine ganze Herde von Delphinen, die seitwärts hochspringen und ihre »Tänze« vollführen.
Untertags steigt das Thermometer auf 35 Grad — und da meldet eben die Rundfunksprecherin, daß es in Deutschland bei glatten Straßen Temperaturen um Null Grad gibt. Was für ein April!
Für die »Tropical-Party« heute abend hat man das Sportdeck mit Palmenzweigen und farbigen Lichtern geschmückt, die Zweige sind von den Philippinen. Sangria hält man bereit.
Wem es beim Tanzen unter dem Tropenhimmel zu heiß wird, der kann im Fernsehen — hier auf dem Chinesischen Meer — nach einer Aufzeichnung der Hamburger Staatsoper »Fidelio« hören und sehen. »Fidelio« zwischen Manila und Hongkong!
Noch eine Nachtfahrt trennt uns von Hongkong. Sternenklar bleibt die Nacht, nur die Rauchfahne der »Maxim« wölkt über dem Schiff. Nochmals hält man Ausschau nach dem Kreuz des Südens, das nur noch tief an der Himmelskuppel zu sehen ist.

Am Rande Chinas

Hongkong, 25. April
An der Südküste der Volksrepublik China liegt die britische Kronkolonie Hongkong: eine Insel mit der Hauptstadt Victoria, die Halbinsel Kowloon und daran anschließend als Hinterland das sogenannte Neue Territorium. Ein Gouverneur steht an der Spitze. Man zählt insgesamt nahezu fünf Millionen Einwohner, 98 Prozent sind Chinesen, dann gibt es neben anderen Volksgruppen noch 35 000 Weiße, die meist britischer Abstammung sind. Neben Chinesisch versteht man hier die englische Sprache. Die meisten Einwohner sind Buddhisten, außerdem gibt es Konfuzianer und eine christliche Minderheit.
Im Morgendunst nähert sich die Stadt. Der Himmel ist bedeckt. Zart und von Dunst umschleiert steigt die Stadt mit ihren enganeinandergerückten Wolkenkratzern aus dem Meer. Diese Skyline hat man schon

hundertmal auf Bildern und Fotos gesehen — aber jetzt in der Wirklichkeit scheint es, als habe man diese monumentale Silhouette in ihrer steinernen Größe noch nie erblickt. Gegenüber dieser Kollektion von Wohn-, Büro-, Hotel- und Arbeitstürmen verblassen selbst die doch so imponierenden Bauten von Singapur. Gewiß, man kennt jetzt überall auf der Welt dort, wo die Menschen sich zu Millionenhaufen ballen und der Raum knapp ist, diese himmelwärts steigenden Silos, man kennt sie, leider auch von den Ufern unseres heimatlichen Mittelmeers, aber hier in Hongkong vereinen sie sich zu einer so dichten Fülle, daß man im Anblick dieser Gigantomanie fast erschrickt. Und doch kann man eine Bewunderung darüber nicht unterdrücken, was man hier alles ineinander und übereinander gebaut hat.
Vor dieser phantastischen Ansicht ziehen moderne Luxusschiffe durch den Hafen. Jachten gleiten über die Flut, vollbeladene Fähren und chinesische Dschunken suchen sich einen Weg.
Jetzt, da sich der Dunst etwas legt, steigen nun nicht nur auf der schmalen Küstenebene die Betontürme hoch, dort haben sie auch die Bergflanken erobert, stellen sich zwischen die Waldhänge — und da umkränzen diese Berge das Stadtgebiet mit ihrem Rundhorizont.
Hinter diesen Bergen freilich schließt sich nicht ein einsames Land an, man muß daran denken, daß dort die Volksrepublik China mit einer Milliarde Menschen ihren Anfang nimmt.
Endlich haben die örtlichen Behörden ihre Stempel in die Pässe gedrückt, wir haben an der Pier des Stadtteils Kowloon festgemacht, das Schiff ist zum Landgang freigegeben. Die Gangway braucht nicht ausgefahren zu werden, von der Empfangshalle aus hat man zu unserem Promenadendeck eine Brücke — sogar mit Dach — gelegt und nun müssen wir uns durch die stark belegte Halle des »Ocean-Center« den Weg zu einem der bestellten Fahrzeuge suchen. Gleich merkt man, daß hier in Hongkong die Ankunft eines Ozeanriesen nichts Besonderes ist. Wir schwimmen im Strom der anderen Menschen, der Chinesen, und haben achtzugeben, daß wir über all die Treppen, die es hier gibt, zum richtigen Kai kommen.
Dort aber, wo ein Auto auf uns wartet, werden Container ein- und ausgefahren, eigentlich ist hier kein Platz für Personenfahrzeuge. Endlich haben wir aber doch in dem Hafengewirr unseren Wagen gefunden und können nun das Hafengelände verlassen — millimetergenau schlängelt sich der Fahrer zwischen den Lastern hindurch.

Unser erstes Ziel ist der Stadtteil Kowloon, der auf dem Festland liegt. Hier im Bereich der Briten gilt natürlich wieder der Linksverkehr. Also zunächst am Hongkong-Hotel vorbei, an einem Planetarium, am »Sheraton«, wir biegen in die breite Nathan-Street ein. In der Nähe der Block des »New World Center«. Die internationalen Hotelketten haben sich natürlich längst der Stadt Hongkong bemächtigt, die als Freihafen zu einem Mittelpunkt des Welthandels geworden ist. Diese Hotels könnten mit ihrem architektonischen Bild überall in der Welt stehen, in Hongkong so gut wie in den USA oder in München. Sie uniformieren die Gastronomie, erleichtern aber natürlich den Geschäftsleuten das Hin- und Herfliegen bei ihren kommerziellen Vorhaben.

Einen exotischen Reiz haben aber noch die altgedienten Dschunken mit ihren geblähten Segeln.

Die Fischer, die dort hereinfahren, vermögen freilich nicht, den Lebensmittelbedarf der Stadt zu decken, und deshalb hat die Station der Eisenbahn, die Lebensmittel aus China hierher schafft, eine hohe Bedeutung.

Wir biegen in einen Tunnel ein, der in einer Länge von zwei Kilometern seit zehn Jahren den Stadtteil Kowloon mit der Hongkong-Insel verbindet. Früher mußte man mit einem Schiff dorthin übersetzen, aber mit Hilfe des Tunnels verkürzt man jetzt die Fahrzeit. Außerdem hat dieser unterirdische Weg noch den Vorzug, daß er wettergeschützt ist. Wenn ein Taifun die Wellen hochwirft und mit der Gewalt seiner Stürme die Häuser umbrandet, dann kann auch er dieser Tunnelröhre nichts anhaben. Da man nebenan eine zweite Tunnelröhre für den Gegenverkehr hat, fließt der Verkehr verhältnismäßig schnell dahin. Nur wenn wie überall in der Welt die Blechlawine in den Stoßzeiten zu dick wird, dann gibt es auch in der Tunnelröhre Stockungen. Da helfen dann auch die Doppeldeckerbusse nicht viel, in die man eine Masse von Personen hineinquetschen kann.

Der Chinese, der uns begleitet, möchte uns animieren, daß wir uns hier in Hongkong einen Anzug nach Maß bauen lassen, der wäre recht billig und würde rechtzeitig vor dem Auslaufen auf dem Schiff abgeliefert. Aber wir wollen die wenigen Stunden, die uns hier vergönnt sind, nicht aufs Anprobieren beim Schneider verschwenden. Man ist ohnedies von diesen neuen Eindrücken ausgefüllt. Da wandern die Augen wieder an einem Bürohaus hoch, das uns nach der Tunneldurchfahrt gleich mit 53 Etagen empfängt. Niedrigere Häuser, die »nur« 15 Stock-

werke aufweisen, sind in die Seitenstraßen verbannt, mit ihrem abbröckelnden Verputz sehen sie schon recht abgewohnt aus, aber die Wäschestücke auf den Bambusstäben wehen auch hier so farbenbunt im Wind, wie die »Nationalflaggen« in Singapur. Grünflächen gibt es allerdings nicht so viele und da hat man dann nicht selten oben auf den flachen Dächern einen kleinen Garten mit Büschen und Sträuchern angepflanzt. Tja, man wird sicher so manches dieser niedrigeren Häuser in absehbarer Zeit durch Wolkenkratzer ersetzen.
Hongkong — ein Konglomerat der Millionen! Geldmachen ist wichtig. Nicht alles Geld stammt aus sauberen Geschäften. Sicher, die Chinesen gelten als tüchtige Geschäftsleute — sie sind fleißig und strebsam. Aber so manches Milliönchen verdankt seine Existenz dem Rauschgift, das einen so verhängnisvollen Eingang auch in die westliche Welt gewonnen hat. Hier in Hongkong treibt oft die Not verzweifelte Menschen zu solchen Mitteln. Immer wieder sickern illegal Chinesen über die 32 Kilometer lange Grenze aus der Volksrepublik hierher in das Gebiet von Hongkong — als Illegale erhalten sie keine Ausweise und daher auch keine Arbeit — Kriminalität ist die Folge.
Oft kommen diese Illegalen zunächst in den Kleinstzimmern der Sozialwohnungen bei einem chinesischen Clan unter. Freilich Fernsehen — man sieht es an den Antennen — ist auch hier überall verbreitet.
Unsere Straße windet sich den Berg zum Victoria-Gipfel hinauf. Die Leute, die uns entgegenkommen, sind alle gut angezogen: Die Männer europäisch in Hemd und Hose — westlich auch die Frauen, ebenso ordentlich die Kinder, ein paar tragen sogar Lackschuhe. Kühn sind die Hochhäuser an diese Berglehnen gestellt. Allerdings werden die Wohnungen im Bereich des Bergwaldes nicht billig sein. Wer es sich leisten kann, hat dafür eine ausgezeichnete Luft und eine großartige Aussicht auf die ganze Bucht.
Ein Aussichtspunkt droben auf der Höhe gebietet unserem Wagen Halt. Unter uns verbinden sich Meer, Stadt und Hügel zu einem mächtigen einheitlichen Bild. Das Blau des Wassers, das Weiß und Grau der Hausgiganten, die wie versteinerte Wellen dastehen, das Grün der Wälder, das Graurot der anstehenden Felsen, und darüber die Wolkenzüge — das alles hält den Blick gefangen.
Auf der Bergstraße geht es wieder abwärts. Seitwärts der Straße haben sich die Geschäftsleute angesiedelt, die erfolgreich gewesen sind, und da gibt es beispielsweise einen chinesischen Multimillionär, der sich ein

Haus im chinesischen Baustil mitten in die sachliche Wolkenkratzerlandschaft gesetzt hat. Man erzählt sich, daß er hier des öfteren die mit ihm befreundete englische Königin empfängt. Natürlich läßt er sich in seinem »Landhaus« von persönlichen Leibwächtern absichern. Ob sich der Erfolgreiche auch fünf Konkubinen neben der Hauptfrau leistet, wie dies früher möglich war, weiß freilich auch unser chinesischer Begleiter nicht.

Genug von den Super-Villen, die hier und dort in die Hänge verstreut sind!

Wir haben inzwischen unten am Strand eine große Bucht erreicht, wo sich auch die weniger Vermögenden am Leben erfreuen und am Sandstrand tummeln können. Um diese Mittagsstunde ist die See mit Badenden bevölkert. Wer beim Schwimmen Hunger bekommen hat, kann sich in einem nahegelegenen Mac Donald-Restaurant auf billige Weise sättigen. Natürlich parken da an der Straße neben dem Sandstrand auch die Blechkolonnen, wie sie nun einmal für die Ausflugszentren typisch geworden sind — aber ein überlebensgroßer Buddha, der hier am Strand von Bäumen umgeben thront, sowie kleine Tempelchen am Rande der Wege erinnern einen daran, daß man im Fernen Osten ist.

Nach dem Besuch am Strand fahren wir dem Stadtteil Aberdeen entgegen. Appartement-Häuser, Neubauten, deren Bambusgerüste bereits 25 Stockwerke hochgezogen sind, weisen wieder darauf hin, daß die wachsende Millionenflut der Bewohner stets neue Wohnungen braucht.

Unterwegs wird man immer wieder daran erinnert, daß Hongkong noch eine britische Kronkolonie ist. Zwar werden die Luxusjachten, die an der Küste ankommen, nicht nur Briten gehören, sondern auch reichgewordenen Chinesen. Aber die Golf- und die Tennisplätze, die man hier angelegt hat, setzen jene Tradition fort, die man im englischen Mutterland pflegt. Fraglich freilich, wie exklusiv man die Mitgliederzahl beschränkt.

Mittlerweile sind wir nun in Aberdeen angelangt. Es ist ein Zentrum für die hier ansässigen chinesischen Fischer. Eng sind die Straßen. Die Inschriften über den Geschäften sowie die Reklametafeln sind ausschließlich mit chinesischen Schriftzeichen versehen, nur die Schilder mit den Straßennamen haben auch englische Bezeichnungen. Man läuft eifrig hin und her und handelt, steht herum und feilscht, läßt sich hier von einem Handwerker sein Schuhwerk richten, holt dort in einem Obstgeschäft frische Früchte — lebhafter Alltag der Chinesen! Das ist so wie in anderen chinesischen Städten, aber das Eigenartige von Aberdeen: Da liegen draußen unmittelbar vor dem Strand nahezu 5000 chinesische Segelschiffe und Wohnboote, Dschunken und Sampans. Teils sind es Fahrzeuge, die bei einer Fahrt aufs Meer hinaus sich nur auf die Kraft des Windes in ihren Segeln verlassen. Teils sind es aber auch — und das trifft wohl für die meisten zu — Hausboote, die nur für kurze Strecken ihren Ankerplatz verlassen oder überhaupt festliegen. Diese See-Nomaden, diese »Dschunken-Zigeuner«, fühlen sich nur auf dem Wasser wohl, sie haben gar keine Lust in feste Häuser zu ziehen, darum haben sie auch Geschäfte und Restaurants, ja sogar Schulen auf den Dschunken eingerichtet. Kein Zweifel, daß sie in ihren Hausbooten besser leben als in einem Slum, besser auch als in einer Kleinstwohnung an Land. Nur mit dem Taifun haben sie manchmal Schwierigkeiten. Jene Zeiten, in denen eine solche Wassersiedlung auch Piraten Unterschlupf gewährte, sind freilich vorbei. Man rechnet, daß jetzt an die 30000 Chinesen hier am Rande von Chinatown auf dem Wasser leben. Viele von ihnen setzen oft monatelang keinen Fuß auf das Festland.

Aberdeen! Leider treibt uns der Regen zu früh weg von diesem Ort, der unsereinem so romantisch zu sein scheint, daß man gern wenigstens einmal auf einem der schwimmenden Restaurants mit den Stäbchen ein chinesisches Mahl eingenommen hätte.

Wieder wagt sich unser Auto hinein in den Strudel der Weltstadt, aber oft kommen wir nur im Schneckentempo voran.

Jetzt endlich biegen wir aus dem Tumult der Straße wieder in den Tunnel ein, der unter dem Meeresarm von der eigentlichen Insel Hongkong zum Stadtteil Kowloon auf das Festland hinüberleitet. Hier in dieser zwei Kilometer langen Röhre geht es auf einmal erstaunlich schnell voran. Allerdings am Hafen, wo die Kranen und Laster mit den Containern unermüdlich arbeiten, gibt's dann noch einmal eine Geduldsprobe.

Wir steigen aus. Da ist gleich im Hafengebäude neben dem Liegeplatz der »Maxim« das sogenannte »Ocean Center« untergebracht. An diesem Riesenkaufhaus läuft ein Gang entlang, der auf der einen Seite offen und nur von Säulen gestützt ist. Fast an jeder Säule lehnt ein Liebespärchen, geistesabwesend, für die Welt verloren, in sich versunken, eng aneinandergeschmiegt. Und wenn wir jetzt in das »Center« hineingehen, dann finden wir auch hier überall auf den Treppen Pärchen, die auf chinesisch ihr weltweites »Ich liebe dich« sagen. Man sieht aber nicht nur Pärchen, sondern auch seltsame Einzelgänger. Teilnahmslos hocken sie mitunter im Treppenhaus, ihr Blick ist der Welt abgewandt, sie sind nicht weniger berauscht als die Liebespaare, aber nicht von der Liebe — sondern vom Rauschgift.

Was für ein Riesenkomplex, dieses »Ocean Center«: Geschäfte, Geschäfte, Geschäfte! Ladenstraßen in verwirrender Fülle — und alle Läden und Boutiquen sind heute abend bis 22 Uhr geöffnet. Natürlich sind sämtliche Artikel vertreten, die auch in unseren Kaufhäusern angeboten werden. Das ist wirklich ein Einkaufsparadies.

Schließlich sind wir vom Herumlaufen zwischen den Einheimischen so ermüdet, daß wir erst mal in einem der Restaurants eine Tasse Tee trinken wollen. Wir brauchen nicht weit zu gehen, denn auch Gaststätten aller Art gibt es hier. Wir suchen uns gleich zwischen den Tischen einen Platz. Der Kellner, dem wir Deutsche Mark geben wollen, betrachtet verwundert die Silbermünzen, als hätte er solche noch nie gesehen. Ein amerikanischer Dollar ist ihm lieber. Immer wieder sieht man, daß der Dollar eine Art Weltwährung darstellt, die ohne weiteres als Zahlungsmittel angenommen wird.

Noch einmal durchwandern wir die verwirrenden Ladenstraßen im Inneren des »Ocean Center«. Kaufen endlich für unsere Enkelin zwei kleine chinesische Puppen, einen Prinzen mit blauem Hemd, eine Prinzessin mit gelbem Gewand.

Nun wollen wir noch zum nahen Hyatt-Hotel hinwandern. Die Nobelherberge ist ein Beispiel dafür, wie von den großen Hotel-Gesellschaften im Zeitalter des Flugverkehrs, wo man in einem Tag um die halbe Welt fliegen kann, die Hotels im gleichen Stil gebaut werden. Da ist kaum mehr etwas von dem Landesüblichen zu sehen, da ist nur noch das Personal indisch, chinesisch oder malaiisch, da sind überall die gleichen Hotelhallen, die gleichen Aufzüge, die gleichen Restaurants, die gleichen klimatisierten Zimmer. Nur billig ist dies alles nicht — aber die Leute, die hierher fliegen und große Geschäftsabschlüsse machen, brauchen nicht mit dem Pfennig zu sparen. »Seelenlos« mag der eine oder andere diesen internationalen Stil nennen, aber wer Business machen will, möchte in London oder Hongkong die gleiche, ein wenig nüchterne, aber bequeme Atmosphäre wiederfinden.

In der Geschäftsstraße, die zum Hafen führt, fahren noch drangvoll die Autos, und auf den Gehsteigen sind noch zahllose Fußgänger unterwegs. Zwischen den rot, gelb und grün aufflammenden Reklamen sind die Geschäfte noch offen.

Daheim auf der »Maxim« lassen wir uns das Abendessen schmecken. Und da nun das Schiff doch erst gegen 24 Uhr ausläuft, können wir nochmals in das »Ocean Center« hier gleich an der Pier zurückkehren. Die Bilder des Fernen Ostens, die man dort zu sehen bekommt, möchten wir aufnehmen, solange die Zeit reicht. Noch immer lehnen in dem offenen Gang die schmalen, blutjungen Liebespärchen an den Säulen. Aber die Geschäfte im Irrgarten der Ladenstraßen sind jetzt alle geschlossen. Ohne daß wir zum Einkaufen verlockt werden, können wir in aller Ruhe nochmals all das studieren, was hier in einer Drehscheibe der Welt angeboten wird. In Ruhe auch deswegen, weil der Fluß der Einheimischen stiller geworden ist. Nur noch wenige Besucher bummeln an den Schaufenstern entlang, die hell beleuchtet wertvolle Einzelstücke vorweisen. Dabei beobachtet man in den Kleidergeschäften mit einigem Erstaunen, daß die Modellpuppen nicht etwa chinesische, sondern europäische Züge tragen — und dies in einer Stadt, die zum größten Teil aus Chinesen besteht. Unter den Modefirmen, die hier ausstellen, liest man klangvolle europäische Couturiers.

Ja, auch bei Porzellan findet man eine eigene Auslage von »Rosenthal« aus Old Germany und auch englische Firmen wie »Wedgwood« zeigen Service und Vasen, dabei ist doch China eigentlich das Ursprungsland des Porzellans.

Dazwischen sieht man viele östliche Produkte: Elefanten aus Jade, Süßwasser-Perlen aus dem Biwa-See, blaue Korallen aus dem Meer, Schachspiele mit Elfenbeinfiguren. Und nicht zuletzt all die technischen Erzeugnisse des Ostens: Fotoapparate, Recorder, Television.

Ein Eldorado für Schaulustige. Kaum kann man sich zurechtfinden. Fast bräuchte man einen Kompaß, um den richtigen Ausgang zu entdecken. Da landen wir auf unseren Wegen in dem chinesischen Restaurant »Oceana« und benutzen dies, um uns gleich einmal einen solchen Betrieb anzusehen. Freilich die höfliche Empfangsdame möchte uns am liebsten gleich ein Ticket für ein ausführliches Essen verkaufen. Wir aber wollen nur ein bißchen schauen, wie die Chinesen mit ihren Stäbchen zurechtkommen. Ganze Familien-Clans sitzen dort um die runden Tische.

Nachdem wir wieder auf dem Schiff sind, gehen wir erst mal aufs Bootsdeck. Da steht jenseits des Wasserarmes die steinerne Stadt Hongkong in ihrem »märchenhaften« Prunk vor dem nächtlichen Himmel. Bei diesem Anblick ist das Wort »märchenhaft« nicht übertrieben. Strand, Straßen und Promenaden zeichnen sich durch Lichterketten ab, dahinter gibt es im Anstieg der Berge ein Glänzen, Glitzern, Funkeln, Leuchten, Schimmern — wie wir es kaum jemals bei einer der vielen Ausfahrten erlebt und gesehen haben. Die weißen und gelben Lichter strahlen wie Scheinwerfer, die roten und blauen aber schimmern wie Lampions — und dort am Berg ruhen sanfte Dunkelheiten, die samtenen Vorhänge der Nacht. Vom Himmel wandern die Augen wieder hinunter zum Stadtzentrum und da sind die Lichter so dicht ineinander gewirkt, als wäre das hier am Südostrand der großen chinesischen Welt ein einziges Geschmeide aus funkelnden Brillanten. Ein Kaisermantel dort in die Nacht gehängt.

Hier in unserer Nähe aber die Lichterbäume der Schiffe, die auf Reede liegen oder am Ufer ankern, dazwischen die flüchtigen Streifen der Boote, die jetzt auch nachts keine Ruhe finden.

Es fällt uns schwer, von diesem Lichterzauber Abschied zu nehmen. Aber nach einem wahrhaft ausgefüllten Tag, der uns so viele Einzelbilder schenkte, sind wir doch rechtschaffen müde und suchen nun die Kabine auf.

Als ich dann zwischen ein und zwei Uhr nachts durch das Fenster hinausschaue, da ist die Lichterfülle bereits wie in einer Fata Morgana verschwunden — nur noch ein lohender roter Schein streift dort, wo Hongkong liegt, den Himmelssaum.

Unser Schiff hat Kurs auf Japan genommen.

Unterwegs zum Land der aufgehenden Sonne

Auf See, 26. April

Zwischen dem chinesischen Festland und Taiwan fahren wir heute durch die Straße von Formosa. Der Himmel ist bedeckt, der Seegang ist stärker geworden, und als ich vor dem Frühstück in den Swimmingpool steige, sind nur vier oder fünf Schwimmer da, die sich mit den Wellen herumschlagen. Es ist windig und merklich kühler geworden. So lautet heute die Meldung: Windstärke 6, Seegang 5, Wassertempe-

ratur 24 Grad, Lufttemperatur 22 Grad, Meerestiefe 34 Meter. Mit 17 Knoten sind wir auf nord-nordöstlichem Kurs.
Bei einem Gang übers Deck ist es so windig, daß das Kopftuch Inges weggeweht wird und in den Fluten dem Poseidon geopfert werden muß. Da setze ich lieber keine Mütze auf, es macht mir nichts aus, wenn der Wind meine Haare durcheinander weht. Im Gegenteil der frische Wind tut mir gut.
Die Reiseleitung hat für die Passagiere, denen es auf Deck zu windig ist, vorgesorgt. Neben den üblichen Unterhaltungen, Kursen und Wettbewerben werden auch schnell ein paar Filme angesetzt. Außerdem hat man damit zu tun, um sich für das abendliche »Fernöstliche Treiben« mit Schminke und Kostüm zurechtzumachen. Man erwartet zu diesem Kostümfest »Chinesen, Japaner, Rikscha-Fahrer und Tempeltänzerinnen«. Hoffentlich wird der Seegang nicht noch stärker, sonst könnte es sein, daß die Tanzfreudigen auf dem Parkett ins Schlingern kommen.
Abends haben dann Freunde für uns im Musiksalon zwei Plätze aufgehoben und von dort aus wollen wir uns einmal das Treiben anschauen. Sieger des Kostümwettbewerbes werden dann allerdings weder Chinesen noch Japaner, weder Rikscha-Fahrer noch Tempeltänzerinnen. Ein »Indianer« macht das Rennen. Der wirkt allerdings mit seinen langen schwarzen Haaren und den Gesichtszügen so verblüffend echt, als wäre er der alternde Chingachgook persönlich. Man freut sich mit dem »naturechten« Indianer, daß er über die Geishas triumphiert hat. Eine Runde für die Rothaut!

Auf See / Ostchinesisches Meer, 27. April
Heute findet schon wieder eine festliche Veranstaltung statt. Man sucht und prämiert »das ideale Paar« — und anschließend steht ein »Großes Büfett« bereit, das der Meisterkoch der »Maxim« sicher wieder zu einem Augenschmaus aufbereiten wird. Vorher sind Inge und ich vom Kapitän und der Reiseleitung zu einem Cocktail eingeladen.
Nun vorerst ist es noch nicht soweit. Da ist jetzt erst mal ein Vortrag des Bordgeistlichen anzuhören, der ja nicht nur die christliche Gemeinde des Schiffes betreut, sondern erfreulicherweise auch landes- und völkerkundliche Vorträge hält. So wird der heutige Vortrag »Japan — Großmacht zwischen Asien und Amerika« die Besucher auf die näch-

sten Landungen in Kobe und Yokohama vorbereiten. Denn trotz der gesellschaftlichen Veranstaltungen an Bord bleibt ja der Besuch in all den fremden Ländern, das Kennenlernen der Völker, ihrer Probleme und Leistungen, der Hauptzweck dieser Reise.
Japan — das ist schon eine Reise wert!
Hoffentlich scheint in Japan die Sonne. Denn heute liegt eine graue geschlossene Wolkendecke über den tintig-dunklen Wellen der Ostchinesischen See, in der ein paar Schaumköpfe aufblinken. Dazu furcht die »Maxim« ihr weißliches Schaumband in die See. Weit und breit ist heute den ganzen Tag kein anderes Schiff zu sehen. Nun fängt es noch zu regnen an.
Abends — nach dem Cocktail beim Kapitän — ist der Musiksalon bis auf den letzten Platz besetzt. Die meisten Zuhörer vergessen, daß sie auf einem Schiff durch das Chinesische Meer fahren, und folgen amüsiert dem Heraussuchen des »idealen Paares«. Aus dem Kreis der Gäste fühlen sich sieben Paare zu diesem Ehrentitel berufen. Der geschickte Conférencier hat die Aufgabe, jedem Partner dieser Paare gesondert die gleichen Fragen vorzulegen. Dasjenige Paar wird den ersten Preis erhalten, das in seinen Antworten am meisten übereinstimmt. Ein paar dieser Fragen nur als kleines Intermezzo: »Was macht die Frau, wenn der Mann beschwipst heimkommt und dabei Flecken eines Lippenstiftes auf seinem weißen Hemdkragen zu sehen sind? — Was ist das Lieblingsgetränk Ihres Mannes, das Lieblingsessen, die Lieblingsmelodie« usw! Es geht zu, als säße man daheim bei Kulenkampff oder Rudi Carell vor dem Fernseher.
Es gewinnt das gleiche Paar, das schon seinerzeit auf unserer Südroute den Lorbeer des »idealen Paares« gewonnen hat. Nichts als Übereinstimmung! »Ein superideales Paar« also, das dann die Schlacht ums kalte Büfett eröffnet. Glückwunsch!

Auf See / Ostchinesisches Meer, 28. April
Eine frische Brise weht morgens über das Deck.
Im Laufe des Vormittags wird der Himmel heller. Zeitweise kommt sogar die Sonne durch. Nachdem ich mir allerlei Notizen über Japan gemacht habe, genieße ich für eine Stunde den Liegestuhl an Deck. Offenbar nähern wir uns dem ostasiatischen Inselstaat, da erscheint wieder ein großer mit Containern beladener Frachter. Auch eine Jacht kreuzt unseren Weg und fährt eine Zeitlang in unserem Kielwasser.

BLINDE PASSAGIERE in der Schiffskabine: Zwei Chinesenpüppchen aus Hongkong und die Russin Kalinka

HONGKONG: Gestalt eines chinesischen Heiligen am Strand (oben links) — Mongolischer Frauentyp (oben rechts) — Die Skyline von Hongkong im Morgendunst (unten)

Schön, so auf die See hinauszusehen — nichts anderes zu tun, als einfach hinauszusehen, wie die Sonnenlichter auf die Wellen fallen und sich dort spiegeln. Ein impressionistisches Weiß durchwirkt den Grauton des Wassers. Dann dem Brummen das Kamins lauschen, dem daherstreifenden Wind, dem Wellensong des Meeres...

Danach hören wir im Maxim-Theater den zweiten Teil des Vortrages, den der Bordgeistliche über das Thema »Japan« hält. Ich freue mich auf das »Land der aufgehenden Sonne« — nur bedauere ich, daß ich dort meinen Freund, einen japanischen Professor für Germanistik, in Tokio nicht sehen kann. Gern hätte ich seine Besuche in meinem Münchner Heim erwidert — aber der Schiffsplan ist unerbittlich — der Aufenthalt in Tokio zu kurz für so einen »Abstecher«.

Schon am frühen Nachmittag ist das ganze Gewölk verflogen. Kein Flecken mehr im blauen Himmel. Ungebrochen strahlt die Sonne, leuchtet den ganzen Äther aus — und streut ihren Widerschein auf die glatte See. Ein Kaiserwetter, das hoffentlich auch morgen anhält, wenn wir in Kobe landen. Ja, ein Kaiserwetter — denn morgen hat der Tenno Geburtstag!

Die Pässe und die japanischen Landekarten werden schon heute ausgegeben.

Freunde der Musik finden auf dem Programm für heute abend wieder einen »Liederabend« mit Melodien von Schubert, Schumann, Brahms und Mozart. Ein anspruchsvolles Programm!

Fragt da eine Landratte: »Was kostet denn das alles, was da von der Reiseleitung an Bord angeboten wird, sprachliche Lehrgänge, Kurse im Tanzen, in Gymnastik, dann die Musik- und Liederabende?« Ich kann den Fragenden beruhigen: »Eintritt frei bei allen Veranstaltungen an Bord.« Landausflüge dagegen — auch das soll der Fragende erfahren, müssen natürlich aus eigener Tasche bezahlt werden.

Dies also nebenbei gesagt. Aber als Chronist einer solchen Weltreise wird man eben auch nach derartigen praktischen Dingen gefragt.

Immer mehr Schiffe zeigen, daß die japanischen Häfen nicht mehr weit entfernt sind. Innerhalb einer halben Stunde ziehen gegen Abend gleich drei Schiffe an unserem Kurs vorbei. Und am fleckenlosen Himmel mehren Flugzeuge ihre Kondensstreifen, sie sehen wie Skispuren aus, sind aber diesmal nicht in den Schnee, sondern in den blauen Äther gezeichnet. Untadelig und fleckenlos sind die Linien, da kein Wolkenfittich ihre Spur stört.

Nicht so rein wie der Himmel da droben ist freilich das Meer. Da schwimmen drunten neben der »Maxim« schmutzige, gelbe Ölflecken vorbei — nicht nur die weißen Kondensstreifen am makellosen Himmel, auch die dreckigen Ölfelder, die irgendein Schiff gewissenlos abgelassen hat, sind Zeichen einer Zeit, die kein Maß mehr zu kennen scheint.

Zur alten japanischen Kaiserstadt

Kobe / Kyoto, 29. April

Nach einer ruhigen Nachtfahrt landen wir frühzeitig in Kobe, einer Stadt, die weit über eine Million Einwohner hat und als japanischer Ausfuhrhafen sowie als Zentrum einer Stahl-, Schiffs- und Flugzeugindustrie hohe Bedeutung hat. Die weite Hafenfläche gibt den einlaufenden Schiffen keine Probleme auf.

Von hier aus ist den Fahrgästen Gelegenheit geboten, mit Bus und Bahn über Kyoto nach Tokio durch das Landesinnere von Japan zu fahren. Wir selbst haben für heute eine Fahrt nach Kyoto gebucht, kommen abends zurück und werden morgen vom nächsten japanischen Hafen aus, nämlich von Yokohama, nach Tokio fahren...

Im Frühlicht des Tages kommt die »Maxim« der Stadt Kobe näher. Bei gutem Wetter erkennt man das weite Stadtgebiet, das sich in der Ebene vor den Bergen ausbreitet. Die Höhen selbst sind noch von diesigen Geweben umschleiert.

Langsam wird die »Maxim« an die Pier gedrückt. Gleich dahinter steht die Empfangshalle des Hafens, eine überdachte Brücke wird vom Schiff zur Halle hinübergeschoben.

Bevor wir aber das Schiff verlassen, erscheint zur Begrüßung eine größere Gruppe von Japanern. Die Herren sind korrekt in dunklem Anzug, die Frauen zeigen sich im bestickten Kimono. Sie tragen Geschenke zur Begrüßung: Blumen-Arrangements mit rosa Kirschblütenzweigen, Nelken, Rosen und zarten Gräsern. Außerdem haben sie eine Puppe in Samurai-Tracht und Samurai-Schwerter mitgebracht. Der Bürgermeister von Kobe heißt mit höflichen Verbeugungen den Kapitän und die Passagiere willkommen.

Höfliche Verbeugungen der Japaner begrüßen uns nach dem Verlassen des Schiffes auch in der Empfangshalle, die von Sauberkeit blitzt. Kein

Stäubchen duldet man hier. Wir bestaunen die perfekte Einrichtung. Draußen warten die Wagen in »soldatischer Reihe« auf die Besucher. Wir erhalten eine deutschsprachige Musikstudentin, die in München ihre Ausbildung genossen hat, als Führerin. Über eine Autobahn werden wir von Kobe aus die frühere Kaiserstadt Kyoto besuchen.
Daß Kobe ein Welthafen ist, mit dem Import der Rohstoffe und dem Export der Fertigwaren, wird einem deutlich, wenn man nach dem Verlassen der Empfangshalle die große Zahl der Piers, die ungewöhnlich vielen Schiffe, die verschiedenen Lagerhallen und die aufgestapelten Lasten überschaut. Verständlich, daß sich bei einem solchen Schiffsverkehr auch die Werftindustrie ausgebreitet hat. Man sagt uns, daß heute das Leben und Treiben auf den Piers nicht so verwirrend sei wie sonst, denn es ist ja Feiertag, der 80. Geburtstag des Tenno!
Auf der Autobahn durchschneiden wir im Linksverkehr die Stadt Kobe.
Augenblicksbilder vom Wagen aus gesehen: Vom Meer bis zu den Bergen hin wellt die Stadt, aber es ist eine schmale Ebene, so daß sich viele Kilometer lang die Häuser an der Küste entlang ziehen. Es sind meist mittelhohe Bauten. Über eine beträchtliche Strecke ist eine Industrielandschaft erkennbar: Kamine, Kranen, weite Werkhallen. Viele Reklameschriften sind eingeblendet, allerdings die meisten nur in japanischen Schriftzeichen. Haus an Haus, Fabrik an Fabrik — und dabei sagt man, daß Kobe im Krieg weitgehend zerstört war. Jetzt ist alles wieder aufgebaut, modern natürlich die Häuser und Werkstätten.
Beim neuen Aufbau hat man auch an die sozialen Einrichtungen gedacht. Die Badestrände geben vielfach Gelegenheit zur Erholung, nicht weniger die Sportplätze, so hier ein Baseballplatz, der sicher viele Sportler herbeilockt, da dem Baseball die besondere Leidenschaft der Japaner gilt.
Schnell kommen wir auf der Autobahn vorwärts. Wie bei uns sind die Fahrbahnen mit Leitplanken oder durch einen grünen Mittelstreifen voneinander getrennt. Rosa und weiß blühen dort Büsche der Azaleen, während an den Hängen seitwärts einzelne Kirschbäume noch in dieser Jahreszeit ihre rosaroten Blüten zeigen. Der Verkehr wächst, je weiter wir ins Land hineinfahren. Auch heute am Geburtstag des Tenno, der seit dem Jahr 1926 den japanischen Staat repräsentiert und als Kaiser aus einer alten Dynastie die Bindung der Japaner an ihre geschichtliche Tradition dartut.

Unsere japanische Begleiterin erzählt unterwegs ein wenig von den japanischen Eß-Sitten. Dreimal am Tag speist man. Zum Frühstück nehmen die jüngeren Leute wie bei uns Tee oder Kaffee, die älteren bevorzugen Reis und gebratenen Fisch. Die Hauptmahlzeit nimmt man abends nach getaner Arbeit ein und zwar oft zum Reis einen ungekochten rohen Fisch! Mit dem Schlafen hält man es recht einfach: Aus einem Schrank werden ein paar Matratzen geholt und auf den Boden gelegt, am Morgen verstaut man sie wieder im Schrank.
Bei diesen Erzählungen kommen wir auf der Autobahn schnell voran, schon sind wir in Osaka, einer Stadt mit dreieinhalb Millionen Einwohnern. Auch diese Stadt hat für den japanischen Handel eine maßgebliche Bedeutung. Sie ist in der ganzen Welt dadurch berühmt geworden, daß hier im Jahr 1970 die Weltausstellung »Expo« durchgeführt wurde. Kaum bemerkt man es, daß man durch eine andere Stadt, nämlich Osaka fährt. So gehen hier die Millionenstädte — ähnlich wie bei uns im Ruhrgebiet — ineinander über.
Auch hier im Vorbeifahren einiges erhascht: einzelne Hochhäuser, einen Kuppelbau, einen Fernsehturm. Beim Wiederaufbau nach dem Krieg sind ganze Häusergruppen dicht aneinander gefügt worden. Man sparte mit dem Raum. Da die Inschriften alle japanische Schriftzeichen aufweisen, kann man nur selten mal ein Wort entziffern, so hier das Wort HOTEL. Selbst auf den Autobahnen befindet sich bei den Ein- und Ausfahrten nur japanische Schrift. Da würden wir uns im eigenen Wagen hilflos verfranzen!
Nur langsam kommt unser Chauffeur voran. Denn jetzt sind auch viele Busse mit Japanern unterwegs, die offenbar genau wie wir Kyoto als Ziel haben. Heute an Kaisers Geburtstag können auch die Schulkinder und Studenten feiern. Sonst verlangt man schon von den Schulkindern besondere Leistungen: Während sich unser Alphabet mit wenigen Buchstaben begnügt, muß sich ein kleiner Japaner etwa 2000 Schriftzeichen aneignen, und einem Gelehrten werden sogar 6000 Schriftzeichen zugemutet. Dabei befinden sich im Stundenplan der japanischen Schulen nicht nur die üblichen Fächer wie Rechnen, Lesen und Schreiben — man lernt auch verschiedene Künste, so stehen Lackarbeiten, Stickereien auf dem Schulplan und selbst Ikebana wird in der Schule gelehrt.
Auf unserer Fahrt schieben sich jetzt einige geschmückte Lastwagen, die mit Hochzeitsgut beladen sind, an uns vorbei. Die Kisten hat man

mit rot-weißen Bändern verschnürt. Sogar ein Klavier befindet sich unter dem Heiratsgut.
In der Nähe von Kyoto nehme ich mir ein Taxi und fahre an den Biwasee, wo mein Würzburger Landsmann, der Dichter Max Dauthendey seine schönsten exotischen Novellen konzipiert hat, nämlich »Die acht Gesichter am Biwasee«. Wie rühmte er in diesem Buch die vor mir liegende japanische Landschaft:
»Am Biwasee, der hinter den Bergen, nahe der uralten Kaiserstadt liegt, haben die Japaner acht Landschaftsgesichter von unsterblicher Leidenschaft entdeckt.«
Hier nur einige von diesen Gesichtern: »Die Segelboote von Yabase im Abend heimkehren sehen... Dem Flug der Wildgänse nachschauen in Katata... Den Herbstmond aufgehen sehen in Ishiyama...«
Die Poesie dieser Landschaft lebt in den Geschichten von Max Dauthendey. Zum Andenken an meine Begegnung mit diesem zauberhaften See kaufe ich eine schmale Kette mit Biwa-Perlen. Sie wachsen am Grund in den Muscheln des Süßwassers, haben die Form von Reiskörnern und vermögen mit ihrem zarten Glanz eine Frau genauso zu begeistern wie die größeren japanischen Zuchtperlen aus dem Meer. In seinem Buch spricht Dauthendey »von der Geheimschrift der Liebeserklärung«. Sind diese Biwa-Perlen etwas anderes als eine geheime Liebeserklärung?
Es ist nicht leicht, wieder die kleine Gesellschaft zu finden, die mit uns die Fahrt nach Kyoto gebucht hat. Aber die japanische Begleiterin hat mir einen Zettel mitgegeben, und mein Taxifahrer findet sich damit gut zurecht. So kommen wir rechtzeitig in der Stadt Kyoto an, die weit bis ins 19. Jahrhundert hinein die kaiserliche Hauptstadt war.
Japan — ein Land, das die lyrische Schönheit einer Kirschblüte ebenso kennt wie die harte Arbeit am Band einer Autofabrik! Das hier am Straßenrand zartrosa Blüten ebenso aufweist wie die knalligen Inschriften der Firmen »ESSO«, »SHELL« oder »CHRYSLER«. Der neuen Zeit mit ihrer eminenten Technik zugewandt sind auch die vielen Fernsehantennen. Sieben Programme soll man mit ihnen empfangen können. Dabei vergißt man aber auch nicht die alten Formen der Höflichkeit, so hat sogar der Chauffeur in seinem sauberen Wagen weiße Handschuhe angezogen wie ein englischer Butler.
Schnell windet sich der Wagen auf der Autobahn durch das Stadtgebiet von Kyoto. Als Wahrzeichen ragt ein Turm mit drehbarem Re-

staurant mehr als 130 Meter in die Höhe. Neben niedrigeren älteren Häusern mit dunkelbraunen Dächern mehren sich die modernen sachlichen Zweckbauten — da aber breitet sich wieder mit geschwärzten geschwungenen Dächern eine ganze Tempelanlage aus. Und dann wieder, gar nicht weit davon entfernt der sachliche Zweckbau des »International-Hotels«. Historische Bauten aus früheren Jahrhunderten neben Gebäuden der nüchternen neuen Zeit. Bei alledem hat Kyoto das Glück gehabt, daß es im Weltkrieg nicht zerstört worden ist, so daß man hier den Glanz früherer Jahrhunderte noch in zahlreichen Gebäuden studieren kann. Man sagt, daß es hier mehr als 1500 buddhistische Tempel gibt und auch einige Hundert Shinto-Schreine. Man bewahrt das Erbe, zahlt aber auch der Gegenwart ihren Tribut und errichtet neue Bauten und Fabriken für die Brokat- und Seidenindustrie.
Am »Nijo-Schloß« erreiche ich wieder meine Gruppe. Unsere Begleiterin, die Musik studiert hat, singt unterwegs nicht nur eine Tonleiter auf japanisch, sondern auch ein Volkslied, das auf japanisch den Titel trägt »Schöne Kirschbäume«.
Das Nijo-Schloß wurde schon um 1600 erbaut, durch Steinmauern und Wassergräben ist es von der Außenwelt abgeschirmt. Bei seinem Besuch zieht man die Schuhe aus und gleitet in Pantoffeln durch den aus dunklen Hölzern erstellten Bau, der in früheren Jahrhunderten der Sitz des Schoguns war, des obersten Regierungsbeamten. Die Korridore und Galerien, die uns an den Räumen vorbeiführen, sind mit seltsamen Holzböden ausgestattet: Diese zwitschern unter unseren Schritten wie Vögel, man nennt daher diese Gänge auch »Singvogel-Korridore«. Kein Dieb, kein Meuchelmörder hätte sich unbemerkt darüber schleichen können, sofort hätte man seine Schritte gehört. Es geht an den Empfangsräumen vorbei: Ihre Decken sind in Quadrate und Rechtecke unterteilt. Besonders wertvoll sind die Wände geschmückt: Auf mattgoldenem Untergrund bewundert man Bilder mit japanischen Kiefern und Bonsai-Bäumen. Auf den Gemälden stehen dann auch vergoldete Reiher, Tiger erheben ihre Pranken, Pfaue blähen sich mit ihrem blauen Federschmuck. Die Wandmalereien stammen großenteils aus dem 17. Jahrhundert; mit dem sanften Goldton, den Baumlandschaften und den Tieren weiten sie die Räume.
Im Hauptsaal hat man jetzt den Regierungschef in Figura nachgebildet, wie er da in seiner erhabenen Würde vor den Audienzsuchenden auf dem Boden sitzt, während die Untertanen sich im gebührenden Ab-

stand niedergelassen haben, dabei ihre Köpfe tief auf den Boden hinabneigen. Der Schogun, der als »Premierminister« die politische Führung hatte, legte offensichtlich Wert darauf, daß man vor ihm in devoter Haltung verharrte. Freilich nur scheinbar allein saß der Premier den Audienzsuchenden gegenüber. Hinter Holzwänden lauerten seine Leibwächter, sie waren jederzeit sprungbereit, um mit dem Schwert ein Attentat zu verhindern.
In einem anderen Raum ist ebenfalls figürlich nachgebildet, wie ergeben die Ehefrau des Schoguns ihrem Gebieter gegenübertreten mußte — noch untertäniger und eine Stufe tiefer hatten die Nebenfrauen auf die Wünsche und Begehrlichkeiten des Herrn zu warten...
Nach dem Besuch in der japanischen Vergangenheit haben wir Hunger bekommen und fahren gern zu dem Hotel Fujita, wo uns ein vorzügliches Mittagessen erwartet. Höflichkeit ist hier das erste Gebot. Man begrüßt die Gäste leise und diskret, man serviert an sorgfältig gedeckten Tischen, es gibt Spargelcremesuppe, gefüllte Truthahnschnitzel, Salat, dazu Butter mit schmackhaftem Brot und Eis als Nachspeise. Dazu wird Eiswasser eingeschenkt. Ein Täßchen mit grünem chinesischen Tee oder Kaffee beschließt das Mahl. Auch während des Essens ist für den Oberkellner Höflichkeit das oberste Gesetz; sooft er einen Teller auch wechselt, immer wiederholt er sein »Excuse me«.
Das Hotel selbst steht als moderner Block am Ufer des Kamo-Flusses, vor seiner Fassade zieht sich ein japanischer Garten mit Ziersträuchern und einem Wasserfall dahin. An einem Mast hängen darüber ein paar riesige Fische aus Seide, die Mäuler stehen weit offen, der Wind bläst hinein und bauscht die Fischleiber mächtig auf. In der Nähe dieser Stoff-Fische stehen am Stauwehr des Flusses unten einige Angler, die sich aber nicht mit einem Textil-Fisch begnügen wollen, sondern einem ausgewachsenen lebenden Fisch zur Bereicherung ihres Abendessens auf der Spur sind.
Der Himmel hat sich mittlerweile bezogen. Aber das soll uns nicht stören, noch viel haben wir uns für die nächsten Stunden vorgenommen. Es geht wieder hinein in die Stadt, da stehen am Straßenrand stattliche Häuser für die »Japan-Airlines«, für die »Nippon-Airlines« — da stehen aber auch noch dazwischen die älteren japanischen Häuser, niedere Bauten mit braunen Ziegeldächern. Typisch sind die Schiebefenster und -Türen, aber es ist nicht mehr Papier darin wie noch in dem Nijo-Schloß, sondern meistens Glas.

Auffallend bleibt im Straßenbild die einheitliche Kleidung ganzer Schulklassen. Bald in gelben, bald in blauen, sogar in schwarzen Farben erscheinen sie vor dem Heian-Schrein. Mit rot aufleuchtenden Tempeln, mit ebenso grell-roten Säulen und pagodenartigen Dächern umschließt der Heian-Komplex einen Hof und gibt dabei auch dem Grün der Bäume einen weiten Raum.

An den Heian-Schrein schließt sich ein typischer japanischer Garten an. Auf seinen Wegen wandern wir zwischen vielen Japanern dahin, sehen hier noch die rosa Kirschzweige blühen, sehen Iris, Azaleen, Rhododendron in lila, gelben, organgenen und rosa Farben. Zwischen den weithin verstreuten Sträuchern und Bäumen spiegeln sich Pavillons in den Teichen, an deren Ufern die Weiden überhängen. Wasserrosen prunken auf dem See, zwischen ihnen schwimmen Goldfische herum, und da nähern sich dem Ufer die silbrigweißen Fische, dann die dicken schweren, die unseren Karpfen gleichen. So weitläufig der Garten auch ist, er behält immer etwas Zierliches.

Gern wären wir hier länger spazieren gegangen, aber wir wollen noch zu einem anderen Tempel, dem Kinkakuji-Tempel. Zu ihm steigt man durch eine Ladengasse empor, auch heute sind da alle Geschäfte und Imbißstuben geöffnet. Zwischen diesen duftreichen Läden mit Andenken und Süßigkeiten fließt ein Strom von Menschen unablässig hin und her, auch wir schieben uns darin vorwärts, erklimmen dann eine stufenreiche Treppe, stehen in der Nähe eines Waldes oben auf der Höhe im Pavillon und genießen von hier aus zuerst den Blick über die im weiten Talgrund gelegene Stadt. Langsam, um die Andacht der frommen Beter nicht zu stören, wandern wir in den Gängen des Tempels herum. Der Tempel stammte ursprünglich aus dem 14. Jahrhundert, aber als Holzbau wurde er in der Mitte des 20. Jahrhunderts durch eine Feuersbrunst vernichtet. Man hat ihn dann aber wieder getreu dem Original nachgebaut, so daß man sich bei einem Besuch im alten Japan wähnt.

Was für ein Glück, daß Kyoto die zerstörerischen Kriegsjahre unseres Jahrhunderts unversehrt überstanden hat. Was für ein Reichtum der alten japanischen Kultur hat sich trotz gelegentlicher Brände in der Fülle dieser 1500 Tempel erhalten!

Wir selbst können nur eine kleine Auswahl sehen — haben allerdings als Höhepunkt den Besuch des Sanjusangendo-Tempels am Ende unserer Tagesfahrt vorgesehen. Der Regen, der stärker einsetzt, soll unsere

Freude nicht beeinträchtigen, daß wir dieses Holzgebäude aus dem 13. Jahrhundert besichtigen dürfen. Wir ziehen die Schuhe aus, schlüpfen in Pantoffeln und schreiten nun langsam die über 1000 buddhistischen Gestalten ab, die dicht neben- und hintereinander in strenger Ordnung dastehen. All diese Figuren sind aus Holz geschnitzt und mit Blattgold überzogen. Lebensgroß sind sie in Handarbeit gefertigt, darum hat bei aller Gleichheit jedes einzelne Gesicht individuelle Züge. Der Aufmarsch dieser Statuen sieht wie eine Heeresschau aus — allerdings keine militärische — sondern eine religiöse. Mit einer Vielstimmigkeit ohnegleichen sucht hier ein ganzes Bildervolk Erlösung von menschlichem Leid.

In der Mitte dieser Heeresschau sitzt eine Göttin, die »Tausendhändige Kannon«. Vor ihr kniet ein betender Mönch, der sich vom Strom der Besucher nicht stören läßt. Allerdings wird in seiner Nähe auch kein Wort laut.

Auf der anderen Seite des Tempels stehen in 33 Nischen dunkle Figuren, oft dämonisch anzusehen. Es sind Sinnbilder der Naturgewalten, der Unwetter, der Feuerstürme. Ihre Gesichter haben unheimliche, ja, grauenerweckende Züge.

Aus dieser buddhistischen Welt — mit über 1000 Statuen ist dies wirklich eine Welt — müssen wir in den Regentag zurück, hin zum Parkplatz, wo Busse und Autos auf die vielen Besucher warten.

Wir haben noch Zeit, um in der Innenstadt in einem Kaufhaus einen Kimono zu kaufen, der meiner Frau besonders gefällt, weil ihr als Kind einmal ihr Vater aus Japan einen Kinderkimono mit bunten Schmetterlingen mitgebracht hat.

Danach geht es freilich im Laufschritt zu dem Parkplatz, wo der Wagen auf uns wartet.

Die Rückfahrt von Kyoto zum Hafen von Kobe führt wieder über die Autobahn. Der Himmel ist von Wolken überzogen. Es regnet. Der Wettergott zürnt. Aber vom Wind unbewegt steht als Wahrzeichen der 130 Meter hohe Turm mit seinem Tee-Restaurant über den Dächern von Kyoto.

Zweispurig flutet die Autokolonne dahin. Häufig sind die Berge, die sich zwischen Kyoto und dem Meer aufwerfen, durch Tunnels durchbohrt. Im gelben Deckenlicht sucht sich auch unser Wagen einen Weg durch die Tunnelröhren. Danach freut man sich, wenn seitwärts der Straße das Frühlingsgrün wieder auftaucht.

Auch auf der Rückfahrt merkt man es kaum, wenn man das Stadtgebiet von Kyoto verläßt und Osaka erreicht. Und da sind wir auch schon, ohne daß wir den Übergang von einer zur anderen Stadt wahrgenommen haben, in Kobe, wo unsere »Maxim« liegt.
Es ist schon dunkel, als wir von der Pier ablegen. Natürlich stehen wir an der Reling, während Kobe langsam zurückbleibt. Dort wo der Stadtkern ist, erstrahlt Lichterfülle.
Die Bedeutung dieses Hafens wird dadurch betont, daß in den Berghang ein riesenhafter Anker leuchtend hell mit seinen Lichterketten eingelassen ist. Noch lange sehen wir diesen Anker wie ein Signal der Hafenstadt Kobe, während unser Schiff an den Frachtern vorbeigleitet und Kurs auf Yokohama nimmt.

Zum Zentrum japanischer Größe

Auf See / Yokohama, 30. April
Von der Reling aus sieht man im Regen ein paar Schiffe vorübergleiten — wie Geisterschiffe stampfen sie in den Regenfahnen durch die See. Die Positionsmeldung um zehn Uhr besagt: Windstärke 7, Seegang 6. Nachmittags wird die See ruhiger. Die Wolken stehen nicht mehr so schwergrau am Himmel. Freilich ganz verschwinden sie nicht, auch noch gegen 17 Uhr streifen sie über der Stadt Yokohama, während wir in das ruhige Wasser dieses Welthafens einlaufen.
Wir legen an der Pier an. Dort vor der Empfangshalle stehen an die 50 Musikanten, sie sind uniform in rote Jacke und weiße Hose gekleidet und tragen alle eine weiße Mütze. So ein großes Schiff wie die »Maxim«, das 600 Deutsche und auch einige Franzosen, Italiener, Holländer, Österreicher und Schweizer heranbringt, scheint selbst für diesen Welthafen kein alltägliches Ereignis zu sein. Mit ihren Melodien heißt uns die Musikkapelle willkommen. Gleichzeitig winken von der Pier her höflich einige Japanerinnen, die in die traditionelle Tracht gekleidet sind, zu den Passagieren herauf, und man hört, daß eine von den Hübschen die »Miss Yokohama« persönlich ist.
Sobald die Gangway ausgefahren ist, erscheinen auch die Vertreter der Stadt an Bord. Im großen Musiksalon werden der Kapitän und die Passagiere von einem Repräsentanten der Stadt Yokohama und den hübschen Japanerinnen willkommen geheißen. Höflich lächeln die

jungen Damen, sie überreichen Gastgeschenke. Ein Samurai-Schwert für den Kapitän, sowie Eßstäbchen, Zigaretten und Kalenderbilder für die Gäste. Keiner geht leer aus.
Wir haben an diesem Abend nichts Großes mehr vor. Verlassen das Schiff nur noch zu einem Bummel durch die Hafenhalle, die genauso korrekt, sauber, gepflegt ist wie die Halle in Kobe.

Yokohama / Tokio, 1. Mai
Der Tag beginnt mit gutem Wetter. Die Sonne hat sich durchgesetzt. Zwei kleinere Tanker liegen neben der »Maxim«, aus diesen bunkert unser Schiffsriese. Wir frühstücken bereits um sieben Uhr, gegen acht Uhr beginnt die Fahrt nach Tokio.
In unserem Bus haben wir eine deutschsprachige Japanerin und eine Hostess als Begleiterin. Die Hostess ist uniformiert, sie trägt eine blau-weiß gestreifte Bluse, einen blauen Rock, einen blauen aufgeschlagenen Filzhut, dazu weiße Handschuhe. Bei jedem Ein- und Aussteigen grüßt die Hostess mit einer kleinen höflichen Verbeugung — aber sie spricht kein Wort Deutsch, sie scheint der Dolmetscherin unterwegs nur Anweisungen zu geben. Diese stellt sich als eine Frau Sano vor und sagt, ihr Mann sei als Dolmetscher in Heidelberg tätig. Sehr korrekt gekleidet ist auch der Chauffeur, der eine Schirmmütze und auch weiße Handschuhe trägt.
Der Bus hat Klimaanlage, aber sie ist nicht eingeschaltet. Um Energie zu sparen, genehmigen die Behörden erst im Juli, wenns noch wärmer ist, den Gebrauch der Klima-Anlagen. Nun es ist zwar draußen so warm wie bei uns an gewöhnlichen Sommertagen, aber im Bus steigt die Temperatur doch über 30 Grad an, so müssen wir öfters die Fenster öffnen, damit frische Luft hereinkommt.
Heute ist der 1. Mai. Der Feiertag hat für uns den Vorteil, daß der Verkehr nicht so dicht ist wie an normalen Arbeitstagen.
Was für eine Zusammenballung von Menschen auch hier in Yokohama, das beinahe drei Millionen Einwohner zählt und nach Kobe der wichtigste japanische Hafen ist. Wir wollen aber hier nicht länger verweilen, sondern versuchen im Durchfahren möglichst viel vom Stadtbild zu sehen. Yokohama besitzt ähnlich wie Kobe wohl einige Hochhäuser, aber es ist keine Wolkenkratzerstadt. Mit seinen modernen Bauten hat es ein nahezu europäisches Aussehen.
Im Vorbeifahren liest man einzelne Schilder: Silk-Hotel, Tokyo-Hotel.

Der Marine-Tower, der an den Welthandel dieser Hafenstadt erinnert, übersteigt mit mehr als 100 Metern Höhe alle anderen Dächer. Streckenweise ist die Autostraße als eine Art Hochbahn errichtet, so kann man leicht in die tiefer gelegenen seitwärtigen Straßenzüge hineinsehen. Überall befinden sich Reklameschilder, die japanischen Schriftzeichen laufen senkrecht von oben nach unten.
Kommt mal ein Stau, und der ist zwischen den Millionenstädten nicht selten, dann erzählt die Dolmetscherin einiges vom Alltag der Japaner. Wie wir gestern schon hörten, gilt als typisch japanisches Essen all das, was das Meer liefert: Seafood. Nun mögen die Inselbewohner ihre Fische ruhig roh verspeisen, ich glaube, wir könnten uns daran kaum gewöhnen. Denn Thunfisch gehackt und wie Tatar angerichtet oder Tintenfisch roh? Nein, danke, mag man auch Sojasoße oder einen scharfen Senf dazu auf den Tisch stellen.
Eng drängt sich hier in der Vorstadt von Yokohama alles aneinander, Häuschen, Häuser. Die meisten Dächer haben auch hier Fernsehantennen, mit denen man sicher einen der sieben oder acht Kanäle erwischt. Da hören wir von der Dolmetscherin, daß unsere Ankunft mit der »Maxim« gestern life gesendet wurde. So ein Ozeanriese, der aus Europa kommt, ist also doch nicht ganz zu übersehen, auch nicht in den japanischen Millionenstädten. Fernsehen überall, die neue Weltmacht, man hört, daß sogar manche Taxis mit einem Fernsehgerät ausgestattet sind. Nun, trotz der technischen Übermacht gewinnt man auch hier in dem Siedlungsgebiet der kleinen Leute hier und da dem Boden noch ein kleines Gärtchen ab.
Wir haben auf der Autobahn nun den »Grenzfluß« zwischen Yokohama und Tokio erreicht, obwohl für unser Auge auch hier die Städte ineinanderzufließen scheinen.
12 Millionen Einwohner soll Tokio jetzt haben, es gehört zu den Superstädten unseres Planeten und nimmt zehn Prozent aller Japaner in seinem Stadtbezirk auf. Flughafen, Kanäle, ein eigener Wasserhafen mit großen Flächen und zahlreichen Schiffen, Wohnblöcke mit Balkonen und flachen Dächern, dazwischen neu angelegte Sportplätze — wieder besonders für Baseball — und — wie sollte es in diesen Millionenstädten auch anders sein — einzelne überragende Wolkenkratzer. Man kann nur staunen, wie eminent die Lebensäußerungen dieser Weltstadt sind, obwohl sie doch durch Kriege, Großfeuer und Erdbeben immer wieder in ihrer Existenz bedroht war. Fast überheblich

wächst das Mitsui-Gebäude, das man in den siebziger Jahren errichtete, mit einer Höhe von über 200 Metern in die Luft.
Freilich der »Tokyo-Tower« klimmt in seiner orange-weißen Farbgebung als eiserne Konstruktion, ähnlich wie der Eiffelturm, mit seinen 330 Metern noch höher. Eine Zeitlang galt er als der höchste Turm der Erde, jetzt hat man in Moskau und Kanada mit gewaltigeren Konstruktionen diesen Weltrekord gebrochen.
Der Tokyo-Tower, 1957/58 erstellt, besitzt eine aussichtsreiche Plattform, die von Glasscheiben geschützt ist. Hier hinauf fahren wir mit dem Lift und können nun — wir haben wirklich Glück mit dem Wetter — bei strahlendem Sonnenschein und einem wolkenlosen Himmel — die Stadt im weitesten Umfang überblicken. In unseren Gedanken haben wir uns manchmal diese Weltstadt als einen unüberschaubaren Steinhaufen vorgestellt, als ein Konglomerat von verwirrenden Gassen, jetzt aber sehen wir — und das ist eine Überraschung für uns —, wie all diese Blöcke, diese Hochbauten durch breite Straßenzüge wohlgegliedert sind. Da befindet sich zwar direkt unter uns ein altertümlicher Tempel mit Pagodendächern — aber sonst, wohin wir schauen, entfaltet sich ein modernes, faszinierendes Stadtgebilde.
Die Sonne zeichnet heute alles so hell, so klar, daß auch die ferneren Bauten ganz nahe gerückt erscheinen. Unsere Dolmetscherin bestätigt die Reinheit der Luft und meint, die Atmosphäre von Tokio habe sich durch technische Maßnahmen in den letzten Jahren wesentlich gebessert. Man begnügt sich nicht mit Worten, man tut hier etwas für die Reinheit des Wassers, für die Reinheit der Luft, tut etwas für den Umweltschutz, so schwer dies auch sein mag. Denn die Hunderttausende, die Millionen von Autos, die Fabrikanlagen am Rande der Stadt verbrauchen Sauerstoff.
Sind wir froh, daß heute über Tokio die Luft besonders rein ist. Da sehen wir auch vom Tower aus den Fudschijama. Da heben sich in der Ferne die weißen Schultern — man hat es schon so oft auf Bildern gesehen — über den Horizont. Über 3 700 Meter hoch ist dieser Vulkankegel — der höchste Berg von Japan. Er gilt als heiliger Berg, als Sitz der Götter. Hunderttausende von Japanern ersteigen ihn alljährlich auf endlosen Pilgerfahrten. Von Dichtern besungen, von Malern in seiner Ebenmäßigkeit und Gewalt porträtiert, ist er gleichsam die Mitte des japanischen Reiches. Nun sehen auch wir seine Hoheit an diesem klaren Tag.

Ein besonderer Tag, eine besondere Stadt! Aus den Weltstädten auch dadurch herausragend, daß hier, wie unsere japanische Begleiterin versichert, die neueste Todsünde der Menschheit, das Rauschgift, kein Problem darstellt. Mit berechtigtem Stolz fügt die Japanerin hinzu, ein junges Mädchen könne ohne Sorge, überfallen oder belästigt zu werden, noch um Mitternacht durch die Straßen von Tokio nach Hause gehen. Und dies gibt es nicht einmal mehr in München.
Eine erfüllte Stunde, in der man das Stadtbild von Tokio von der Höhe aus bewundern kann. Da macht es nichts, daß für einen Besuch des Andenkenshops, den man zu Füßen des Towers eingerichtet hat, keine Zeit mehr bleibt.
Wer als einzelner Tourist vom Tower aus in ein anderes Stadtviertel fahren will, sucht am besten eine Station der neuen U-Bahn, die wie in so vielen anderen Weltstädten auch hier den Verkehr für die Millionen vermittelt. Heute aber am 1. Mai, wo es in den Straßen verkehrsstiller ist, werden wir es mit dem Bus schaffen, relativ schnell das Viertel um den Kaiserpalast zu erreichen, das unser nächstes Ziel ist.
Wir durchfahren die eleganteste Geschäftsstraße von Tokio: Ginza — ein Name, den man etwa mit »Silbergießerei« übersetzen könnte und der davon hergeleitet wird, daß man in dieser Gegend ehedem silberne Münzen prägte. Jetzt macht man hier mit dem Yen Geschäfte. Da die Kaufhäuser heute geschlossen sind und daher die Passanten auch spärlicher über die Gehsteige flanieren, können wir desto besser diese Prachtstraße, die teilweise von Ginkgo-Bäumen gesäumt ist, mit ihren reichhaltigen Auslagen betrachten. Stoffe, Schmuckartikel liegen zuhauf hinter den Fenstern, auch den Büchern hat man einen würdigen Platz eingeräumt. Es gibt all das, was man ebenso in London oder Paris kaufen könnte. Eleganter sind auch die europäischen Modehäuser nicht.
Die Männer, die hier auf den Gehsteigen zu sehen sind, erscheinen korrekt angezogen mit Jacke und Krawatte, die Frauen kleiden sich zumeist europäisch. Kimonos sieht man nur noch selten. Bäume und Büsche bringen grüne Farbtupfen ins Straßenbild, um diese Jahreszeit erblühen besonders die Azaleen zu vollen farbigen Sträußen.
Die Jugendlichen, denen man am heutigen Feiertag meist gruppenweise begegnet, tragen einheitliche Tracht, jede Gruppe hat dabei ihren besonderen Stil. Da gibt es junge Burschen, die ihre Jacke heute an diesem warmen Tag bis zum Hals geschlossen haben. Sie dürfen sich

nicht lässig geben, und so gestattet man ihnen erst im Juni, wenn es noch wärmer geworden ist, den obersten Knopf zu öffnen. Fast wie früher bei unseren Soldaten, wo es schon eine Marscherleichterung war, wenn man den obersten Knopf des Uniformrockes aufmachen durfte. Die jungen Japaner sollen eben Disziplin lernen und die einheitliche Kleidung soll Gewähr geben, daß sich die Reicheren im Aussehen nicht von den Ärmeren unterscheiden. Ähnliches haben wir ja auch schon bei anderen asiatischen Ländern beobachtet. Die Jugendlichen lächeln fröhlich und unbeschwert, wenn sie uns »Westliche« erkennen, und winken, nicht überschwenglich — eher höflich.
Wir sind in der Nähe des Kaiserpalastes angekommen. Hochhäuser, in denen zahlreiche Firmen ihren Sitz haben, säumen ein weites Gelände, davor dehnen sich Grasflächen aus, in denen solitär japanische Kiefern wachsen. Die Bäume haben gleichsam den Charakter einer eigenen Persönlichkeit.
Dort aber, wo der Kaiser mit seiner Familie wohnt, umschließen Wassergräben und mächtige Steinmauern einen riesigen Park. Nur an zwei Tagen, zu Beginn eines Jahres und am Geburtstag des Kaisers, hat das Publikum Zutritt zu diesen Gärten. In der übrigen Zeit lebt der Tenno hier wohl mitten in der Hauptstadt seines Landes — aber doch abgegrenzt von der breiten Öffentlichkeit, er behält etwas Unnahbares, Würdiges in der modernen Zeit. Auch wir können hinter dem Wassergraben und den Mauern nur ein paar Palastdächer sehen, die mit ihren geschwungenen Formen das Wipfelgrün übersteigen, können von einer Doppelbrücke aus in den Eingang lugen.
Da der Tenno so abgeschirmt und für normale Sterbliche unerreichbar hier im Herzen von Tokio wohnt, verstehe ich die große Freude meines japanisches Freundes, der mir vor einiger Zeit begeistert mitteilte, daß er aus der Hand des Kaisers hier die höchste kulturelle Auszeichnung erhalten habe und mit ihm speisen durfte.
Wir setzen unsere Fahrt zu dem Hotel fort, wo auf uns ein japanisches Mittagessen wartet.
Unsere kleine Japanerin möchte uns unterwegs gern noch mehr von ihrer Heimat erzählen. Sie berichtet, daß es in den Häusern keine Zentralheizung gibt, da es in Tokio auch im Winter nur selten schneit. Ölöfen genügen für die kühleren Monate. Zum Kochen verwendet man Gas. Mit allem, was die Natur spendet, ist man sparsam. Auch mit dem Wasser. Darum wäscht man sich vor dem Einstieg in die Ba-

dewanne erst mal gründlich ab, und so ist es durchaus hygienisch, wenn mehrere Familienmitglieder hintereinander das gleiche Wasser in der Badewanne benutzen. Da das Wasser in Trockenzeiten besonders knapp ist, hat man auf vielen Dächern Tanks, wo man das Wasser »hortet«, damit man auch in Trockenperioden versorgt ist. Auffallend bei den hohen Häusern sind auch die Außentreppen, es sind Fluchtwege bei Feuersbrünsten oder Erdbeben.
Nun aber sind wir endlich vor dem Hotel Chinzan-So gelandet, wir freuen uns auf das japanische Mittagessen.
Das »Hotel Chinzan-So«: Ein moderner Bau auf einem Hügel, ein Haus, das in seiner Größe Kongresse bedienen kann. Früher stand an diesem Platz ein Palast im japanischen Stil, er gehörte dem Prinzen Aritomo Yamagata, der hier residierte und einen herrlichen Kamelien-Garten pflegte. Am 25. Mai 1945 wurden die alten Gebäude zerstört. Nach dem Krieg wurde ein neuer Garten mit vielen Kamelien und Tausenden von anderen Bäumen und Sträuchern angelegt. Da wachsen Pinien und Eichen, Wasserfälle stürzen von den Felsen, Brücken überqueren die Bäche und in den Teichen ziehen Goldfische dahin.
Wir nehmen in dem großen Grill-Raum Platz. Auf uns wartet ein Barbecue-Essen. An unserem Tisch sitzen vier Personen. Jeder Tisch hat eine eigene Bedienung. Statt Servietten gibt es weiße Latzschürzen, deren Bänder um den Hals festgebunden werden. Die Japanerin fährt einen Wagen herbei, auf dem sich frische Fleischstücke vom Huhn, vom Schwein, vom Rind befinden — dazu Scheiben, geschnitten aus Kartoffeln, Karotten, Paprika, Zwiebeln und Pilzen, sowie Maiskolben. Alles wird auf einem Tisch-Grill fein säuberlich der Reihe nach hingelegt. Sobald einzelne Stücke fertig gebraten sind, werden sie in Soße getaucht und dann auf die Teller verteilt. Jeder Gast hat neben seinem Teller noch ein Töpfchen mit gekochtem Reis stehen. Dazu gibt es Eiswasser und grünen warmen Tee.
Nachdem die weißen Schürzen wieder abgebunden sind, durchstreift man auf hügligen Wegen den Garten, betrachtet eine Pagode, hört eine Weile dem rauschenden Wasserfall zu, bewundert den zarten Farbschimmer der Kamelien — und schaut einer japanischen Hochzeitsgesellschaft zu, wie sie sich in traditionellen Kimonos dem Fotografen zum Erinnerungsbild stellt.
Nach dem Gartenspaziergang fahren wir weiter in das Stadtviertel Asakusa, das nicht nur eine Häufung von Vergnügungsstätten dar-

KYOTO/JAPAN: Ein typisch japanischer Garten

KYOTO: Schulkinder in kleidsamer Uniform (oben links) — Junge Japanerin (oben rechts) — Eine der großen Tempelanlagen, der Heian-Schrein (unten)

TOKIO: Blick vom Tower auf die Millionenstadt

TOKIO — Volksleben beim Kannon-Tempel: Spielendes Kind (oben links) — Bettelmönch (oben rechts) — Zwei alte Japanerinnen (unten links) — Auf dem »Taubenplatz« wird eine kleine Japanerin mit Stäbchen gefüttert (unten rechts)

stellt, sondern auch den berühmten Kannon-Tempel und einen Shinto-Schrein besitzt. Die Hostess, die unseren Wagen begleitet, macht wieder vor jedem einsteigenden Gast eine kleine Verbeugung — es geht vorbei an einem Volkspark mit einem Riesenrad, vorbei an lauter Musik, die aus einer Spielhalle herüberdringt, vorbei auch an einer Gruppe von Ringkämpfern, die in ihren gestreiften Anzügen auf den Matten ihre Kraft und Geschicklichkeit beweisen wollen. Immer wieder beeindrucken in dieser Vielmillionenstadt die breiten Autostraßen, die Überführungen, die Kreuzungen mit den Hochstraßen.

Der Tempelbezirk Asakusa geht schon auf das siebte Jahrhundert zurück, aber er erlitt im Laufe der Zeit mehrfache Zerstörungen. In der Mitte unseres Jahrhunderts wurde er wieder aufgebaut, jetzt steht er als Zeichen japanischer Tradition mit seinen altertümlichen Formen mitten im modernen Tokio und ist der buddhistischen Göttin der Barmherzigkeit geweiht.

Die pagodenartigen Tore und Türme, die Holzbauten, die geschwungenen Dächer und die sakralen Innenräume ziehen uns in ihren Bann. Die japanischen Gläubigen lassen sich von uns nicht stören, zudem wir uns bemühen, möglichst lautlos den Tempelraum zu durchwandern. Da steht mitten im Kannon-Tempel die Göttin der Barmherzigkeit — sanft in Gold glänzend, thronend im matten Schein der Lichter. Alte Frauen im Kimono, junge Mädchen in Jeans, falten vor dem Göttinnen-Bild andächtig ihre Hände.

Ein paar Neugierige wollen ihre Zukunft erkunden und ziehen, nachdem sie eine Münze eingeworfen haben, aus kleinen Schubladen ihr Horoskop. Sie lesen die gedruckten Zettel. Wenn es ungünstig lautet, können sie gleich drunten vor dem Tempel das Papier mit Räucherstäbchen verbrennen und sich den Rauch ins Gesicht wehen lassen.

Es ist eine ehrwürdige Stätte, dieser Kannon-Tempel, wie auch der Shinto-Schrein daneben. Viele Japaner haben den Feiertag benutzt, um hierher zu pilgern. Es gibt auch ganze Prozessionen, die zu diesen Heiligtümern ziehen. Nach dem Besuch der Tempel kann man sich eine weltliche Stunde gönnen. Die Kinder spielen mit den Tauben, die hier so dicht herumflattern wie auf dem Markusplatz in Venedig. Eine von diesen vorwitzigen Tauben benutzt auch meine Schulter, um sich eine Zeitlang auszuruhen.

Und dann ist da eine lange, lange Ladengasse, die von Menschen nur so wimmelt, sind da auch Arkaden mit zahlreichen Geschäften. Sie ha-

ben alle geöffnet, die Besitzer der Läden wissen ja, daß heute die Tempel vom Volk besucht werden, und da will man mit dem Verkauf von Eis, Getränken, Spielzeug, Tüchern, Elfenbein und Schmuck einen guten Umsatz machen. Die Auslagen dieser Verkaufsstände glitzern golden und silbern, farbenfreudig wehen die Tücher im Wind. Natürlich schwimmen auch wir im Fluß der Besucher mit — erstehen schließlich zwei Stoff-Fische, die wir schon in Kyoto so lustig im Hotelgarten wehen sahen. Der blaue Stoff-Fisch ist das Männchen, der rote das Weibchen, dazu gehören noch Bänder — all das soll einmal als Erinnerung daheim in unserem Garten an einem Baumast flattern.
In dieser Menge, die durch die Ladengasse lachend und plaudernd dahinflaniert, gibt es einige Gestalten, die sich von dem lauten Treiben seltsam abheben: Es sind Bettelmönche, die sich in ihrer gelben Tunika langsam durch die Menge bewegen, auf dem Kopf tragen sie einen breiten Chinesenhut, im Schatten des Hutes sind ihre Züge völlig unbewegt, nur die Hand schüttelt kleine Glöckchen, die zart erklingen. So mancher reicht ihnen eine Münze. Die Kinder aber, die hier herumspringen, bewundern eher die Spielwaren an den Ständen.
Es gilt, von dieser ältesten Tempelstätte Tokios Abschied zu nehmen. Die Japanerin, die uns auch zurück nach Yokohama begleitet, erzählt uns unterwegs vom Fleiß ihrer Landsleute — und tatsächlich haben sogar heute am 1. Mai viele die Arbeit nicht eingestellt. Wir sehen Geschäftigkeit in manchen Fabriken und Werkstätten.
Bei der Arbeit — so sagt man — sollen die Japaner weder die Grundsätze der Höflichkeit noch die Regeln für die Gesundheit vergessen. In Mehrmann-Betrieben begrüßen sich die Mitarbeiter mit höflichen Worten, bevor sie den ersten Griff tun, und in den Arbeitspausen macht man gemeinsam ein paar Minuten Gymnastik. Man fühlt sich im gleichen Betrieb als Mannschaft — als Team, und so haben die meisten Firmen für ihre Leute auch eine einheitliche Kleidung.
Stau! Des öfteren. Die Autobahn führt streckenweise in Dachhöhe der seitwärtigen Häuser dahin, schneidet dann wieder andere Autobahnen. Um die Fahrer davor zu bewahren, daß sie am Steuer ermüden, hat man hier in Japan die Autobahnen im Gegensatz zu unserer Streckenführung, bei der man meist die Geradlinigkeit liebt, bewußt mit vielen Kurven versehen.
Wir überqueren Flußläufe und Kanäle, dort werden Lastkähne von kleinen Dampfern gezogen. Nein, hier existiert wirklich keine offene

freie Landschaft mehr, Wohnviertel und Industrieanlagen reihen sich übergangslos aneinander, wohin man auch sieht. Millionen, Millionen Menschen wollen leben, von Wiesen und Feldern allein könnte man solche Massen nicht ernähren, also gibt es nur den Ausweg, mit industrieller Produktion auf den Weltmarkt zu gehen.

Ja — Menschen, Menschen — Tausende, Hunderttausende, Millionen wohnen in diesen Hochhäusern, ob sie nun als Terrassen-Häuser errichtet sind oder ob man sie als Rechtecke und Quadrate in die Landschaft gestellt hat. Daß hier mitten drin Weltfirmen wie Konica, Canon, Mitsui, Pan-Am mit großen Reklametafeln auf ihre Existenz hinweisen, wen wundert es!

Kühne Autobahnkonstruktionen führen immer wieder über diese Häuserzeilen, man sieht in die fünften, die sechsten Stockwerke hinein, blickt auf die Dachgärten — und da sieht man wahrhaftig an diesem 1. Mai eine ganze Kolonne von Malern in Dachhöhe auf Gerüsten an den Hauswänden stehen. In dieser luftigen Höhe pinseln die Maler den Verputz wieder weiß.

Während auf unserer Fahrspur der Bus abermals durch einen Stau aufgehalten wird, gleiten neben uns die japanischen Autos vorbei: Honda, Datsun, Toyota, Mazda — ich sehe keinen einzigen deutschen Autonamen. Das Problem mit der Fülle der japanischen Autoproduktion wird überdeutlich.

Wir sind immer noch im Stadtgebiet von Tokio. Hier der Hafen mit seinen Lastkähnen, dort der Flugplatz mit startenden und landenden Maschinen, dann die Einschienen-Bahn, über die gerade ein Zug zum Airport fährt — dann seltsamerweise wie ein Anachronismus — eine Reklame für »Märzen-Beer«. Ein Pferderennplatz mit Tribünen, eine Hochgarage — man nimmt hunderterlei Einzelbilder in sich auf wie Schnappschüsse — und das Ganze formt sich dann doch zum Mosaik einer modernen Weltstadt, zwischen deren endlose Straßenzeilen solche Kostbarkeiten eingefügt sind, wie sie die Tempel und die kaiserlichen Gärten darstellen.

Industrielandschaft — ja — natürlich — Tiere, Wälder sind verdrängt. Der Mensch hat sich vermehrt, millionenfach — Umweltschutz auch hier vonnöten. Wer weiß die richtige Antwort auf die Frage: Wie sollen die Millionen ernährt werden, ohne die ursprüngliche Landschaft zu gefährden oder gar zu vernichten?

Wir sind wieder in Yokohama.

In einem Tunnel — ausgerechnet — wieder ein Stau! Bei der schlechten Luft, erzeugt durch die vielen Abgase, sind wir froh, als wir wieder draußen sind und die Sonne, den blauen Himmel sehen. Da noch einen Blick auf ein chinesisch geschwungenes Tor, auf die roten glänzenden Farben: Eingang zur China-Town, die auch hier in Yokohama ein eigenes Viertel für sich beansprucht.
Endlich im Hafen! Letzte Verbeugung der Hostess, einen Händedruck und dann höfliches Lächeln von der Dolmetscherin — wir sind wieder auf der »Maxim«.
Donnerwetter — als ich jetzt kurz vor der Abfahrt auf dem Schiff bin und die Landekarte schon zurückgegeben habe, muß ich feststellen, daß ich doch etwas in Japan vergessen habe. Ein Steinchen wollte ich für meine Steinsammlung aus Japan mitnehmen.
Als man um 18 Uhr etwa die Brücke auf japanischer Seite einzieht, als die »Maxim« sich zentimeterweise von der Pier entfernt, musiziert wieder in Uniform die 50 Mann starke Musikkapelle. Auf der Rampe über der Pier stehen viele Japaner und Japanerinnen, winken herüber, offenbar haben sich doch viele Bekannte gegenseitig besucht, nun stehen wir selber mit zahlreichen anderen Passagieren an der Reling und klatschen Beifall für die spielfreudigen Musikanten. Ein junger Japaner wirft noch ein Bündel Luftschlangen herüber, sie erreichen allerdings das Schiff nicht mehr, sie wehen im Wind, flattern, verwehen. Noch ein Winken hinüber, herüber, die »Maxim« gewinnt freie Fahrt, wir verabschieden uns von Japan, von Asien, um auf unserer Fahrt über den Pazifik einen neuen Erdteil, Amerika, zu erreichen. Eine Woche Seefahrt liegt vor uns, bis wir in Hawaii den ersten Vorposten Amerikas erreichen...
Ich hätte doch den kleinen Stein im japanischen Garten nicht vergessen sollen!
Was würde sich mein japanischer Freund denken, wenn ich ihn bäte, mir einen kleinen, ganz unbedeutenden Stein von Japan zu senden. Etwa einen Stein vom Fudschi!

Über Hawaii nach Nordamerika und Mexiko

Auf dem Pazifik zur Datumsgrenze

Stiller Ozean, 2. Mai

Wir fahren hinaus in die Weite des Stillen Ozeans, der größer ist als die Landoberfläche der Erde. Vor dem Frühstück ziehe ich im Schwimmbecken meine Kreise, es ist wieder ein Wellenbad. Kaum steige ich aus dem Wasser, da muß der Matrose das frische Meereswasser wieder ausfließen lassen, da es zu wild überschwappt.

Dabei ist es ein heller sonniger Vormittag mit blauschimmernden Wellen — allerdings mit aufspritzenden Schaumköpfen.

In den nächsten Stunden wird der Seegang noch stärker. Der Himmel bedeckt sich. Der Bordlautsprecher ermahnt die Passagiere, nicht auf die Decks zu gehen und sich auch innerhalb des Schiffes an den Geländern festzuhalten. Man hört, daß ein Taifun, obwohl er sein Zentrum in einer Entfernung von 3000 Kilometern hat, auch zu »ein wenig Seegang« hier auf unserem Kurs geführt hat. Da ist es ganz gut, wenn die Passagiere »ein wenig« unterhalten werden.

Die einen treffen sich zu ablenkenden Spielen im Musiksalon, die anderen in der Rossia-Lounge zum Bingo. Wer sich dann zum Abendessen umzieht, kann in der Kabine übers Bordfernsehen hören, was für Aufgaben der zweite Offizier an Bord hat und wie man — auch unter Zuhilfenahme des Satelliten — die jeweilige Position des Schiffes bestimmt und auf den Seekarten einträgt.

Stiller Ozean, 3. Mai

Der Stille Ozean ist diesmal gar nicht so »still«. Die vormittägliche Meldung lautet: Windstärke 6, Seegang 6, Wassertemperatur 20 Grad, Lufttemperatur 17 Grad, Meerestiefe 5600 Meter, wir fahren mit 20 Knoten. Der Himmel ist stark bedeckt. Aber im Laufe des Nachmittags klart es auf, ein blauer Fleck wächst mitten im Wolkengrau immer breiter. Auch die See wird ruhiger.

Es wäre schön, wenn das gute Wetter anhielte. Denn immerhin sind es ja sieben Seetage von Yokohama bis Hawaii. Für Freunde des Meeres können sieben Seetage voller Glück sein: Wolken und Wellen erscheinen oft wie in den ersten Schöpfungstagen, in denen der Mensch noch nicht angetreten war.

Selbstverständlich sind auf einer solchen Kreuzfahrt aber auch so viele Seetage mit Unterhaltung und Lehrgängen aller Art ausgefüllt.

Im Klubraum treffen wir uns mit einigen anderen Passagieren aus München. Danach haben wir noch Landekarten für die Vereinigten Staaten auszufüllen, da wir in Hawaii ja bereits amerikanischen Boden betreten.
Von heute auf morgen werden die Uhren wieder um eine Stunde vorgestellt.

Stiller Ozean, 4. Mai
Es ist merklich kühler geworden — kein Vergleich zu den hohen Temperaturen, wie wir sie etwa auf den Philippinen hatten. Der Himmel ist wieder voller Wolken, nur langsam wird er etwas heller, da treiben auch die Wolken davon und im Lauf des Nachmittags wölbt sich die Himmelskuppel wie reingewaschen hellblau von Horizont zu Horizont. Für ein längeres Sonnenbad an Deck ist es freilich noch zu windig und zu frisch.
Von dem amerikanischen Konsulatsbeamten, der die Einwanderungs- und Paßbehörde vertritt und an Bord mitfährt, erhalten wir heute die Erlaubnis, als Touristen amerikanischen Boden zu betreten. Der Beamte, ein jüngerer Mann mit philippinischen Gesichtszügen, händigt uns die Papiere auf dem Schiff mit freundlichem Lächeln aus: Der Einreise in die USA steht nichts mehr entgegen.
Wenn man vormittags übers Deck geht, sieht man im näheren Umkreis des Schiffes ganze Schwärme von Sturmvögeln, die den Fahrtwind ausnützen und der »Maxim« das Geleit geben. Von Steuerbord aus sehen wir, wie da gleich 20 oder 30 Vögel heranfliegen. Man kann gut beobachten, wie sicher sie mit wenigen Flügelschlägen herankommen, wie sie dann auf- und abgleiten, in die Höhe schießen, kehrtmachen und dann wieder voranstoßen. Woher sie wohl kommen? Sind wir doch drei Seetage von Japan, vier Seetage von Hawaii entfernt — also mitten im Stillen Ozean. Die Vögel sind so schnell wie das Schiff selbst, sie begleiten uns mühelos. Man fragt sich: Wo schlafen die Vögel? Übernachten einige auf dem Schiff, ruht sich die Mehrzahl auf dem Wasser aus oder finden einige einen Ruhepunkt, ein Inselchen hier im Ozean?
Als ich abends von Deck aus die tausend Silberspiegel auf der bewegten See betrachte, wie sie hier von den Schiffsschrauben durcheinander gewirbelt werden, sind immer noch einzelne Vögel mit ihren breiten schwarzen Schwingen hinter uns her — übrigens da taucht auch ei-

ne weiße Möwe zwischen den anderen Vögeln auf — man staunt immer erneut über das Orientierungsvermögen, mit dessen Hilfe auch die versprengten einzelnen Vögel zum ganzen Schwarm, zu ihrer »Familie«, zu ihrem Partner zurückfinden. Vögel, denen der unendliche Luftraum über dem Ozean gehört!
Heute ist noch ein besonderer Tag. 89 Tage dauert unsere gesamte Weltreise — mit An- und Abreise sind dies noch zwei Tage mehr. Drei Monate — ein volles Vierteljahr! Und heute ist die Hälfte der Weltreise um. Zu diesem Anlaß wird man zu einem »Gala-Dinner« eingeladen. Da muß man natürlich »Abendkeidung« anziehen — Inge wird ihren Kimono »einweihen«. Bei Kerzenbeleuchtung wird man sich die guten Happen und Häppchen schmecken lassen. Wer noch vor dem letzten Bissen den Speisesaal verläßt, eilt gewiß in den Musiksalon, um sich einen Platz zu sichern und dabei zu sein, wenn sich das »Künstlerkarussell« zu einem »Bunten Allerlei auf dem Wege nach Hawaii« dreht.
Wie schnell die Tage in den letzten sechs Wochen vergangen sind! Schade! So schnell. Zu schnell! Aber Inge tröstet: »Es sind noch so viele Seetage über den Stillen Ozean, bis wir die Westküste Amerikas erreichen, und dann kommt ja noch Mittelamerika, die Karibik, die Ostküste der USA, Kanada.« Dann freilich der heimführende Atlantik! — Nun heute ist erst einmal Halbzeit. »Carpe diem« — pflücken wir den Tag!

Stiller Ozean, 5. Mai
Es regnet vormittags ein wenig. Nein, die Sonne kommt heute nicht durch. Der Himmel bleibt grau, tief hängen die Wolken herunter, gegen den Horizont hin verschwimmen die Grenzen zwischen Meer und Himmel, diesige Gewebe verhängen die Ferne.
Die Wellen bäumen sich auf, fallen wieder im weiten Dünungsbogen nach einem weißen Aufspritzen talwärts. Ein endloses Auf und Ab. »Panta rei« — »alles fließt«, meinte schon der griechische Philosoph Heraklit. Alles ist in Bewegung — seit Jahrmillionen.
Vormittags hört man im Maxim-Theater den Vortrag des Bordgeistlichen über das Thema »Götter und Menschen im Pazifik«. Und nachmittags kann man russische Volkskunst betrachten: Besonders hübsch die Lackkästchen, auf die mit feinstem Pinsel Volkstypen, aber auch ganze Märchenmotive gemalt sind.

Ich selber nehme mir nach der Teestunde ein Buch über Buddha vor, das neben dem japanischen Text auch eine englische Fassung enthält. Der Cruise-Director hat mir das Buch geschenkt. Es ist eine Art buddhistischer Bibel, wie sie — ähnlich wie bei uns das Neue Testament — in den Hotelzimmern aufliegt.

Stiller Ozean, 6. Mai

Da liegt das Tagesprogramm vor mir. Aus über dreißig Terminen kann man sich, wenn man Langeweile hat, bestimmt etwas heraussuchen, was einem gefällt. Inge ist zu einem Kurs über »Autogenes Training« unterwegs und will anschließend noch das »Gesunde Atmen« lernen. Ich selbst möchte mir den zweiten Teil des Vortrages anhören, den der Bordgeistliche über »Götter und Menschen im Pazifik« hält. Ob ich dann anschließend an dem Frühschoppen teilnehme, bei dem der Conférencier seine Witze vom Stapel läßt, oder ob ich in der späten Vormittagsstunde noch meine Runden im Swimming-pool ziehe, wird sich dann entscheiden.

Wäre mein 15jähriger Enkel an Bord, so würde ich ihm nachmittags die Lehrstunde »Zaubern kann jeder« empfehlen, da er oft ganze Kindergesellschaften mit seinen Tricks und Zauberkunststücken unterhält. Von dem Bordzauberer könnte er sicher vieles lernen, so wie ich einst — es ist lange, lange her — meine Kameraden damit ins Staunen setzte, daß ich mir einen Eisennagel scheinbar durch die Hand schlug.

Gegen Mittag erhellt sich der wolkige Himmel mehr und mehr. Die Horizontlinie ist klar und rundherumgezogen, der Wind jagt durchsichtige Wasserfahnen auf die Seite. Kein anderes Schiff weit und breit!

Aber wir sind doch nicht allein. Nachmittags beobachte ich vom Heck aus ein halbes Dutzend Albatrosse. Sie werden von einem Reiseleiter, der schon mit dem »Discoverer« vielfach unterwegs war, eindeutig identifiziert. Können eine Spannweite von drei bis vier Metern erreichen. Diese Vögel sind gute Fischer, sie haben auch ein ausgezeichnetes Orientierungsvermögen und können, wenn sie müde sind, auf den Wellen übernachten. Als Wandervögel, die allerdings in der Brutzeit das Land aufsuchen, ist der Luftraum über dem Ozean für sie eine Heimat. Hier schweben sie am Heck mit dem Wind, elegant heben sie ihre Schwingen, kommen nun ganz nahe an die Reling heran. Einer von den Vögeln getraut sich, das Schiff dicht über unseren Köpfen zu überfliegen. Einige wenige Flügelschläge genügen den Vögeln, um dem Kurs unseres Schiffes zu folgen, wo sie sich wohl einige Leckerbissen erhoffen.

Länger als eine Stunde beobachte ich die eleganten Albatrosse. Gegen den Abend hin sind wieder viele Wolken am Himmel aufgezogen, wenngleich Wind und See etwas ruhiger geworden sind. Den ruhigeren Seegang begrüßen vor allem jene, die heute abend den Musiksalon bevölkern wollen, der in eine »Haifisch-Bar« umgewandelt ist. Dort wollen sich »nach einem deftigen Seemannsschmaus alle Seemänner und Seefrauen, Matrosen, Bootsmänner, Offiziere, Seeräuber, Piraten und Meuterer« treffen.

Da heute nacht die Uhr wiederum eine Stunde vorgestellt wird, haben wir nun auf der Reise bisher 12 Stunden eingebüßt — bald kommt der Zeitpunkt, da wir uns der Datumsgrenze nähern.

Wohin wohl jetzt in der Nacht die Albatrosse geflogen sind? Haben sie nicht »die große Freiheit« gewonnen? Den Luftraum über Tausende von Kilometern...

Stiller Ozean, 7. Mai

Selbst die Speisekarten hatte man auf dem gestrigen »Piratenschmaus« der Seeräubersprache — wie man sich diese vorstellt — angeglichen. Da wurde ein Pfefferwodka zum »teuflischen Schiffskielwasser«, der Rotwein erschien als »geronnene Seekuhmilch«, eine Ochsenschwanzsuppe wurde zum »Bilgenwasser«, eine Sülze erwies sich als »gekapertes Strandgut«, und Tatar mit den Beilagen Zwiebel und Paprika kündigte man als »tranchiertes Seepferdchengesäß mit Meeresalgen« an.

Der Chronist, der dieses schreibt, hat heute noch eine kalendarische Besonderheit zu melden: Wir kommen zur sogenannten Datumsgrenze. Was will das besagen? Nun, die Erde dreht sich, wie jedermann weiß, im Laufe von 24 Stunden, also während eines Tages, einmal um ihre eigene Achse. Daher erlebt man den Sonnenaufgang oder ihren Untergang in den verschiedenen Weltgegenden, also z. B. in New York, Berlin, Bombay, Tokio, zu ganz verschiedenen Stunden. Im Zeitalter des Schiffsverkehrs, besonders aber des schnellen Flugverkehrs kam man zu einer Absprache, wie man diese Zeitunterschiede ausgleichen könnte. Man teilte kartographisch die Erde, die ja eine Kugel ist, in 360 Längengrade. Der 24. Teil sind 15 Längengrade und dies entspricht dem Zeitunterschied von einer Stunde. Wer ostwärts um die

Erde fährt, muß immer nach 15 Längengraden die Uhr um eine Stunde vorrücken; wer westwärts unseren Stern umrundet, muß alle 15 Längengrade die Uhr um eine Stunde nachstellen. Das gibt dann bei einer gesamten Erdumrundung jeweils einen Tag Zeitunterschied.
Um diesen Zeitunterschied auszugleichen, haben sich die Nationen geeinigt, den 180. Längengrad als sogenannte Datumsgrenze zu wählen. Der ostwärts Fahrende erlebt den gleichen Kalendertag an dieser Linie zweimal, der westwärts Fahrende überspringt einen Kalendertag. So haben wir bei unserer früheren Weltreise einmal den 23. Januar aus unserem Erdendasein streichen müssen, dafür erleben wir jetzt auf unserem Ostkurs am 180. Längengrad den 7. Mai zweimal.
Die Besonderheit der Datumsgrenze erklärt übers Bordfernsehen die charmante Sprecherin. Auf den zweimaligen 7. Mai wird man auch dadurch aufmerksam, weil im Tagesprogramm, das wie an jedem anderen Tag auf die Kabine gebracht wird, der Vermerk steht: »In der Nacht vom 7. Mai auf den 7. Mai werden die Uhren um eine Stunde vorgestellt.«
Nun heute am ersten Tag des 7. Mai wollen wir uns vormittags einen Dia-Vortrag über Mexiko ansehen. Vorher möchte Inge in ihrem Kurs über »Autogenes Training« nicht fehlen, während ich gegen einen völlig unnötigen Husten ankämpfe.
Inzwischen hellt sich der Himmel mehr und mehr auf, nimmt den Wolken die Schwere, gibt ihnen das Schwebende wieder. Und da dehnt sich denn auch das Silberblau des Himmels scheinbar ins Unendliche.
Ein wenig von diesem leuchtenden Blau hat van Gogh in sein Bild mit den vier Kähnen und einem Segelschiff eingefangen, das als Druck über meinem Bett in der Kabine hängt.
Die Sonne scheint auch jetzt im Verlauf des Vormittags voll auf unser Kabinenfenster, zeichnet einen Lichtfleck auf eine der weißen Korallen, die ich von den Malediven mitgebracht und aufs Fensterbrett gelegt habe.
Die Positionsmeldung besagt, daß wir die Datumsgrenze schon gestern um 16 Uhr überschritten haben.
Das Wetter bleibt nicht so schön, wie es sich am frühen Vormittag angekündigt hat. Es nieselt gegen Mittag, es gibt auch ein paar Regentropfen, die allerdings im Fahrwind schnell trocknen. Und da wagen sich auch schon wieder ein paar Sonnenhungrige an Deck.

Unter dem bedeckten Himmel genießen auch wir nachmittags nach der Teestunde am Heck die frische Seeluft. Ich hoffe, daß sie auch meinen Husten heilt. Abends erscheinen hier am Heck wieder einige Sturmvögel, mühelos lassen sie sich von der Brise emportragen, um dann wieder niederzuschweben und auf den Wellen auszuruhen.
Heute abend werden beim Essen zwei Geburtstagskinder mit »Happy birthday for you« und einer Torte beglückwünscht. Da morgen abermals der 7. Mai ist, müßten die beiden morgen eigentlich nochmals »geehrt« werden. Das gibt es wohl selten, daß man den gleichen Geburtstag an zwei aufeinanderfolgenden Tagen feiern kann. Alles wegen der Datumsgrenze!

Stiller Ozean, 7. Mai (2. Tag)
Heute steht in unserem Kalender also nochmals der 7. Mai. Noch anderthalb Seetage — morgen mittag landen wir in Honolulu — Hawaii. Der Tag beginnt mit hellem Schein — wenn auch nicht wolkenlos.
Leider machen mir Husten und Schnupfen viel zu schaffen. Auch bronchitische Beschwerden. Ich suche mir auf dem Sportdeck einen Platz, wo ich gegen Sonne und Wind geschützt bin. Die kleineren Wolken lösen sich auf. Die Sonne lockt die Passagiere aus ihren Kabinen an Deck. Auch die Matrosen benutzen den hellen Tag, um Beleuchtungskörper instand zu setzen oder Eisenteile zu streichen. In meinem Liegestuhl lasse ich mich nicht davon stören, daß man auf dem Bootsdeck Volley-Ball und dann Shuffle-Board spielt.
Meine Temperatur ist gestiegen, ich habe etwas Fieber, werde aber doch an dem Kapitänsdinner teilnehmen, das anläßlich der Überquerung der Datumsgrenze angesetzt ist.
Vor dem Fahrwind — Windstärke 5 — muß ich mich heute in acht nehmen, der Seegang 4 macht mir nichts aus, na und die Lufttemperatur mit 22 Grad ist ja auch günstig.
Nach dem Kapitänsdinner schaue ich allerdings im großen Saal nur mal kurze Zeit zu, wie man dort den »Mister Weltenbummler« erkürt. Schon aus Lokalpatriotismus freue ich mich, daß ein humorvoller Münchner Passagier diesen Titel erhält.
Für mich freilich ist dann frühzeitig Feierabend, das Fieber setzt mir doch zu und so heißt es, Tabletten schlucken und ins Bett!

Aloha — Hawaii

Honolulu / Hawaii, 8. Mai

Zwischen Ostasien und Amerika gibt es Tausende von Inseln und Inselchen im Pazifik — wir haben auf unserem Kurs von Yokohama ostwärts bisher nicht eine einzige gesehen. Die Inseln verlieren sich im weiten Ozean. Erst heute werden wir im Laufe des Tages wieder Land unter den Füßen haben.

Wegen der starken Gegenströmung und wegen des Windes landen wir nicht, wie vorgesehen, schon um 13 Uhr in Honolulu, sondern erst gegen 14 Uhr. Da aber kommen die Berge der Insel Oahu heran, welche die größte Einwohnerzahl der Hawaii-Inseln aufweist und die Hauptstadt Honolulu besitzt. Die Hawaii-Inseln sind der 50. Bundesstaat der USA und durch die strategische Lage mitten im Stillen Ozean besonders wichtig.

Honolulu wird im Näherkommen deutlich erkennbar. Hochhäuser und Wolkenkratzer steigen dort über die Küstenebene empor. Auf den Bergen dahinter sind Wohnviertel mit kleineren Häusern, Villen und Bungalows angelegt. Darüber wachsen die Berge wolkenwärts. Weiße Wolken stehen zusammengeballt auf der Kammhöhe.

Wie wichtig dieser Platz als Verkehrsmittelpunkt in der unendlichen Fläche des Stillen Ozeans ist, erkennt man nicht nur an der Zahl der Schiffe, die hier ankern oder bei unserer Einfahrt vorüberziehen — auch der Himmel gehört den Flugzeugen. Alle paar Minuten landet ein Flugzeug oder fliegt von hier ab. Auch jetzt, während uns der Lotse in den Hafen geleitet, schweben Flugzeuge auf und nieder.

Wir fahren langsam an Hallen und riesigen Containerhalden vorbei — da drüben rattern auch die hohen Gabelstapler einher, ähnlich wie in Singapur stoßen sie ihre schrillen Lärmrufe aus, um andere Fahrzeuge oder Fußgänger auf sich aufmerksam zu machen. Toll, wie ihre Eisenarme die schweren Container packen und emporheben.

Eine Handbreit nach der anderen schiebt sich die »Maxim« an eine der zahlreichen Piers heran. Es dauert nicht lange, bis wir angelegt haben und bis das Schiff zum Landgang freigegeben ist. Da es von seiten der amerikanischen Behörden untersagt ist, daß man Lebensmittel oder Medikamente mit an Land nimmt, machen die Amtspersonen Stichproben in unseren Reisetaschen. Vermutlich hat man eine allzu große Bazillenangst.

Da gleich neben der Pier befindet sich ein Uhr-Turm, darauf steht in großen Buchstaben: ALOHA, das heißt: »Willkommen.«
Wir haben für heute nachmittag eine Rundfahrt durch Honolulu gebucht, eine Stadt mit ca. 600000 Einwohnern, Das Fahrzeug können wir gleich in der Hafenhalle besteigen. Unser Fahrer ist dunkelhäutig. Nach seinen eigenen Worten stammt er zur Hälfte von eingeborenen Hawaiianern, zur anderen Hälfte von Chinesen ab. Sein Mischlingsgesicht wirkt dadurch noch fremdartiger, daß links und rechts von seinen Mundwinkeln der Schnurrbart spitz hinunter läuft. Neben sein Steuerrad hat er auf die Ablage weiße und rosa Blüten gestreut, so wie sie die Hula-Mädchen als Blumenketten um den Hals tragen.
Natürlich heißt es gleich: Aloha — Willkommen!
Wir merken nicht nur an der Wärme, sondern auch an der ganzen Vegetation, daß wir wieder im Bereich der Südsee sind. Palmen, Brotfruchtbäume, Tempelblüten — allüberall! Bald sind die Palmen buschig, etwa drei bis fünf Meter hoch, bald steigt eine andere Art von Palmen mit kahlem Stamm über alle anderen Gewächse empor, um dann oben mit einer Krone von Palmblättern im Wind zu fächeln.
Zuerst fahren wir mal auf der breiten Uferstraße zu dem weltberühmten Badeort Waikiki. Schon in Honolulu ist die Ausfallstraße von modernen Bauten gesäumt. Geschäftsleute, Hoteliers, Bankiers haben sich hier in den weißen Wolkenkratzern ihr Domizil geschaffen. Und daß dies amerikanische Hochburgen sind, merkt man gleich am Lebensstil: Die Unzahl der großen Autos, die dahinflitzen, die ausgedehnten Einkaufszentren, die eleganten Geschäfte und Hotels, die riesigen Parkplätze. Am Meer sind auch die Baulichkeiten eines Jacht-Klubs. Dort ankern auf den Kanälen zahlreiche kleinere Jachten, mit denen man am Wochenende in See stechen kann.
Wir erreichen nun auf dieser Küstenstraße die Nachbarstadt Waikiki. Ähnlich wie in Honolulu hat man hier in der Nähe des Ozeans weiße Wolkenkratzer aufgetürmt — aber zwischen den Bauten und der brandenden See ist noch genug Raum für den berühmten Sandstrand, Raum auch für Gärten und Parkanlagen.
Eine elegante Angelegenheit — dieses Waikiki! Dollar genug muß man freilich schon haben, wenn man etwa im »Waikikian-Hotel« oder im »Hilton« absteigen will. Nun die Amerikaner, die ja auf dieser Südsee-Insel ihr eigenes Territorium vorfinden, haben mehrere Wohnmöglichkeiten. Sie können, wenn sie nicht ins Hotel wollen, eine Eigentums-

wohnung in einem der riesigen Appartement-Häuser erwerben, können diese vermieten oder zeitweise auch selbst bewohnen.
Heute freilich erfreuen sich die Einheimischen zuerst mal am Strandleben. Da liegen viele Sonnenhungrige im Sand, andere probieren mit ihren Surfbrettern den hiesigen Nationalsport, das Wellenreiten. In einer Pause, die unser Fahrer einlegt, sehen wir ihnen zu.
Man bewundert diese geübten Sportler, wie sie die weißen Wellenbänder durchschneiden, wie sie auch in der hohen Brandung die Sicherheit nicht verlieren, wie sie aus dem Schaumbad auftauchen und daherflitzen.
Auf der Uferpromenade von Waikiki, der Kalakaua Avenue, gehts weiter. In den wenigen Nachmittagsstunden können wir nur einen Überblick über den berühmten Badeort bekommen und so wendet unser Fahrer zeitig den Wagen. Wieder sind auf der Rückfahrt nach Honolulu die Straßen gedrängt voll von Autos. Auch in den Seitenstraßen parken die Vehikel, drängen sich die Stoßstangen aneinander.
Aber der eine oder andere läßt vielleicht seinen Wagen am Wochenende stehen, um einen kleinen Spaziergang durch die Parkanlagen zu machen. Er kann hier dann echte Löwen besuchen oder in einem Glaskäfig auf dieser Insel, die als schlangenfrei gilt, lebende Schlangen als Schaustücke bestaunen.
Wer sich erholen und Sport treiben will, findet da auch in einem großen Gelände einen Golf-Klub. Die Damen können mitspielen und mittlerweile ihre Babys in einem »Kindergarten« abgeben, der übrigens hier im englisch sprechenden Land seinen deutschen Namen behalten hat.
Nun heute hat das Wochenende noch nicht begonnen, und darum geht's wohl auch auf dem Fischmarkt da drüben so lebhaft zu, da können dann die Hausfrauen die in der Nacht gefangenen Fische ganz frisch erwerben.
Wir sind im Universitätszentrum angekommen. Ja, auch in Hawaii — das heißt hier im Herzen von Honolulu — hat man eine Universität mit allen Fakultäten eingerichtet. Da gibt es runde Wohntürme, sie geben den Studenten ein modernes Domizil, sollen aber überbelegt sein, denn an dieser Universität sind weit über 20000 Studenten eingeschrieben.
Auf unserer eiligen Fahrt erreichen wir jetzt ein besonders elegantes Wohnviertel. Auffallend, daß man da in den Straßen neben den auf-

wendigen amerikanischen Schlitten auch einen VW-Käfer entdeckt, wohl als Zweitwagen für einen schnellen Einkauf. Mit diesen Ortsteilen, die an den Berghängen emporklettern, wirkt die Stadt Honolulu trotz aller Wolkenkratzer weiträumig, man hat eben die Wohnbauten doch so weit wie möglich auseinander gerückt. Auf diesen Hügeln, wo wir gerade halten, sind die Häuser niedrig geblieben.
Umgeben sind diese Villen und Bungalows von exotischen Gärten, in denen sogar Granatapfelbäume stehen. Man erzählt uns, daß hier der Mittelstand wohnt. Nun die Häuser sind in leichter Bauweise erstellt, man könnte sie mit Fertigbauten vergleichen.
Das gilt sogar für das Viertel der vermögenderen Schichten, für erfolgreiche Kaufleute, Juristen und Ärzte. Selbst hier, wo exotische Gärten sich mit hohen Kakteen und Bananenbäumen schmücken, sind die Häuser großenteils aus Holz errichtet, auch wenn der Eingang, respektgebietend, mit Säulen, Giebel und Terrassendach hervorgehoben ist. Die Bauweise hängt vielleicht damit zusammen, daß hier das Land im Prinzip unverkäuflich ist. So kann man etwa in diesem Viertel der vornehmeren Leute den Boden nur für 55 Jahre kaufen. Die Nachkommen müssen ihn wieder neu erwerben. Auch ein Grund, daß man sein Haus nicht »für die Ewigkeit« baut. Was solls! Wie wird die Welt in 55 Jahren aussehen?
In einer wunderbar grünen Parkanlage stoppt unser Wagen. Was für dichte grüne Blätterhauben in diesem Park! Nicht zum Erstaunen, denn einmal am Tag wird es regnen — dazu die Wärme.
Halt also im Waioli Tearoom, wo nicht nur eine strohgedeckte Hütte ein kleines Freilichtmuseum darstellt, sondern wo selbstverständlich auch ein Shop die Dollar aus der Tasche lockt. Daß dieser Teeraum ein beliebter Ausflugsort ist, sieht man gleich an der Zahl der parkenden Autos.
Auf der Weiterfahrt zu dem auf der Höhe gelegenen Gefallenen-Friedhof erzählt unser Chauffeur, auf welche Weise die alteingesessene Bevölkerung hierzulande ein Grundstück erwerben kann. Wer nachweist, daß er mindestens zur Hälfte von alten Hawaiianern abstammt, darf ein Grundstück für 99 Jahre kaufen. Er zahlt dann pro Jahr nur einen einzigen Dollar als Anerkennungsgebühr. Auf diese Weise versucht man besonders der älteren einheimischen Bevölkerung zu einem Heim zu verhelfen. Aber — von solchen alten Hawaiianern gibt es nicht mehr allzu viele. Die Urbevölkerung ist durch Kriege dezimiert

HAWAII: Eine Insel »aus Träumen geboren«

HAWAII: Bootsführer im Polynesischen Kulturzentrum (oben links) — Pearl Harbour mit dem Denkmal für die untergegangenen Marine-Soldaten (oben rechts) — Studentengruppe mit dem Willkommen-Gruß ALOHA (unten)

worden, inzwischen sind viele Japaner, Chinesen, Philippinos zugewandert.
Auf einem Aussichtshügel halten wir. Nach unten verlaufen sich die Bergwälder, gehen in die Gärten mit ihrer Orchideen- und Hibiskuspracht über — und dann reihen sich dort die hochfahrenden Wolkenkratzer auf dem Küstensaum aneinander. Vor Honolulu und Waikiki steht die See mit ihren weißen Gischtbändern. Die vulkanische Flanke des »Diamond Head« schließt die Bucht ab.
Nach einer kurzen Fahrt sind wir an dem amerikanischen Soldatenfriedhof »National Memorial Cemetery of the Pacific« außerhalb der Stadt angekommen. Er liegt — was für ein Sinnbild — in einem toten vulkanischen Krater. Weite Wiesen grünen jetzt über den Soldaten, die im Zweiten Weltkrieg und im Korea-Krieg ihr Leben einbüßten.
Bald geht es in die Stadt Honolulu zurück, wo uns der Chauffeur wenigstens noch ein paar Glanzpunkte seiner Heimatstadt zeigen will. Hier das Rathaus und das »State Capitol«, dann der Iolani-Palast, früher das Wohngebäude des Königs, heute Sitz des Gouverneurs. Eine Säulenreihe unterstreicht die Bedeutung des Palastes.
Schnell geht's auch durch ein chinesisches Viertel, das Geschäfte in seinen offenen Gewölben beherbergt und pagodenförmige Dächer zeigt — im ganzen aber nicht so turbulent ist wie das chinesische Viertel von Singapur. Aber immerhin — auch hier haben sich die Chinesen in einem engen Bezirk zusammengefunden, auch hier leben sie noch als einheitliche Volksgruppe.
Ohne Verweilen geht's nochmals an den Hochburgen des Geschäftslebens vorbei. Wir bedrängen den Chauffeur, er möchte doch zu dem alten Königspalast zurückfahren. Diese historische Stätte möchten wir etwas genauer anschauen.
Nach dem Aussteigen besinnt sich der Chauffeur auf seine Pflichten als Fremdenführer und erzählt: »Das Gebäude wurde 1882 von dem seinerzeitigen König fertiggestellt. Freilich lange konnten sich die Herrscher von Hawaii dieses Palastes nicht erfreuen. Bereits 1887 beanspruchten die Vereinigten Staaten den Hafen Pearl Harbour hier auf der Insel Oahu und 1898 annektierten sie die ganze Gruppe der Hawaii-Inseln. Heute erinnern nur noch der Palast und ein Denkmal daran, daß hier einmal ein König residierte.«
Diese Erinnerungsbilder werden schnell verdrängt. Ein anderes Hawaiian Life existiert. Da fahren die »Multis« im »Pontiac« oder »Lincoln«,

da gibt es überquellende Einkaufszentralen, in denen kaum ein Artikel fehlt, den die Welt produziert.
Auf dem Rückweg fragt der Fahrer, ob wir vielleicht hier bei »Fisherman's Wharf« aussteigen wollen, es gäbe in diesem Lokal besonders gute Fische. Nein, danke, wir wollen auf einen Besuch des teuren Fischlokals verzichten, zumal an Bord ein gutes Abendessen auf uns wartet.
Zu früher Nachtstunde machen wir noch den gewohnten Spaziergang über das Bootsdeck. Hell drängt sich der Mond durch die Wolken, die inzwischen aufgezogen sind, auch einige Sterne lugen durch die Wolkenfenster, aber das »Kreuz des Südens«, das man in klaren Nächten von Hawaii aus sehen kann, ist im Gewölk nicht zu finden. Inzwischen haben die Schiffe, die im Hafenbereich liegen, ihre Lichter eingeschaltet, die Ufersäume glänzen mit weißen und gelben Zeilen, in den Wolkenkratzern heben sich einige beleuchtete Stockwerke aus dem Nachtdunkel und den Hang hinauf entfaltet sich eine überfließende Lichterfülle, deren Ränder deutlich das Wohngebiet von den weit zur Höhe wachsenden Bergen abgrenzen. Weiße Scheinwerfer greifen in dieses Gefunkel hinein, während auf den Hochhäusern rote Lampen die heranfliegenden Flugzeuge warnen. Denn auch in dieser Nachtstunde starten und landen alle paar Minuten die Maschinen.
So wie die Flugzeuge mit ihren Lichtern Bewegung in den Nachthimmel bringen, so beleben auch die Autos mit dahinhuschenden Scheinwerfern die Uferstraße. Nein, die Stadt schläft noch lange nicht. Auch im Hafen selbst sind noch zahlreiche Boote unterwegs, die Bordlampen spiegeln sich im stillen Wasser.

Honolulu / Hawaii, 9. Mai

»Aloha« — »Willkommen auf Hawaii«, erklingt es schon in aller Frühe, wenn man auf dem Deck nachsieht, wie heute wohl das Wetter wird. Das zarte Gewölk läßt einen heiteren sonnigen Tag erhoffen. Das ist uns heute besonders wichtig, weil wir eine ganztägige Rundfahrt durch die Insel Oahu unternehmen wollen. Eine Rundfahrt von etwa 170 Kilometer Länge soll uns eine Vorstellung von der Landschaft geben, die für Hawaii charakteristisch ist.
Unser erstes Ziel ist der westlich von Honolulu gelegene, geschichtsträchtige Hafen Pearl Harbour. Riesige Öl- und Benzintanks begleiten eine Zeitlang unsere Fahrt auf einer breiten Autostraße. Mächtige Be-

tonkonstruktionen schneiden und überschneiden, kreuzen die Autobahn. Wieder landen und starten in kurzen Abständen die Flugzeuge. Wenn das amerikanische Festland für Schiffe von hier aus erst in vier Tagen zu erreichen ist, so schaffen das Flugzeuge bis Los Angeles in drei Stunden. Auf diese Weise ist Hawaii nicht nur politisch in die Vereinigten Staaten eingemeindet, sondern auch durch den modernen Flugverkehr eng mit dem Festland verbunden.

Neben der Straße werfen Palmen in der Frühsonne ihren Schatten in die Parkanlagen, und Brotfruchtbäume breiten auch hier ihre Laubschirme wie Schattendächer. Dazwischen glühen die flammenroten Blüten der Tulpenbäume.

Wir sind an der Gedenkstätte von Pearl Harbour angelangt. Ein großartiger Hafen, von der Natur bereits angelegt, stilles Wasser, fast wie ein Binnensee. In Friedenszeiten vor Stürmen geschützt, gibt er aber in Kriegszeiten für Bombenangriffe ein gutes Ziel ab, da hier die Schiffe kaum manövrieren können. Das mußten die Amerikaner erfahren, als im Dezember 1941 die Japaner bei einem überraschenden Luftangriff die amerikanische Pazifik-Flotte zu einem großen Teil vernichteten.

Dort in der See liegt noch das gesunkene Schiff «Arizona«. Mit über tausend toten Seeleuten und Soldaten. Man konnte das Schiff nicht bergen, da es mit explosiven Stoffen angefüllt ist und eine Bergung daher zu gefährlich wäre. Nun hat man quer über das gesunkene Schiff eine Brücke als Gedenkstätte gebaut. Von hier aus sieht man in der Tiefe den Schatten des Schiffes, darin über tausend Menschen seit Jahrzehnten eingeschlossen sind.

Am Rande des Hafenbeckens ein Denkmal, ein Kriegsmuseum, steinerne Umgänge mit Teichen und Springbrunnen, davor ein Palmengarten. Vom Garten aus blickt man weit hinweg über die stille See, bemerkt draußen ein paar moderne Kriegsschiffe und das Brückenmahnmal über der gesunkenen »Arizona«. Heute ein friedlicher feierlicher Anblick — wo an jenem Dezembertag die Hölle in dem »Perlenhafen« explodierte...

Von Pearl Harbour aus fahren wir nordwärts durch die Insel Oahu. Gegen das Landesinnere hin werden die Häuser immer bescheidener. Die Autostraße aber bleibt genauso gut wie in der Nähe von Honolulu. Es wird hügeliger, gegen den Hintergrund zeichnen sich höhere Bergkämme ab. Der Himmel ist leicht bedeckt, das Auto gut klimatisiert.

An die amerikanische Gegenwart erinnert seitwärts der Straße eine Militärbasis, kenntlich an den Baracken. Dann folgen wieder die Siedlungen der Einheimischen, die Häuser sind im Erdgeschoß oft aus Stein, im ersten Stock aus Holz erbaut.
Was aber beim weiteren Eindringen in die Insel der Landschaft den eigentlichen bestimmenden Charakter gibt, das sind die Ananasplantagen. Da müssen wir doch einmal aussteigen und die Zeilen der Ananaspflanzen, die kilometerweit ins Land hineinwachsen, von der Nähe aus betrachten. Eine Ananaspflanze braucht 18 Monate, bis sie zum erstenmal Frucht trägt. Dann aber wachsen alle drei Monate die Früchte heran. Fünf bis sechs Jahre kann man von der gleichen Pflanze ernten. Wenn wir daheim als Nachtisch eine Büchse mit Hawaii-Ananas öffnen, dann danken wir solche Leckerbissen zum großen Teil den hier kaum absehbaren Plantagen.
Da drüben an der Straße befindet sich ein kleiner Shop »Dole Pineapple Pavillon«. Da können wir gleich einen Teller mit geschnittenen Ananasscheiben erstehen. So frisch »vom Baum weg« schmecken sie wirklich köstlich.
Ja, was die Sonne hier alles bewirkt! Da gibt es auf dieser Insel farbenkräftige tropische Blumen, die man zum Teil auch exportiert: Orchideen, Strelitzien, den roten Ingwer und Anthurien. Man sagt, es soll über tausend Arten Orchideen geben. Wie die Botaniker, so könnten sich auch die Ornithologen über die vielen Vogelarten freuen, die es hier gibt.
Beim Halt vor einer »Ananas-Schule« sieht man, wie vielgestaltig, wie vielfarbig auch die Ananas-Pflanzen sein können. Ähnlich wie beim Tee gibt es je nach der Höhenlage die verschiedenen Qualitäten.
An der Nordküste der Insel in der Umgegend von Haleiwa breiten sich auch gute Weiden aus, die Kühe finden vortreffliches Futter. Darum kann von hier aus die ganze Insel Oahu mit Milch beliefert werden. Bei den Sportlern ist dieser Küstenstrich besonders durch seine Brandung bekannt geworden. Hier erreichen die heranstürzenden Wellen in den Monaten November bis Februar eine Höhe von fünf bis acht Metern. Heute sind sie immerhin noch zwei bis drei Meter hoch, ein Eldorado also für die Wellenreiter.
Wir stellen uns hier am Sandstrand unter eine schattige Palme, schauen den weißen Wellenbändern zu, die heranwallen, sich mit grünem Sturz überschlagen und dann gegen den Sand hin ausrollen. Kein

Wunder, daß die jungen schwarzen Burschen diese Wellen als Herausforderung betrachten. So wie bei uns in Bayern die Bergsteiger den Berg »besiegen«, indem sie den Gipfel erklettern, so nehmen es hier die Einheimischen mit den Wellen auf. Wahre Weltmeister, wie sie mit ihren Surfbrettern durch und über die Wellen »reiten«.
Besonders bei »Sunset Beach« an der Nordküste von Oahu türmen sich die weißen Wellen vor dem Sandstrand schäumend empor.
Abwechslungsreich die Weiterfahrt durchs Land: Häuschen mit Palmengärten gleich in Strandnähe, von Wiesen, Bäumen und Oleanderhecken gesäumt. Golfplätze, so weit ausgedehnt, daß man sie am besten mit einem Kleinauto durchfährt. Seltsame Gegensätze: Hier ein Mormonentempel — dort ein FKK-Strand! Unweit davon experimentiert ein Naturschützer mit einer Windmühle und probiert, wieviel Energie er dem Wind abgewinnen kann. Nostalgie im Zeitalter der Atomtechnik. Originell ein paar Teiche neben der Straße: Wie man bei uns Karpfenteiche anlegt, so züchtet man in diesen Wasserbecken die Shrimps.
Was läßt hier die südliche Sonne nicht alles gedeihen! Da reihen sich jetzt ganze Bananenhaine aneinander, Zuckerrohrplantagen füllen die Ebenen und mittendrin steht gleich eine Fabrik für die Zuckerrohrverarbeitung. Alles wird von der Sonne hell überstrahlt, mag das ein blühender Busch oder nur die Lackfarbe eines Autos sein.
Wir biegen zur Ostküste ab, fahren in der Nähe des Meeres ein Stück südwärts und erreichen am späten Vormittag das sogenannte »Polynesische Kulturzentrum«. Ein Museum unter freiem Himmel gleichsam, wo man Dörfer des Südseeraumes nachgebildet hat: Häuser von Samoa, Tahiti, Fidschi, Neuseeland, Tonga und natürlich Hawaii. In einem Kahn fahren wir durch die Kanäle dieses Dorfes, und da wir die Südsee-Inseln selbst schon früher besucht haben, werden alte Erinnerungsbilder wach.
Wir haben Glück. Glanzvoll bleibt die Sonne am blauen Himmel stehen, sie erfüllt diesen Park. Der Mann aus Tonga, der das Boot steuert, erklärt die Einzelheiten, auf welcher Insel man diese oder jene Hütte zu suchen hat. Man vergißt, daß man sich in einem musealen Gelände aufhält, zudem um diese Stunde nur wenige andere Besucher da sind. Man glaubt, durch das »Südseeparadies« zu fahren.
Daß man aber in diesem Freilichtmuseum auf einen Massenbesuch eingerichtet ist, zeigt das weitläufige Restaurant, wo wir jetzt zu Mittag

essen und uns am Büfett mit Hammel- und Hühnerfleisch, mit Reis, Salaten, Süßspeisen, Kuchen und natürlich auch mit Ananasscheiben bedienen. Auch die Säfte kann man sich nach eigener Wahl selbst einschenken.

Nach dem Essen gibt es sogar noch eine Show in einem riesigen Freilichttheater. Folklore ist nun einmal groß in Mode gekommen.

Nach der Show streifen wir nochmals durch den Garten mit den originalen Hütten der Südseeinseln, betrachten in einem Shop die Korallenketten, Masken — dann ist es Zeit, zu unserem Fahrzeug zurückzukehren. Diesmal geht es an der Ostküste von Oahu entlang südwärts. Hier ist die Landschaft am natürlichsten geblieben.

Die Kinder genießen den schönen Tag. Da drunten am Strand laufen die braunen kleinen Kerle fröhlich über den Sand, springen in die Wellen hinein, spritzen sich gegenseitig übermütig an und lassen sich dann selber von den Wellen überrollen. Die zukünftigen Meister des Wellenreitens!

Übrigens hat man vor Jahren in dieser Landschaft einen Film mit Elvis Presley gedreht: »Eine Nacht in Hawaii«.

Gerade die Einheimischen fahren in ihrer Freizeit gern an diese Ecke der Insel. Da können sie unter den Palmen ihren Wagen parken, da gibt es auch nicht allzu teure Restaurants, wo man die frisch gefangenen Fische und Krustentiere bekommt. Man kann aber auch selber auf einer Bank unter Palmen sein Picknick halten, kann sein Zelt neben einer Cook-Fichte aufschlagen. Wer Freude am Farbenspiel des Meeres hat, wird den silberweißen Gischt der heranrollenden Wellen betrachten, wird zusehen, wie die Bänder dunkelgrün weiterlaufen, um schließlich ins Blaue zu wechseln.

Wir hören, daß in einem nördlichen Gebirgsteil der Insel noch Menschen leben sollen, die nicht größer als Liliputaner werden, also kaum 1,20 Meter erreichen. Der Urwald soll sie vor Eindringlingen schützen. Sie haben den Glauben, daß lange Gänge tief in die Erde hinein zu einem wunderschönen Paradies führen. Wenn sie spüren, daß ihre Zeit abgelaufen ist, entfernen sie sich durch diese Gänge von ihren Verwandten, um zu sterben und im Innern des Berges das Paradies zu erlangen.

Jedenfalls haben die Leute hierzulande viel Phantasie. Da steigen auf der Landseite die Berge mit Dschungel und Regenwäldern zur Felsregion empor. Und dort oben hat man eine Felsgruppe, die wie ein Lö-

wenkopf aussieht, zum »größten Löwen der Welt« erhoben. Eine andere Felsengestalt deutet man als »größten chinesischen Hut der Welt« und eine dritte Steinlandschaft, die sich ins Meer vorbeugt, kann man mit einiger Vorstellungskraft als »liegende Schildkröte« erkennen.
Nur hier und da ragen solche Felsgruppen aus dem Grün der Berghänge. Tropischer Regen vereint mit tropischer Sonne zaubert immer wieder die grünen Mäntel um die Berge. Regenwälder überwuchern das Lavagestein.
Die tadellose Autostraße zieht sich jetzt zwischen eisenhaltigen rötlichen Erdflanken dahin. Je näher wir an Honolulu heranrücken, desto dichter wird der Verkehr. Auf einer Bergstraße wollen wir einen Aussichtspunkt erreichen, der 400 Meter hoch gelegen ist. Wohl hat man auch hier einen Golfplatz der Natur abgerungen, aber gleich danach werden die Regenwälder wieder so dicht, daß sie wie grüne Wände links und rechts von der Straße stehen. Da fahren wir in einem modernen klimatisierten Fahrzeug auf einer modernen Straße daher — aber nur wenige Schritte seitwärts genügen, um eine nahezu unberührte Natur zu finden.
Da plätschert wie eh und je ein Wasserfall von einer Felsterrasse, da schlingen sich die Lianen in die höheren Baumstämme, da entfalten sich üppig die Blätter des Philodendrons, da hängen die Luftwurzeln herab, in mehreren Etagen wachsen Sträucher, Büsche und Bäume übereinander, der Regenwald ist wie verfilzt, schwer durchdringlich, in — und übereinander wächst alles, drängt alles zum Licht. Die Straße ist nur eine schmale Bresche im wuchernden Blattwerk.
Wir sind auf dem Aussichtspunkt Nuuanu Pali angelangt, ca. zwölf Kilometer von Honolulu entfernt. In dieser denkwürdigen Gegend gab es Ende des 18. Jahrhunderts eine kriegerische Auseinandersetzung zwischen den Eingeborenen und dem König von Hawaii, der seine Macht auch über dieses Inselgebiet ausdehnen wollte. Noch heute berichtet man, daß bei diesem blutigen Geschehen viele Krieger über die Felsen gestürzt worden sind. Vergangenheit! Heute sammeln sich die Touristen von überallher, sammeln sich auch die Einheimischen in Festgewändern an dieser Stelle, um hinunterzusehen auf Stadt und Land, auf Wälder und Vulkanhalden, auf Strand und Seen.
Schwer kann man sich von diesem grandiosen Rundblick lösen. Aber die Zeiger der Uhren sind unerbittlich. Bei der Weiterfahrt ins Tal hinab begleitet uns noch über eine Strecke der Regenwald, begleiten uns

die Lavaberge, das Unterholz, die Farne. Dann mehren sich wieder die Holzhäuser. Dazwischen in die Landschaft eingebettet ein japanischer Friedhof mit einer Pagode, einem Schrein und zahllosen schwarzen Gedenksteinen.

In Waikiki empfangen uns wieder die Wolkenkratzer, die Autobahnkonstruktionen mit ihren kühnen Überschneidungen, Hotelpaläste, Banken, Kaufhäuser.

Wir benutzen eine längere Pause, um mal das Hyatt-Hotel von innen anzusehen. In einem dieser Hoteltürme könnte man es schon eine Zeitlang aushalten, wenn man genug Kleingeld hat. In der Mitte des Hotels liegt zwischen schattigen Arkaden, wo die eleganten Geschäfte ihre Auslagen haben, ein riesiger Hof mit tropischer Anpflanzung und einem Wasserfall, der vom Obergeschoß herunterbraust. Da kann man in der frischen Luft, die vom Wasser hergeweht wird, seinen Drink genießen. Ein Swimming-pool gehört natürlich auch zur Ausstattung einer solchen Hotelburg.

Wir verlassen diese Traumlandschaft eines modernen Architekten. Bevor wir an der Straße in unser Auto einsteigen, deutet der Chauffeur noch auf ein Hausschild: »Nude girls — free drinks«. Ja, ja — so ist das Leben. Ist das Leben so?

Endlich nach Ananasplantagen, Wellenreitern, polynesischer Folklore, nach Regenwäldern, amerikanischen und japanischen Friedhöfen, nach vulkanischen Hängen und Orchideenkulturen wieder auf der »Maxim«.

Vom Heck aus verfolgen wir, wie unser Schiff gegen 18 Uhr ablegt. Neben uns liegt noch der amerikanische Passagierdampfer »Independence« — offenbar gibt es doch noch Amerikaner, die statt der drei Flugstunden von Los Angeles lieber eine erholsame Seereise wählen, wenn sie nach Hawaii fahren.

Die Sonne neigt sich im Westen bereits ins Meer, da entfernen wir uns von der Pier. »Aloha« steht dort auf dem Uhrenturm. »Aloha« ruft man auch vom Kai herauf und winkt. Der Gruß heißt ja nicht nur »willkommen«, sondern auch »auf Wiedersehen.« Und so kreuzen sich die Rufe derer, die unten an der Pier stehen, und der anderen, die vom Schiff aus zurückrufen: »Aloha, aloha!«

Die Sonne ist bereits im Westen untergegangen. Die Nacht kommt schnell. Vier Seetage durch den Stillen Ozean liegen vor uns, bis wir San Francisco an der amerikanischen Westküste erreichen.

In der Kabine finden wir einen Strauß mit Nelken und Chrysanthemen — Blumen von Hawaii.
»Aloha — Hawaii!« Aloha — ein Gruß, der sich seit Hawaii mehr und mehr auf der »Maxim« einbürgert.

Wieder auf dem Pazifik

Stiller Ozean, 10. Mai
Ich muß sehen, daß ich in den nächsten Seetagen meine Bronchitis losbringe, also her mit den Tabletten, damit das Fieber runtergeht. Denn wenn wir in den Vereinigten Staaten landen, möchte ich wieder fit sein.
Ich denke noch an die zauberhaften Stunden in Hawaii. Auch heute, da es auf dem Stillen Ozean ostwärts geht, haben wir den schönsten Sonnenglanz. Nachts sah ich vom Kabinenfenster aus, wie der Mondschein sich als eine silberne Brücke über das Meer schwang, jetzt legt die Sonne wieder ihr Glitzerband, vibrierend und schillernd, über die ultramarinblauen Wellen.
Natürlich gibt es in diesen vor uns liegenden Seetagen wieder alle Möglichkeiten, sich an Bord zu beschäftigen: Sport, Gesundheitsregeln. Zu den Sprachkursen ist jetzt auch ein spanischer gekommen, das Spanische ist ja mit seiner Verbreitung in Mittel- und Südamerika eine der Weltsprachen.
Auch abends hat man die Wahl: Im Musiksalon hört man einen »Liederabend« mit Werken von Schubert, Schumann, Brahms und Mozart — im Kino wird ein Psychothriller geboten: »Ein Mann jagt sich selbst«.
Ich selbst gehe frühzeitig ins Bett, um meine Erkältung auszukurieren.
Unverdrossen arbeiten die Maschinen des Schiffes. Ihr Singsang schläfert mich ein. Ein Schlaflied, in das die heranklatschenden Wellen wie eine zweite dunkle Stimme einfallen.
Die Uhr habe ich bereits wieder eine Stunde vorstellen müssen.

Stiller Ozean, 11. Mai
Ein blauer Tag mit viel Sonne, allerdings auch mit kräftigem Wind. Oberhalb des Beckens finde ich einen geschützten Platz, wo ich aufs Meer hinaussehen, aber auch in die aufziehenden Wolken blicken

kann. Weiß und silbergrau kommen sie daher, werden aber weitergeweht und können den blauen Tag nicht gefährden. Die Sonne gewinnt immer wieder ihren hellen Glanz, nur ab und zu werden weiße Tupfen und Streifen in die azurene Himmelstiefe geweht.
Für den Abend hat man zuerst auf dem Sportdeck eine »Polynesische Deckparty« mit Rumpunsch und Tanzmusik geplant. Aber sie wird wegen des starken Windes und Seeganges abgesagt. Die Partyfreudigen haben sich vergeblich mit dem »Hawaii-Look«, den farbenfrohen Kitteln und Röcken, herausgeputzt. Nun — aufgeschoben ist nicht aufgehoben.

Stiller Ozean, 12. Mai
Die Tabletten scheinen mir zu helfen, das Fieber geht runter, aber mit dem Schwimmen ist es noch nichts. Nun klagt freilich auch Inge über Erkältungserscheinungen, die ja bei den Temperaturgegensätzen begreiflich sind. Und so suchen wir uns beide einen windgeschützten Platz an Deck, um uns in der reinen Seeluft zu kurieren. Heute ist ja ein seidiger blauer Himmel, den kein Wolkenaufzug stört. Und auch die Lufttemperatur — man mißt vormittags 20 Grad — ist angenehm.
Den Vortrag des Bordgeistlichen am späten Vormittag über »Amerika — Kontinent der Superlative« wollen wir nicht versäumen. Ein paar Fenster dieses Erdteils werden sich auch für uns in den nächsten Tagen auftun.
Neben der Belehrung ist natürlich auch wieder für Unterhaltung gesorgt. Besonders die weiblichen Passagiere werden sich heute nachmittag zur Teestunde zusammenfinden, bei der auf einer »Modeschau« Modelle aus den verschiedensten Ländern unserer Weltreise gezeigt werden.
Das Wetter bleibt schön — Sonnenglanz am Himmel — Sonnenglanz über den Wellen des Stillen Ozeans. Die meisten Europäer nähern sich ja dem amerikanischen Kontinent von Osten her, unsere Gedanken müssen sich daran gewöhnen, daß wir diesmal Amerika von Westen her ansteuern. So zwingt uns dieser Kurs wieder, heute nacht die Uhren um eine Stunde vorzustellen.
Nun die meisten Passagiere kümmern sich nicht darum, daß sie diese Nacht eine Stunde weniger Schlaf haben; denn heute abend soll im Musiksalon, wie sich das auf solchen Kreuzfahrten nun mal eingebür-

gert hat, die Wahl der »Lady Pazifik« stattfinden. Es ist der Wunsch der Reiseleitung, daß von den Passagieren diejenige Dame gewählt wird, »deren Liebenswürdigkeit, Charme und Humor« alle begeistert. Der Seegang, der nur 4 beträgt, wird die Veranstaltung nicht stören. Noch ist es aber nicht soweit, erst müssen sich einmal die Kandidatinnen in Schale werfen.
Inge aber muß im Bett liegen, die Erkältung hat ihr inzwischen die Stimme genommen, sie ist total heiser. So werden wir die Wahl der »Lady Pazifik« über das Fernsehgerät der Kabine verfolgen. Der Musiksalon wird auch ohne uns drangvoll.
Gewählt wird zur »Lady Pazifik« eine charmante Wienerin. Sie gewinnt die Sympathie der Passagiere auch dadurch, daß sie freimütig ihr Alter gesteht: 70 Jahre! Sie hat die Reise als Geburtstagsgeschenk von ihrem Mann erhalten. Gratulation!
Während Inge wegen ihres Fiebers an dem anschließenden Galabüfett nicht teilnehmen will, hole ich mir doch meinen Fotoapparat aus dem Schrank, um das Büfett vor der Zerstörung aufzunehmen. Der Meisterkoch hat mit seinen Gehilfen wieder wahre Kunstwerke der Gastronomie geschaffen. Wie er einen großen Fisch dekorativ auf die Silberplatte gelegt hat, wie er aufgeschnittenes Roastbeef zu einem Tierkörper geformt hat, wie er ein Spanferkel appetitlich darbietet, die Krustentiere auf die Platten verteilt, die Süßspeisen schaufensterreif geordnet und Obst zu einem kleinen Turmbau aufgeschichtet hat — das zeigt, daß der russische Koch mit Begeisterung bei seinem Beruf ist und den Genießenden zuerst einen Augenschmaus bieten will, bevor es ans Tranchieren geht.

Stiller Ozean, 13. Mai

Heute früh muß ich einen Arzt rufen, da Inge über starke Halsschmerzen weiterhin klagt. Der Arzt kommt gleich mit einem Dolmetscher, schaut sich den Hals der Patientin an, mißt die Temperatur, hält es für richtig, daß Inge weiterhin Antibiotika-Tabletten nimmt. Eine Stewardeß bringt heiße Milch und Honig auf die Kabine.
Das Wetter ist heute nicht so schön wie gestern. Der Himmel ist bedeckt, aber der Seegang ist nicht stärker geworden. In der Luft mißt man 18 Grad.
Die morgige Stadtrundfahrt in San Francisco muß ich für Inge absagen. Ewig schade! Doch hoffe ich, daß sie wenigstens übermorgen

wieder dabei sein kann, wenn's bei einem Ausflug über die »Golden Gate« geht. Der Arzt meint, sie könne dann mitfahren, wenn sie fieberfrei ist.
Im Laufe des Vormittags zieht der Bordgeistliche mit der Fortsetzung seines Vortrages über Amerika wieder zahlreiche Zuhörer an, die sich auf die nächsten Ziele unserer Weltreise und das amerikanische Leben vorbereiten wollen.
Im Lauf des Tages wird auch der Himmel wieder heller, die Sonne kämpft mit den Wolken. Schließlich bleibt sie stärker, ihr Licht blendet auf den Wellen und läßt das weite Blau bis zum Horizont hin heller leuchten.
Am späten Nachmittag lege ich mich für eine Stunde auf Deck in den Liegestuhl, die Luft ist mild, angenehm warm und rein — so hoffe ich, daß sie meinen Atemwegen gut tut.
Auf einem anschließenden Rundgang treffe ich gute Bekannte. Es ist schön, daß man hier mit einem Freund von der Wasserkante, dort mit einem Freund vom Rheinland, dann mit Bekannten aus Bayern und natürlich auch aus Frankfurt ein Gespräch an der Reling führen kann.
Nachmittags steigt der Wind wieder auf Stärke 6, auch der Seegang ist unruhiger geworden. Bis zum Horizont ein blaudunkles Gewoge.
Ähnlich wie wir sind auch manche andere Passagiere vom Fieber mattgesetzt. Aber sie werden im gut ausgestatteten Schiffshospital von mehreren Ärzten bestens versorgt. Wenn man daran denkt, wie es im Entdeckungszeitalter war, wo die Seefahrer unter Skorbut und Epidemien litten, in der Flaute nur noch verdorbenes Wasser und ungenießbares Fleisch hatten, wo selbst der Schiffszwieback verschimmelt war — dann sind wir späten Nachfahren dieser Männer zu beneiden. Zwar können auch heutigentags nicht alle Strapazen und gesundheitlichen Schwierigkeiten vermieden werden, aber die Impfungen, die Medikamente und die Schiffsärzte tun das menschenmögliche.
Ich selbst habe mir aus der Bibliothek ein Buch über die Geschichte der Seefahrt geholt und lese darin ein Kapitel, was für Mühseligkeiten den Portugiesen bei ihren Asienfahrten im 16. Jahrhundert aufgebürdet waren.

Stiller Ozean, 14. Mai vormittags
Der Tag beginnt mit grauem Gewölk und bewegter See. Windstärke 7,

Seegang 6, Wassertemperatur 14 Grad, Lufttemperatur 13 Grad, Meerestiefe 211 Meter, Luftfeuchtigkeit 80 Prozent, Geschwindigkeit 17 Knoten.
Wegen des bewegten Seegangs sind die sportlichen Veranstaltungen an Deck abgesagt. Am späten Vormittag zeigt sich zeitweise die Sonne, wenn auch verschleiert. Der heftige Wind bleibt. Die Wellenkämme tragen Schaumköpfe. Die ersten Sonnenhungrigen suchen sich auf dem Bootsdeck einen geschützten Platz für ihren Liegestuhl. Ein älterer, noch recht schneidiger Herr zieht unverdrossen seine Runden, offenbar hat er sich für seine Morgenwanderung eine bestimmte Strecke vorgenommen. Am Heck zeigen sich schwarze und weiße Sturmvögel mit großen Schwingen, kein Wunder, das amerikanische Festland ist ja nicht mehr weit. Sehen können wir die Küste noch nicht, aber gegen 14 Uhr sollen wir sie erreichen. Wer so wie die Vögel sich vom Wind tragen lassen könnte!

Die Stadt mit der Golden Gate

San Francisco, 14. Mai nachmittags
In der Mittagszeit passieren wir die Golden Gate. Fahren unter der berühmten Hängebrücke durch und laufen in das weite Becken der San Francisco-Bay ein. Es ist dunstig und bewölkt, die Hochhäuser der auf Hügeln gelegenen Stadt erscheinen nur verschleiert. Um 14 Uhr etwa sollten wir anlegen, aber widrige Windverhältnisse erschweren das Manöver der »Maxim«. Die zwei eingesetzten Schlepper vermögen es nicht, das Schiff an die Pier heranzudrücken, so daß ein dritter Schlepper angefordert werden muß. Mit seiner Hilfe gelingt dann das Anlegemanöver. Gleichzeitig paßt sich die Schiffszeit der Ortszeit von San Francisco an, die Uhren werden eine Stunde vorgestellt.
So hat sich unsere »City-Tour« mit dem modernen Bus — klimatisiert, getönte Scheiben — etwas verzögert. Da sich Inge immer noch nicht gesund fühlt, suche ich allein den Bus, er steht in der Hafenhalle gleich neben der Pier, wo wir angelegt haben.
Eine Deutsche, der San Francisco zur neuen Heimat geworden ist und die sich selbst als eine Mischung von Kölnerin und Berlinerin vorstellt, ist die Wagenbegleiterin. Sie rühmt San Francisco als die schönste Stadt Amerikas. Wir werden sehen — fahren an »Fisherman's Wharf«

(das gibt's auch hier) vorbei, an einem Jachthafen, an einem Zentrum mit über 100 Geschäften und über 20 Restaurants, vorbei an einem historischen Klipper, der da als Schmuckstück im Wasser liegt, werfen einen Blick auf eine berüchtigte Gefängnisinsel, schauen einem Hubschrauber zu, der am Ufer entlang kreist.

Da wir uns mit der Rundfahrt etwas verspätet haben, können wir in diesem Touristenzentrum mit den vielen Shops, mit den Künstlern, die ihre Bilder an die Fremden verkaufen wollen, und in einem Wachsmuseum, das an das Londoner Wachsfigurenkabinett erinnert, nicht länger verweilen.

Unsere redegewandte Begleiterin — noch ziemlich jung und schon ein wenig amerikanisiert — ist offenbar eine Feinschmeckerin. Eindringlich empfiehlt sie uns den einheimischen Lachs, die gebratenen Krebse oder zum mindesten eine delikate Fischsuppe. Unbedingt sollten wir dann in »The Buena Vista«, einer Bar, Irish Coffee trinken oder einen Bananensplit oder eine von den 60 Eissorten probieren. Für das Schiffsmuseum nebenan, meint sie, hätten wir ja doch wohl keine Zeit. Nun wir haben in diesen Wochen so viele Schiffe gesehen, — alte und neue, Kreuzer und Dschunken, da brauchen wir heute nicht unbedingt ins Schiffsmuseum zu gehen.

Daß San Francisco mit seinen 700 000 Einwohnern auf zahlreichen Hügeln steht — man sagt, es seien über vierzig, sieht man gleich, als unser Fahrzeug eine breite steile Straße erklimmt.

Wir biegen in die Lombard Street ein, die als die gebogenste und kurvenreichste Straße gilt und mit Hotels gesäumt ist. Dann kommen Wolkenkratzer, die auch in dieser vom Pazifik umgürteten Stadt nicht fehlen. Erstaunlich, daß es die Architekten gewagt haben, in der von Erdbeben so bedrohten Stadt solche Hochbauten zu errichten!

Die Geschichte von San Francisco ist noch gar nicht so alt. Im letzten Viertel des 18. Jahrhunderts entstanden hier die ersten Ansiedlungen und erst 1836 kam es zur Gründung eines Hafens in der von der Natur geschaffenen Bucht. Als man dann in Kalifornien Gold entdeckte, strömten auch hierhin die Abenteurer. Im Jahre 1906 zerstörten Erdbeben und im Gefolge davon Feuersbrünste weite Stadtteile. Auch in der Gegenwart ist der Untergrund, auf dem die Stadt ruht, von neuen Beben bedroht. Doch sagt man, die modernen Hochhäuser würden auf tiefen Betonpfählen ruhen, und so hofft man, daß sie erdbebensicher sind. Stahl und Holz, das sind die wichtigsten Baustoffe.

Abgesehen von den im Zentrum gelegenen Wolkenkratzern ist aber die hügelige Stadtlandschaft von San Francisco, hauptsächlich im Hinblick auf den gefährdeten Boden, von niedrigeren Häusern erfüllt. Im Erdgeschoß ist meist eine Garage eingebaut, darüber begnügt man sich mit einem ersten eventuell auch mit einem zweiten Stockwerk. Bei diesen Häusern verwendet man gern als Baustoff Holz, das bei einem Erdbeben ja nicht so hart auf die Köpfe fällt wie ein Betonbrocken. Man liebt vorgezogene Erker, auch Balkone, und überall an den Außenwänden laufen Feuerleitern zur Tiefe.

In der Union-Straße kleine Shops, Restaurants, ein Hotel, dazwischen Kinoreklamen.

In der Wohngegend »Marina« neuere Häuser, meist erst nach 1915, dem Jahr der Panama-Ausstellung, gebaut.

Daß man hierzulande der Kunst auch Raum gibt, beweist der Palast »Fine Arts«, der sich mit einer anspruchsvollen Kuppel nahe der Straße breit macht.

Ein weites Militärgelände und ein Soldatenfriedhof schließen sich an. Bald sind wir bei der weltberühmten Brücke »Golden Gate« angelangt. Sie wurde in den dreißiger Jahren von einem Baumeister namens Joseph Strauss erbaut, dem man an dieser Stelle auch ein Denkmal gesetzt hat. Hier an der Brücke legen wir einen »Fotostop« ein, man hat Zeit, die kühne Konstruktion zu bewundern, die den Highway von Nord nach Süd ermöglicht. Mit einer Länge von 2,8 Kilometern war sie geraume Zeit die längste Hängebrücke der Welt, jetzt ist die »Golden Gate« an die dritte Stelle gerückt, weil man inzwischen in New York und Istanbul noch längere Brücken gebaut hat. Aber noch immer ist der großartige Anblick der »Golden Gate« unübertroffen. Von zwei mächtigen Eisenpfeilern gestützt, überspannt sie in einer Höhe von 70 Metern die Meeresfläche des Pazifik, so daß mühelos auch die höchsten Schiffe unter ihr durchfahren können. Erst heute hat sie ja auch unsere »Maxim« durchfahren. Die Brücke selbst hat als Autostraße einen starken Verkehr zu bewältigen, in ununterbrochener Kette fahren die Straßenkreuzer nach beiden Richtungen darüber. Freilich hält die Brücke auch einen anderen traurigen Rekord: Über 700 Selbstmörder stürzten sich von hier in die Tiefe! Felsige Höhen ringsum! Die Hügel sind nur wenig bewachsen, offenbar läßt der Wind von See her, wie er auch jetzt heftig heranweht, größere Bäume nicht gedeihen. Nur Büsche wuchern auf dem Moosboden.

Wunderbar der Blick hinaus auf den offenen Pazifik mit den bewegten Wellen, hinein in die stillere Bucht!
Freilich die Inseln, die man hier verstreut sieht, haben allerlei bittere Schicksale erlebt. Da waren auf der Insel Angel-Island im Ersten Weltkrieg Japaner, im Zweiten Weltkrieg Deutsche und Italiener interniert. Schlimmer noch die in der Bay gelegene sogenannte Gefängnisinsel Alcatraz Island. Nach dem Ersten Weltkrieg hatte man auf diesem Felsen Kriegsverbrecher inhaftiert, später kamen »schwere Jungens« in diese Burg. Hier saß auch der berüchtigte Al Capone. Täglich wurden diese »Jungens« warm geduscht — aber nicht aus Menschenfreundlichkeit — wie unsere Begleiterin meint, verweichlichte man sie und schreckte die vom warmen Wasser verwöhnten Burschen vor einem Fluchtversuch durch das kalte Ozeanwasser ab. Außerdem erzählte man ihnen, die Gewässer ringsum seien von Haifischen durchsetzt, obwohl es hier kaum Haie geben soll. Man verfuhr nicht zimperlich mit den Gefangenen, auch nicht was die Dunkelhaft anlangte. Erst Robert Kennedy hat dann als Senator dieses Gefängnis geschlossen. Ende der sechziger Jahre haben noch einmal ein paar Indianer versucht, Geschichte zu machen, haben die Insel zeitweise besetzt und damit demonstriert, daß eigentlich der amerikanische Boden ihnen gehöre. Neuerdings kann man die Gefängnisinsel als beliebtes Ziel auf einer touristischen Rundfahrt besichtigen.
Aber uns steht nicht der Sinn danach — und so kehren wir in die Stadt zurück. Trotz des dichten Verkehrs geht es flott voran, an einem Zollhäuschen muß jedes Fahrzeug seinen Obolus entrichten.
Vor dem Denkmal des Brückenerbauers Strauss halten wir nochmals. Dann geht es durch ein Waldgelände zurück. Die Bäume, meist Nadelhölzer, sind von den Stürmen des Ozeans zerzaust, viele Stämme sind schief gebogen. Wir durchfahren das Militärgelände Presidio mit Soldatenwohnungen und einem Offiziersklub, gelangen in eine schöne Wohngegend.
Erstaunlich ist es, was für verschiedene Rassen und Völker in der 200jährigen Stadtgeschichte hier zusammengeströmt sind: Sehr viele Chinesen und Japaner, Italiener und Deutsche, natürlich auch Schwarze und Mischlinge aller Art. Oft haben sich die einzelnen Völkerschaften in eigenen Vierteln niedergelassen. Aber die Parkanlagen, die Kunstmuseen, die Krankenhäuser stehen natürlich allen offen.
Wir kommen zur felsigen Pazifik-Küste, wo die Brandung von der grü-

SAN FRANCISCO: Rotholzbäume in dem berühmten Naturschutzgebiet Muirwoods

SAN FRANCISCO: Die »Cable-Car« steht unter Denkmalschutz, wird aber noch viel benutzt (oben links) — Die weltbekannte »Golden-Gate«-Brücke (oben rechts) — Idyllische Straße im Künstlerdorf Sausalito (unten)

nen See her mächtige weißen Wellen herantreibt. Eine beliebte Wohngegend hier an der Küste! Zum Baden hat man freilich in der kalten See, die höchstens 15 bis 18 Grad erreicht, nur wenig Gelegenheit, aber der Blick ist phantastisch ins Weite gerückt. Da steht auch das berühmte »Cliff-House«, das durch Feuer und Erdbeben dreimal zerstört wurde, jetzt aber wieder am Küstenrand scheinbar unerschütterlich dasteht. Von der Höhe aus kann man sogar Seelöwen beobachten, die sich draußen auf einer Felseninsel herumtreiben.

Das nächste Ziel: der Golden-Gate-Park. Er zählt zu den prächtigsten Parkanlagen unserer Erde. Mit einer Länge von fünf Kilometern, einer Breite von 800 Metern umfaßt er ein so großes Gelände, daß darin alle Stadtbewohner Erholung suchen können. Gleich merkt man, daß hier die Losung gilt: Trimm dich! Denn immer wieder sind auf den schönen Wegen Jogging-Läufer unterwegs. Eine »glitzernde Stadt« nennt man San Francisco — und hier im Park glänzt sie wahrhaftig. Da stehen die Eukalyptus-Bäume mit ihren langen Blättern. Aus Australien hat man sie einst hier eingeführt, weitere 5000 verschiedene Arten von Bäumen, Pflanzen und Blumen sind nicht nur für Botaniker eine Augenweide. Dazwischen auch mal ein Gehege: Darin können sich Büffel und Elche wohl fühlen, auch Hirsche tummeln sich hier. Eingebettet sind mehrere Seen, man hat auch nichts dagegen, wenn sich an den Ufern Familien zum Picknick niederlassen oder wenn ganze Schulklassen auf ihren Ausflügen hier einfallen, während Individualisten auf den asphaltierten Wegen zwischen den Blumenbeeten mit ihren Rollschuhen dahinhetzen.

Im Zentrum des Parks zeigt man sich musikalisch. Dort stehen Denkmäler für Verdi und Beethoven in der Nähe eines Musiksaales.

Auf der Weiterfahrt kommen wir nun zur ältesten Wohngegend der Stadt. Alte schöne Häuser im viktorianischen Stil reihen sich aneinander. Hier, wo es keine Hochhäuser gibt, weiß man um die Gefahren, die im Inneren der Erde lauern, hat aber doch mit schmucken Erkern und Portalen die Fassaden versehen. Fast in jedem Haus hat man unten eine Garage — was wäre man ohne Auto im »American way of life«. Selten verfügen die Häuser über mehr als zwei Stockwerke, aber Außentreppen haben sie fast alle. Man ist vorsichtig in einer Stadt mit so vielen hölzernen Bauten.

Oberhalb dieser Siedlung stehen am Hang langgezogene moderne Gebäude: Kliniken! Erdbebensicher, so sagt man...

Erdbebensicher? Einer, der es genau wissen will, fragt unsere Begleiterin: »Wann kommt das nächste Erdbeben? Wir lasen in deutschen Zeitungen davon, daß es bald...«
Antwort: »Heute — morgen — in einem Monat — in einem Jahr — in hundert Jahren — wer weiß es.«
Unsere Begleiterin macht uns darauf aufmerksam, daß man gegen Feuersbrünste, die leicht in der Folge eines Erdbebens auftreten, Vorsorge getroffen hat. Da ist nicht nur hier an der Straßenseite ein künstlicher Tümpel mit Wasser — da gibt es auch in der Stadt viele Wasserreservoire — und niemand würde es wagen, vor einem solchen Behälter etwa zu parken. Ein solches Fahrzeug würde sofort abgeschleppt, und eine hohe Strafe wäre absolut sicher. Nicht umsonst sind die Feuerwehrleute in dieser »schönsten Stadt der Staaten«, die zugleich die gefährdetste ist, besonders hoch bezahlt.
Auf einer Höhenstraße erreichen wir den sogenannten »Sunset-District«, die Sonnenuntergang-Gegend. Weit reicht die Aussicht über ein anderes Viertel, das den Namen »Diamantenviertel« trägt.
Der Wagen hält auf einem der Aussichtspunkte weit über den Dächern der Stadt. An diesem Punkt fehlen natürlich auch nicht Rundfunk-und Fernsehstationen, sie sind selbstverständlich für eine Stadt, wo man in einem Welthafen Schiffe aus dem Stillen Ozean empfängt, und wo drei Flughäfen die Gäste aus Ost und West willkommen heißen. So weit auch die Aussicht auf dieser Höhe reicht — lange können wir es hier nicht aushalten, denn der stürmische Wind dringt durch Windjacke und Pullover.
Fahren wir also wieder hinunter in die Wohnviertel mit den hübschen viktorianischen Häusern! Hier hat man besonderen Wert darauf gelegt, daß die Wohnzeilen kein langweiliges Gesicht tragen. Da hat man die Häuser häufig bunt bemalt, hier an der Fassade leuchtet eine ganze Wiesenlandschaft mit Kühen.
Daß die Häuserzeilen nicht eintönig werden, dafür sorgen auch zahlreiche eingestreute Grünanlagen. Es heißt, daß die Stadtverwaltung nahezu ein Viertel der Bauflächen den Gärten reservieren will.
Freilich, es ist nicht alles Gold, was glänzt. In so manchen Straßenzügen haben sich jene Typen eingenistet, die dem bürgerlichen Leben abhold sind. In dieser Straße zum Beispiel, die wir gerade durchqueren, begegnen sich des Abends die Homosexuellen beider Couleur zum Stelldichein.

Vorbei! In der Dolores-Straße mit ihrem fast südlichen Gesicht, mit Palmen und Bananenstauden gibt es die »Mission Dolores«, wo dereinst 1776 die Franziskanermission ins Leben gerufen wurde. Von dort hat die Stadt ihren Anfang genommen. Heute besteht hier noch immer eine Mission, eine Highschool und die Dolores-Kirche, die mit ihrer barocken Fassade und zwei ragenden Türmen als ältestes Gebäude der Stadt gilt.

Einen ganz anderen Charakter hat jenes moderne Gebäude, das eine der amerikanischen Münzprägeanstalten beherbergt. Mit Tausenden von Volt ist es gegen unerwünschte Besucher abgesichert.

Und erstaunlich: Selbst hier mitten im Stadtgebiet frönen einige Unentwegte ihrer Leidenschaft des Joggings!

Jetzt im Civic-Center! Da gibt es natürlich alles, was zu einer Großstadt gehört. Ein Opernhaus, durch Säulen aus der Häuserflucht herausgehoben, die »Symphonic Davies Hall« für Konzerte, die mächtige Stadthalle, die wieder mit Giebel, Säulen und einer Kuppel imponieren will, natürlich auch ein Kunstmuseum. Da reckt sich — überheblich oder kühn — ein Hochhaus mit seinen Appartements über die anderen Dächer. Unweit droht ein Gerichtsgebäude mit massiven Mauern. Gleich danach liest man die orthographisch nicht ganz richtige, ansonsten deutsche Reklame eines Lokals: »Rathskeller Restaurant«.

Es wird Abend, schon flammen einzelne Lichtreklamen auf. Ein Theater, auf dessen Fassade eine unterseeische Landschaft mit Fischen und Korallen gemalt ist, preist sich für Liebhaber des Striptease an. An den verschiedensten Ecken stehen in diesem Viertel Schlepper bereit, um zahlungskräftige Gäste in die schummrigen Kneipen zu den Nuditäten zu führen. Feurige Inschriften empfehlen die Artikel des täglichen Bedarfs — sie rufen aber auch gleichzeitig zu den Sexfilmen der Kinos, zu den abendlichen Vorführungen und Verführungen. Dabei mahnen die Feuerleitern, die auch an den Außenfronten dieser Vergnügungsstätten angebracht sind, daß man sich der Nähe der Gefahr, die im Berginneren lauert, durchaus bewußt ist.

In der Stadtmitte prunken mit vielen Lichtern jetzt im dämmernden Abend die großen Hotels. Da ist das Hotel »St. Francis« auch dadurch berühmt, daß es bei dem letzten großen Erdbeben stehen geblieben ist. Hier im Zentrum sind auch die guten, aber nicht billigen Geschäfte und die Büros der Fluggesellschaften.

An den Schweizer Johann August Suter, der in Kalifornien Gold ge-

funden und dann doch bettelarm gestorben ist, erinnert die Suter-Straße. Ihm hat Stefan Zweig eine seiner schönsten historischen Miniaturen gewidmet unter dem Titel: »Die Entdeckung Eldorados«.
Es dauert nicht lange, da sind wir auf dem höchsten Punkt des Stadtzentrums, dem »Nob Hill«. Hier kann man die Cable-Car besteigen, jene Straßenbahn, die als einzige auf der Welt unter Denkmalschutz steht. Aber eine Fahrt mit der Cable-Car habe ich mir für morgen vorgemerkt.
Das Traditionsbewußtsein, das man gegenüber einer so schlichten Straßenbahn empfindet, beweist, daß man trotz der kurzen Stadtgeschichte von San Francisco geschichtsbewußt lebt. Mit Stolz fühlen sich die verschiedenen Völkerschaften, die hier zusammengestromt sind, als Amerikaner. Und da haben sich besonders jene Amerikaner, die es »zu etwas gebracht haben« und sich als Millionäre als etwas Besseres dünken, zu einem »Union-Pacific-Club« zusammengeschlossen, der so exklusiv ist, daß er nach den Worten unserer Führerin nur Millionären offensteht.
Zum Nachdenken darüber bleibt uns allerdings nicht viel Zeit, denn schon sind wir in China-Town, in der Nähe des Nob-Hill. Chinesische Inschriften, Reklametafeln für Restaurants und Geschäfte kleistern recht farbige bunte Tupfen ins Straßenbild, durch das die Chinesen schlendern. Es ist dies die größte China-Town außerhalb des asiatischen Kontinents.
Ein wichtiger Straßenzug: die Montgomery-Street. In ihrem Umkreis monumentale Bauten. Wir schauen zum neuen Kennzeichen San Franciscos hinauf: Alle Dächer überragt das in den siebziger Jahren errichtete Geschäftshaus der »Pyramide«. Nicht wuchtig wie die ägyptischen Pyramiden, eher schmal wie ein Finger reckt sich diese Konstruktion 260 Meter hoch in die Wolken, als könnte die grollende Erde den Eisenträgern nichts anhaben. Kühne oder anmaßende Architekten — man stellt sich hier immer wieder diese Frage.
In der Abenddämmerung sind wir im italienischen Viertel angekommen. Wie die Chinesen, so tragen auch sie ein Stück ihrer Heimat hierher an die Westküste Amerikas, träumen wohl im Café Roma oder in einer Pizzeria von ihrem Heimatort am Ligurischen Meer oder an der Adria. Columbus-Straße heißt hier eine Avenue nach dem kühnen Genuesen, Washington-Square eine andere. Man sucht die alte und die neue Welt zu vereinen.

Ein Intermezzo: Die Paulskirche, wo Marylin Monroe »ihren Miller« geheiratet hat. Für die Ewigkeit, die diesmal allerdings nur ein paar Jahre dauerte. Ein Filmschicksal — diese Monroe, von den Managern hochgeputscht zu Weltruhm, dann an einer freiwillig genommenen Überdosis gestorben.

Es ist schon Nacht, als wir wieder in die Hafenhalle einfahren. Nach dem Abendessen geht es nochmals an Deck. Immer wieder faszinieren die Lichterkränze der Hafenstädte. Heute schwingt sich ein weiter Lichterbogen vom Meer her, um dann im Feuerwerk der Stadt San Francisco himmelwärts zu brennen. Da die lange Lampenkette der Oakland-Brücke, auf der anderen Seite die Perlenschnur der Golden Gate, deren zwei Eisenpfeiler von roten Scheinwerfern angestrahlt sind. Wie Lichterburgen heben sich die Wolkenkratzer in den Himmel hinein, fast alle Stockwerke der Hochbauten sind erleuchtet, oben auf ihren Dächern warnen rot die Signallichter. Leuchtende Funken steigen zu den Hügeln der äußeren Stadtviertel hinauf. Der Blick aber wird in die Stadtmitte zurückgeholt von der »Pyramide«, die im gelben Goldglanz alles überragt.

Da werfen die Autos ihr Scheinwerferlicht grell auf die Uferstraßen, rot warnen ihre Rücklichter. Man ahnt das Nachtleben in diesen Straßenschluchten, wo man in Hotels die Erzeugnisse der guten Küche genießt, aber auch noch millionenträchtige Geschäfte abschließt, wo man Theater- und Konzertsäle besucht, wo man auch über Striptease grinst, wo Homos, Prostituierte unterwegs sind, wo man sich aber auch gut bürgerlich daheim im Kreis der Familie zum Abendessen hinsetzt, wo man sich zur Nachtruhe vorbereitet und hofft, daß diese Ruhe nicht durch die unruhige Erde gestört wird.

Noch einmal eine Runde über Deck, um diese Symphonie des Lichtes zu genießen, diesen Glanz aus Weiß, Gelb und Rot in Millionen Tupfen auf eine schwarze Leinwand gesetzt. Und auch hier im schwarzen Hafenwasser blitzen immer wieder die Lichter der Verkehrsboote, der heimkehrenden und ausfahrenden Jachten...

San Francisco, 15. Mai

Eine Gruppe von Passagieren tritt heute einen Mehrtagesausflug ins Innere der Vereinigten Staaten an. Sie werden den Yosemite-Nationalpark und Las Vegas besuchen, werden den weltberühmten Grand Canyon überfliegen und dann in Los Angeles wieder aufs Schiff

zurückkommen. Wir selbst haben einen Ausflug zu den Muir-Wäldern (Muir-woods) und in das Künstlerdorf Sausalito vor.
Mir ist es recht, daß wir nach der Abfahrt um acht Uhr nochmals ein Stück durch San Francisco fahren, da Inge gestern wegen ihrer Erkrankung die Stadtrundfahrt nicht mitmachen konnte. Heute ist sie aber wieder dabei.
»Tom« nennt sich unser heutiger Führer, er sagt, er sei aus verschiedenen Rassen gemischt. Asiatische Züge trägt sein Gesicht, dabei spricht er perfekt Deutsch.
Schnell geht's den Außenvierteln zu, wie gestern fahren wir auf mehrspuriger Autostraße der »Golden Gate« entgegen. Dort wieder der »Palast der schönen Künste«, dessen goldene Kuppel heute in der Sonne glänzt. Man schüttelt den Kopf, wenn man sieht, daß neben einem Soldatenfriedhof auch ein »Friedhof für Haustiere« angelegt ist. Die meisten Toten der Stadt — über eine Million Gräber gibt es — ruhen in einem Dutzend Friedhöfen, die man fern von den Häusern in den Süden von San Francisco verlegt hat.
So nun sind wir wieder dort, wo die Bucht von San Francisco in den Pazifik einmündet und wo diese Meerenge von der Golden Gate in einem einzigen Satz übersprungen wird. Mit ihren sechs Bahnen bewältigt sie auch heute den Verkehr — und die Anstreicher, die mit ihren Maschinen dauernd das Rot auf die Eisenteile pinseln, rasten auch heute nicht. Sie müssen ständig bei der Arbeit bleiben, bis die ganze Brücke neu gestrichen ist, und dann muß man wieder von vorne anfangen. Stürme, Regen und Nebel fressen sich sonst in das Eisen.
Bei dem dauernden Wind begreift man, daß die Felsen am »Vista Point« nur ein paar Büsche und Moos tragen.
Ein kurzer Blick auf die ehemalige Gefängnisinsel, dann geht's auf kurvenreicher Bergstraße den Muir-Woods entgegen. Man liest zuweilen, daß in diesen Wäldern Mammutbäume wachsen. Genau genommen sind es aber hier in diesem einzigartigen Naturschutzgebiet die Redwood-Bäume, die Rotholz-Bäume. Sie gedeihen nur in Kalifornien, sehen freilich ähnlich aus wie die weltberühmten Mammutbäume, die im Yosemite-National-Park gedeihen. Die Mammutbäume können 4000 Jahre alt werden, während die Rotholzbäume »nur« auf 2200 Jahre kommen. Aber auch ihre Höhe ist respektgebietend, sie können über 100 Meter hoch werden. Was die Mammutbäume angeht, so erinnert man sich an Bilder, auf denen Autos unten durch den

Baum wie durch einen Tunnel fahren. Solche Rekorde stellen freilich die Rotholzbäume nicht auf. Daß sie hier in Kalifornien sich so wohl fühlen, verdanken diese wasserliebenden Bäume dem Nebel und der feuchten Luft — beides wird von den Winden aus dem Stillen Ozean hierher getragen.
Der Tag ist klar, sonnig geworden. Auf der kurvenreichen Straße zu den Muir-Woods stehen zu beiden Seiten Eukalyptusbäume und Eichen. Nun sind wir am Eingang des Waldes angelangt, er steht unter strengstem Naturschutz. Wer erwischt wird, wie er auch nur ein einziges Blatt abpflückt, nur eine einzige Blume knickt, muß nicht nur mit einer spürbaren Geldstrafe rechnen, sondern wird auch ohne Bewährung für einige Monate eingebuchtet.
Von den Tieren, die hier ungefährdet leben, von den Rehen, dem Lachs oder den Forellen in den Bächen sehen wir freilich kein Exemplar. Nur ein Streifenhörnchen, das trotz der vielen Besucher gar nicht scheu ist, blinzelt von einer Bank her zu uns herüber.
Die Wege sind gepflegt, zum Teil sogar asphaltiert, man darf sie nicht verlassen, aber man hat von ihnen aus einen wunderbaren Einblick in den Wald. Die Vegetation führt hier einen ständigen Kampf um das Licht. Zwischen den Baumriesen mit ihren Nadeldächern suchen auch Lorbeerbäume, Erlen, immergrüne Eichen und menschengroße Schwertfarne das Licht. Ein Wald wie an einem der frühen Schöpfungstage. Wunderbar hier zu atmen!
Nach der Wanderung durch diesen einzigartigen Wald machen wir am Ausgang in einer Teestube Pause.
Der Waldspaziergang ist uns gut bekommen, die würzige feuchte Luft hat unseren Atemwegen gut getan. Unternehmungsfroh steigen wir wieder in den Bus. Bei anhaltendem sonnigen Wetter erklimmen wir auf kurvenreicher Straße einen Höhenzug. Hier in einer Weingegend gibt es die besten Weine der Vereinigten Staaten. Immer wieder eröffnen sich Ausblicke auf den Ozean hinaus. Die schöne Aussicht haben sich zahlreiche Einwohner von San Francisco zunutze gemacht, indem sie sich nette Holzhäuser auf den Kamm stellten.
Wir sind auf einer Paß-Straße, sie fällt seitwärts steil in die Tiefe ab, dort im Abgrund warnt ein abgestürztes Auto vor unvorsichtiger Fahrweise. Eine ältere Dame macht ein bedenkliches Gesicht, als unser Fahrer rasant die Kurven nimmt. Aber unser Begleiter Tom »entschärft« sofort mit einem Witz die Situation:

»Da kommen ein Pastor und ein Busfahrer zum heiligen Petrus an die Himmelstüre. Der Pastor hofft auf sofortigen Einlaß. Aber der Himmelswächter macht eine finstere Miene und hält den Pastor zurück. Dafür öffnet er dem Busfahrer gleich die Pforte. »Was solls?« flüstert der Pastor erschrocken. »Lieber Pfarrer«, meint St. Peter, »hier auf deiner Seite des Himmelsbuches steht, daß bei deinen Predigten die Zuhörer immer geschlafen haben. Aber wenn der Busfahrer losfuhr, dann haben alle Fahrgäste gebetet.«
Nun bei unserm Busfahrer, der jetzt doch die Kurven etwas vorsichtiger nimmt, brauchen wir nicht gleich zu beten. Und so kann unser lustiger Tom noch einen zweiten Witz anbringen:
Hier in San Francisco leben nicht nur alle Rassen zusammen, sondern auch alle Religionen. Da ist z. B. auch ein Trappistenkloster, dessen Angehörige sich verpflichtet haben, aufs strengste zu schweigen. Eine junge Nonne ist neu eingetreten und muß ebenfalls stumm alle Arbeiten verrichten. Nach einem Jahr des Schweigens wird sie von der Oberin gefragt: »Wie gefällt es dir?« Nur drei Worte darf die Nonne antworten: »Essen ist schlecht«, sagt sie. Nach einem weiteren Jahr wird sie wieder gefragt, ihre Antwort lautet: »Bett ist hart.« Und nach dem dritten Jahr wird sie von der Oberin wieder gefragt mit der ausdrücklichen Ermahnung, sie solle nicht immer meckern. Die Nonne bringt wieder nur drei Worte heraus: »Ich haue ab.«
Inzwischen haben wir vorbei an Eukalyptusbäumen, Waldstücken und Brombeersträuchern den Künstlervorort Sausalito erreicht. Hier halten wir längere Zeit. Der Ort ist hübsch an einer weiten stillen Bucht gelegen, die Häuser ziehen sich über die grünen bewaldeten Hügel hinauf. Zwanzig Autominuten von San Francisco entfernt, bietet das Künstlerstädtchen den Ausflüglern der Großstadt nicht nur Aquarelle und Ölbilder, die von den Malern zum Verkauf angeboten werden, sondern auch Restaurants, Cafés und Andenkenläden. Da können die Leute ihren Cocktail einnehmen, ihren Lunch, können auch eine Show besuchen. Viele haben hier aber auch zwischen den Jachten ihr Segelboot liegen.
Tom, unser Begleiter, steckt voller Witze. Und so bringt er vor der Rückfahrt noch eine Anekdote an, für deren Wahrheitsgehalt er sich freilich nicht verbürgt: »Die hiesige Bürgermeisterin heißt Sally, sie ist schon über 80 Jahre alt und sehr beliebt. Ihr Geld verdiente sie als Besitzerin eines Bordells. Es besteht noch heute und trägt den Namen

»Valhalla« — mit V geschrieben. Als sie sich als Kandidatin für den Bürgermeisterposten aufstellen ließ, wurde die ehemalige »Madame« gefragt, ob sie sich denn zutraue, mit den Politikern zurechtzukommen. Darauf ihre Antwort: »Na hören Sie mal — ich habe so viele Jahre unter Politikern gearbeitet, daß ich jetzt auch mit ihnen arbeiten kann.« Naja! Wenn Madame zu Hause ist, dann brennt im ersten Stock von »Valhalla« ein rotes Licht. Tatsächlich brennt auch jetzt drüben das rote Licht, als wir gerade vorbeifahren.
Ein Blick zurück auf ein hübsches gotisch-viktorianisches Häuschen, ein Blick auf Schwarze und Chinesen, die hier neben den Weißen Erholung von der Stadt-Hetzjagd suchen — dann eilt unser Bus auf der Straße zur »Golden Gate« zurück, über die ich nun in diesen zwei Tagen schon zum vierten Mal fahre.
Die Silhouette von San Francisco mit der Meeresbucht, der hügeligen Stadtlandschaft, mit den weitausgedehnten niederen Wohnvierteln, den Hochhäusern, der Pyramide, mit der weißen Brandung, den Schiffen, den Felsen enthüllt noch einmal ein Bild voller Zauber...
Nach dem Mittagessen an Bord gönnen wir uns nur schnell eine Tasse Kaffee. Um 16.30 Uhr soll ja bereits der letzte Einschiffungstermin sein. Aber eine Fahrt mit der Cable-Car, der einzigartigen Kabel-Straßenbahn, steht noch auf unserem privaten Ausflugsprogramm. Denn eine Fahrt bergauf, bergab, links herum, rechts herum mit diesem Vehikel, das so aussieht wie eine deutsche Straßenbahn um 1910, gehört zu dem »Muß« eines jeden Besuchers von San Francisco. Also durch die Hafenhalle marschiert! Dem Wärter am Eingang der Halle gelingt es, ein Taxi für uns heranzupfeifen. Der Chauffeur ist nicht besonders erfreut über unseren Wunsch, zur Cable-Car zu fahren, er hatte sich eine weitere Fahrt erhofft. Ein Trinkgeld besänftigt ihn aber.
Wir stehen an der Talstation, müssen uns wegen der kurzen Zeit, die uns zur Verfügung steht, ein wenig unvornehm durch die wartende Schlange drängen. Aber man verzeiht uns, als man in uns Ausländer erkennt. Drangvoll das Innere des Wagens, man sieht, daß das Verkehrsmittel nicht nur viel geliebt, sondern auch viel genutzt ist. Wie zu Großmutters Zeiten wird von einem Angestellten persönlich kassiert, ein hünenhafter Schwarzer erscheint, einen Dollar kostet die Fahrt für uns beide. Man fährt hügelan, hügelab durch den ganzen Stadtkern bis zum Zentrum. Eine italienische Straße, das chinesische Viertel bleiben seitwärts liegen. Daß diese Stadt Menschen aus Fernost, aus Afrika

und Europa zusammengeführt hat, das sieht man auch an den Fahrgästen der Cable-Car: Hier sind Philippinos, Chinesen, Japaner, Schwarze aller Schattierungen und natürlich auch wir Weißen.
Endstation! Wir können aber nicht einfach sitzen bleiben und mit dem gleichen Wagen zurückfahren. Unser Wagen hat Pause — also müssen wir umsteigen. Schnell haben wir wieder einen Platz gefunden — und so soll es mit der Cable-Car auf gleichem Weg wieder zur Talstation zurückgehen.
Wir sehen auf die Uhr. Die Zeit drängt. Um die Spitze der »Pyramide« dampfen Nebelschwaden. Schon jetzt in dieser Nachmittagsstunde! Um 16.30 Uhr müssen wir auf dem Schiff sein. Endlich sind wir wieder an der Talstation. Hoffentlich kommt bald ein Taxi. Wir haben Glück, rechtzeitig sind wir am Hafen. Wir gehen über die Gangway und hängen die Bordmarken ans Brett.
Geschafft! Wir sind mit der Cable-Car rauf und runter gefahren. Nun haben wir ein wenig Zeit, um uns nach dem heißen Tag im Badezimmer frisch zu machen.
Um 17 Uhr legen wir ab. San Francisco ist von Nebelschleiern umwölkt, schade, die Silhouette hätte ich gern noch einmal geknipst. Aber als wir dann aus der Bay unten durch die Golden Gate ins offene Meer hinausfahren, hat sich der Himmel wieder aufgelichtet. Lange begleiten Motorboote und Möwen unseren Kurs.
Der Pazifik, in den wir jetzt kreuzen, schlägt gleich seine grünen Wellen um das Schiff. Schaumköpfe werfen sich auf. Mit Südkurs dampfen wir an der kalifornischen Küste entlang, morgen nachmittag wollen wir in Los Angeles, der »Engelsstadt« anlegen.

Stiller Ozean, 16. Mai vormittags
Am Vormittag sind wir noch auf dem Weg nach Los Angeles. Die Sonne leuchtet hell, es zeigen sich nur ein paar Wolken. Langgezogen sind die Wellenberge mit ihren Schaumkronen. Aber da die Wellen gegen den Bug auflaufen, bereiten sie der »Maxim« keine Schwierigkeiten, die Fahrt bleibt ruhig. Blaue entfernte Gebirgszüge deuten die amerikanische Küste an. Vögel begleiten längere Zeit das Schiff.

Zwischen Traumfabrik und Märchenland

Los Angeles, 16. Mai nachmittags

Wir nähern uns der Küste. Es ist mittlerweile wärmer geworden, gegen Mittag meldet die Brücke 17 Grad Außentemperatur. In der Sonne — und sie scheint unverhüllt — ist es natürlich viel wärmer.

Los Angeles hat keine von der Natur geschaffene Bay wie San Francisco. Der Hafen mußte ausgebaggert und künstlich von Menschenhand geschaffen werden. So vollzieht sich die Einfahrt auch ganz anders als in San Francisco. Die »Maxim« fährt ab 14 Uhr eine Stunde lang im stillen Wasser landeinwärts, immer an den Hafenbauten entlang.

Am Ufer ist ein weites Gelände mit weißen runden Tanks. Einzelne Palmen, die nur oben an der Spitze ein paar Wedel wie einen Haarschopf tragen, malen ihre Schatten auf die hellen Tankwände. Schlepper trudeln neben uns her. Am dichtbebauten Ufer ankern zahllose kleinere Lastkähne und Motorboote. Zwischen den Lagerhallen, aus denen die große Inschrift PORT OF LOS ANGELES herausblinkt, breiten sich Parkplätze aus, unzählige Autos der Arbeiter und Angestellten glitzern mit ihrem Lack in der Sonne. Wir passieren einen Brückenbogen, Autos flitzen über die Brücke hin, mit roten und grünen Farben leuchten sie hell im Sonnenglanz.

Ein Schiff mit der Aufschrift »Princess Louise-Restaurant« weist sich als schwimmende Gaststätte aus. Gleich daneben hat das englische Passagierschiff »Pacific Princess-London« groß und wuchtig festgemacht. Und wieder Tanks, Tanks, Silos, Silos — riesenhafte Lagerhallen am Ufer, Schnellboote im Wasser, Sturmvögel über uns. Da drüben wartet ein roter Tanker auf einen neuen Anstrich, daneben stehen kümmerlich zwei Palmen mit ihren Wedelschöpfen.

Ein Kranich streicht am Schiff vorüber, wendet sich dem Uferkai zu, der hier auf Holzpfählen ruht. Seltsam, daß es der stolze Vogel in diesem Ufergebiet aushält, wo sich die Fabriken mit rauchenden Schornsteinen aneinanderreihen.

Kleinere Bohrtürme, teils auf dem Land, teils aber auch im Wasser gelegen, zeigen, daß man auch hier Ölquellen gesucht und gefunden hat. Daher dort im Ufergebiet die Raffinerien zwischen den Tanks. Und immer wieder weiträumige Lagerhallen. Lastkähne, Fähren — ein paar Möwen dazwischen — es ist so, als sollte diese Einfahrt in den Hafen durch die Fahrrinne hindurch gar kein Ende mehr nehmen.

Endlich nach einer Stunde nähern wir uns der für unser Schiff bestimmten Pier. Auf der Hallengalerie dort bei der Rampe winken Frauen, Männer und Kinder zu unserem einlaufenden Schiff herüber, sie erwarten gewiß Freunde von der »Maxim«.
Pünktlich um 15 Uhr legen wir an. Eine blau überdachte Gangway wird aus der offenen Halle an unser Schiff herangezogen, ein Gabelstapler legt die Gangway an den Schiffsausgang. Und nun betreten amerikanische Beamte das Schiff. Wir sind in diesem Hafen, der zu Beginn des Jahrhunderts als der größte künstliche Hafen der Welt angelegt wurde, fest verankert.
Es dauert nicht lange, da haben die Behörden das Schiff zum Landgang freigegeben. Wir sind mit Paß, Landekarte, Bordmarke, Ausflugschein, Fotosachen und Dollar ausgerüstet und finden in einem Bus vor der Lagerhalle zwei Plätze. Natürlich bräuchte man Tage, um Los Angeles genau kennenzulernen. Wir müssen versuchen, bei der begrenzten Zeit einige wichtige Punkte herauszusuchen und uns aus den Mosaiksteinen das Bild einer Stadt zu formen. Ein Mosaik, das nicht vollständig sein kann, aber doch einen bleibenden Eindruck hinterläßt.
Vertrauen wir uns also dem Fahrer Karl und der Begleiterin Heidi an, die als Deutsche hier mit einem Amerikaner verheiratet ist und die sich als gute Kennerin der Stadt bemüht, forsch und unermüdlich den Charakter der Dreimillionenstadt zu deuten.
Dabei umfaßt das ganze Landschaftsgebiet von Los Angeles, die County, in über 80 Städten fast acht Millionen Einwohner.
Vom Hafen aus nähern wir uns auf einer breiten Autostraße, die von weißblühenden Oleanderbüschen an der Seite verschönt ist, geradlinig dem Siedlungsgebiet der Stadt. Los Angeles ist im Verhältnis zu den ehrwürdigen europäischen Metropolen eine junge Stadt, die erst auf eine Geschichte von 200 Jahren zurückschauen kann. Da kamen im Jahr 1781 nicht ganz ein halbes Hundert Leute aus Mexiko in diese Gegend und faßten hier Fuß. Als man dann in der Mitte des 19. Jahrhunderts das kalifornische Gold entdeckte, wurden Glückssucher auch hierher gelockt. Man baute Bahnlinien und besiedelte in einem Landboom ohnegleichen die Küstenlandschaft. Gegen Ende des 19. Jahrhunderts fand man in dieser Gegend dann auch Öl. Heutigentags noch sieht man in Privatgrundstücken seltsame große »Hämmer«, die Öl pumpen, von der Bevölkerung auch »Heuschrecken« genannt.

Etwa eine Dreiviertelstunde werden wir mit dem Bus brauchen, bis wir vom Hafen aus auf der drei- und vierspurigen Autobahn in der Stadtmitte angekommen sind. Seitwärts der stark befahrenen Straße hat man auf einem Gelände, das ursprünglich Wüste war, weithin verstreut die niedrigen, meist ebenerdigen Häuser errichtet. Als Baumaterial verwendet man neben dem Holz häufig Kunststoff. Dabei ist der oberste Grundsatz: Für jede Familie ein eigenes Heim! Ein wenig Grün ringsum, Abstellplätze für die Autos. Was wäre man in dieser Stadt, die ungewöhnlich weitläufig angelegt ist, ohne Autos! Diese Vehikel sind hier geradezu eine Lebensnotwendigkeit.
Man pflegt sein Heim sowie die kleinen Gärtchen, die gar nicht so leicht grün zu halten sind. Denn nach der Regenzeit, die bis Ende Mai dauert, kommen hier in Südkalifornien die regenlosen Monate. Dann muß man mit dem Wasser haushalten.
Mit dem Benzin aber kann man nicht sparen. Da gibt es in diesen Straßen kaum Fußgänger, man läuft nicht, man fährt, alle Entfernungen scheinen zu weit zu sein. Kauft den »Cadillac«! So heißt es in dieser Autostadt auf einer Reklame. Na, mancher wird es wohl auch bescheidener geben müssen — nicht umsonst sieht man auch hier auf den Straßen soviele »Japaner«.
Wir nähern uns von diesem zersiedelten Gelände aus der Stadtmitte, die um einige wenige Straßen herum angelegt ist und sich in ihrem Civic-Center mit einem guten Dutzend Wolkenkratzern und Hochhäusern begnügt. Man behauptet, diese Gebäude seien mit Stahlgerüsten tief im Boden verankert, seien daher erdbebensicher und würden auch bei einem stärkeren Beben in den obersten Stockwerken nur ein wenig hin- und herschwingen. Der Boden ist hier nicht viel sicherer als in San Francisco. Aber im Vertrauen auf die moderne Technik läßt man jetzt diese Hochhäuser bis zu den Wolken emporwachsen.
Da stehen wir also den großen amtlichen und geschäftlichen Bauten gegenüber. Hier der Gerichtshof, anmaßend in die Höhe gezogen, freilich im obersten Stockwerk nur mit winzigen Fenstern ausgestattet: Der Einfachheit halber hat man da oben gleich die Zellen für die Gefängnis-Insassen untergebracht. Nicht weniger anspruchsvoll das Rathaus, die Stadthalle. Auch der Bundesgerichtshof unterstreicht mit Pfeilern seine Bedeutung.
Voller Stolz deutet man aber auch auf eine »alte« Kirche — man will Tradition. Das älteste Haus, die älteste Kirche, der älteste Baum.

Nun solche alten Überbleibsel wird man in diesem Stadtzentrum leicht übersehen. Ein Zentrum, das freilich nur in den »amtlichen« oder den »geschäftlichen« Stunden von Leben erfüllt ist. Nach Geschäfts- oder Büroschluß sowie an den Wochenenden ist dieses Zentrum wie ausgedorrt, wie tot. Wenn man in einem äußeren Viertel wohnt, braucht man für seine Einkäufe nicht erst hierher zu fahren. Denn jedes Viertel dieser so weit angelegten Stadt hat wieder seine eigene geschäftliche Mitte, wo man alles kriegt und per Auto bequem heimschaffen kann. Um das Zentrum mit den Hochhäusern attraktiver zu machen, ist man freilich bemüht, nicht nur die amtlichen Fronten mit antiken Giebeln und Säulen herzuzeigen. Weite Grünflächen hat man dazwischen eingeplant, sogar ein paar Palmen gedeihen in den Wiesen.
Nicht nur, um die Wolkenkratzer zu bestaunen, halten wir hier. Bei der nahe gelegenen Olvera-Street ist heute auch ein mexikanischer Markt zu sehen. Hier deutet man auch auf das ebenerdige schmucklose Haus Avila Adobe, es gilt als das älteste Haus von ganz Los Angeles und ist um 1820 erbaut worden. Verständlich, daß die Amerikaner, die Europa besuchen, aus dem Fotografieren nicht mehr herauskommen, wenn sie durch unsere mittelalterlichen Städte streifen.
In der mexikanischen Budenstraße geht es heute hoch her. Da laufen Schwarze und Mexikaner, Mischlinge und Weiße herum, teilweise den großen Sombrero auf dem Kopf. Und auf den Tischen liegen handwerkliche Kunsterzeugnisse, Schnitzereien, Stoffe, Kittel mit grellfarbigen Motiven, Schleckereien. Erdbeeren und Ananas werden angeboten, sehen süß und frisch aus, sind aber tiefgefroren! Ein paar Mexikanerinnen tanzen mitten auf der Straße in ihren weiten weißen Spitzenkleidern und locken die Amateurfilmer herbei. Mit sichtlichem Stolz genießen die Mexikaner in »ihrer« Straße die Aufmerksamkeit der Fremden, sie sind sich bewußt, daß ja ihre Landsleute aus Mexiko vor 200 Jahren den Grundstein zu dieser Stadt gelegt haben.
Unsere Deutschamerikanerin Heidi deutet auf die Uhr und bittet zum Bus zurück. So haben wir keine Zeit mehr, nach den Alkoholikern Ausschau zu halten, die auf den Wiesen zwischen den amtlichen Wolkenkratzern herumlungern. Nachts benutzen sie gern die Bänke, das Gras oder auch die marmornen Stufen als Schlafstelle.
Auf der Weiterfahrt sind die Hochhäuser hinter uns zurückgeblieben. Fein, daß uns die Sonne ein anhaltend gutes Wetter beschert. So können wir wieder ungetrübt die Eigentümlichkeit von Los Angeles beob-

achten. Diese zahllosen, über die weite Landschaft gleichsam wie ein Brei auseinanderfließenden Einfamilienhäuser, die ebensowenig wie in San Francisco für Jahrhunderte gebaut werden, die aber jeder Generation eine Heimat bieten.

Hübsch, daß uns gerade ein Hochzeitspaar begegnet. Mit rosa Kunststoff-Blumen ist der Wagen der beiden Glücklichen garniert.

Tja — nicht alle Bewohner von Los Angeles können so ein fröhliches Gesicht machen wie die Teilnehmer dieser Hochzeitsgesellschaft. Besonders die Mexikaner, die illegal über die Grenze in die Vereinigten Staaten einströmen, haben ihre Probleme. Die Grenzschmuggler, die Menschenhändler, knöpfen diesen illegalen Einwanderern das letzte Geld ab — und dann stehen die Neuankömmlinge ohne einen Dollar, ohne Papiere in dem fremden Land. Sie verdingen sich für einen Mindestlohn in Textilfabriken, geben billigste Arbeitskräfte ab. Die Leute wollen überleben — um jeden Preis! Man hat hier ähnliche Probleme wie in Hongkong, wo man sich den illegal eingewanderten Chinesen gegenüber sieht.

Wen wundert es da, daß Los Angeles ein »heißes Pflaster« geworden ist. Was strömt nicht alles in diese Millionenstädte ein! Gegenüber der wuchernden Kriminalität sind dann auch die oft überbelegten Gefängnisse kein Allheilmittel mehr.

Kehren wir noch einmal von der zersiedelten Landschaft in das Zentrum mit den Hochhäusern zurück! Auf diesem Weg begegnet man auch der Hauptpost und dem Hauptbahnhof, obwohl viele Fremde nicht mehr mit der Eisenbahn, sondern mit dem Flugzeug eintreffen. Bezeichnend, daß in dem höchsten Gebäude mit über 60 Stockwerken auch die »American Bank« einquartiert ist, das Kapital läßt die Stockwerke emporschießen. Daneben wie gläserne Türme die Hotels, das Musikzentrum mit mehreren Theatern, Repräsentationsräumen und Tausenden von Sitzen, das so wichtige Wasserwerk, das nicht weniger bedeutsame Elektrizitätswerk — all dies prägt das innere Stadtbild. Und dann erscheint als Variante noch das Haus, wo die »Oscars«, die Filmpreise, verliehen werden.

Hier ein erster Vorgeschmack von Hollywood. Man scheint die Stars des Films wie Götter anzubeten. Da gibt es doch Fans, die bereits am Tag vor der Oscar-Verleihung mit Schlafsäcken hierherkommen, nur um ein Lächeln ihres Stars, vielleicht auch ein Autogramm zu erhaschen.

Wir verlassen jetzt die Stadtmitte. Fahren auf dem Highway, dem freien Weg ohne Kreuzungen und ohne Ampeln, Hollywood entgegen, das wir freilich erst morgen genauer ansehen werden. Heute gibt es da draußen also nur einen Blitzbesuch, einen Blick auf die Wahrzeichen-Inschrift am Berg: HOLLYWOOD! Jeder Buchstabe ist ein paar Meter groß. Nahebei wölbt sich die Kuppel eines Observatoriums, das in der klaren Luft Südkaliforniens nachts seine Rohre gegen den Himmel richtet.

Wir sind an dem Freilichttheater »Hollywood-Bowl« angelangt. Es ist der größte Open-air-Konzertsaal der Welt: 25000 Zuhörer können hier die Monsterkonzerte genießen.

An einem bräunlich-grünen Hang zieht sich die Straße entlang. Wir fahren zum Hollywood-Boulevard. Vor uns ein Kino, das mit seiner chinesischen Fassade im Straßenzug auffällt. Hier haben ehedem, als der Film seine große Zeit hatte, die wichtigsten Filmpremieren stattgefunden. Auch heute stehen auf dem Vorplatz zahlreiche Schaulustige und Touristen herum. Sie mustern jene komisch-grotesken Fußabdrücke, Handabdrücke und Namenszüge, die dereinst von den Stars im frischen Zement abgenommen wurden. Auf diese seltsame Weise haben sich die Berühmtheiten ferner Tage verewigt. Natürlich ist auch Marylin Monroe unter diesen Leinwandgöttern, lebensgroß lächelt sie in Wachs nachgebildet aus einem gläsernen Schaukasten.

Da taucht bei der Weiterfahrt vor uns ein Plakat auf mit der Inschrift »Paradise«, dort hat dereinst Chaplin gefilmt, hat nahebei in einem Holzhaus gewohnt. Das Original-Studio von Charlie Chaplin!

Vor uns der Sunset-Boulevard. Viele Kilometer lang ist dieser Boulevard, von dem jeder Kinobesucher schon mal gehört hat.

Für heute genug des Films! Wir sind in eine reine Wohngegend eingefahren, in einen typischen Bezirk des Mittelstandes, wo saubere Straßen von Einfamilienhäusern mit ihren Gärten gesäumt werden. Nichts von Slums hier zu sehen, wenngleich man in Los Angeles auch Slum-Viertel lange genug durchfahren könnte.

Was man unterwegs als »Mosaiksteine« im Bild dieser Stadt alles zeigt! Hier ein »Chalet Gourmet«, wo man französische Küche anpreist, dort ein Drugstore, wo man einst Lana Turner entdeckte, ein Sunset-Strip, wo die illegale Prostitution gedeiht. Erwischt die Polizei eine von diesen Damen, dann muß sie fünf Dollar zahlen, danach läßt man sie wieder frei. Man hat nicht genug Arresträume.

HOLLYWOOD: Die Filmkönigin Marilyn Monroe im Wax-Museum

HOLLYWOOD: Film-Stars haben ihre Hand- und Fußabdrücke hinterlassen (oben links) — Im Paramount-Theater fanden die Weltpremieren der großen Filme statt (oben rechts) — Die Brücke am Kwai und viele Illusionen erlebt man in den Universal-Studios (unten)

LOS ANGELES: In der Nähe ist das Disneyland, hier kann man auf dem »Mississippi-Dampfer« eine Rundfahrt unternehmen

LOS ANGELES/DISNEYLAND: Lustige Tigerfigur bei der Parade (oben links) — Kapitän Flint von der Schatzinsel (oben rechts) — Schwarze Mutter mit Kind im bunten Völkergemisch der Besucherscharen (unten)

Jetzt durchkreuzen wir Beverly Hills, eine selbständige Stadt, die rings von Los Angeles umschlossen ist, sich aber nicht eingemeinden lassen möchte. »Woher sind Sie?« fragt man. »Aus Los Angeles.« Das sagt gar nichts — die Viertel sind zu verschieden. Wenn man aber sagt, man sei aus »Beverly Hills«, da steigt man gleich in der Kurve der Wertschätzung. Denn in diesem Ort sind die Eigenheime, die Villen am teuersten. Herausgeputzt stehen sie in gepflegten Gärten, die freilich keine Zäune aufweisen. Dafür hat man in diesem Viertel eine zuverlässige private Polizei. Es wäre mit Unannehmlichkeiten verbunden, durch dieses Viertel ohne Ausweis spazieren zu gehen. Auch als Tourist kann man nach seinen Papieren gefragt werden. Wer nichts vorzuzeigen hat, wird als verdächtige Person erst mal festgehalten, bis einer kommt, der den Festgenommenen identifiziert und auslöst.
Es gilt als Prestige der Reichen, der Berühmten, in »Beverly Hills« zu wohnen. Jede Straße hat hier als besonderes Charakteristikum eine eigene Baumart: In der einen Straße stehen nur Palmen, in der anderen nur Eichen, in der dritten Zypressen, in der vierten lila blühende Jaqueranda-Bäume. Die Leute, die sich in diesem Viertel neu ankaufen, müssen allerdings millionenschwer sein.
Als wollte uns der Chauffeur besonders imponieren, so fährt er uns noch einmal durch die Rodeo-Street, eine superelegante Straße mit teuren Geschäften.
Aber die Inhaber von Gemäldegalerien und die Juweliere haben in dieser Straße ihre besonderen Bräuche: Sie öffnen ihre Türen den Kunden nur nach vorheriger Vereinbarung. Dabei könnten Gangster gar nicht so leicht im Getümmel der Straßenpassanten verschwinden, da es kaum Passanten gibt. Sie könnten sich allerdings in ein Auto schwingen, das ein Komplize fahrbereit parkt.
Auch vor den Häusern der Banken und Versicherungen »strömen« keine Besucher. Man fährt mit dem Auto vor, verschwindet wieder im Auto. So kommt es, daß boshafte Leute diese Stadt, die so weitläufig ausufert, den größten Parkplatz der Staaten nennen.
Man hat hier schon gigantische Maßstäbe. So hat man für die Hochhäuser im Zentrum die teuersten Architekten der Welt bemüht, hat die Wolkenkratzer auf überdimensionale Rollen gestellt — und läßt es anderseits wieder zu, daß die Einfamilienhäuser, diese ebenerdigen Billigbauten, die ganze Landschaft überschwemmen.
Ein doppeltes Gesicht hat diese Stadt. Man kennt die hohe Kriminali-

tät, aber man verzichtet auf einen Zaun um den Garten. Man kleidet sich einerseits leger-sportlich, deutet aber gleichzeitig gern auf seinen prallvollen Geldbeutel. Hauptsache bei alledem: Man hat sein Auto vor der Türe stehen. Zweieinhalb Autos kommen im Schnitt auf jede Familie.
Nachts schauen wir von der »Maxim« aus auf die Stadt zurück. Ein breiter Lichterteppich — weiß, gelb, rot, grün und blau durchwirkt — wächst ins Land hinein, ist feurig zu den Bergen hin aufgerollt. Los Angeles leuchtet im Überschwang.

Los Angeles, 17. Mai

Heute eine Fahrt zu den »Universal-Filmstudios in Hollywood« und ins »Disneyland«! Dick heißt diesmal unser Chauffeur — Karla, wieder eine in Los Angeles verheiratete deutsche Frau, unsere Führerin. Die Fahrt zu den Filmstudios soll vierzig Autominuten dauern. Wer möchte es schon unternehmen, bei einem begrenzten Aufenthalt allein ohne eine wegweisende Stewardeß seinen Weg durch die 69 Bezirke von Los Angeles zu finden.
Es wird wieder ein reiner kalifornischer Sonnentag. Verständlich, daß sich in diesem Klima die Filmindustrie angesiedelt hat, wo es erst im Herbst zu den unangenehmen Tagen mit dem Smog kommt.
Die Autobahn ist zwischen Böschungen eingeschnitten, das Erdreich wird nicht nur von Büschen, sondern auch von bodendeckenden Eisblumen gehalten. Rohre bewässern seitwärts die Halden auch in der Trockenheit, so daß sie immer grün erscheinen. Hübsch dazwischen die Jaqueranda-Bäume, die zweimal im Jahr lila Blüten tragen.
Baldmöglichst wollen wir heute Hollywood erreichen, jene Stadt, in der die Filmbranche kulminiert, wo die Illusionen für die Welt zubereitet werden.
Da verkünden am Berghang wieder die hohen Buchstaben, daß HOLLYWOOD vor uns liegt. Kaum beachten wir die hübschen Wohnhäuser hier an den Berghängen, kaum haben wir einen Blick für die »Schlaflandschaft« von Los Angeles, die noch weit ins Land hineinflutet.
Wir sind im Bereich der »Universal Studios« angelangt. Die grauen Ateliers sind über das hügelige Gebiet verstreut, sie werden immer noch für die Herstellung von Filmen viel gebraucht, pro Jahr dreht man an die 55 Filme, also jede Woche einen Film. In einer Rundfahrt

von eineinhalb Stunden werden wir einmal die Einzelheiten erkunden. In dem ersten Atelier, in dem wir landen, dreht man gerade eine neue Serie, natürlich nicht nur für die Filmleinwand, sondern auch fürs Fernsehen. »Aloha Paradise« heißt der entstehende Streifen, er spielt in Hawaii in den Jahren vor dem Ersten Weltkrieg.

So und nun wollen wir einmal von einer Attraktion zur anderen hasten und hoffen, daß wir dabei nicht zu sehr desillusioniert werden. Zuerst geht es in ein Atelier, wo uns die Schreckenskammer aus einem Zukunftsfilm erwartet. Da stehen eisengewappnete Männer mit glühenden Lichtern in den Augen, grelle Farben zucken rundherum — und dort rast gerade so ein Astro-Mensch aus einer Türe und schießt wie verrückt zu uns herüber. Feuerblitze zucken auf uns ein — so echt, daß man schon Angst bekommen könnte, wenn man auf die Schießerei nicht vorbereitet wäre: Illusion!

Ein weiteres Bild: Wir fahren über einen See, ein U-Boot verfolgt uns — aber mitten drin explodiert es, wie von Granateneinschlägen aufgerissen.

Neue Bilder aus berühmten Filmen! Da fährt man ins Rote Meer hinein, aber die Wasserfluten können einem nichts anhaben, wie in der Biblischen Geschichte teilt sich das Rote Meer, trockenen Fußes kann man zwischen den steilen Wasserwänden hindurchgehen. Erst wenn wir auf dem jenseitigen Ufer sind, stürzen die Wasserwände wieder in sich zusammen und begraben die Schlucht unter ihren Fluten. Ein Knopfdruck genügt in dieser Traumfabrik, damit sich das Rote Meer teilt und wieder schließt.

Ohne Arges zu ahnen, fährt man dicht an einem kleinen See entlang, plötzlich taucht neben uns der berüchtigte »Weiße Hai« auf und sprüht schäumendes Wasser in die Luft. Gleich darauf verschwindet das Seeungeheuer wieder in der Tiefe.

Über eine hölzerne Brücke geht der Weg. Kaum haben wir die Hälfte passiert, da knistert es im Gebälk und unmittelbar hinter dem Heck unseres Wagens bricht die eine Hälfte der Brücke in die Tiefe. Unten im Tal angelangt, sieht man dann, wie sich die abgebrochene Brückenhälfte automatisch wieder aufrichtet und mit dem anderen Brückenteil vereinigt!

Fassaden aus den wichtigsten Städten der Erde sind in einem anderen Viertel aufgebaut: europäische, mexikanische, asiatische und amerikanische Straßenzüge. Überall aber nur die Frontseiten, die Räume hinter den Fenstern und Türen fehlen. Auch hier kann man mit jeglicher Sensation dienen, da schlagen gerade Flammen aus einem Haus, eine Feuersbrunst scheint ausgebrochen zu sein — aber keine Sorge, nur das Propangas täuscht den Flammenzauber vor.

Wenn ein Film abgedreht ist, läßt man die Fassaden dieser Straßen gerne stehen, man kann sie ja als Kulissen für einen neuen Film brauchen. So hat auch der Victoria-Bahnhof von London so manchen Film schon erlebt.

Sensationen, Sensationen! Da braust auf einmal mitten im Sonnenschein tobender Gewitterregen los, ein Sturm scheint alles umzuwehen, ein Bach schwillt zu reißender Flut an — und auch dies alles bewirkt nur ein einziger Knopfdruck.

Genauso geht es in einer Gebirgslandschaft zu, wo ein Schneesturm entfesselt wird und die Lawinen so naturecht herabdonnern , daß man wirklich schon glaubt, unser Wägelchen würde davon in die Tiefe gerissen. Selbstverständlich fehlt auch ein Erdbeben nicht.

Horror, Sensationen um jeden Preis in einer Filmepoche, in der man versucht, den »Weißen Hai« noch zu übertreffen und die Menschen mit Schreckenstaten aus dem Weltall das Gruseln zu lehren. Wie sehr man auf Illusion bedacht ist, dafür nur noch ein kleines Beispiel: Bei den Häusern und Zimmern verwendet man häufig besonders kleine Türen, damit die männlichen Schauspieler recht hochgewachsen wirken. So ein Westernheld muß ja mindestens 1,90 Meter groß daherkommen.

Vor dem Gelände der Universal-Studios in Hollywood machen wir an einem Kiosk eine kleine Trinkpause, dann fahren wir weiter zum »Disneyland«.

Unterwegs erzählt unsere Begleiterin, wie es eigentlich zu »Groß-Los-Angeles« gekommen ist. Die zentrale Stadtgemeinde baute als erste ein Wasserwerk. Wer an diesem kostbaren Naß teilhaben wollte, mußte sich dem Stadtkern anschließen. Denn Wasser braucht man ja nicht nur zum Trinken, sondern auch zum Bewässern in der Trockenzeit. Besonders notwendig ist es aber in einer Stadt, die weitgehend aus Holz gebaut ist, zum Löschen eines ausbrechenden Feuers. Die hölzernen Bauten sind übrigens nicht nur vom Feuer bedroht, sondern auch von den Termiten. Wenn einer sein Haus verkaufen will, dann wird erst von amtlicher Seite geprüft, wie weit die Termiten bereits das Holz zerstört haben.

Über den nahezu ausgetrockneten Los Angeles-River geht es auf vierspuriger Autobahn südlich nach Anaheim, einer Stadt von über 200000 Einwohnern, die etwa 40 Kilometer vom Zentrum von Los Angeles entfernt ist. Am späten Vormittag kommen wir dort an, können auf einem riesenhaften Parkplatz unterkommen und haben bis 17 Uhr Zeit, um das Disneyland anzuschauen. Um 18 Uhr müssen wir auf dem Schiff zurücksein.

Jeder kennt den Namen von Walt Disney. In Chikago 1901 geboren, hat er bereits als junger Mann Zeichentrickfilme versucht und seine weltberühmte Micky-Maus-Serie begonnen. In den dreißiger Jahren ist er dann auch zu Farbfilmserien übergegangen. Als Meister des Zeichentrickfilms hat er Weltruhm erlangt. Hier nur ein paar Namen seiner bekanntesten Filme: »Pinocchio«, »Bambi«, »Cinderella«, »Alice in Wonderland«. Eine seiner genialen Ideen war es, daß er 1955 hier in Anaheim auf einem riesenhaften Gelände einen Vergnügungspark anlegte, wo er seine blühende Phantasie ausleben konnte. Ein Park, der jetzt für große und kleine Kinder zu einer leibhaftigen Märchen- und Zauberlandschaft geworden ist.

Damit sich jeder unbeschwert den Attraktionen hingeben kann, hat man sich gegen alle Eventualitäten abgesichert. Es gibt eine Stelle, wo man Babys betreuen lassen kann, natürlich auch eine Unfallstation, überflüssiges Gepäck kann man in Schließfächern abgeben, in einem Fundbüro kann man nach verlorenen Sachen fragen, es gibt auch eine eigene Post und nicht zuletzt Rollstühle für Behinderte.

Auch wenn wir jetzt eine Reihe von Stunden durch dieses Disneyland wandern werden, so können wir uns aus dem riesenhaften Angebot nur einige Leckerbissen heraussuchen.

Zuerst fahren wir einmal mit einer Kleinbahn rings herum durch das ganze Gebiet, das über 30 Hektar groß ist. Landschaftsformen, wie sie vor Millionen Jahren auf der Erde zu finden waren, wechseln sich mit dem Dschungel heutiger Zonen ab.

Kaum haben wir das ganze Gebiet umkreist, da geht es nun in ein Piratenhaus. In unterirdischer Fahrt, auf Wägelchen wie sie bei uns für die Berg- und Talbahn verwendet werden, rast man durch eine Szenerie, die von Piraten bedroht ist. Ähnlich wie in Hollywood wird hier wild geschossen, dazwischen grölen die Seeräuber ihre Lieder. Es wird eine Fahrt durch stürmische See. Leibhaftig nachgebildet stehen links und rechts die drohenden Gestalten der Piraten: Von wunderbaren Maschinen bewegt, erscheinen sie wie lebendige Figuren. Nein, wie Menschen aus Fleisch und Blut! Es wird eine Piratenfahrt, auch in die Tiefe hinunter, dabei spritzt das Wasser in die hinuntersausenden Wagen. Es ist alles so naturecht aufgebaut und so lebendig in Szene gesetzt, daß man wahrhaftig meint, man wäre mitten unter die Piraten des 17. und 18. Jahrhunderts geraten.

Danach machen wir Mittagspause im »Orléans«, einer Gaststätte im französischen Stil, wo man erst mal warten muß, bis man einen freigewordenen Platz angewiesen bekommt. Es gibt so eine Art »Hamburger«, warme belegte Brote, dazu trinken wir, um uns aufzufrischen, Coca Cola und Cappuccino.

Und nun streifen wir wieder über die Wege des Disneylandes. Alle Rassen, Schwarze, Weiße, Braune und Gelbe sind hier mit ihren Kindern vertreten und betrachten sich die überlebensgroßen Phantasiegestalten, die als Mickey-Maus und deren Gefährten in naturechter Verkleidung herumlaufen.

Da kann man einen Mississippi-Dampfer besteigen und mit ihm losdampfen, da kann man sich in den Rachen eines Haifisches hineinstellen, da kann man im Schlitten vom Matterhorn hinunterfahren, kann sich in einer Schießbude versuchen oder in das Baumhaus einer Robinson-Familie hinaufsteigen. Wer möchte das Geisterhaus auslassen oder die Grusel-Grubenbahn, an der allerdings keine Personen teilnehmen sollen, die zur Seekrankheit neigen. Na, und wer ein richtiger Junge ist, der muß auf einem Floß zur Tom Sawyer-Insel hinüberfahren. Wir selbst streifen lange durch das Gelände um das Dornröschen-Schloß herum, in dessen Nähe man auch Schneewittchens Abenteuer und Dumbos fliegende Elefanten bestaunen kann. Herrn Froschlurchs wilde Fahrt mag man so wenig auslassen wir Peter Pans Flug oder König Arthurs Karussell.

Eine kleine Pause müssen wir in einem Café einlegen, damit wir in diesem Wunderland aufnahmefähig bleiben. Man mache sich klar: Jetzt sind in diesem gigantischen Vergnügungspark Tausende Angestellte tätig, Hunderte von Millionen Dollars sind investiert, es gibt mehr als 30 Restaurants, ein halbes Hundert Boutiquen. Was Disney einst in seiner Phantasie sah, ist wahrhaft eine ins Phantastische gesteigerte Unterhaltungsindustrie geworden. Jahrein, jahraus strömen Millionen von Besuchern hierher. All dies beeinträchtigt aber nicht die zauberhafte Wirkung und ich gestehe, daß ich mich am liebsten einmal eine

Woche lang mit meinen Enkeln in dem nahegelegenen Disney-Hotel einquartieren möchte, um mit den Kindern eine »abenteuerliche Wanderung durch die Wunderwelt des Atoms« anzutreten oder mit ihnen das »Weltraumgebirge« zu ersteigen.
Nicht nur Alice hat hier ein Wunderland gefunden, sondern auch die Besucher aus Old Germany verlieren sich gern in diesem Irrgarten der Phantasie...
Pünktlich um 17 Uhr finden wir uns am Bus ein. Auf der Rückfahrt erzählt uns noch unsere Führerin, daß sie sich hier mit ihrer Familie gut eingewöhnt habe. Sie lebt im eigenen Heim und Garten auch in der Millionenstadt wie auf dem Land. Als verheiratete Ausländerin konnte sie erst nach fünf Jahren die amerikanische Staatsbürgerschaft beantragen, wurde dabei auch in englischer Sprache und amerikanischer Geschichte geprüft. Unsere Führerin hat einen Sohn, sie versucht ihn zweisprachig, in Deutsch und Englisch zu erziehen. Wenn der Kleine mit der Mutter böse ist, spricht er Englisch, wenn er sich aber einschmeicheln will, spricht er Deutsch. Der Kleine geht übrigens hier in eine private deutsche Schule. Ja, man gehört auch einem deutschen Klub an, hat seinen deutschen Gottesdienst — und ein eigenes »Oktoberfest«, zu dem sogar eine deutsche Blaskapelle erscheint. Im Land der unbegrenzten Möglichkeiten gibt es auch dies...
Um 19 Uhr legen wir mit der »Maxim« von Los Angeles ab, fahren eine Stunde lang wieder vorbei an den beleuchteten Anlagen des künstlich geschaffenen Hafens, gleiten bei Mondschein hinaus auf den Stillen Ozean. Kurs Mexiko!

Stiller Ozean, 18. Mai
Noch sind wir erfüllt von den Bildern der Millionenstadt Los Angeles, der Traumfabrik Hollywood und des Disneylandes. Es ist gut, daß wieder zwei Seetage vor uns liegen, bevor wir mexikanischen Boden erreichen. Man muß erst all die Eindrücke festhalten, die man in den letzten Tagen erhalten hat, bevor man Neues aufzunehmen vermag. Vorteil einer Schiffsreise gegenüber Flugreisen rings um die Welt, wo man in wenigen Stunden am Ziel ist.
Heute an einem Montag — hält der Pastor seinen ökumenischen Gottesdienst, da gestern am Sonntag die Ausflügler allseits unterwegs waren. Der Tag beginnt ein wenig trübe, aber die Stunden runden sich dann doch mit hellem Sonnenschein. Wind und See machen uns nichts

zu schaffen, auch die Lufttemperatur ist mit 18 Grad angenehm. Da sind die Wege über Deck recht erholsam, man schaut wieder hinaus auf die Wellen und genießt die reine Luft. Heute abend können jene Passagiere, die unterwegs die Kurse eines Meister-Tanzpaares besucht haben, in einer festlichen Veranstaltung zeigen, was sie gelernt haben. Für die Teilnehmer des Turniers ist es heute sicher *das* große Ereignis. Für die andern, die in der anbrechenden Nacht über Deck wandern, ereignet sich »das große Ereignis« in der Klarheit der Sterne, die mit ihrem Glanz aufgezogen sind. Mein Nachbar an der Reling meint: »Wir Menschen sind halt doch nur Sekundenwesen, auch wenn wir ein biblisches Alter erreichen.«
Wie sagt Kleist in seinem »Prinz von Homburg«: Das Leben nennt der Derwisch eine Reise, und eine kurze...«

Stiller Ozean, 19. Mai
Wolkig hebt der Tag an, aber bald zeigt sich ein lauterer Silberglanz von Osten her und tiefe Bläue erfüllt den Himmel von Horizont zu Horizont. Auch das Meer zeigt sich friedlich, die Lufttemperatur wird vormittags wieder mit 17 Grad gemessen. Die Meerestiefe beträgt hier nur 250 Meter. Auch mit 18 Knoten Geschwindigkeit werden wir morgen pünktlich am Zielort ankommen.
Wer vormittags lange genug an der Reling steht und den richtigen Punkt gewählt hat, kann bereits zur frühen Stunde eine Herde von Walen erblicken. Und wer seinen Fotoapparat zur Stelle hat, bringt zwei Pelikane auf seinen Film, die sich für kurze Zeit auf dem Schiff niedergelassen haben. Da hat eine leidenschaftliche Fotografin sogar ein paar Haifische geknipst, die am Bug des Schiffes entlangschwimmen. Später huschen auch wieder fliegende Fische vom Schiff weg seitwärts über die Wellen, hinein in die Wellen. Eine ganze Weile genieße ich dieses Schauspiel — was für eine großartige »Lebewelt« — da drinnen im Ozean!
Wenn man mit dem Glas westwärts schaut, kann man die hellen Strände des Festlandes erkennen, Kalifornien ist nicht weit.
Und heute abend? Zuerst muß ich für den morgigen Tag in Mexiko meine Fotosachen vorbereiten und dann schauen wir nochmals in den großen Saal hinein, wo die Crew des Schiffes zu einem Laienspiel-Konzert eingeladen hat. Und dann ein Nachtspaziergang über Deck vor dem Schlafengehen. Gottlob klingt unsere Bronchitis ab.

Mexikanische Impressionen

Puerto Vallarta, 20. Mai
Noch fahren wir früh um sechs Uhr durch die stille See des Ozeans. Im Osten glüht schon dunkelrot zwischen Gewölk die steigende Sonne. Die mexikanische Küste nähert sich mit blauen, noch vom Morgendunst in Samt gehüllten Bergzügen. Zwei große schwarze Vögel schwingen sich an unserem Kabinenfenster vorbei, sind schneller als das Schiff. In ihnen ist die Kraft des Morgens, des jungen Tages.
Dünner Nebel liegt über dem Wasser, er hebt sich bald. An der Pier des Ortes Puerto Vallarta hat bereits das Schiff »Pacific Princess«, das amerikanische Urlauber an Bord hat, festgemacht. Da die Kaianlagen das Anlegen eines weiteren großen Schiffes nicht ermöglichen, bleiben wir vor dieser weiten mexikanischen Bucht auf Reede liegen. Kein Malheur! Denn mit den schiffseigenen Tenderbooten erreichen wir in wenigen Minuten das Ufer. Es ist hier subtropisch warm. Uns erscheint es besonders reizvoll, mal einen Ort zu besuchen, der in der allgemeinen Touristik noch wenig bekannt ist.
Ehedem ein Fischerdorf, wurde Puerto Vallarta dann gern von Künstlern bewohnt, heute allerdings haben sich hier bereits mehrere Hotels niedergelassen und reiche Mexikaner ihre Zweitwohnungen erbaut. Man sagt, dieser Badeort sei auf dem Weg, Acapulco Konkurrenz zu machen. Gottlob aber ist es noch nicht so weit...
An der Pier neben der »Pacific Princess« wedeln die Palmen im Wind, die Oleanderbüsche stehen in voller Blüte. Das leichte Gewölk darüber wird flockiger, verflüchtigt sich. Die Sonne brennt heiß.
Ein kräftiger Mexikaner namens José lädt uns ein, in sein Fahrzeug zu steigen und die Stadt mit Umgebung zu besichtigen. Mit ihm fahren wir hier vom Hotel »Playa de Oro« aus in das nahegelegene Zentrum dieser kleinen Stadt, die — im alten mexikanisch-spanischen Stil erbaut — auch in Südspanien stehen könnte.
Es ist wie ein amüsanter Gag, als man auf der Fahrt durch das Städtchen einen Volkswagen entdeckt, der keine normale Karosserie aufweist, sondern stattdessen zierliches, schmiedeeisernes Gestänge und Gehäuse zeigt. Gegen Sonne und Regen durch ein Dach gesichert, läßt diese praktische »Karosserie« den kühlenden Wind von allen Seiten zu den Insassen hinwehen. Das müßte sich der eigenwillige Autobesitzer für die tropischen Länder patentieren lassen!

Einige Nobelherbergen mit Hunderten von Zimmern haben sich schon in der Nähe des Strandes angesiedelt, ihre Gärten sind mit rotem und gelbem Hibiskus, mit glühenden Tulpenbäumen, mit dem Feuer der Bougainvillea, mit Bananenstauden — und natürlich mit Palmen geschmückt. Sorgsam wird dies alles gepflegt, hier holt ein Hoteldiener gerade ein paar welke herabgefallene Blätter aus dem Gras.
Die Stadtverwaltung selbst scheint darauf bedacht zu sein, daß auch die öffentlichen Anlagen sauber gehalten werden. Da ist bei den Gärten, die sich um den zentralen Platz gruppieren, ein Angestellter eben damit beschäftigt, einen Wasserschlauch in die Beete zu legen, um das frische Grün der Pflanzen zu erhalten. Der Platz soll repräsentativ sein. Denn er ist ja zugleich der Versammlungsraum für die Einheimischen, die sich hier abends oder an den Feiertagen in der Nähe eines Musiktempelchens zusammenfinden, um die Tagesereignisse zu kommentieren oder Konzertstücke anzuhören.
Große Kunstschätze gibt es in diesem landschaftlich so schön gelegenen Ort allerdings nicht. Da freut man sich denn, daß der eigentliche Ortskern die niedrigen Häuser beibehalten hat, da sind noch die Eisengitter an den Fenstern, die Balkone laufen herum, der Patio existiert auch hier, der berühmte Innenhof, wo sich genau wie in Spanien das Familienleben abspielt.
Aber je mehr man sich in dem Ort umschaut, desto deutlicher erkennt man, daß sich das kleine Fischerdorf immer mehr zu einem wichtigen mexikanischen Badeort entwickelt. Man hört, daß es heute bereits 25 000 Einwohner hier gibt und über 5 000 Autos! Und man wird aus der spanischen Idylle aufgescheucht, wenn man die Bauplätze, die Bagger, die staubigen Nebenstraßen sieht. Gegen das Meer hin geben diese Straßen den Blick ins Weite frei, aber gegen das Land hin sind sie linealgerade von den herandrängenden Höhen begrenzt. Kaum hat man die altertümlichen mexikanischen Gassen verlassen, da sieht man, daß dies eine Stadt im Aufbruch ist. Da werden Straßen ausgebaut, da wachsen auf den Bauplätzen neue Häuser empor. Schon ist der Raum zwischen Meer und den Bergen zu klein geworden, schon klettern die Häuser den Hang hinauf. Und doch versucht man immer wieder, mit Eukalyptusbäumen grüne Farben zwischen das Grau der Häuser zu zaubern.
José sieht, wie wir unschlüssig zwischen den alten Vierteln und den Neubauten hin- und herwandern, er möchte uns eine Pause gönnen

und fragt: »Wollen Sie hier im Casablanca-Restaurant eine Erfrischung zu sich nehmen? Wollen Sie das Seepferdchen-Denkmal knipsen? Wollen Sie in ein Fischlokal? Oh, wir haben hier genug nette kleine Restaurants, wo Sie mexikanisch essen können«.
Auf keinen dieser Vorschläge gehen wir ein. Aber in die Hauptkirche am großen Dorfplatz wollen wir mal hineinschauen, in die Iglesia de Guadalupe, die der Madonna, der »Jungfrau von Guadalupe« geweiht ist. Eine neuere Kirche im »Zuckerbäckerstil« mit Kuppel und barocken Portalen, mit mächtigen Pfeilern im Inneren, mit einem Hauptaltar aus weißem italienischen Carrara-Marmor und — ja, das ist eine Besonderheit, mit Heiligenfiguren, die aus Zement und Maismehl gebildet und farbenfroh bemalt sind.
Wir verlassen das Stadtgebiet von Puerto Vallarta. Vorbei geht es an Johannisbrotbäumen mit den langen braunen Broten. Die Straße windet sich den Berghang hinauf. Zur Rechten fällt die Küste steil ab hin zum Strand und den Meereswellen — zur Linken steigt sie ebenso steil an, hier sind aber die Berge mit dichten Palmenwäldern und dem darunter wuchernden Strauchwerk bedeckt. Als Wanderer hätte man Mühe, durch diesen Dschungel die Höhe der Berge zu erreichen. Aber unmittelbar hier links und rechts neben der Straße haben sich zahlreiche Neubauten eingezwängt, fertige und halbfertige, Hotels, Kondominien, Appartement-Häuser, Einzelvillen mit Türmen und Kuppeln, ja geradezu kleine Schlösser. Oft sucht man bei allem Luxus, der diesen Traumhäusern zueigen ist, den mexikanisch-spanischen Stil zu wahren. Die Wände sind grell weiß gestrichen, braun eingefaßt sind Fenster und Türen, Balkone breiten sich aus, Terrassen dehnen sich, feingeformte schmiedeeiserne Geländer sind kunstvoll angebracht, der Patio ist auch hier nicht vergessen. Rote Ziegeldächer sind vom Palmengrün umgeben. Je häufiger sich diese Bauten aneinander reihen, desto klarer wird einem, daß sich das ehemalige Fischerdorf in einen vielbegehrten Badeort verwandelt hat.
Natürlich sind auch Spekulanten schon am Werk, die Verkauf und Vermietung der einzelnen Häuser übernommen haben. José meint: »Bei den besseren Häusern, die man hier mieten kann, werden Chauffeur und Personal gleich mitvermietet.«
Wir verfolgen weiter die Bergstraße, sie ist in die Felsen eingesprengt, mit der Macht des Dynamits hat man hier den Bergwald durchstoßen, hat quer durch das Unterholz, durch die Wildnis der Bananenbüsche

und der Palmen einen Weg über die Flanke des Berges geführt. Aber gleich nebenan behauptet sich trotz der monatelangen Trockenheit die urwaldartige Wildnis. Da braucht man nur diesen einen Baum am Straßenrand anzuschauen, um zu sehen, wie vital auch der Lebenswille eines Baumes ist: Da hat so ein Stamm seine Wurzeln wie Greifarme um einen Felsblock herum wachsen lassen, hat den starken Stein umklammert und an allen Seiten des Blockes seine Wurzeln ins Erdreich gesenkt. So hält der Baum selber den Stein fest wie einen Gefangenen, hält sich aber auch selbst in der Tiefe der Erde fest.

Wir sind auf der Höhe über der Mismaloya Beach angekommen, dort hat sich ein Ausflugslokal in den Berghang gesteckt. Gern hätten wir hier mal Kokosmilch getrunken, gibt's aber leider nicht. Doch Limonade und Coca Cola löschen auch den Durst.

Tief unten die Bucht mit einem Badestrand, mit Booten und einem Schiff, das mit Ausflüglern vollgeladen ist. Zwei gewaltige Felseninseln im Meer, die »Los Arcos«, die an Capri erinnern würden, wenn sich hier nicht die buschigen Palmen ins Bild drängten. Palmen, blaues Meer, weiße Brandung und die zwei Felsblöcke: Glanz der tropischen Natur wie in einem Bilderbuch. Dazu hat einer der Felsen ein so mächtiges steinernes Tor, daß man gut mit einem Boot unten durchfahren könnte.

Übrigens hat auch der Film bereits bei seiner exotischen Motivsuche diese Bucht entdeckt. Die »Nacht des Leguans« wurde hier gedreht.

Auf einem benachbarten Felsen hat sich jetzt ein Pelikan niedergelassen, dann kommt die ganze Sippe, eine Familie. Gleich werden die Vögel zu ihrem Höhenflug starten, um dann ins Wasser hinabzustoßen und mit den Schnäbeln Fische herauszuholen. Wie Geschosse sausen sie hinunter.

Zurück in die Ortschaft, zurück zur Pier, da wir auf der »Maxim« zu Mittag essen wollen. Da wieder an der Straße ein hochgezogenes Appartement-Haus mit zwölf Stockwerken, mit Feuerleitern an der Außenfront, dann Rundalows mit Palmwedeldächern, mit dem lodernden Feuer der Bougainvillea in den Gärten, mit dem tiefen Grün der tropischen Blattpflanzen, mit den Blumenrabatten auf den Balkonen. Und — nur wenige Meter von diesen blühenden Gärten entfernt schlägt die weiße Brandungswelle gegen den Strand, wühlt dabei den roten Sand auf, so daß das Weiß mit Rot untermischt wird. Felsenwände, steinige Strände lösen den Sand ab, weiß-silbern blinken ein-

zelne Felsen im Gischt, Brandungswellen gleißen. Kilometerweit zieht sich der Strand hin, auch bei wachsender Hotelzahl wird der Strand nicht zur Mangelware werden.
Auf der Rückfahrt sieht man deutlich, welche zentrale Bedeutung der Kirche Iglesia Señora de Guadalupe zukommt, die wir besichtigt haben. Aus der Altstadt heben sich Turm und Kuppel beherrschend und anspruchsvoll heraus. So als wollte die »Jungfrau von Guadalupe« sagen: »Trotz der Hotels, die sich hier breitmachen und das alte Fischerdorf mehr und mehr einzwängen, bin und bleibe ich die Mitte von Puerto Vallarta!«
Da wird und soll sich nichts daran ändern, auch wenn man neue Straßen baut, neue Häuser hochzieht, auch wenn man das Stromnetz mit Drähten und Masten erweitert.
Freilich Acapulco ist im Kommen! Und gleichsam um dies zu bestätigen, steigt hier gerade, von einem Motorboot gezogen, ein Drachenflieger in die Luft. Jetzt ist der rote Schirm, der ihn trägt, viel höher gekommen als die Türme der Kirche. Unter dem seidig blauen Himmel bläht sich der rote Schirm über dem Drachenflieger.
Vom Kai aus erreichen wir in wenigen Minuten mit dem Tenderboot die »Maxim«, das Mittagessen mit »gebratenen Krevetten«, einem zarten Putenbraten, einem Glas Weißwein ist bestimmt genauso gut wie in einer mexikanischen Bodega.
Eine kurze Ruhepause in der Kabine zum Abkühlen. Dann freilich geht's ohne genauen Routenplan in der frühen Nachmittagsstunde mit dem Tenderboot zurück ans Ufer. In der Hitze wollen wir gar nicht weit fahren, José hat bereits sein Trinkgeld erhalten — nur ein paar Minuten von der Anlegestelle des Tenderbootes entfernt liegt ja das Hotel »Playa de Oro« gleich am Strand, von dort aus können wir am leichtesten ein Stück in den Stillen Ozean hineinschwimmen.
Exotische Romantik der Tropen — wie im Film! Ein Hotel ersten Ranges, hufeisenförmig mit vier Stockwerken um einen Palmengarten herum errichtet, in dem es aber nicht nur Palmen, nicht nur handgroß blühenden Hibiskus gibt, sondern auch seltene Blattpflanzen von besonderer Größe. Die Zimmer öffnen sich mit Balkonen zu dieser südlichen Bepflanzung hin. Die luftigen Eßräume sind mit Korbmöbeln ausgestattet, mittendrin ist ein kleiner Teich mit Wasserrosen, ein kühler Hauch kommt von dort her. Wer sich in diesen Balkonzimmern einquartiert, hat auch ein eigenes Bad und Klimaanlage. Und wem es

nicht zu heiß im Freien wird, für den stehen auch Tennisplätze bereit. Nachts kann man zum Rauschen des Stillen Ozeans unter dem Mondlicht auch Musik hören und spanische Tänze sehen. Der Kellner steht schon mit einem Drink für uns bereit. Exotischer Märchenzauber?
Wir selber werden nachts freilich wieder mit der »Maxim« auf dem Meer unterwegs sein, aber diesen Nachmittag wollen wir im Hotelgarten und am Strand ausgiebig genießen.
Wir drücken einem Strandwächter einen US-Dollar in die Hand. Er stellt für uns zwei Liegestühle in den Schatten eines runden Strohdachs und wir ziehen unsere Badesachen an. Dann gehen wir zuerst zum Schwimmen ins Meer. Nein, mit dem Schnorcheln ist es leider nichts, die Wellen sind zu hoch, so schwimme ich ohne den Schnorchel bis zu den Korkenreihen, die da auf dem Wasser aufliegen. Im tieferen Wasser könnten hier Haifische auftauchen, auch wenn man unter der hellen Sonne nicht so recht an ihre hiesige Existenz glauben möchte. Aber das Schwimmen ist auch in der Küstennähe ideal, die Wellenbrecher, die den Kopf untertauchen, sollen mich dabei nicht stören.
Um nun das volle Glück dieses Tages auszukosten, gehe ich vom Meer aus zurück in den exotischen Hotelgarten, steige dort in den Swimming-pool mit dem Süßwasser und schwimme, umgeben von reizenden Wassernixen, um eine kleine Palmeninsel herum, die mitten in den Pool gesetzt ist. Nun möchte auch Inge ein wenig hinausschwimmen und so gehe ich zu unseren Liegestühlen zurück, um Fotosachen und Handgepäck zu hüten. Es macht Spaß, das Palaver der anderen Gäste anzuhören, die hier im Umkreis des Swimming-pools herumlaufen. Fein, daß auch wir uns wieder gesund fühlen!
Allzu schnell rückt der Zeiger der Uhr voran. Wir müssen uns anziehen, die Zeit reicht noch dazu, um ein paar Aufnahmen zu machen und das Hotel zu inspizieren. Man könnte sich gut vorstellen, daß ein exotischer Reißer, der in Hollywood geplant wird, diese Anlage als Filmkulisse hernimmt.
Ein exotisches Paradies? Den Europäern könnte auf die Dauer die subtropische Luft doch zu schaffen machen. Und die Klimaanlage? Vorsicht, die Gegensätze kühles Zimmer und heiße Luft draußen sind nicht leicht zu ertragen. Junge Leute werden darüber lächeln — als junger Kerl hätte ich auch darüber gelacht.
Auf dem Rückweg zum Ufer verweilen wir vor einer Laden-Budengasse, in der etwa 20 Klein-Geschäfte sich aneinander reihen. Ei-

ne improvisierte Verkaufsmesse! Nun sie lohnt sich schon, wenn zwei kapitale Schiffe wie die »Maxim« und die »Pacific Princess« mit zusammen weit mehr als 1 000 Passagieren vor Anker liegen. Da werden die Europäer und die Nord-Amerikaner doch ihre Brieftaschen aufmachen — so hofft man. Natürlich betrachten auch wir die buntbedruckten Stoffe, die Halstücher, die Stickereien, die bemalten Ledersachen, die mexikanischen Bilder auf Baumrinde, die Töpfereien und besonders die Silbersachen: Armringe, mit Email eingelegte Gürtelschließen, Messer mit perlmuttbelegten Handgriffen. Souvenirs, Souvenirs — und wenn man, was hier bei solchen Buden üblich ist, ein wenig handelt, bekommt man von der Verkäuferin sogar einen Preisnachlaß, und dann erkundigt sich die braune Mexikanerin, eine Mischung von Indianern und Spaniern, noch genau danach, woher man kommt, wohin man fährt, wo man daheim ist.

Erstaunlich viel weiß diese Frau von Europa und von Old Germany. Für uns aber wird es Zeit, daß wir uns von ihr verabschieden, Zeit, den Amerikanern zuzuwinken, die zu ihrer »Pacific Princess« eilen — Zeit, mit unserem Tenderboot zur »Maxim« zurückzufahren. Um 20 Uhr wird sich die »Maxim« von Puerto Vallarta verabschieden und Kurs auf Acapulco nehmen, das uns von einer früheren Reise her schon ein wenig bekannt ist.

Stiller Ozean, 21. Mai

Noch sind wir in den Gewässern des Stillen Ozeans, fahren südwärts an der mexikanischen Küste entlang, die Backbord immer wieder mit ihren Bergzügen sichtbar wird. Obwohl vormittags die Lufttemperatur nur 27 Grad beträgt, weht doch die Luft recht schwül um das Schiff. Wir können die morgige Ankunft in Acapulco in Ruhe erwarten, da wir ja fast noch einen Monat Zeit haben, bis wir in Bremerhaven landen. Aber über 200 Passagiere, die in Singapur an Bord gekommen sind und nur das zweite Teilstück der Reise gebucht haben, werden morgen von Acapulco aus nach Deutschland heimfliegen, um für den dritten Teil der Reise anderen Gästen Platz zu machen. Für die Abfahrenden heißt es heute, die Koffer zu packen. So ist ein wenig Abschiedsstimmung an Bord und auch im Tagesprogramm liest man mehrfach Andeutungen über das Abschiednehmen.

Auch wir wollen uns heute abend vom Abschiedscocktail nicht ausschließen, zu dem Kapitän, Schiffs- und Bordreiseleitung eingeladen haben. Und dann gibt es bei Kerzenlicht noch ein feierliches Abschieds-Dinner. »Do Swidanje« — Auf Wiedersehn, heißt die Parole. Daß der Wind stärker, der Seegang höher geworden ist, wird das Dinner nicht stören.

Unbehindert vom Wetter macht die »Maxim« gute Fahrt. Eigentlich sollen wir erst morgen früh in Acapulco ankommen, aber nun nähern wir uns bereits heute abend zwischen 22 und 23 Uhr der Stadt, fahren in die Bucht ein und hoffen, an der Pier einen guten Ankerplatz zu bekommen. Dann könnten Unternehmungslustige schon heute abend einen Nachtbummel durch Acapulco unternehmen. Aber daraus wird nichts, die Dünung ist auch im Hafengebiet so stark, daß wir an der Pier nicht anlegen können, sondern in dieser Nacht auf Reede bleiben müssen. Vielleicht klappt es morgen früh.

So begnügen wir uns in dieser Nachtstunde mit einem Spaziergang über Deck, um das Lichterschauspiel des mexikanischen Vergnügungszentrums anzusehen. Die Felsenberge, die am Eingang der Bucht wachen, sind zwar nur an einzelnen Punkten erhellt. Aber im Hintergrund der Bay entfaltet sich zwischen den schwarzen Wellen und dem schwarzen Himmel der verführerische Glanz dieser Stadt, die in den letzten Jahrzehnten ein Treffpunkt des Jet-Set geworden ist. Eine Illumination ohnegleichen! Über die Uferebenen und dann zu den Bergen hinaufwachsend, erscheinen die Lichtermäntel wie hingeworfen. Die Uferpromenaden sind durch die grellen gelben Laternen herausgehoben, die Lichter der Autos flitzen hin und her und darüber bannen immer wieder die Hunderttausende, die Millionen von Lichtpunkten, die weißen, die gelben, die grünen, den Blick. Rot glühen Straßenzeilen dazwischen, markieren Wohnblöcke, Hotels und einzelne Stadtviertel. Daß dies alles zwischen dem dunklen Samt des Himmels und dem Schwarzgrau der Wellen wie eine helle Woge dahinschäumt, fesselt so, daß man wiederholt zur Reling zurückkehrt.

Freilich, der Glanz erstrahlt in einer feuchten tropischen Schwüle — die Regenzeit steht bevor. Wir gehen schließlich in unsere kühlere Kabine zurück, die Dünung wiegt das Schiff langsam hin und her.

Acapulco, 22. Mai

Wir müssen auch heute auf Reede liegen bleiben. Für die Matrosen ergibt sich eine schwierige Aufgabe: Die vielen Koffer der Abreisenden mit Tenderbooten ans Ufer zu schaffen. Und abends müssen sie die

ACAPULCO: Ein Fischer schlachtet und zerlegt frisch gefangene Schwertfische

MEXIKO: Alte Indianerin glasiert Töpfereien auf dem Markt von Acapulco (oben links) — An der Steilküste der Todesspringer von Acapulco (oben rechts) — Die »Maxim« auf Reede vor dem Badeort Puerto Vallarta (unten)

Kofferlast der neuen Gäste, die aus Deutschland mit dem Flugzeug ankommen, wieder mit ihren Booten an Bord bringen.
Die Heimkehrer selbst sagen heute »Lebewohl«. Andere Reisegefährten haben sich aufgemacht, um in die Silberstadt Taxco zu fahren und nach Mexiko City zu fliegen. Höhepunkte dieses Landausflugs werden dann die archäologischen Ausgrabungsstätten von Teotihuacán. Was für ein Ereignis, die Sonnenpyramide der altamerikanischen Kulturen zu schauen!

Durch den Panama-Kanal in die Karibik

Touristik am Pazifik

Acapulco, 22. Mai

Als wir das letzte Mal in Acapulco waren, war es Januar. Da dort die eigentliche Saison von Oktober bis März dauert, sind wir jetzt in diesen Maitagen außerhalb der üblichen Ferienzeit angekommen und treffen hier auch auf recht heiße sommerliche Stunden. Dieser mexikanische, in aller Welt berühmte Badeort zählt etwa eine Viertelmillion Einwohner. Die ersten Häuser wurden hier bereits im 16. Jahrhundert, also noch in der Entdeckerzeit angelegt, schon damals erkannte man die günstige Lage an der weitausgreifenden Bai. Wie in Puerto Vallarta waren es zuerst Fischer, die sich hier eine Existenz suchten. Allerdings hatte der Ort dann auch bald Bedeutung für den Handel mit Ostasien. Die Handelsschiffe lockten freilich auch Piraten an, gegen sie suchte man sich durch ein Fort zu schützen, das noch heute besteht. Seinen eigentlichen Rang als Vergnügungszentrum gewann Acapulco erst in unserem Jahrhundert. Man erschloß den Platz durch neue Straßen, entdeckte den schönen Badestrand. So wuchs im Lauf der letzten 50 Jahre die ehemals abgelegene Ortschaft zu einem Mittelpunkt der Touristik.

Ich möchte noch einmal die Plätze sehen, die ich bereits vor einigen Jahren besucht habe, und vergleichen, ob sich dies oder jenes verändert hat. Es ist schon früh am Morgen, als ich mit dem Tenderboot zum Ufer fahre, recht schwül geworden, da hier am Meer die Luftfeuchtigkeit sehr hoch ist. Inzwischen ist auch die »Pacific Princess«, die uns mit den amerikanischen Kreuzfahrern bereits in Puerto Vallarta begegnet ist, hier eingetroffen.

Eine Musikkapelle von stämmigen Mexikanern hat sich zur Begrüßung am Kai eingefunden, einige blasen Trompete, andere spielen Geige, dann zupfen noch einige Gitarristen auf ihren Saiten herum — eine freundliche Geste. Ein paar Schritte weiter preisen Angestellte von Ausflugsschiffen und Glasbooten ihre Ausflüge aufs Meer an.

Aber ich möchte weiter in die Landschaft hinein, und daher heißt die Parole: Rein in ein Taxi! Acapulco, die »Perle des Pazifik«, ist noch vom Nebeldunst umwoben.

Die Strandregion ist jetzt schon am frühen Morgen von Einheimischen stark besucht. Man kann dort kleine Hütten und Stühle mieten, dazu geben die Uferpalmen am Sandstrand kostenlos ihren Schatten.

Auch in der Geschäftsstraße, die wir jetzt durchfahren, herrscht schon reges Leben, eine Diskothek preist sich an, und die Leute sind unterwegs bei ihren Einkäufen. Parkanlagen grünen zwischen den Häusern. Im Stadtkern selbst findet nur eine begrenzte Zahl von Einwohnern Platz. Aber wie bei so vielen anderen Städten dieser Welt sind ungezählte Tausende vom Land her zugezogen und leben einstweilen in sehr bescheidenen Behausungen ringsum auf den Hügeln. Diese neuen Zuzügler kommen mit der Hoffnung, daß sie hier doch leichter Brot und Arbeit finden als draußen in ihren Dörfern — aber zumeist leben sie nur von der Hoffnung ohne gesicherte Existenz. Die Stadtverwaltung selbst aber muß sich bemühen, daß Acapulco weiter für die Fremden, die das Geld hereinbringen, attraktiv bleibt, und daher verbreitert man hier — man sieht es an den aufgerissenen Straßen — die Kanalisation, damit die Abwässer nicht mehr direkt ins Meer gehen. Denn wer möchte schon inmitten der Abwässer herumschwimmen? Dabei ist es gar nicht so leicht, mit dem Kanalsystem die Güsse der Regenzeit zu beherrschen. Da kommen oft solche Unmengen von Wasser aus dem Tropenhimmel, daß innerhalb von zehn Minuten alle Straßen unter Wasser stehen und sogar Autos weggeschwemmt werden. Bei solchen Strömen soll sich der VW-Käfer am besten bewährt haben — und daher sieht man den in der Nähe von Mexiko-City gebauten Käfer besonders häufig in den Straßen von Acapulco.
Wir sind jetzt im Touristen- und Hotelzentrum. Natürlich gibt es ganze Blöcke von Eigentumswohnungen. Daneben ist der Hotelklotz »Fiesta Americana« mächtig hingestellt, unweit davon residiert das Hotel »El Presidente« — aus den internationalen Hotelketten sind »Hilton« und »Holiday-Inn« vertreten.
Neuerdings besinnt man sich in Acapulco auch auf die Historie, hat Ausgrabungen durchgeführt und ein Museum eingerichtet. Aber die meisten Besucher sind doch der Gegenwart zugewandt. Hier kann man in ein Delphinarium gehen, wo die klugen Schwimmer mehrmals täglich ihre Show abziehen müssen, Kinder können sich dazwischen auf einer riesigen Wasserrutschbahn amüsieren. Unten aber am Strand kann man sich allen Arten des Wassersportes hingeben.
Wir selbst verlassen jetzt zunächst einmal die Stadt, fahren einen Berghang hinan, vorbei an Kokospalmen, und halten erst bei einem Aussichtspunkt. Von hier aus überschaut man die ganze Bucht mit der Schale der Häuser und mit den Hängen, wo sich überall die Zuzügler

eingenistet haben. Dort in der Nähe des Ufers heben sich die großen Schiffe »Maxim« und »Princess« hoch über die Jachten, die Boote, die kleineren Vergnügungsdampfer. Dort hinten liegen sogar ein paar kleine mexikanische Kriegsschiffe. Man will zwar damit keine großen Kriege führen, aber die japanischen und nordamerikanischen Fischer, die hier in den mexikanischen Hoheitsgewässern fangen wollen, kann man damit schon vertreiben. Auch den Rauschgiftschmugglern vermögen diese Kriegsschiffe das Geschäft zu erschweren.

Auf der Weiterfahrt kommen wir in das Hotelgebiet »Las Brisas«. Hier fehlt in keinem der Gärten ein Swimming-Pool. Man scheut bei der Hitze den beschwerlichen Hangweg zum Meer hinunter, man möchte sein eigenes Paradies haben. Ein Paradies? Über der Siedlung steht ein Kreuz: Der ehemalige millionenschwere Besitzer hat es zum Gedenken an seine zwei Söhne errichten lassen, die beide bei einem Flugzeugunglück ums Leben kamen. Nachts ist das Kreuz beleuchtet — wir sahen es schon gestern vom Schiff aus...

Nicht weit von diesem denkwürdigen Gelände entfernt, haben sich viele kapitalkräftige Leute, die Mächtigen, die Politiker, die Filmstars ihre Ferienhäuser errichtet. Mein Fahrer erzählt, der langjährige Außenminister Kissinger habe hier eines seiner Domizile. Er fügt hinzu, auch der letzte Schah von Persien habe sich hier ansiedeln wollen...

»Tja«, frage ich, »und vor Erdbeben haben diese Leute keine Angst?« Ich deute auf die riesenhaften grauen Felsbrocken, die hier und da im Grün der Hänge liegen.

»Natürlich gibt es bei uns nicht selten Erdbeben,« meint der Fahrer, »aber man sichert sich im Untergrund der Bauten mit stahlarmiertem Zement und errichtet darüber die Mauern nur in leichtester Bauweise. So ist hier tatsächlich noch kein Haus von einem Erdbeben völlig zerstört worden.«

Wir sind auf dem Weg zum Luxus-Hotel »Princess« außerhalb der Stadt. Bevor wir aber dorthin kommen, sieht man in der Tiefe gegen das Meer hin ein interessantes Landschaftsgebiet, die »Schwarze Lagune«. Dies ist eine Küstenebene, die von Kanälen und Sümpfen durchzogen ist. Dort gedeihen Mangroven, dort breitet sich Dschungelwald aus — da gibt es Wasservögel aller Art, auch Mücken ohne Zahl, aber die Malaria hat man hier erfolgreich ausgerottet. In dem Dschungelgebiet der »Schwarzen Lagune« gibt es Landschaftsmotive, wie man sie auch in Afrika oder im brasilianischen Urwald findet.

Wir kommen jetzt zum Hotel »Princess«, das nicht nur durch seine Größe imponiert, sondern auch durch seine Form: Wie eine Maya-Pyramide steigt der Kasten zwölf Stockwerke hoch empor. Gehen wir gleich einmal durch die Halle, die mit Grünpflanzen und plätschernden Brunnen durchsetzt ist! Um die Halle laufen die Balkone mit den Eingängen in die Zimmer herum. So wird dieses große Vestibül mit seiner klimatisierten Kühle die Mitte des Hotels, das Hotel kommt einem vor wie eine angenehm temperierte Oase, in der man Zuflucht findet, auch wenn draußen die tropische Schwüle droht, auch wenn tropischer Regen niederprasselt. In dieser Schlemmerinsel können auch bei brausenden Stürmen die Gäste in aller Ruhe an einem ausgedehnten Büfett ihren Lunch selber zusammenstellen.
Nun heute braucht man vor einem Sturm keine Sorge zu haben. Und der Hitze kann man leicht entgehen. Man braucht nur die Badehose anzuziehen und in den Swimming-pool zu tauchen, der flußartig zwischen exotischen Parkanlagen um das Hotel herumläuft. Man kann aber auch eine Hängebrücke überqueren, in den Park hineinschlendern, rosaflaumigen Flamingos zusehen. Oder man läuft ein paar Schritte über den Sandstrand und springt dann gleich in die Wellen des Stillen Ozeans hinein. Heute muß man allerdings dort schon ein guter Schwimmer sein, denn da brausen die Wellen hoch und schäumend heran.
Eine Hotelwelt außerhalb von Acapulco. Aber nicht zu weit für jene, die sich noch in das Nachtleben der Vergnügungsmetropole stürzen wollen...
Bei der Rückfahrt zur Stadt beobachtet man hangwärts zahlreiche Bäume, die in der Trockenzeit ihr Laub verloren haben. Der Boden ist noch wie ausgedörrt. Aber schon jetzt, da sich die Regenzeit mit hoher Luftfeuchtigkeit ankündigt, treiben beim näheren Hinsehen wieder einige Blättchen aus den Zweigen — und wenn in allernächster Zeit erst mal die Güsse mit ihrer Wasserflut einsetzen und die rötliche Erde durchschwemmen, dann wird es kaum acht Tage dauern, und alles ist wieder grün. Mein Fahrer hat es eilig. Er möchte die Stadt schnell durchqueren und auf die entgegengesetzte Seite von Acapulco kommen, wo sich um die Mittagszeit wieder einmal ein Todesspringer in die Quebrada hinunterstürzt.
Im Zentrum am Hauptplatz von Acapulco meint der Fahrer: »Wenn Sie heute abend Zeit haben, können Sie hier eine Open-air-Show se-

hen, da erleben Sie wie man in Mexiko singt, zaubert und Flamenco tanzt.«
Inzwischen sind wir außerhalb der Stadt an der Quebrada angekommen, einer Felsenschlucht, die nur wenige Meter breit, aber an die 40 Meter hoch ist. Das Wort heißt eigentlich »Steinbruch«, und tatsächlich sollen hier dereinst die Spanier diese Kluft künstlich in die Felsen gesprengt haben, damit frische Luft vom Meer her in ihre Häuser wehen konnte. Heutigentags hat hier der unternehmungslustige Schweizer Teddy Stauffer die berühmte Attraktion der »Todesspringer« geschaffen. Auf ihn geht die Idee zurück, mit einem Nervenkitzel besonderer Art Fremde in das Vergnügungszentrum Acapulco zu locken: Dreißig junge Männer müssen mindestens ein Jahr lang trainieren, bis sie den Sprung von dem 38 Meter hohen Felsen hinunter in das schmale Wasserbett beherrschen, das nur fünf Meter tief ist. Da warten die Springer immer auf den Zeitpunkt, zu dem eine hereinflutende Welle das Wasser etwas erhöht. Dann müssen sie, da der Felsen nach vorne abgeschrägt ist, kopfüber erst einmal vier bis fünf Meter vorwärts springen, damit sie unten genau in der Mitte der Bucht ankommen.
Das Springen ist so organisiert, daß ein einziger Sprung in der Mittagszeit von den Reisegesellschaften vorausbestellt wird und daß weitere vier Sprünge mit Fackeln erst abends erfolgen. Jeder Springer hat am Tag nur einen Sprung, meist kommt er sogar nur alle paar Tage dran, da sich die Springer immer ablösen. Natürlich gelingen diese waghalsigen Sprünge nur, weil die Athleten Gelände und Technik genauestens kennen. Eine Zirkusnummer ohne Netz und doppelten Boden! Angeblich ist bis jetzt noch keiner von diesen Springern ums Leben gekommen — nur ein Amerikaner, der es auch mal versuchen wollte, hat sein Wagnis mit dem Tode bezahlt.
Da stehen wir also auf den Terrassen, die mit Neugierigen gefüllt sind, sehen, wie drüben in der Felswand der braune Mexikaner, nur mit Badehose bekleidet, noch ein paar Streckübungen macht und sich dann auf den Felsvorsprung begibt. Jeden Augenblick kann er abspringen — und da sieht man auch schon seinen Körper in die Luft hinausschnellen, wie ein Strich saust er in die Tiefe, taucht ins Wasser. Die Sensation ist wieder mal gelungen.
Man geht von der Terrasse die Stufen empor — und da steht auch schon der braune nackte Springer und heimst von den befriedigten Zuschauern seine Dollar als Trinkgeld ein...

Hinterher erstehe ich in einem nahegelegenen Silvershop, in dem es auch Schnitzereien gibt, einen hölzernen Don Quichotte auf seiner Rosinante, weil der Ritter von der traurigen Gestalt gut in meinen Raritätenschrank daheim paßt. Hochachtung vor seinem Erfinder, dem spanischen Dichter Cervantes! Ich habe noch ein wenig Zeit, um durch den Patio zu streifen, der auch in diesem mexikanischen Laden nicht fehlt. Da ist ein rotblau gefiederter prächtiger Pagagei, er turnt von seinem Käfig zu drei winzigen Kätzchen herunter, die dort im Schatten spielen. Der Papagei unterhält sich mit den kleinen Kerlchen, mischt sich in ihre Spiele und kehrt erst dann zum Dach seines Käfigs zurück, als er einen Becher mit Coca Cola bemerkt. Offensichtlich schmeckt seinem Schnabel das süße Getränk. Habe ich noch nie gesehen, daß ein Papagei Coca Cola trinkt!
Die Uhr rückt voran. Der Fahrer möchte mir gern noch ein Stück von der Landschaft zeigen und so fahren wir auf der Westseite von Acapulco um eine Halbinsel herum. Unermüdlich wirft hier der Ozean seine weißen Schaumbänder gegen die Felsen. In diese Landschaft hat auch der Sänger Frank Sinatra auf einen äußersten Klippenvorsprung seine Traumvilla gesetzt. Neuerdings können allerdings Ausländer, also auch Nordamerikaner, in dieser Küstenregion kein Eigentum mehr erwerben. Die Mexikaner wollen ihre schönsten Strände in eigener Hand behalten.
Wie kocht da drunten, von Felsen umgürtet, der Wellenschaum des Ozeans! In diesem Vorort von Acapulco gibt es auch noch Hotels aus früherer Zeit, denen die Mexikaner die Treue halten, zu denen aber wenig Ausländer kommen. Da existiert auch noch die große Stierkampf-Arena; zwischen Dezember und März, also in der Hauptsaison, geht es auf diesem Sandplatz noch um Leben und Tod, wie im »Mutterland Spanien«.
Ein Dankwort an meinen Fahrer! Dann besteige ich an der »Muelle Polaris« das Tenderboot, es fährt mich zur »Maxim« zurück. Nach dem Mittagessen mache ich in der kühlen Kabine erst mal Pause.
Dann nachmittags geht's mit Inge nochmals an Land. Wir marschieren trotz der hohen Temperaturen zu Fuß ins Geschäftszentrum von Acapulco. Die größeren Geschäfte haben kühle Verkaufsräume, in denen man gern die Warentische betrachtet, und bei Woolworth, der auch hier eine Niederlassung unterhält, gibt es ein Café mit mexikanischen Spezialitäten. Was hat man da für Torten aufgebaut: Ein ganzer Braut-

wagen, von Schwänen gezogen, ist mit Zuckerguß bestrichen, die Braut trägt ein Spitzenkleid aus Marzipan. Wie schade, wenn man dieses ganze Gebilde mit dem Tortenmesser durchschneiden muß! Eine andere riesige Torte ist als Fußballfeld mit 22 Spielern angelegt, das Kunstwerk des Konditormeisters ist so exorbitant, daß wohl selbst eine große Hochzeitsgesellschaft diese Menge kaum bewältigen könnte. Wagen wir uns aus dem klimatisierten Café wieder hinaus in die heißen Straßen der Altstadt. Was für ein Anblick! Da liegt doch ein meterlanger toter Schwertfisch über einem Mülleimer, d. h. es sind nur noch die blutigen Häute und das lange Schwert am Maul zu sehen, während man das Fleisch schon herausgeschnitten und verkauft hat. Daneben auf der Straße die gleichen blutigen Überreste eines zweiten Schwertfisches. Einfach weggeworfen! Ganze Mückenschwärme haben sich darüber hergemacht. Das hätte einer in Singapur tun sollen! Gehen wir weiter! In diesem glutheißen offenen Restaurant brät ein Mexikaner auf dem Grill Ochsenzungen, Schnitzel, Hühner. Niemand schert sich darum, daß hier eine Mutter mit einem splitternackten Kind vorbeiläuft. Eine Verkäuferin hat ganz einfach auf dem Gehsteig eine Hängematte aufgehängt und ihr Baby hineingelegt, während sie ihre »Herrlichkeiten« in hölzernen Gestellen auf der Straße ausstellt. Sie bietet Hüte, silberne Reifen, Muschelwaren an. Die Inhaber von Bauchläden versuchen Käufer für Bananen und Melonen zu gewinnen. Der Besitzer eines Limonadenwagens schleift ganz einfach einen Eisblock, den er mit einem Strick umgürtet hat, über die Fahrbahn hin zu seinem Stand. Alte Bettler, Greisinnen tippen auf den Arm der Fremden, um einen Peso zu erhalten. Zwischen den Mexikanern sieht man auch indianische Typen. Bei der Hitze kann man es keinem Mann übelnehmen, wenn er nur mit Badehose bekleidet seine Geschäftsinteressen wahrnimmt.

Was für ein Gegensatz zwischen der Hoteloase »Princess« und dieser Altstadt! Wohl schäumen auch hier am nahen Strand die Wellen wie draußen bei dem »Princess« — aber wenn man von der Geschäftsstraße der Altstadt aus den Berg hinaufschaut, dann kann man die Slums nicht übersehen, die es am Rande der Stadt immer wieder gibt. Ungelöste Probleme . . .

Abends auf der »Maxim« sehen wir nun viele neue Gesichter. 200 neue Passagiere sind über den Atlantik geflogen und heute an Bord gekommen. Natürlich lassen wir uns auch abends nicht von unserer Gewohnheit abbringen: Wir gehen an Deck, machen unseren Rundgang und betrachten von hier aus den Feuerzauber von Acapulco, wo Glanz und Elend noch so dicht beieinander sind.

Acapulco, 23. Mai

Fahrplanmäßig soll unser Schiff erst heute abend 22 Uhr seinen Platz auf der Reede verlassen. So haben auch die heute neu angekommenen Passagiere Gelegenheit, zur Silberstadt Taxco zu fahren. Wir selber wollen noch einmal privatim Acapulco durchstreifen — vormittags wird mich Inge begleiten, nachmittags gehe ich mit unserem Münchner Landsmann in die Altstadt.

Als Ziel haben wir uns für den Vormittag den indianischen Markt vorgenommen, der auch »Flohmarkt« genannt wird. Er liegt im Herzen der Altstadt und zeigt einheimische Volkskunst. In einer Vielzahl von überdachten Ständen, die sich um einen großen Platz gruppieren, bietet man dies alles an: bemalte Keramik, Töpfe, Teller, Tassen, Katzen, Tauben, viele Masken aus Ton. Dann Silbersachen, Ringe, Armreifen, kleine mexikanische Silberhüte, Manschettenknöpfe. Weiter gibt es ausgestopfte und präparierte Leguane, Schlangen, Gürteltiere und indianische Motive aus der untergegangenen Maya-Kultur. Besonders häufig erscheint ein indianisches Maskengesicht aus der Kultstätte von Palenque. Neben holzgeschnitzten Fischen liegen Stickereien, mit Ornamenten verzierte Applikationen stapelweise herum. Sehr lustig die kleinen Marionetten, die man über den Boden tapsen lassen kann, und auch Puppen, zierlich in altmexikanische Tracht gekleidet.

Gewiß gibt es auf diesem »indianischen« Markt, bei dem aber meist mexikanische Männer und Frauen tätig sind, genug industrielle Erzeugnisse, die zu Souvenirs verarbeitet sind. Daß hier aber auch noch viel Handwerkliches dabei ist, sehen wir selbst. Da hocken in der schmalen Marktgasse Frauen und bepinseln die Töpfereien unermüdlich mit Linien, Tupfen und Figuren. Jeder einzelne Punkt, jeder Strich ist von diesen fleißigen Frauen, die kaum aufschauen, sorgfältig mit der Hand gezogen. Da haben sie nicht einmal Zeit, sich um ihre halbnackten Babys zu kümmern, die in den Budengassen auf dem Boden herumrutschen.

Heute haben wir aber auch Temperaturen, die einem schon den Schweiß heraustreiben, auch wenn man nur Tropenkleidung trägt. Da hilft sich sogar der hitzegewohnte mexikanische Verkäufer damit, daß

er immer wieder seinen dünnnen T-Shirt über seinen braunen Bauch hochzieht.
Ich bewundere den stillen Fleiß der Malerinnen, aber sie können wenigstens im Schatten ihren Pinsel führen. Dagegen hockt da draußen in der Sonne eine verhutzelte Indianerin mit tausend Falten im Gesicht, sie taucht ihre bloße Hand in einen Lack und fährt dann damit über die bemalten Tonwaren, um sie zu glasieren. Damit das Kunstharz schnell trocknet, muß sie die Arbeit unter der Sonne verrichten. Das ist schon eine knallharte Sache.
Wenn man selber über die tropischen Hitzegrade stöhnt, dann versteht man, daß die Straßen hier nicht so sauber sind wie in unseren nordischen Gefilden. Die Mülltonnen laufen über, der Abfall nebendran häuft sich. Man täuscht sich, wenn man glaubt, daß Acapulco nur eine Stadt der glanzvollen Hotels ist. Ganz abgesehen davon, daß auch der Glanz der Hotels nicht mehr so hell ist, seitdem die Nordamerikaner mit ihrem Geld mehr haushalten müssen. Der Dollarsegen fließt nicht mehr so üppig...
Nachmittags kehre ich noch einmal mit unserem Münchner Freund und Tischgenossen für »Momentaufnahmen« vom Schiff aus in die Stadt zurück. Wir schlendern an den Geschäften der Altstadt vorbei. Das nackte Baby liegt noch in seiner Hängematte, Milch lutschend. Unterwegs verliere ich leider in einem Basar den Freund im Gedränge, gehe dann allein langsam zum Kai zurück.
Unterwegs: Ich mache ein gutes Silbergeschäft ausfindig. Einen versilberten Elefanten finde ich leider nicht, auch eine silberne Eule, wie ich sie gestern gesehen habe, entdecke ich leider nicht mehr. Sah gestern recht hübsch aus, wie die Eule zum Zeichen ihrer Weisheit auf einem Bücherstapel saß. Nur über ein paar Manschettenknöpfe als Mitbringsel komme ich mit dem Ladenbesitzer ins Handeln.
Draußen auf der Straße dringt aus einem Gewölbe der heiße Höllenhauch einer Hühner-Braterei. Fast apathisch hockt ein paar Schritte weiter ein alter Mann auf einem Tuch, das er auf die Straße gebreitet hat. Sein Warenbestand umfaßt nur ein paar Muschelgehäuse.
Von den offenen Gewölben der Altstadt gehe ich über die Uferstraße hinüber zum Sandstrand des Meeres. Hier schwimmen die braunen jungen Mexikaner und Mexikanerinnen durch die Wellen. Wie auch sonst in der Welt besiegt ihre jugendliche Lebensfreude den Gedanken an ihre Armut, sie verschwenden gar keinen Blick auf die entfernteren

Hotelpaläste, sondern spritzen sich übermütig das Salzwasser ins Gesicht und zeigen dann lachend und siegesbewußt ihre weißen Zähne, sobald es ihnen gelungen ist, den Kopf des Freundes unters Wasser zu tauchen.

Am Strand eine Szene, die mich fesselt: Da habe ich doch vorhin schon neben einem Mülleimer diese schwarzen glitschigen Fischhäute gesehen. Innen noch blutig sehen die Tierreste erschreckend aus, weil sie am Maul eine lange speerartige Waffe besitzen. Es interessiert mich, was man mit dem Fleisch der Tiere gemacht hat. Und da sehe ich nun hier am Strand einen Fischmetzger in roter Badehose. Vor ihm liegen drei oder vier dieser Speer- oder Schwertfische. Gerade schneidet der Mann kilogroße Fleischstücke aus den blutigen Leibern, rosig sieht das Fleisch aus, der Metzger braucht seine Ware gar nicht erst ins Geschäft zu transportieren, er findet seine Kunden gleich hier am Strand. Ich frage einen der Einheimischen, wie man hier diese Fische nennt. Und er schreibt mir den Namen genau auf einen Zettel: »Pez Vela«.

An der Pier »Polaris« — der Name ist bei dieser Schwüle schon ein starkes Stück — finde ich wieder unser Tenderboot, rechtzeitig komme ich auf die »Maxim« zum Abendessen zurück.

Nachts legt die »Maxim« ab. Wir sind wieder im Stillen Ozean, Kurs Panama, haben drei Seetage vor uns.

Die letzten Tage im Stillen Ozean

Stiller Ozean, 24. Mai

Nun haben wir auf dem Weg von Ostasien her bis zur Westküste von Mittelamerika über einen Monat lang den Stillen Ozean durchkreuzt. In wenigen Seetagen werden wir in den Panama-Kanal einlaufen, durch die Karibische See fahren — und dann liegt als letztes großes Meer der Atlantik vor uns.

Abends lernen die in Acapulco neu an Bord gekommenen Passagiere bei einem »Begrüßungscocktail« den Kapitän, die Schiffsleitung und die Bordreiseleitung kennen. Anschließend gibt es in festlicher Atmosphäre ein »Willkommensdinner« und schließlich stellt der Conférencier, der mit neuen Entertainern zur dritten Teilstrecke der Reise an Bord eingetroffen ist, die neuen Künstler vor. Klar, daß an einem sol-

chen Abend, wo sich die Wellen friedlich verhalten, der Musiksalon übervoll ist.
Wir lesen in unserer Kabine noch einmal die Briefe, die wir in Acapulco von daheim erhalten haben, und sind erleichtert, daß die Nachrichten gut sind.

Stiller Ozean, 25. Mai
Die Temperaturen sind ähnlich wie gestern. Im Laufe des Tages steigt auch heute wieder das Thermometer auf 31 Grad. Aber gegen Abend ist trotzdem bei leichtem Wind der Aufenthalt an Deck angenehm. Ich schwimme noch eine halbe Stunde und lege mich dann, während sich die Sonne schon dem Horizont zuneigt, ein wenig in das späte Abendlicht. Wir erfahren heute, daß ein Anlaufen in New York nicht möglich ist. Wir werden dafür an der Ostküste der Vereinigten Staaten in Philadelphia landen. Da unser ältester Enkel in dieser Zeit gerade als Austauschschüler in New York sein wird, muß ich ihm nach Hause telegrafieren, daß er leider in New York unser Schiff nicht besichtigen kann.
Heute nacht werden die Uhren wieder mal eine Stunde vorgestellt. Vorher kann man noch allerlei unternehmen. Da treffen sich die Philatelisten zu einem Gedankenaustausch, die Fernsehsprecherin erzählt übers Bordfernsehen von den nächsten Landezielen, der Bordgeistliche spricht ein besinnliches »Wort zur Woche«.
Für uns ist zuerst einmal abends ein Spaziergang über Deck obligatorisch. Ein Blick in das Nachtmeer hinaus, ein prüfender Blick auch, ob Sterne am Himmel stehen oder ob das Gewölk dichter geworden ist — wie wird das Wetter morgen werden. Da steht im Westen, wo das Festland liegen muß, ein Gewitter über dem Himmel. Es wetterleuchtet, für Sekunden wird der Himmel schwefelgelb aufgerissen, Blitze zucken in die Wolken hinein, breite Leuchtbänder flammen für Bruchteile von Sekunden durchs Gewölk. Aber das Gewitter bleibt über dem Festland stehen, kommt nicht über die See zu uns herüber.
Spät nachts noch ein Blick durchs Kabinenfenster. Schwer und schwarzgrau, tief herabhängend schleifen die Wolken am Schiff vorbei. Fahles Mondlicht erhellt die Szene — irgendwo weit draußen in der See das Licht eines anderen Schiffes. Morgen noch ein Seetag, dann ist der Stille Ozean von Japan bis Panama durchfahren.

Stiller Ozean, 26. Mai
Heute ist Dienstag, unser »Malariatag«, wo wir zum Frühstück wieder eine Tablette nehmen müssen. Frühmorgens regnen sich heute die Wolken aus, auch nach dem Regen bleibt der Himmel dunkelgrau. Untertags sind von der Reling aus Tümmler zu beobachten. Mit scharfen Gläsern kann man auch eine Riesenschildkröte nur knapp unterm Wasserspiegel verfolgen — und dann tauchen nachmittags, während sich der Himmel mit seinem Blau und Sonnenschein weithin aufgehellt hat, zahlreiche Vögel auf, die ein Mitreisender als Skua-Raubmöwen identifiziert. Mit einer Flügelspannweite von einem Meter fliegen und schweben sie über den Bug des Schiffes, zeigen ihre vollendeten Künste, dann stürzen sie sich wie Pfeile ins Wasser, um sich die erspähte Fischbeute zu sichern. Einige von diesen Raubmöwen ruhen sich dann als blinde Passagiere vorn auf dem äußersten Gestänge der Bugspitze aus. Auf der Oberfläche sind die Vögel schwarz gefärbt, auf dem Unterleib zeichnen sich weiße Flecken ab. Kluge Tiere, die wissen, daß dort, wo der Schiffsbug das Wasser teilt, lebendige Beute herauszuholen ist. Da stürzen gleich drei dieser Möwen auf einen einzigen fliegenden Fisch. Der Arme hat sich in die Luft herausgewagt, weil er dem Schiffsungeheuer entkommen wollte, und landete dabei im Schnabel der Vögel.
Backbord stehen untertags mehrfach die blauen Bergsäume Mittelamerikas am Horizont, panamesische Inseln tauchen schon auf, sie steigen an die 400 Meter aus dem Meer, sind aber zumeist nicht bewohnt.
Noch eine Nacht, dann ist die lange Fahrt durch den Stillen Ozean zu Ende. Morgen früh sind wir in Balboa — Panama. Schon heute rät die Rundfunksprecherin »aus gegebenem Anlaß« dort zur Vorsicht. Nicht nur der Geldbeutel, nicht nur die Brieftasche, auch Fotoapparate sind in Gefahr. Man hört Schauergeschichten...
Um 21 Uhr bin ich wieder an Deck, während im Musiksalon mit den Stimmen der Sänger »ein Lied um die Welt geht«. Auf der Brücke dem Bug nahe hört man hier nur das Lied des Windes, das aber auch um die Welt geht, sieht hinaus ins schwarze Meer, weit im Süden stehen ein paar Lichter. Von einem Schiff, von einem Küstenort? Wie gestern abend steht im Westen über der Gegend, wo Panama liegen muß, ein Gewitter, es wetterleuchtet, aber trotzdem sind einige Sterne aufgezogen, wir glauben unter ihnen tief am Horizont auch das »Kreuz des Südens« zu erkennen.

Wir machen langsame Fahrt, wir werden morgen früh, vielleicht schon heute nacht, rechtzeitig in Balboa — Panama sein. Ein Wunderwerk, so ein Schiff, das durch die Finsternis seinen Weg findet. Für die Menschen des 20. Jahrhunderts selbstverständlich. Ist er nicht ein Zauberer, der Mensch, der nachts durch die Unendlichkeit eines Ozeans seinen geradlinigen Weg findet, der der Natur so viele ihrer Geheimnisse entlockt hat — aber —
Es wären so viele Sätze diesem »Aber« anzufügen!

Panama und der Große Kanal

Balboa/Panama, 27. Mai
Kaum habe ich mich früh um sechs Uhr gebraust, da ruft mich Inge ans Fenster der Kabine. Draußen liegen schon die bewaldeten Felshügel vor der Einfahrt nach Panama in der Sonne. Ein neuer, ein junger Tag ruft bereits ganze Schwärme von Pelikanen in die Nähe unseres Schiffes. Genau sieht man ihre gefährlichen Schnäbel, mit denen sie Fische aus dem Wasser holen. Seltsam, daß die Natur diesen Tieren die Mordwaffen selbst geformt hat. Der Mensch muß sich ja immerhin die Waffen selbst erdenken — vom Speer bis zur Atombombe. Der Pelikan trägt seine Waffe, seinen Schnabel bei sich — der Löwe hat seine Pranken — seine Zähne...
Das »Pilot-Boot« kommt mit dem Lotsen an Bord. Langsam fahren wir weiter. Bewaldete Felseninseln zu beiden Seiten! Bojen weisen dem Schiff den Weg. Weiße Verwaltungsgebäude der Kanalbehörden blenden aus dem Grün der dichten Wälder. Schiffe, Jachten, Ölkessel — wie überall in den bedeutenden Häfen der Welt. Über den Baumgipfeln türmen sich noch weiße Wolkenballen, aber die Himmelskuppel färbt sich mehr und mehr blau. Es wird ein heißer Tag werden.
Etwa acht Uhr legt die »Maxim«, nachdem sie die große Brücke, die Mittel- und Südamerika verbindet, durchfahren hat, in der Nähe dieser Brücke an einer Pier an.
Einige Freunde von uns wollen von Panama aus zur Insel San Blas fliegen, wo noch eine Gruppe von Indianern nach ihren alten Gewohnheiten lebt. Wir selber werden vormittags ein paar Stunden mit einem Taxi kreuz und quer durch Panama und Umgebung fahren, um Erinnerungsbilder eines früheren Besuches aufzufrischen.

MITTELAMERIKA: Tropische Blütenpracht

PANAMA: Blick auf die City (oben links) — Fahrt der »Maxim« durch eine Schleuse des Panama-Kanals (rechts oben) — Eine Lokomotive zieht das Schiff in die Schleuse (unten)

JAMAIKA: Roter Bauxit-See im Dschungel

JAMAIKA: Negerjunge schält seine Ananas (oben links) — Häuser im Kolonialstil in Spanish Town (oben rechts) — Wasserfall bei Ocho Rios (unten links) — Inge Gerstner mit Ingwer-Blüten (unten rechts)

Man weiß, daß Panama bereits zu Anfang des 16. Jahrhunderts von den Spaniern entdeckt wurde, daß es heute eine selbständige Republik ist. Die Kanalzone allerdings untersteht noch den Vereinigten Staaten, sie wird aber einem neuen Vertrag zufolge im Jahre 2000 auch an die Panamesen zurückgegeben.

Ein Schwarzer, ein alter Mann, der seinen Panamahut tief in die Stirn drückt, ist unser Chauffeur. Die Türen seines verrosteten Wagens gehen schwer auf. Eine Seite des Wagens ist eingedellt. Aber wie wir an anderen Autos sehen, Schönheitsreparaturen werden hier wohl nicht durchgeführt.

Zuerst geht es durch Balboa, den Vorort von Panama-City. Er verdankt seinen Namen dem spanischen Feldherrn Balboa, der 1513 erstmals mit einer Handvoll seiner Soldaten vom Atlantik her die Landenge durchquerte. Das Fieber und die wilden Tiere nicht achtend, bahnte er sich durch den Dschungel einen Weg, bis er am Gestade des Stillen Ozeans stand. Für seinen spanischen König wollte er das Land und den Pazifik in Besitz nehmen.

Balboa ist ein Ort mit schönen modernen Häusern, mit Villen, Verwaltungsgebäuden der Kanalbehörden, mit Gartenanlagen, schattengebenden Bäumen und gepflegten, sauberen Straßen. Eine moderne Highschool zeigt denn auch gleich, daß man die Kinder der nordamerikanischen Kanalangestellten nach eigener Tradition erzieht.

Bereits nach kurzer Fahrzeit erreicht man Panama-City, eine Stadt, deren Bevölkerung sich um die halbe Million bewegt. Bewohnt wird das Gebiet von Mestizen, Schwarzen, Mulatten, Weißen und Indianern.

Der heutige Stadtkern geht auf eine spanische Gründung im Jahre 1674 zurück und hat daher auch spanischen Einschlag. Im Erdgeschoß offene Gewölbe, im Inneren der Patio. Um die oberen Stockwerke laufen Balkone.

Das Prunkstück dieses Viertels, das auch Gebäude der panamesischen Regierungsstellen aufweist, ist die Kirche San José. Man erzählt sich, daß der goldene Altar dieser Kirche schon im alten Panama gestanden habe. Aber als damals der Pirat Henry Morgan und seine Seeräuber die Stadt zerstörten, habe ein Mönch den Altar mit schwarzer Farbe überstrichen, so daß sein Wert nicht mehr zu erkennen gewesen sei. Durch die List des Mönches wurde also dieser Altar gerettet und glänzt heute wieder in seiner goldenen Schönheit mitten im Herzen der Altstadt von Panama.

Bei der Weiterfahrt erzählt unser Fahrer, daß man früher mit Verbrechern hier gar nicht zimperlich umgegangen ist. Man hat sie in unterirdische Verliese gesperrt, die mit der Ebbe des Meeres auf gleicher Ebene waren. Langsam stieg dann die Flut, drang auch in die Zellen, und die Häftlinge mußten mit dem steigenden Wasser ihr eigenes Ende von Minute zu Minute näher kommen sehen.

Von der Uferpromenade aus, auf der wir jetzt am Ozean entlang zum Balboa-Denkmal hinfahren, haben wir einen weiten Blick auf das Meer und auf die neuen bereits amerikanisch anmutenden Hochhäuser. Ja, da steht Balboa, der seinerzeit mit dem Schwert dem Pazifik seinen Ritterschlag erteilte, auf seinem hohen Steinsockel. Ein Denkmal! Vergangene Zeiten...

In diesem Straßenzug reihen sich nun die Neubauten, die hochragenden Kondominien, die Hotels anspruchsvoll und mit allen modernen Schikanen ausgestattet aneinander. Da ist der spanische Stadtkern mit seinem Gassengewinkel vergessen — hier haben sich die erfolgreichen Geschäftsleute, die Politiker, Rechtsanwälte, Ärzte ihr feudales Territorium ausgebaut. Von diesem Viertel ist auch der Flughafen nicht weit entfernt. Dort stehen Privatflugzeuge jederzeit für ihre Besitzer startbereit.

Von diesem Viertel aus erreicht man auf guter Straße Alt-Panama, jene Stadt, die nur zwischen 1519 und 1671 Bestand hatte. Der Seeräuber Henry Morgan muß schon ein wilder Bursche gewesen sein, als er mit seinen Mannen über die Stadt herfiel. Heute stehen nur noch Ruinen im parkähnlichen Garten, darunter wie ein Mahnmal der Turm der alten Kathedrale.

Durch ein vornehmes Villenviertel kehren wir nach Panama-City zurück. Man braucht nur kurze Zeit weiterzufahren, dann tut man wieder den Blick in eine Wohngemeinschaft mit armseligen Slums. Man braucht diese Gegensätze nur zu schauen, dann ahnt man, vor welchen Problemen auch Panama steht — wie so viele andere Länder dieser Erde.

Die warmen Temperaturen machen uns Mitteleuropäern doch zu schaffen, und so sind wir froh, daß wir auf der »Maxim« eine kleine Rast einlegen können.

Nachmittags fahren wir mit unseren Tischnachbarn nochmals in die Stadtmitte, wir besuchen dabei auch das Hotel »El Panama«. Von seinem Dach aus hat man einen weiten Blick über die ganze Stadt zwischen Ozean, Kanal und den Bergen. Man blickt auf die Hausriesen, die Wolkenkratzer, die man abseits vom spanischen Viertel in die Höhe gezogen hat, hat auch in unmittelbarer Nachbarschaft eine neugotische katholische Kirche vor sich. Der helle Tag eröffnet weit die Schau nach allen Himmelsrichtungen. Es ziehen aber dann doch dunkle Wolken auf, sogar ein paar Regentropfen fallen, sie mildern die Schwüle des Tages.

Es ist hier ein gastliches Hotel. Wer Lust hat, kann in einem blauen Swimming-pool seine Runden drehen und dort gleich zur Wasserbar hinschwimmen, wo man einen Drink nehmen kann. Wir promenieren lieber vorbei an den Geschäften, die sich hier im Hotel zu einer Ladenstraße aneinanderreihen.

Da entdecken wir irgendwo einen Stapel von indianischen Handarbeiten, die in San Blas von Frauen und Kindern hergestellt werden. Es sind dies die sogenannten Molas, Applikationsarbeiten, die aus verschiedenen Stoffresten kunstvoll ausgeschnitten und dann vernäht werden. Es entstehen bei den Molas Tiergestalten aus Fabeln und Märchen. Die geschickten Hände der Indianerinnen sticken auf ihre Stoffbilder all die heimatlichen Tiere ihrer Insel, phantasiereich, nicht naturalistisch: Katzen, Tauben, Fische und Ziegen. Ein schönes Beispiel, daß neben den tausendfachen Industrieartikeln auch noch ererbtes handwerkliches Können Bestand hat. Gerahmt wird uns eines von diesen Bildern daheim an die Indianer von San Blas erinnern.

Im dichten abendlichen Verkehr suchen wir uns einen Weg zum Schiff zurück. Schon glänzen die Laternen auf, da sind wir wieder an der Pier angekommen.

Da es wiederholt in der Stadt Panama nachts zu Zwischenfällen gekommen ist und die »Maxim« durch solche unliebsamen Ereignisse nicht aufgehalten werden möchte, gibt man den Passagieren den Rat, in den Nachtstunden nicht mehr in die unsicher gewordenen Straßen hineinzugehen. So bleiben denn auch die meisten an Bord, und hier erscheint eine Gruppe von Panamesen, die mit ihrer Tracht und ihren Tänzen zeigen, wie sich auch auf diesem Gebiet die Überlieferung der Volkskunst erhalten hat. Einige Männer in weißen Anzügen und mit einem Panamahut auf dem Kopf werden von drei dunkelhäutigen Schönheiten begleitet. Diese Mädchen und Frauen tragen weite Spitzenröcke, ebenso kunstvoll durchwirkte Blusen, und der rein goldene und silberne Kopfschmuck sieht so schön wie ein Museumsstück aus.

In diesen Gestalten hat sich das Negerblut mit dem spanischen Blut vermischt, es ist wohl auch indianisches Blut eingeflossen — wirklich schön und apart sind diese freundlich lächelnden Gesichter. Der Tanz der Gruppe ist anmutig und graziös — nicht die übliche Folklore, sondern bezaubernde Bilder einer exotischen Welt. Die Kolonialgeschichte, die oft so grausame Ereignisse gebracht hat, schuf auch die Schönheit dieser jungen Männer und Frauen.

Panama-Passage, Karibische See, 28. Mai

In der Nacht vom 27. auf den 28. Mai bleibt das Schiff an der Pier von Balboa/Panama liegen. Vom Heck aus sieht man die beleuchtete Brücke, die Mittel- und Südamerika miteinander verbindet.

Hier in der Nähe der Einfahrt vom Stillen Ozean in den Panamakanal liegen auch noch zahlreiche andere Schiffe vor Anker. In der Nacht regnet es lange und stark.

Als wir früh zwischen sechs und sieben Uhr von der Pier ablegen, stehen noch grauweiße Wolkentürme am Himmel. Für uns beginnt um diese Stunde die Fahrt durch den Panamakanal.

Erinnern wir uns an einige Tatsachen! Die Idee, diese Landenge mit einem Wasserweg zu durchstoßen, tauchte bereits im Entdeckungszeitalter auf. Aber nach verschiedenen Planungen im 19. Jahrhundert wurde der Gedanke dann erst in unserem Jahrhundert Wirklichkeit. Panama und die Vereinigten Staaten von Amerika verständigten sich zuerst über einen Vertrag, dann eigneten sich die Vereinigten Staaten durch Kauf das notwendige Gelände an und begannen schließlich den schwierigen Kanalbau. Es mußten dabei ja nicht nur die Höhenunterschiede, die Dschungelwälder durch große technische Bauten überwunden werden, man mußte auch mit den wilden Tieren, mit den tropischen Krankheiten fertig werden. Der Erste Weltkrieg hatte bereits begonnen, da passierte am 15. August 1914 zum erstenmal ein Schiff den Panamakanal, der fortan den Atlantik mit dem Pazifik verbinden sollte. Heute ist der Kanal eine der wichtigsten Wasserstraßen der Welt, der nicht nur den Schiffen eine Fahrt um Südamerika herum erspart und daher von hoher wirtschaftlicher Bedeutung ist. Daß er ebenso wichtig für die militärischen Strategen ist, beweist ein einziger Blick auf die Landkarte.

Die Länge des Kanals beträgt über 80 Kilometer. Er ist so tief, daß er beispielsweise auch noch der »Bremen« mit einer Tonnage von 51000

Tonnen die Durchfahrt ermöglichte. Allerdings die Riesentanker, die heutzutage gebaut werden, können den Panamakanal nicht passieren. Es gibt schon mehr als 1000 Schiffe auf unserer Erde, die wegen ihrer Größe nicht in die Schleusen einlaufen können. Das hat aber die Bedeutung des Panamakanals nicht gemindert, wenn man auch schon Erwägungen angestellt hat, den Isthmus zum zweitenmal mit einer noch tieferen und breiteren Wasserstraße zu durchstoßen.

So oder so — der Panamakanal bleibt eines der großen Meisterwerke unserer Erde, das Techniker und Ingenieure geschaffen haben.

Heute fahren mit uns in einem Geleitzug, aber natürlich immer im gehörigen Abstand voneinander, über 20 Schiffe dem Atlantik entgegen. Und etwa die gleiche Zahl kommt aus dem Atlantik und strebt dem Pazifik zu. In der Mitte, wohl im Gatun-See, werden sich die Geleitzüge begegnen, aneinander vorüberziehen, um dann jeweils wieder in die Wasserrinnen einzufahren.

Immer wieder beeindruckt der Gegensatz zwischen Suezkanal und Panamakanal. Dort Wüste zu beiden Seiten — hier aber lauter grüngesäumte Ufer. Oft drängt der Dschungelwald, der Urwald, direkt an den Wassersaum heran, ja, die Zweige und Äste hängen noch in den Kanal über.

Auf einer langen Wegstrecke begleiten uns noch die Pelikane. Zwischen sieben und acht Uhr erreichen wir die erste Schleuse Miraflores, in der das Schiff meterweise gehoben wird, da wir ja bis zum Gatun-See eine Höhe von 26 Metern über dem Meeresspiegel gewinnen müssen. Mächtige Eisentore öffnen und schließen sich, Wasser gurgelt in die Schleusenkammer herein, während auf den steinernen Seitenbauten starke japanische Lokomotiven unser Schiff mit seinen 25000 Brutto-Registertonnen ziehen und halten. Aus dem grauen Himmel fängt es an zu nieseln, die Regenzeit kündigt sich an.

Wenn der Urwald am Ufer einmal zurückweicht, erkennt man deutlich, wie die Erbauer des Kanals die Rinne in die Felsen gebrochen haben. Oft steigen diese stufenartig zur Scheitelhöhe empor, dazwischen schäumt nicht selten ein Gießbach in den Kanal herunter.

An den Schleusen arbeiten vielfach Schwarze. Auch das einheimische Personal, das mit dem Lotsen an Bord gekommen ist und Schutzhelme trägt, ist dunkelhäutig.

Am Ufer stehen in kurzen Abständen Beleuchtungskörper, nachts werden aus Sicherheitsgründen die Ufersäume angestrahlt. Jetzt treiben im

Kanalwasser losgerissene Grasbüschel, Uferfetzen und Wasserpflanzen. Wie eine grüne Wand steht der Urwald wieder unmittelbar am Ufer, die überhängenden Zweige verknoten und verschlingen sich, als wollten sie dem Menschen den Eintritt ins Dickicht verwehren.
Mitunter weitet sich der Kanal seitwärts zu kleinen Seen, einzelne Boote und Hütten deuten an, daß die Amerikaner, die den Kanal betreuen, hierher auch an den Wochenenden kommen. Mitunter sind es nur Strohdächer auf Stelzen, die gegen die Sonne schützen sollen — leicht sind da die kleinen Inselchen mit einem Nachen zu erreichen. Da drüben ist eine größere Insel mit Palmen überwachsen, auch auf ihr stehen wie auf einer Robinson-Insel Hütten mit Strohdächern — nur ein paar Schritte weiter droht der Urwald.
Das Werk des Menschen, der Kanal, und gleich daneben der Dschungel! Menschenwerk ist auch der große Schwimmkran mit dem Namen »Herkules«, er wurde in Deutschland gebaut und 1914 noch nach Ausbruch des Weltkrieges über den Atlantik tranportiert. Noch immer genügt seine gewaltige Hebekraft für die Kanalarbeiten.
Nachdem das Wasser breiter geworden ist, fährt so manches Schiff an uns vorüber, die »Mangrovia«, ein großes Passagierschiff, nähert sich und zieht vorbei. Nach dem Liner folgen ein paar Tanker, auch sie haben ihre Richtung zum Pazifik eingeschlagen.
Bei dieser Fahrt durch den Panamakanal, der mit seinen Gestaden, Bauten, Schleusen, den darüberfliegenden Flugzeugen und Hubschraubern, den Dampfern immer wieder fesselt, verläßt man nur für kurze Zeit seinen Platz an der Reling. Verständlich, denn auf dem Kanal wechseln die Bilder wie ein Film.
Für Schiffsfreunde eine Augenweide: Motorboote, Schlepper, amtliche Boote, Passagierdampfer, Tanker, Containerschiffe — alles folgt wie in einem Schiffsbilderbuch aufeinander. Und dies vor den geheimnisvollen Ufern des Urwaldes.
Im Laufe der Stunden ist es am Himmel hell geworden, die Sonne blendet, auch wenn die Wolken sich nicht völlig verzogen haben. Es bleibt heiß, so daß die Arbeiter bei den Schleusen sich im Schweiße ihres Angesichtes plagen müssen.
Mittags sind wir an einer der Schleusen im Gatun-See angekommen. Die »Washington«, ein amerikanischer Riesentanker, fährt an uns vorbei, ein Japaner folgt. Im Kranz haben sich weitere Schiffe hinter uns aufgereiht.

Gegen 14 Uhr haben wir den Gatun-See durchfahren. Vor uns erscheinen die berühmt-berüchtigten Doppelstädte Cristóbal — Colón mit ihren weiten Lagerhallen. Und hier in der Runde liegen zahlreiche Schiffe auf Reede, die sich anschicken, in Richtung Pazifik den Panamakanal zu durchfahren. Wir selbst haben nun bei strahlender Sonne — der Himmel ist durchwegs blau geworden — das Ende unserer Panama-Passage erreicht. Vorbei an Leuchttürmen, vorbei an wellenbrechendem Steingemäuer fahren wir in die Karibische See und nehmen Kurs auf die Insel Jamaika...

Heute abend gibt es nach einem »Piratenschmaus« eine »Piratenmeuterei« als Festivität auf dem Sportdeck. Jene Passagiere, die erst in Acapulco an Bord gekommen sind, möchten sich ja auch einmal als Piraten, Seeräuber, Meuterer — oder als Meerjungfrauen verkleiden. Gönnen wir's ihnen! Wir wünschen den Korsaren, daß der Himmel wolkenrein und die See ruhig bleibt. Zum Trinken gibt es Sangria... Da singt einer: »In einer Haifischbar...«

Während die Piraten mit Henry Morgan höchstselbst auf dem Sportdeck feiern, gehe ich nachts gegen 23 Uhr nochmals zum Bug hin, um unter der Brücke Ausschau zu halten. Im Norden wetterleuchtet es wieder, aber der meiste Teil des himmlischen Gewölbes ist sternenklar. Da kann man den Kleinen und Großen Wagen suchen, den Doppelstern Castor und Pollux, die Sternbilder von Löwe, Jungfrau und Skorpion. Und dort am Horizont stehen noch die Sterne des südlichen Kreuzes, bei unserem Nordkurs werden sie mehr und mehr für immer entschwinden.

Karibische See, 29. Mai

Im hellen Schein der Sonne fahren wir durch die Karibische See. Unser nächstes Ziel ist die Insel Jamaika, auf der es der berüchtigte Seeräuber Henry Morgan im 17. Jahrhundert sogar mal zum Gouverneur gebracht hat: Treppenwitz der Weltgeschichte.

Der Seegang nimmt untertags zu, die leuchtendblauen Wellen wölben sich höher auf, wiegen sich in großen Hügeln hin zum Horizont, auch die Schaumköpfe spritzen den Gischt hoch in die Luft. Das Stampfen des Schiffes macht es erforderlich, daß die Spiele im Schwimmbecken abgesagt werden.

Untertags hole ich Notizen über das Gesehene nach, lese auch einiges über Jamaika. Abends nochmals an Deck. Die Böden sind naß, es hat

inzwischen stark geregnet. Der Wind bläst tropisch warm über die Reling. Während die Nacht aufzieht, erscheinen zwischen den Wolken diesmal nur wenige Sterne, dafür brennt wieder am Horizont ein Wetterleuchten.
Kühler als hier an Deck ist es im Maxim-Theater, wo ein vortrefflicher Sänger, der in Acapulco an Bord gekommen ist, mit »Heiteren Perlen der Opernliteratur« den Saal anspruchsvoll unterhält.
Das Schiff braucht sich nicht zu eilen. Wir fahren nur mit 14 Knoten, trotzdem werden wir morgen rechtzeitig in Kingston auf Jamaika einlaufen.

Juwel der Karibik

Jamaika, 30. Mai
Natürlich hat auch diese Insel Kolumbus als erster Europäer betreten. Für die Ureinwohner, die Arawak-Indianer, war die Entdeckung allerdings tödlich. Sie starben im Mißbrauch der Weißen. Wie auf den anderen Karibikinseln haben dann die Kolonialherren die Arbeitskraft der Ureinwohner durch schwarze Sklaven ersetzt, die man in Afrika zusammenräuberte. Endlich im Jahre 1962 erlangte dann Jamaika seine Selbständigkeit, blieb aber im Verband des Britischen Commonwealth.
Wir sind heute frühzeitig wach, obwohl in der vergangenen Nacht die Uhren wieder um eine Stunde vorgestellt wurden. Gegen sechs Uhr früh, als es noch dunkel ist, erscheinen vor dem Kabinenfenster als schmale leuchtende Linien die Lichter von Kingston, der Hauptstadt des Landes. Die günstige Bucht hat diesem Platz auch zu einem bedeutenden Hafen verholfen.
Etwa um sieben Uhr legt die »Maxim« an der Pier an. Es hat in den Morgenstunden geregnet, aber als wir um acht Uhr das Schiff verlassen und durch die Hafenhalle gehen, hoffen wir auf einen hellen Tag. Die »Maxim« wird bald wieder ablegen, um die Insel Jamaika herumkreuzen und am späten Nachmittag in Ocho Rios auf der Nordseite der Insel eintreffen. Wir aber wollen unterdessen per Bus durch den Regenwald der Insel von Süden nach Norden bis Ocho Rios fahren, wo wir dann wieder in die »Maxim« einsteigen können.
Von den Lagerhallen des Hafens aus geht es über den breiten »Ocean

Boulevard« in die Stadt Kingston hinein, wo das Straßenleben bereits begonnen hat. Die Kleinverkäufer an den Straßenecken sind schon dabei, ihre »Schätze« auf einer Fläche von Tischgröße auszubreiten. Vom gestrigen Tag liegt überall noch Schmutz umher, Abfälle, die man achtlos weggeworfen hat — aber es sind doch schon Straßenkehrer unterwegs, die das Zeug zu Haufen zusammenkehren und zu den Abfallwägen transportieren.

Auch zwischen den Marktständen liegen noch allerlei Abfälle von gestern, aber auch hier sind bereits die Händler wieder dabei, Obst, Kokosnüsse und grüne Bananen auszubreiten.

Meist Schwarze laufen hier durch die Straßen, als Nachkommen der ehemals eingeführten Sklaven haben sie längst ihre Freiheit erkämpft. Eine dicke schwarze Mama steht unter einem Baum, der über und über gelb blüht, ähnlich wie unser Goldregen, aber in südlicher Fülle. Die Mama blickt ein wenig apathisch vor sich hin. Die wartenden langbeinigen schwarzen Mädchen daneben aber lachen und schäkern voller Lebenslust. Die Mama und die Mädchen warten auf ihren Bus.

Auf einem freien Platz liegen abgewrackte Autos und Schrott herum. Gleich danach lockt eine Tankstelle jene Vehikel heran, die noch fahrbar sind. In der Nachbarschaft preist ein Kino grellfarbig einen neuen Film an, aber da auch hier überall auf den Dächern Antennen fürs Fernsehen stehen, wird man sich um die Kinoplätze nicht mehr raufen. Dort hat man Blumen an die Wände gekleckst, sie sehen aus wie bei uns Gemälde der Primitiven. Man liebt eben lebhafte Farben und darum haben sich hier auch die schwarzen Mädchen und Frauen mit grellgelben oder grellroten Kleidern geschmückt.

Langsam zwischen neun und zehn Uhr öffnen jetzt immer mehr Geschäfte ihre Pforten, genaue Öffnungszeiten gibt es nicht. »Was wollen Sie«, sagt unser schwarzer Chauffeur, »wir leben für das Heute — morgen, das ist ein anderer Tag — und der ist weit.«

Vom nächtlichen Regen stehen noch Pfützen in den Straßen. Aus einer Seitengasse quillt lautstark Musik. Hier im Land des Calypso, wo auch der Sänger Harry Belafonte seine musikalische Heimat hat, ist man kein Kind von Traurigkeit. Gleich singt und tanzt man zu den Klängen des Calypso.

Da läßt man seine Lebenslust auch nicht beeinträchtigen von dem Anblick eines christlichen Friedhofs. Ja, natürlich geht man sonntags in eine der zahlreichen Kirchen, man kann ja auch in der Kirche singen.

Bungalows stehen jetzt elegant in Vorstadtgärten, von Palmen und großblättrigen Bananenpflanzen grün umhüllt. So friedlich sehen heute diese Straßen aus, daß man kaum mehr an die untergegangenen Arawak-Indianer denkt.

Die Ausfallstraße wird von einem Gelände gesäumt, wo Brotfruchtbäume, Papayas, Mangos ihre grünen Tupfen in die Landschaft setzen.

Weiter nordwärts liegen große Zuckerrohrplantagen. Mannshoch stehen die einzelnen Pflanzen da — bedecken die Ebene bis hin zu den ansteigenden Bergen. Wir sind auf der Straße Nummer Eins, der Hauptstraße also, die von Kingston über die Berge führt und den Norden von Jamaika mit der Hauptstadt verbindet. Zur Seite dieser Straße sieht man Hühnerfarmen, daneben eine Bierbrauerei. Was das Bier anlangt, so verkündet eine Reklametafel: »Guiness-Bier that's good.« Seltsamerweise ist »Bier« auf deutsch geschrieben.

Wir erreichen nach etwa 20 Kilometern den Ort Spanish Town, eine Siedlung, die weit bis ins 19. Jahrhundert hinein die Hauptstadt von Jamaika war. Wir legen einen Halt ein, da es allerlei zu sehen gibt.

Die Kirche St. Jago de la Vega wurde bereits im 17. Jahrhundert als erster Steinbau von Jamaika errichtet. Ihre jetzige neugotische Gestalt geht auf das 18. Jahrhundert zurück. Um sie herum blühen gelbe Johannisbrotbäume.

Im nahen Umkreis der Kirche befinden sich auch die Verwaltungsgebäude: Ein Gouverneurspalast, die Post, das Gericht, in dem bequemerweise gleich die Haftzellen sind. Recht ansehnlich sind in den nahen Straßen die Häuser im alten Kolonialstil, würdig stehen sie noch da, fast herrschaftlich. Wenn man sie aber etwas näher ansieht, dann haben sie doch nicht mehr den früheren Glanz, sehen hier und da heruntergekommen aus.

Die Kolonialzeit ist auch in Spanish Town museumsreif geworden. Ein kleines Freiluftmuseum bestätigt diesen Eindruck. Da sieht man nicht nur einen schweren Mühlenstein, mit dem man früher Kaffee gemahlen hat, da sieht man auch neben herrschaftlichen Kutschen zwei gläserne Leichenwägen, in denen die Sklavenhalter ihre letzte Fahrt antreten mußten.

Ein paar Begegnungen in den Straßen rundum: Da humpelt ein alter Neger brummelnd und vor sich hinschimpfend vorbei, er hat schon am Morgen zuviel getrunken und findet daher schwer die Kurve. Ein paar Jugendliche lungern an einer offenen Haustüre und grinsen über den unrasierten Alten. Eine Negerin daneben kümmert sich freilich nicht darum; in einem grellgrünen Kleid, das die schwarzen Arme, Schultern und Beine freiläßt, zieht sie kokett ihres Weges, jugendlich unbekümmert und mit Grazie knüpft sie ein rotes Kopftuch um die schwarzen Haare.

Wir begeben uns vom Kirchenplatz aus in ein Geschäftsviertel. Da sind wir nun mitten im Markt, die Einheimischen drängen sich um die Stände. Eifrig sind die Frauen beim Einkaufen, morgen ist ja Sonntag, also muß man doch mal an das »Morgen« denken.

Wir verlassen Spanish Town, wieder fahren wir auf der Straße Nummer Eins dem Norden von Jamaika entgegen.

Der Chauffeur ist zu einem Witz aufgelegt und sagt: »Wir haben über die Berge noch eine Stunde Fahrzeit bis zur Nordküste. Ich kann's aber auch in einer halben Stunde schaffen, allerdings werden Sie dann zu schreien anfangen. Was wünschen Sie also?«

Offenbar hat er gemerkt, daß wir ungeduldig geworden sind. Trotzdem — bei den vielen Kurven und Kehren an der Bergstraße soll er lieber eine Stunde brauchen!

Der Wagen fährt über eine Brücke, folgt einer ansteigenden Schlucht, läßt die vom Regen ausgewaschenen Pfade seitwärts liegen, fährt zwischen Mango- und Brotfruchtbäumen, zwischen Bananenstauden und hochstämmigem Bambus durch die tropische Berglandschaft.

Im Grünen erscheint ein Elektrizitätswerk, es ist aber verlassen und preisgegeben, man läßt es einfach verfallen. Genauso achtlos hat man eine Autoruine in die Büsche geschleudert, roter Hibiskus wächst darüber. Dazwischen hat ein Dorf Platz gefunden, Obsthändler versuchen an die vorbeifahrenden Autos Früchte zu verkaufen. Nur scheinbar verlassen steht das Dorf im Dschungel, in der Nähe führt die einzige Eisenbahn von Jamaika vorbei, sie vermittelt den Verkehr zwischen Kingston im Süden und der Montego Bay im Norden. Eine Strecke von etwa 200 Kilometern. So ist also das Dorf, in dessen Nähe man Kühe, Esel, Ziegen auf der Weide sieht, nicht von der Welt abgeschlossen. Eine Verbindung zur Welt hat man auch durch das Fernsehen, auf den meisten Bauernhäusern steht die Antenne.

Zu dem Dorf gehören auch eine Police-Station, eine Schule und eine gotische Kirche.

Auf der kurvenreichen Bergstraße gewinnt man ein freieres Gelände, hier stehen eine ganze Reihe von Neubauten aus Stein, allerdings sind sie zum Teil erst halbfertig, aber offensichtlich ist hier eine neue Wohngemeinschaft im Entstehen. Der Ort verdankt seine Lebensmöglichkeit dem Bauxit, einem wertvollen Bodenschatz, Rohstoff für das Aluminium. Ein amerikanischer Konzern hat denn auch mitten auf die »Rote Erde« bereits seine Fabrik gestellt, hier können zahlreiche Arbeiter ihr Brot verdienen. Schön gelegen mit weitem Blick ins Tal, aber auch auf die Blue Mountains ist ein hoffnungsvoller Ort im Entstehen. Auf der Straße, die hier in eine Bergflanke eingeschnitten ist, gelangen wir zu dem roten Bauxitsee, einer Besonderheit im tropischen Waldgürtel. Wie ein Naturwunder ruht dieser See mit einem leuchtenden Rot im Regenwald. Rot wie der See sind auch die Aufschlüsse an den Bergflanken, rot die Abbaugebiete des Bauxits, rot die Straßen.

Da vor diesem Naturwunder natürlich alle Fremden halten, sind gleich ein paar fixe Burschen da, hier verkauft einer Ananas, ein Negermädchen bietet Bananen an, und ein älterer Verkäufer hat gleich einen ganzen Orangen-Stand eingerichtet.

Die Sozialhäuser auf der Höhe sehen zwar wie Behelfsheime aus, aber sie halten wohl besser dem Sturm eines Hurrikans stand als die Hütten aus Onkel Toms Zeiten, die allmählich verschwinden sollen. Die Landschaft ist offener, freier geworden, und so können sich die Arbeiter nebenbei Tiere halten: Kühe, Pferde, Ziegen laufen über die Weide. Allmählich haben wir die Gebirgslandschaft durchfahren. Die Straße wendet sich talwärts der Nordküste von Jamaika zu. Gegensätze wie überall auf der Welt: Dort ein Herrenhaus auf einem Hügel, das Heim eines Großgrundbesitzers — ein paar Kilometer weiter die armseligsten Hütten.

Vor der Küste hat sich noch einmal tropischer Regenwald einen weiten Landstrich erobert. Da kämpfen die Bäume am Einschnitt der Straße mit dem Gewirr von Luftwurzeln ums Überleben. Sie klammern sich im Erdreich fest. Sie tragen Lianen als Schmarotzer, prunken aber auch hier und da mit Orchideen. Hohe, fast undurchdringliche Farnkräuter überwuchern den Waldboden. Gegen den Himmel hin ist die Straße ganz zugewachsen, von Baumkronen überdacht. Wenn ein tropischer Regen niederprasselt, kann die Straße so glitschig werden wie im Winter die deutschen Straßen bei Glatteis. Dämmrig ist es hier in dieser Waldschlucht, nur wenige Sonnenflecken funkeln auf den Farnen.

Hier in unmittelbarer Küstennähe besichtigen wir den berühmten Wasserfall »Dunn's River-Falls«. Mitten durch den tropischen Wald fällt die Stromschnelle fast 200 Meter hinunter, von einer Felsstufe zur anderen. Eine wunderbare Frische hier bei diesem Katarakt! Da glitzern die Wasserfahnen wie Perlen unter den einfallenden Sonnenstrahlen. Vorbei an rotblühendem Ingwer, umbuscht von Bambus, überdeckt von Riesenlaubbäumen kann man seitwärts auf einem Pfad oder über eine Brücke das hinunterstürzende Wasser begleiten. Mein Nachbar ist so fasziniert von dem Lied des Wasserfalls, daß er mit seinem Tongerät das Rauschen festhält; wenn er seinen Film daheim vorführt, wird also das Rauschen originalgetreu zu hören sein.

Nach kurzer Weiterfahrt sind wir dann in der »Acht Flüsse-Stadt«, in Ocho Rios angekommen.

Es ist dies ein aufstrebender Ort, der mit Kirche, Schule und ordentlichen Häusern zu einem Mittelpunkt an der Nordküste von Jamaika geworden ist. Die weiten Strände, die Waldgebiete gegen die Berge hin führen in neuerer Zeit viele Fremde hierher. So wundert man sich nicht, daß auch hier schon Hotels mit ca. zwölf Stockwerken errichtet worden sind.

Für uns hat man im Hyatt-Hotel ein Mittagessen bestellt, das wir uns nach der langen Fahrt schmecken lassen wollen. Das Hotel ist zur Zeit nicht besonders stark besetzt, da die Hauptsaison nur zwischen Dezember und Februar die Häuser füllt. Nach der heißen Fahrt tut es uns gut, daß wir uns noch vor dem Essen erst mal im Swimming-pool erfrischen können. Das Essen ist für uns und die anderen Passagiere der »Maxim«, die sich inzwischen ebenfalls hier eingefunden haben, in der offenen Halle vorbereitet. D. h. die Tische sind gedeckt, die Speisen holt man sich selbst vom Büfett: Fleisch, Kartoffeln, Fruchtsoße, Reis — als Nachtisch Pudding und süßen Zuckerkuchen. Die Kellner sind schlanke Neger, freundliche Krausköpfe, sie tragen gelbe Jacken und schwarze Hosen. Sie gießen als Getränke Wasser ein und auch Kaffee. Sollen wir uns noch einen Cocktail leisten? »Pina Colada« oder »Yellow Bird«. »Pina Colada« für Inge, für mich einen »gelben Vogel«. Der Schwarze mischt aus einer Vielzahl von Büchsen den Drink zusammen. Wir sitzen an der Bar und streiten, welcher Cocktail besser schmeckt.

Die tropischen Temperaturen sind so hoch, daß wir uns im Hotelgarten unter den Mandelbäumen eine schattige Liege suchen. Später probiere ich im Meer unten, ob ich mit meinem Schnorchel exotische Fische sehe. Aber das Meer ist so milchig, daß ich heute nur einige Korallen finde und als Andenken mit herausnehme. Eine davon ist auf der Unterseite blau gezeichnet, an der Luft aber verblaßt die blaue Farbe und wird nachher zu Weiß.

Nach einem Strandspaziergang schlägt die Abschiedsstunde von Jamaika. Schade, daß die Fahrt quer durch die Insel und der Aufenthalt hier in Ocho Rios so schnell enteilten.

Wir sind wieder von der Pier über die Gangway in die »Maxim« eingestiegen. Aber es dauert dann doch noch geraume Zeit, bis wir zwischen 20 und 21 Uhr von Ocho Rios ablegen. In den zwei Hochhäusern des Hyatt- und Continental-Hotels brennen die Lichter. Auch noch zwei weitere Blöcke sind beleuchtet. Sonst sieht man nur an der Uferstraße ein paar Laternen. Keine Lichterfülle wie in den Welthäfen, trotz der Hotels fast noch eine Idylle. Doch jagen auf der Uferstraße zur Montego Bay, einem mondänen Touristenzentrum, viele Autolichter dahin.

Die »Maxim« hat Kurs auf Cuba genommen.

Ein Tag auf der Insel Cuba

Santiago de Cuba, 31. Mai

Auf der Insel Cuba werden wir nicht in der Hauptstadt Havanna anlegen, die im Nordwesten gelegen ist, sondern in der zweitgrößten Stadt Santiago de Cuba an der Südostküste. Von Jamaika aus brauchen wir hierher nur eine Nachtfahrt, bereits am nächsten Tag zwischen sechs und sieben Uhr morgens fahren wir in die Bucht von Santiago de Cuba ein.

Wie so viele Orte der Karibik wurde auch diese Stadt bereits im Entdeckungszeitalter, also im Anfang des 16. Jahrhunderts, gegründet. Die geschützte Bucht lud dazu ein, hier einen festen Platz für den Handel zu errichten. Mehrere Jahrzehnte lang war damals Santiago auch die Hauptstadt von Cuba. Ihr späteres Schicksal gleicht ebenfalls weiteren wichtigen Plätzen der Karibik: Piraten drangen plündernd ein, Erdbeben erschütterten die Grundfesten. Heute ist Santiago ein wichtiger Ausfuhrort für Zucker und Kaffee, für Produkte der Viehzucht sowie für Erzeugnisse der Industrie.

Beim Einlaufen betrachten wir vom Deck aus die Silhouette der Stadt, die sich über ein ansteigendes Gelände hindehnt. Die Türme der Kathedrale überragen. Im Hintergrund liegt die mächtige Sierra Maestra, über 2000 Meer hoch steigen die Berge von der Küste aus zu den Wolken empor.

Die »Maxim« hat an der Pier festgemacht. Dort unten musizieren schon einige Cubaner, einer von ihnen fiedelt auf einer riesenhaften Baßgeige. Die Musikanten trommeln, trompeten, zupfen.

Daß Santiago zu den großen Häfen gehört, sieht man gleich an der Zahl der Schiffe, die hier liegen, an den Verladehallen, an den Frachtgütern, die von Kranen aus dem Bauch der Schiffe geholt werden.

Wieder ein heißer Tag! Sobald das Schiff von den Behörden freigegeben ist, gehen wir von Bord.

Für die Fahrt durch die Stadt und ins Land hinein haben wir eine Busfahrt gebucht. Unsere Führerin weist allerdings ein Handikap auf: Sie spricht nur Spanisch. Da müssen wir selbst unsere Augen und Ohren aufmachen. Der Kern von Santiago trägt noch spanischen Kolonial-Charakter. Heute ist Sonntag, daher wenig Betrieb auf den Straßen. Wortlos deutet unsere Führerin auf eine Revolutionsschule, dirigiert dann den Wagen zu einem Revolutionsdenkmal: Ein riesiger Kopf ragt über einen Wasserbrunnen und die Inschrift lautet: »Den Toten der Revolution«. Gleich darauf haben wir auch an einer Revolutionskaserne vorbeizufahren und an einer Militärschule, deren Zöglinge dort wie in einem Internat leben.

Unversehens sind wir in einem Außenviertel gelandet. Die Holzhäuser, vielfach ebenerdig mit Säulen und Pfeilern, sehen aus wie die kolonialen Bauten von Jamaika. Da es Sonntag ist, sitzen viele Leute schon auf den Bänken im Park oder vor ihren Häusern. Kinder versammeln sich in uniformierten weinroten Röcken und weißen Blusen. Sie fahren zu irgendeiner Feierstunde. Ein großer Boulevard erinnert mit Monument und Museum an den Freiheitskämpfer Che Guevara. Hier in den Außenvierteln legt man auch auf Gartenanpflanzungen Wert, da stehen Bananenstauden, Palmen, Tulpenbäume, Agaven, da blühen auch Bougainvillea und Oleander. Ein Rummelplatz mit Schaukeln, Riesenrad und einer Berg- und Talbahn schenkt den Kindern Stunden des Vergnügens.

Über die allgemeinen Verhältnisse erzählt der Chauffeur einiges auf englisch: Es gibt eine allgemeine Krankenversicherung, man hat Anspruch auf Rente und Wohnung, die man auch als Privateigentum kaufen kann. Eine Geburtenkontrolle findet nicht statt, aber man schätzt es, wenn die Familien nicht zu groß werden. Denn man möchte keine Arbeitslosen haben. Um die Ausbildung der jungen Leute ist man bemüht, so hat man auf diesem Hügel für die Universität moderne Flachbauten hingestellt.

Das Wohnungsproblem macht auch dieser Stadt mit über 300 000 Einwohnern wie so vielen anderen Großstädten Schwierigkeiten. Da trifft man am Stadtrand noch Elendshütten an, Fernsehantennen gibt es überall auch in diesen Slums. Es riecht nach Jodoform, man desinfiziert. Halbnackt schauen bei der Hitze die Männer aus den Türen, ebenso leicht bekleidet sind die Kinder, man tut heute nichts, nur die Frauen kehren die Straßen. Genüßlich rauchen einige Männer ihre Havanna-Zigarren, die Jugend hat aber die Zigarette im Mund.

Wir sind auf der Fahrt nach El Morro, der alten spanischen Festung, von der aus die Hafeneinfahrt überwacht wurde.

Man begegnet unterwegs der neuen City, jenen Häusern, die man nach der Revolution errichtet hat. Da auf der Anhöhe steht auch, von Palmen und Kakteen umgrenzt, ein Motel.

Das Gelände, das von der vergangenen Trockenperiode her noch dürr und braun ist, wird durch üppige Oleanderbüsche farbiger, die Zweige wachsen bis zu fünf Meter hoch und blühen rosa und rot. Ein paar schwarze Ziegen suchen darunter nach Futter. Es ist eine buschartige Landschaft, steinig und dürr sind die Hügel, nur ab und zu sind ein paar grüne Tupfen durch die Büsche hineingesetzt.

Ein Leuchtturm weist uns zur Festung El Morro droben auf der Bergkuppe. Da stehen hart und fest die Mauern hinter dem Burggraben. Düster, fast drohend die Innenräume, die Verliese, die Felsenhöhlen, wo man mit denen, die einem nicht gelegen waren, nicht viel Umstände machte. Dokument ehemaliger Größe und Macht! Eine Feste, die wie eine Bastion diesen Platz ehedem im Griff hatte. Seltsam in der Kapelle: Christus am Kreuz! Mit Schwert und Kreuz haben die Spanier hier ihre Macht und ihren Glauben bezeugt.

Ein wunderbar rotblühender Feuerbaum, ein Flamboyant, steht wie eine märchenhafte Erscheinung auf der kargen Anhöhe in der Nähe des Eingangstores.

Man braucht nicht weit zu fahren, um in diesem buschigen Hügelgelände ein internationales Hotel für Ausländer zu finden. Es ist in eine

CUBA: Kruzifix in der alten spanischen Festung von Santiago de Cuba

SANTIAGO DE CUBA: Festung am Eingang der Bucht (links oben) — Malerischer Innenhof in der Casa Velazquez (rechts oben) — Kathedrale (unten)

NASSAU/BAHAMAS: Auf dem Windjammer beginnt eine Kreuzfahrt durch die Karibik

NASSAU/BAHAMAS: Denkmal für die schwarze Sklavin (oben links) — Origineller Fischbrunnen auf dem Hauptplatz (oben rechts) — Das alte Fort Fincastle in der Form eines Schiffsbuges (unten)

Landschaft gesetzt, die man einst abgeholzt hat und die nun die Sünden der Vergangenheit zu büßen hat. Aber trotz der Kargheit steht das Hotel an einem schönen Punkt, wo man die Felsenküste von Cuba mit seiner weißen Brandung weithin überschauen kann. Der Hotelgarten, die stillen Zimmer, der Swimming-pool geben den Geschäftsleuten oder Diplomaten, die in Santiago de Cuba aufkreuzen, auch außerhalb der Stadt ihren gewohnten Komfort.
Auf dem Rückweg in die Stadt halten wir vor einem Friedhof, wandern zwischen hohen Leichensteinen und weißen Grabplatten hindurch. Eine Landschaft aus weißem Marmor. Cubanischer Marmor. Oft stehen auch Marmorbüsten der Abgeschiedenen wie Denkmäler auf den Gräbern. Wir lesen berühmte Namen wie Bacardi, den cubanischen Rumkönig. Einen besonderen Marmortempel hat man für José Marti Perez erbaut, den Freiheitsdichter von Cuba.
Dann nähert man sich wieder der Stadt und damit auch den Slums. Nach kurzer Weiterfahrt landen wir in einem neueren Stadtviertel, wo man bereits 40000 Einwohner in Sozialwohnungen angesiedelt hat. Man möchte diese Bauten erweitern, damit nach und nach alle Slums abgebrochen werden können.
Auch in diesen Straßen sind Kinderscharen mit roten Röcken und weißen Blusen heute am Sonntag unterwegs. Unser Chauffeur mindert aber auch in den engen Straßen kaum seine Geschwindigkeit, dafür hupt er besonders lautstark, um die Kinder auf die Seite zu scheuchen.
Zum letzten Male halten wir vor der Rückkehr in den Hafen auf dem Hauptplatz in Santiago de Cuba. Gerade hier ist noch die alte Tradition der früheren spanischen Kolonialherrschaft lebendig. Da steht noch die Kathedrale aus dem 16. Jahrhundert, mit einer barocken Front und zwei barocken Türmen krönt sie den Platz. In ihrem Inneren bewahrt sie das Grab des Diego Velazquez; er war es, der im 16. Jahrhundert Cuba für das spanische Mutterland gewann. In der Nähe dieses Platzes stehen auch das Stadttheater und das Rathaus. Besonders bemerkenswert das Wohnhaus des Eroberers Velazquez, das in seinen luftigen Räumen noch die alte Einrichtung vorzeigen kann.
Ein vielfältiges Bild hier in Santiago: Alte spanische Tradition, neue Industrianlagen, Slums, Sozialbauten, ein altes spanisches Fort, jetzt zum Museum geworden, ein modernes Touristenhotel. Vielfältig und ein wenig verwirrend.
Eine eilige Fahrt. Nach dem Mittagessen auf dem Schiff streife ich

nochmals durch das Hafengelände. Die Straßen in der Umgebung sind sonntäglich ruhig. Nur ein paar Leute warten an der Bushaltestelle. Keine Lokale sind offen, keine Cafés. Ein einziger Hafenshop bietet Rum und Havanna-Zigarren an. Er macht kein großes Geschäft und baut denn auch bald seinen Ladentisch wieder ab.
Aufs Schiff zurück! Landekarten abgeben...
Bei der Ausfahrt aus der Bucht sieht man noch einmal auf dem Felsenrücken die Feste El Morro. Gewaltige Maueranlagen!
Schnell kommt die Nacht. Ein starker Wind braust gegen den Bug hin, die Wellen rumpsen hart gegen die Schiffswände. Mag das Meer unruhig sein, die Sterne sind herrlich klar zu sehen. Man fährt unter dem karibischen Sternenhimmel in die Nacht hinein, während auf der Backbordseite Lichter von cubanischen Orten herüberglänzen.

Karibische See, 1. Juni
Sonniges Wetter. Gleich nach dem Frühstück stelle ich mich für längere Zeit an meinen Lieblingsplatz unterhalb der Brücke, dorthin, wo der Bug die Wellen teilt.
Steuerbord sind die Umrisse von karibischen Inseln erkennbar. Nachmittags regnet es mal, das stört aber nicht beim Schwimmen im großen Becken an Deck.
Heute abend Einladung von Kapitän und Reiseleitung zu einem Cocktail. Danach soll's hoch hergehen. Eine »Miss Karibik« soll gewählt werden, anschließend wird die neue Miss ein »Großes Büfett« eröffnen. Ein Meerestier — Languste oder Hummer — würde mir dabei schon schmecken. Wem nicht?
Das Rennen um den Titel »Miss Karibik« macht eine junge Bayerin aus Ingolstadt. Sie erzählt vor ihrer Wahl eine wahre Anekdote, die sie bei einer früheren Kreuzfahrt erlebt hat. Da war eine »Dame«, die immer ganze Häufchen von den abgepaßten Butterportionen mit auf die Kabine nahm, so daß man sich schon über den Appetit der Butterliebhaberin wunderte. »Was macht sie damit?« fragten sich die Tischnachbarn. Eines Tages entdeckte man sie in einem Liegestuhl an Deck, wie sie die Butterportionen aus ihrer Tasche holte und sich damit »einölte«. Was es nicht alles gibt! Puh! Eine weitere Anekdote bot die Ingolstädterin zwar nicht, dafür sang sie lautstark »In München steht ein Hofbräuhaus«.
Also echte karibische Töne für die »Miss Karibik«!

Inmitten der Bahama-Inseln

Nassau / Bahamas, 2. Juni

Ein paar tausend Inseln und Inselchen ziehen sich in Westindien zwischen Haiti und Florida dahin: die Bahamas. Allerdings sind kaum 30 von diesen Inseln bewohnt. Aus großer Meerestiefe steigen hier die Berge bis zur Oberfläche des Wassers empor, Korallen haben sich angesiedelt, Riffe und Bänke gebildet.

Etwa 230 000 Menschen leben auf den bewohnten Inseln, teilweise sind sie europäischer Herkunft, die Mehrzahl aber sind Neger und Mulatten. Die Bahamas wurden bereits 1492 von Kolumbus entdeckt, seit dem 17. Jahrhundert siedelten sich hier Engländer an, im 18. Jahrhundert erhielten sie den Rang einer englischen Besitzung. Noch heutigentags gehören sie zum Commonwealth und erkennen die englische Krone an. Als sogenanntes Ferienparadies sind mittlerweile die Bahamas in der ganzen Welt bekannt geworden. Für unseren Aufenthalt auf der Insel New Providence, auf der auch die Hauptstadt Nassau liegt, sind zwei Tage vorgesehen. Etwa die Hälfte aller Einwohner der Bahama-Inseln, nämlich 125 000, haben sich hier in Nassau konzentriert.

Zwischen sieben und acht Uhr morgens laufen wir in Nassau ein und können an einer mächtigen Pier festmachen. Neben uns liegen bereits zwei andere Ozeanriesen, ebenfalls Passagierdampfer. Schon ihre Anwesenheit zeigt die Bedeutung der Bahamas in der Touristik der Welt. Die »Emeralda Seas« ist ein englisches Schiff, das unter panamesischer Flagge fährt, daneben liegt das griechische Schiff »Amerikanis« mit dem Heimathafen Piräus. Die beiden Schiffe sind auf einer Kreuzfahrt unterwegs und haben Nordamerikaner an Bord. Ein Dreimaster hat wie ein Schiff aus Großväters Zeiten festgemacht, die Windjammer sind ja für Kreuzfahrten wieder in Mode gekommen.

Die Kaianlagen zwischen den Piers sind stark belebt. Da laufen die Passagiere der großen Schiffe hin und her, da fahren Taxis herbei, da treiben sich schwarze Händler herum, da gibt es sogar einige Passagiere, die sich hier zwischen den Ozeanriesen als Rollschuhläufer produzieren.

Man braucht von der Pier aus nur ein paar hundert Meter über eine steinerne Brücke zu gehen und ist dann in wenigen Minuten im Mittelpunkt der Stadt Nassau. Keine Hochhäuser stören hier, man zeigt vielmehr den kolonialen traditionsbewußten Stil. Da ist auch der Stroh-

markt, zu dem die einheimischen Frauen all das bringen, was sie daheim aus Binsen und Stroh gefertigt haben.
Heute morgen haben wir uns vorgenommen, mit einem Glasbodenboot zu den »Sea-Gardens« hinauszufahren, also zu den Riffen, bei denen man die Unterwasserwelt beobachten kann. Bei gutem Wetter besteigen wir eines dieser Boote und brauchen nicht lange zu warten, bis es sich auch mit anderen Interessenten gefüllt hat.
Auf dem Wasserarm zwischen der Hauptinsel New Providence und dem vorgelagerten Paradise Island hält das Boot den Kurs hinaus auf die Karibische See.
Wir schaukeln den Sea-Gardens entgegen. Am Steuer ein cleverer 14jähriger Negerjunge. Er hat seine schwarzen Haare zu vielen kleinen Zöpfchen geflochten. Seine Erklärungen schnarrt er in englischer Sprache wie ein Automat herunter und kassiert 5 amerikanische Dollar pro Person. Von jedem Haus, von jeder Brücke erzählt er wie ein Lautsprecher die Story. Er hat noch einen kleineren Negerburschen als Schiffsjungen bei sich.
Der Vierzehnjährige nimmt nun die Bretter vom Boden, darunter wird der eigentliche Glasboden sichtbar. Unser »Käptn« ist ein ordentlicher Kerl, mit einem Schwamm saugt er das Wasser über dem Glas ab, mit einem Wollbesen fährt er nach. Jetzt kann die Sonne durch den Boden ungehindert in das Wasser hineinleuchten, dringt mehrere Meter tief zum Grund. Da zeigt sich wieder das Leben drunten im Meer mit seinen grünen Tangwäldern, mit den Korallenriffen, mit den buntfarbig gezeichneten Fischen. Der »Käptn« ist ein beredter Bursche, er quasselt unermüdlich, erzählt von »Harry«, dem Grouper, der einem angeblich aus der Hand frißt oder, wenn er faul wird, sich auf den Rücken legt und tot spielt, und der sogar Farne auf seiner Stirne balancieren könnte. Nun wenn wir Harry auch nicht sehen, so sind doch die anderen Fische, die da unten zwischen dem Tang und den Korallen auftauchen, eine wahre Pracht. Unser »Käptn« fängt schon wieder an zu locken: »Kommt her, ihr Red Snapper, da sind zwölf Leute mit mir herausgefahren und wollen euch bewundern!«
Ich weiß nicht, ob das nun ein »Red Snapper« ist, der unter uns großmäulig dahinschwimmt, aber die anderen Kerle mit den gelben Schwänzen, die Grünblauen und die Zebrafische, oder die »Harlekine«, die Squirrel-Fische, die sich zwischen den Korallen herumtreiben, sind nicht weniger aufregend.

Unser »Käptn« wirft wieder den Motor an, wir müssen uns von den roten Riffen, den Tropenfischen und den Tangwäldern trennen.
In Hafen von Nassau wieder angekommen, haben wir noch Zeit, einmal durch den Strohmarkt zu laufen. Die Negerinnen sparen nicht mit einladenden Worten, sie reden die Passanten mit »Honey« oder »Darling« an und deuten auf die hübschen bestickten Taschen, die Beutel, Fächer oder Kästchen: alles aus Stroh. Die schwarzen Frauen begnügen sich aber nicht damit, dazuhocken und auf die Kaufwilligen zu warten. Sie nutzen jede freie Minute aus, um weiter zu flechten und zu sticken: alles mit Stroh. Unser Einkauf heute ist aber bescheiden: Einzig allein Inge bekommt einen hübschen Strohhut.
In wenigen Minuten sind wir vom Markt aus an der Pier unseres Schiffes. Auch die Matrosen sind hier trotz der Hitze fleißig, mehrere von ihnen benutzen den Aufenthalt der »Maxim«, um an der Schiffswand die Kratzer mit weißem Lack zu beseitigen. Da turnt gerade vor unserem Kabinenfenster ein Matrose auf einem schwankenden Brett herum, um hier den einen oder anderen Rostflecken auszubessern.
Nach dem Essen geht es wieder hinaus in die tropische Wärme, noch einmal besteigen wir gleich im Hafen ein Motorboot, diesmal aber fahren wir nicht mehr so weit hinaus wie am Morgen zu den Sea-Gardens, unser Ziel ist Paradise-Island.
Wir brauchen nur eine Viertelstunde, um dieses Eiland zu Fuß zu durchqueren. Der Weg ist gesäumt von australischen Kiefern, es sind mächtige Stämme mit stark gekrümmten Ästen und dünnen Nadeln. Ein romantischer Wald, der dann bei der offenen Brandung der Karibik endet.
Kostenfrei können wir hier den Badestrand des zwölfstöckigen Hotels Holiday-Inn benutzen, niemand hat etwas dagegen, daß wir uns in einer Gartenecke umziehen. Hier im Garten des Hotels sind ganze Mauern aus Korallensteinen gebaut.
Gegen Abend geht es durch dem Kiefernwald zurück zur Anlegestelle des Bootes. Im Hafen von Nassau wieder angekommen, machen wir noch einen Bummel durch die Hauptstraße, die Bay-Street. Es ist eine vornehme Straße mit Textilgeschäften, Parfümerien, Porzellan-Läden und Juwelieren. Wenn man die Preisschilder anschaut und sie mit Europa vergleicht, dann ist es hier nicht billig. Aber trotzdem werden die Nordamerikaner manchen Dollar dalassen.
Wir kehren zum Strohmarkt zurück, dort werden gerade die Frauen

von ihren Männern mit großen Autos abgeholt, man stapelt die Korbwaren in den Kofferraum, um sie nachts heimzufahren und morgen wieder hier aufzubauen.
In der Abenddämmerung entfaltet die ,,Emeralda Seas", nur etwa 50 Meter von uns auf der anderen Seite der Pier liegend, eine Perlenkette von Lichtern, beim Bug beginnt die Kette, schwingt sich dann zum Mast in der Schiffsmitte empor und gleitet am Heck wieder herunter. Auch die Decklichter glänzen auf.

Nassau / Bahamas, 3. Juni
Schon kurz vor neun Uhr brechen wir in einem Kleinbus, der mit acht Fahrgästen besetzt ist, zu einer eingehenden Stadtrundfahrt durch Nassau auf. Der Fahrer, ein Neger, erzählt bereitwillig, daß er zehn Kinder gezeugt habe, von denen drei schon gestorben seien. Mit Stolz nennt er sich schon Großvater. Daß er katholisch ist, geht nicht nur aus seinen Worten hervor, er hat in seinem Wagen auch zwei Fotos von Papst Johannes Paul II. aufgehängt, der im Januar 1979 die Bahamas besucht hat. Auf englisch erklärt er uns unterwegs ausführlich die einzelnen Sehenswürdigkeiten. Um alle Fahrgäste zufriedenzustellen, hat er seine Begrüßung gleich in vier Sprachen im Auto angebracht: »Welcome — Willkommen — Bienvenido — Bienvenue.« Um das Schildchen ist ein Rosenkranz gehängt.
Hier in dieser Stadt werden wir gottlob einmal nicht von Wolkenkratzern oder Hochhäusern erdrückt, die Straßen haben durchweg niedere Häuser, oft meint man, in einer englischen Kleinstadt unterwegs zu sein. Nur der Verkehr in der Hauptstraße ist großstädtisch und so stecken wir auch sehr schnell in einem Stau.
Ein schwarzer Polizist sucht den Verkehr zu entwirren. Er trägt eine schwarze Hose mit rotem Paspel, weiße Jacke, weiße Mütze, die rot umrandet ist — eine geradezu elegante Erscheinung!
Es geht weiter, erster Halt am Water Tower. Dieser Wasserturm steht auf dem höchsten Hügel der Insel New Providence und steigt von hier nochmals 40 Meter in die Höhe. Wir fahren mit einem altmodischen Lift hinauf und können von der oberen Plattform aus die ganze Insel weithin überschauen. Immer wieder eingebettet in Grün stehen da die hübschen Häuser in der Landschaft, eine kluge Baugesinnung hat das Gesicht der Stadt und der Insel gewahrt. Es ist keine Steinwüste entstanden, vielmehr wirkt die aufgelockerte Bebauung mit den braunen

und roten Dächern, mit den Grünstreifen dazwischen und den Leuchtfeuern der Flamboyants wie das Landschaftsbild eines französischen Impressionisten. Keine gigantische Welt, sondern eine überschaubare Insel, dort die Küste, das umgrenzende Meer, die Schiffe im Hafen.
Ein weiterer Besuch gilt dem Fort Fincastle. Es stammt noch aus der Kolonialzeit, wurde 1793 erbaut und zwar in der Form eines Schiffsbugs. Mit seinen starken Mauern war es damals gewiß uneinnehmbar. Heute freilich haben die Bastionen nur noch historischen Wert.
Historisch interessant ist auch die 30 Meter hohe Treppenanlage »Queen's Staircase«. Früher war der untere, am Meer gelegene Stadtteil von den Herrenschichten bewohnt. Auf dem oberen Teil aber mußten abgegrenzt die Schwarzen leben. Erst Ende des 18. Jahrhunderts schuf man dann eine Verbindung zwischen den beiden Ortsteilen und zwar mußten zwischen 1793 und 1795 hier Negersklaven eine Treppe, eben die »Queen's Staircase«, aus dem Felsengelände herausschlagen. So sind jetzt Unterstadt und Oberstadt auch auf dem Fußweg miteinander verbunden. Wir gehen über diese mit viel Schweiß gebaute Treppe hinunter, wo uns in der Unterstadt wieder der Kleinbus erwartet. Mit ihm wollen wir jetzt erst einmal aus der Stadt hinausfahren, um die Landschaft der Insel anzusehen.
Da draußen liegt ein großes, aber der Renovierung bedürftiges Herrenhaus. Nun, der Lord, dem es gehört, scheint großzügig zu sein, er hat der katholischen Kirche sein ganzes Gelände für ein Gotteshaus und für eine christliche Schule geschenkt.
So viele europäische Einflüsse sind auf dieser Insel zusammengeflossen. So haben zum Beispiel auch griechische Einwanderer ihre Restaurants in Nassau eingerichtet, es gibt einen »Mykonos« und auch griechische Nachtklubs.
In der freien Wirtschaft, die hier herrscht, hat man natürlich das Geldverdienen groß geschrieben, aber man wahrt auch die sozialen und sportlichen Interessen der Öffentlichkeit, es gibt ein großes Hospital, einen Strand für alle frei zugänglich, einen Fußballplatz. Selbstverständlich fehlt auch ein Golfplatz nicht.
Der Westteil der Insel hat die neueren Viertel aufgenommen. Man pflegt die gut asphaltierten Straßen, hat Zedern an die Ränder gesetzt, grüne Büsche lockern die Felder auf. Freilich in den Trockenzeiten müssen die Anpflanzungen bewässert werden. Daher ist das Wasserwerk hier eine besonders wichtige Anlage.

Von der Hauptstraße zweigt der Fahrweg zum Flughafen ab. Da begegnen uns neben den amerikanischen Ford-Autos auch deutsche Volkswagen. Hier an der Ecke ist ein Supermarkt, dort ein Mac Donald-Restaurant. Auch Nassau ist dabei, sich zu internationalisieren.

An diesen Häusern, die von kapitalkräftigen Bauherren erstellt wurden, hat man mit der Farbe nicht gespart. Häufig sind sie zartrosa angestrichen, pastellfarbig, die Fenster sind weiß umrandet. So stehen sie vor dem Hintergrund der grünen Gärten. Auch die offiziellen Gebäude fehlen in diesem Viertel nicht. Hier eine katholische Kirche, dort eine Lehrerhochschule. Neben einer Polizeischule existiert auch eine Schule für Polizeihunde.

Eine besondere Sehenswürdigkeit auf der Insel bietet ein tropischer Park mit dem Seafloor Aquarium. Gestern konnten wir draußen in den »Sea Gardens«, also im freien Meer, die Fische und Korallen bewundern, allerdings nur eine begrenzte Zahl von Arten. Hier dagegen in dem Park-Aquarium verweilt man lange vor den absonderlichsten Formen der Fischwelt. Auf Wegen, die mit lauter rosa Muscheln gesäumt sind, geht man zu einem Becken, in dem riesenhafte Schildkröten umherschwimmen. Ein Neger ist mit seinem Boot unterwegs und hebt eine von diesen Schildkröten triumphierend mit muskulöser Kraft aus dem Wasser heraus. Besonders attraktiv eine Veranstaltung, bei der in einem anderen Becken Seelöwen und Delphine ihre Kunst zeigen.

Bei der weiteren Rundfahrt darf man natürlich auch nicht das Government House auslassen, zwischen 1801 und 1803 hat man es in einen tropischen Park gesetzt, es zeigt noch besonders klar mit seinen Säulen, Giebeln und einer Kuppel, mit dem weiß-rosa Anstrich den Kolonialstil. Bis 1973 beherbergte es auch den britischen Gouverneur der Bahamas. Am Treppenaufgang steht überlebensgroß die Statue des Entdeckers der Neuen Welt: Kolumbus! In seiner Nähe wandert ein schwarzer Soldat vor einer mehr symbolisch wirkenden Kanone als Wachtposten auf und ab.

Wie prächtig blüht in diesen Straßen Bougainvillea in rot und rosa, die Büsche strecken ihre Zweige über die Gartenmauern, die häufig wie auf Paradise Island auch hier aus Korallengestein bestehen.

Längere Zeit fahren wir an dem Wasserarm entlang, der die Stadt Nassau von der vorgelagerten Insel Paradise Island trennt. Auch hier malerische Farbeffekte. Das Wasser bald hellgrün, bald dunkelgrün, übergehend in Türkisfarbe, gekrönt von weißen Schaumköpfen. Genauso weiß ist der Sandstrand, darüber gehen die schwarzen Gestalten der Neger. Heute weht nur ein sanfter Wind, aber daß zu anderer Zeit der Sturm mächtig daherzubrausen vermag, sieht man drüben an den Baumstämmen von Paradise Island, die ganz krumm gewachsen sind. Es ist Zeit, durch die East Bay Street zum Hafen zurückzukehren, wenn wir das Mittagessen auf dem Schiff nicht versäumen wollen. Dort an den Piers liegen jetzt dicht gedrängt gleich sechs große Passagierschiffe, da haben auch eine »Flavia«, eine »Sunward« und eine »Oceanic« festgemacht.

Nachmittags machen wir uns wieder selbständig. Da geht es zuerst mal gleich am Hafen in den Strohmarkt, wo man bei der heißen Sonne auch Schatten finden kann. Wieder knüpfen die schwarzen Frauen unermüdlich ihre Strohhüte und Taschen, sticken und nähen ihre grellfarbigen Bilder hinein. Neben dicken Matronen laufen schlanke hübsche Figuren herum. Selbst ein kleiner geschäftstüchtiger Junge sucht uns mit seiner Anrede »Honey« und »Darling« als Käufer zu gewinnen. Die Frauen lassen mit sich handeln, aber es gibt für sie eine Preisgrenze. Wenn diese unterboten wird, dann hallt einem ein kühles »No« entgegen.

Gleich in der Nähe des Strohmarktes liegen am Kai auch kleinere Schiffe, die Bauern bringen ihr Obst und Gemüse, ihre Tomaten von auswärts in die Stadt herein.

Wandern wir jetzt noch einmal durch die Bay Street an der Küstenstraße entlang zum Sheraton-Hotel. Um uns etwas aufzufrischen, trinken wir in einem Coffee-Shop einen starken schwarzen Kaffee. Danach haben wir wieder Lust, in die verschiedenen Geschäfte hineinzulaufen, um zu sehen, was man dort für die amerikanischen Besucher bereit hält. Da heute gleich sechs große Passagierdampfer eingelaufen sind, braucht man sich um die Existenz dieser Geschäfte nicht zu sorgen. Eine von diesen Amerikanerinnen sucht sich gerade ein sommerliches Kleid heraus, eine andere betrachtet »Rosenthal-Porzellan«, das es sogar hier gibt, eine dritte möchte französisches Parfüm. Wir stöbern in einer Buchhandlung herum, um zu sehen, welche Titel lieferbar sind. Aber deutsche Autoren scheint man hier nicht zu kennen.

Apart in einem eigenen Muschel- und Korallen-Laden die schwarzen Korallen. Aber sehr teuer — zu teuer, da kostet eine kleine Gabel mit einem bleistiftdünnen Korallengriff an die 600 Mark. Nein, da will ich mir nur eine kleine weiße Muschel mitnehmen, die hier einmal vor Nassau im Meer gebaut worden ist.

Von der Bay Street aus muß man auch einmal in die Seitengassen hineinlaufen, dort stehen noch 100 Jahre alte Häuser: leibhaftige Erinnerungen an das alte Europa. Hier eine Passage wie in Paris. Ein Bistro mit der Aufschrift »Vive la France«. Unter den Arkaden kann man sich plötzlich in Europa fühlen.

Wir sind am Ende der Bay Street im Sheraton-Hotel angekommen. Der Bau stammt offenbar noch aus früherer Zeit, ist aber renoviert. Die Kästchen an den weißen Fassaden zeigen, daß man Klimaanlagen eingebaut hat. Das Hotel ist direkt am Meer gelegen, trotz der Hafennähe ist das Wasser ganz klar, so daß nebendran vor einem Park auch ein Freibad entstanden ist.

Von hier aus ein Blick zurück auf die sechs Ozeanriesen an den Piers, dann laufen wir heimwärts durch die Bay Street. Es wird Abend, man ist in den Geschäften dabei, die wertvollen Stücke aus den Schaufenstern herauszunehmen. Uniformierte Schwarze stehen als Wächter dabei.

Auch am Strohmarkt haben die Negerinnen das Flechten, Sticheln und Sticken, das Handeln und Verkaufen beendet. Die Männer sind wieder vorgefahren, um die Waren zu verstauen.

Dort an der steinernen Brücke, nur wenige Schritte von unserem Schiff entfernt, packt auch ein Schwarzer, der untertags große rosa Muscheln auf einer Steinbrüstung zum Verkauf dargeboten hat, seine Schätze wieder zusammen, um sie in einen Kahn zu verladen. Dann stößt er vom Ufer ab, für ihn ist heute die Arbeit beendet.

Um 19 Uhr — die Sonne steht noch am Himmel — läuft auch unser Schiff aus. Vorbei an der Stadt Nassau, vorbei am rosa leuchtenden »Sheraton«, vorbei am Zollamtsgebäude. Seitwärts tanzen die Leuchtbojen auf den Wellen, dort drüben sind mächtige Steinquader zu Wellenbrechern zusammengefügt. Wir nehmen Abschied von den Bahamas. Da schimmert eine kleine unbewohnte Koralleninsel über dem Wasser, ein paar Bäume haben hier Wurzeln gefaßt. Das Boot »Pilot« legt ab, der Lotse winkt zurück.

Abends finden wir noch keine Ruhe. Wie wär's, wenn wir uns im Kino den Film »Der Graf von Monte Christo«, anschauen würden?

Das Schiff hat Nordkurs genommen.

Von Nordamerika nach Europa

Den Vereinigten Staaten entgegen

Auf See, 4. Juni

Wie an allen Seetagen finden auch heute wieder sportliche Kurse, autogenes Training, Shuffleboard statt, man darf an Bord nicht einrosten. Der Unterhaltung dienen Liedersingen, Schachspiel, Bridge — der Belehrung Lehrgänge in englischer und russischer Sprache. Außerdem gibt es »eine kleine Sternenkunde für Nachtschwärmer«.

Dazu paßt dann die »kleine Nachtmusik«, die abends unser Bordpianist mit Stücken von Schumann, Liszt, Sinding und Rachmaninow bei romantischer Kerzenbeleuchtung zum besten gibt.

Auf See, 5. Juni

Heute ein »runder« Geburtstag von Inge. Ein russisches Schmuckkästchen mit einem fein ausgearbeiteten Märchenmotiv, Geschenke von daheim — Telegramme...

Es ist noch warm, aber nicht mehr tropisch schwül. Da kann man gegen Mittag ein Sonnenbad unter der Brücke genießen, der starke Wind hüllt einen mit seinen wehenden Mänteln ein, aber die Sonne ist noch kräftig.

Ich bereite mich dann mit einiger Lektüre in der Bibliothek auf die drei nordamerikanischen Tage vor. Philadelphia wird unser Standquartier, von dort aus werden wir morgen nach Washington fahren, übermorgen nach New York.

Übers Bordfernsehen kommen die Tages-Nachrichten der »Deutschen Welle«, und dann Landgangsinformationen für Philadelphia. Die Paßformalitäten sind glücklicherweise bereits erledigt, Pässe und Landekarten nimmt man morgen mit, wenn man den Boden der USA betritt.

Abends ist die See glatter geworden, der Silberschimmer der niedersinkenden Sonne überstreift die Dünung in einem breiten Band vom Schiff bis zum Horizont, färbt sich dann golden ein.

Sollen wir heute abend »Pariser Flair« im Musiksalon genießen oder im Fernsehen Slapstick-Komödien von Charlie Chaplin ansehen? Nun, auf jeden Fall wollen wir uns zu Ehren von Inges Geburtstag in der Wolgabar einen Drink genehmigen, und zwar in Erinnerung an den schönen Tag in Jamaika, einen »Pina Colada«.

Die See ist abends sehr still geworden. Wir sehen an Deck die Sonne untergehen. Im Westen ist der Strich über dem Horizont mattgrau ein-

gefärbt. Weiter oben gegen den Himmel hin glänzt es aber noch einmal rosa auf im Widerschein der untergegangenen Sonne. Der Zenit schimmert blau, darin steht weiß die Mondsichel.
Übers Bootsdeck dreht einer der Offiziere im Sportdreß seine Jogging-Runden, läuft treppauf, treppab. Sonst ist niemand mehr hier. Der Wind ist eingeschlafen, die See kaum noch bewegt. Stille auf dem Meer...

Zur Hauptstadt der Vereinigten Staaten

Washington, 6. Juni
Nach der langen Einfahrt durch das Delaware-Flußdelta legen wir um acht Uhr an der Pier in Philadelphia an. Für heute haben wir eine Fahrt in die Hauptstadt der Vereinigten Staaten, nach Washington gebucht. Es ist am besten, wenn wir dorthin mit einem Bus fahren, da dieser uns dann in Washington herumkurven und abends wieder nach Philadelphia zurückfahren kann. Andere Fahrgäste nehmen die Gelegenheit wahr, um mit dem Flugzeug in das Innere der Staaten zu fliegen und die Niagarafälle zu besuchen.
Zwischen zwei riesigen Hafenhallen stehen die Busse für die verschiedenen Exkursionen bereit. Es sind die »Greyhounds« — klimatisierte Fahrzeuge mit einem Washroom. Außen tragen sie blau-weiß-rote Farben und als besonderes Zeichen einen Windhund. Das Wetter ist warm, aber diesig-grau. Es ist nun schon neun Uhr vorbei, als wir die Hafenzone von Philadelphia verlassen. Etwa drei Stunden soll die Busfahrt dauern. Im Anfang sind wir noch im Hafengebiet mit den Gleisanlagen, Werkhallen, Containern, Öltanks.
Die dreispurige Autobahn in südlicher Richtung nach Washington führt zuerst am Delaware-Fluß entlang, überschreitet den Strom auf einer langen Brücke, gleitet an einem Sportzentrum vorbei, zeigt Kriegsschiffe im Hafen, rauchende Kamine, ein Wasserkraftwerk, eine Großmarkthalle.
Vom Stadtkern Philadelphias ist an diesem diesigen Vormittag nicht viel zu sehen. Die Hochhäuser erscheinen nur schemenhaft im Nebel. Wir sind jetzt auch schon weit draußen. Hier erinnern noch zahlreiche Altwasser daran, daß dieses Gelände ehedem ein Sumpfgebiet war. Heute hat sich hier ein internationaler Flughafen mit Landebahnen und Verwaltungsgebäuden breitgemacht. Dazwischen gibt es eine Schiffs-

werft, Industrieanlagen und ein Spezialkrankenhaus gegen Verbrennungen. Auch kleinere Privathäuser haben hier vor den Toren der Millionenstadt im Grünen ein Unterkommen gefunden.
Noch sind wir im Bundesland Pennsylvania, erreichen aber jetzt über eine Brücke einen anderen Bundesstaat, nämlich New Jersey. Im ebenen Gelände wechseln sich zahlreiche einstöckige Ziegelbauten mit Holzhäusern und Hotels ab.
Der dritte Bundesstaat, den wir durchfahren, heißt Delaware, wie der Strom, an dem Philadelphia gelegen ist. Man verdient in diesem Gebiet, wo viele vermögende Leute wohnen, sein Geld oft in der chemischen und Sprengstoff-Industrie. Die Industriegebäude hat man aber meist ebenerdig gehalten und so in die Landschaft gestellt, daß die Natur sich daneben noch frei entfalten kann. So sieht man trotz der Werkstätten in diesem Gebiet noch genug Seen, Wälder und Wiesen. Und genau wie in New Jersey auch eine Reihe landwirtschaftlicher Betriebe, die sich von Hühnerfarmen, dem Anbau von Tomaten, Bohnen und dergleichen ernähren.
Unsere dreispurige Autobahn ist an diesem Vormittag stark befahren. Sie ist in tadellosem Zustand und wird gleich den anderen Highways der USA von privaten Gesellschaften erbaut und unterhalten. Aus diesem Grund sind auch ähnlich wie in Italien Zahlstellen auf der Autobahn eingerichtet, an denen man seinen Obolus entrichten muß, wenn man von einem Bundesstaat in den anderen wechselt. Die Gebühren sind allerdings nicht hoch: ca. ein Dollar. Nicht viel — aber bei der Menge der Autos kommt doch ein Verdienst heraus: »Exact Change«.
Wir sind bereits wieder in einem neuen Bundesland, in Maryland angekommen. Dieser Staat ist besonders durch seine Pferde bekannt geworden. Auch jetzt sehen wir auf den Koppeln weidende Pferde. Nicht weit davon entfernt versprüht ein Bauer, der mit einem Traktor über die Felder fährt, Kunstdünger auf die Schollen. Eine graue Wolke stäubt hinter seinem Traktor auf die Erde nieder. Daß man mit den Anbaumethoden Erfolg hat, beweisen stattliche Bauernhöfe, neben denen sich die Farmer oft silberglänzende Silos als Getreidespeicher errichtet haben.
Immer wieder wechseln Wälder mit Feldern und Fluren ab und zeigen, daß doch noch viel von jener Landschaftsform erhalten ist, in der die indianischen Ureinwohner ihr Leben führten. Man wird hier an unsere deutschen Waldlandschaften erinnert: Buchen, Eichen, Kiefern, Lär-

chen und Fichten dazwischen. Wenn sich einmal eine Heidelandschaft zeigt, dann gedeihen Säulen-Wacholder besonders groß.
Interessant, was man unterwegs hört: Da wohnt weiter landeinwärts eine Gruppe von Menschen deutscher Abstammung, die jede Modernisierung ablehnt. Mehrere hundert Familien verzichten aus Prinzip auf Elektrizität, Autos und überhaupt auf jede Automation. Sie pflegen die alten Trachten und Gebräuche und ernähren sich wie zu Großvaters Zeiten. Sie sprechen nicht Englisch, sondern eine Art Pennsylvania-Dutch.
Wir fahren an der Stadt Baltimore vorbei. Am Straßenrand wieder die moderne Zeit mit Hochspannungsleitungen, Tanks, Lagerhallen, Kranen, Parkplätzen, Brücken — Bilder, die ähnlich wie im Umkreis anderer Großstädte vorüberfliegen.
Den Chesapeake-Wasserlauf unterschreiten wir in einem langen Tunnel, durchfahren wieder Wälder, sehen Holunderbüsche weiß erblühen, sehen die roten Ziegeldächer kleiner Städtchen vorüberstreichen, sehen auch ein paar Appartementhäuser siebenstöckig über der Landschaft stehen. Aber alles in allem ist die Natur nicht zerstört, der Mensch hat sich in ihr angesiedelt, doch die Felder und Wälder existieren in ihrer Fülle mit und neben ihm.
Seitwärts schäumt gelb die Flut eines Flusses vorbei und da sind wir auch an der Stadtgrenze von Washington angelangt. »Welcome to Washington« begrüßt uns ein großes Schild. In aller Welt kennt man diese Metropole der Vereinigten Staaten, die mit ihren 700 000 Einwohnern die Bundeshauptstadt des ganzen Landes darstellt und somit das politische Zentrum der Weltmacht USA geworden ist.
Einige Bilder von der Einfahrt: Die großen Hotelketten haben sich natürlich auch hier niedergelassen, so gibt es ein Holiday Inn-Motel, ein Hyatt-Hotel. Dann riesige Parkplätze, beliebig viele Tankstellen, Gaststätten wie Mc Donald's. Dann schneiden Eisenbahnwägen, rotweiß-blau gezeichnet, die breite Einfallstraße. Die Häuser seitwärts sind großenteils aus rotem Backstein errichtet, die Fensterrahmen weiß gestrichen, grau schimmern die Schieferdächer. Eine Backsteinkirche erscheint, eine »American Security« Bank lädt zu Finanzgeschäften ein.
All dies hat man in eine schöne Landschaft gesetzt. Die Haupstadt der Staaten sollte ja nicht unmittelbar am Meer liegen, um sie vor Angriffen von See her zu bewahren, anderseits sollte sie aber doch nicht zu

weit von der Küste entfernt sein. Man hat hier verhältnismäßig wenig Industrie angesiedelt, Washington sollte eine Stadt der Verwaltung, der Repräsentation bleiben, und da legte man auch auf eine reine gute Luft Wert.

Wir freilich haben an diesem Vormittag — es ist ja mittlerweile Zeit zum Lunch geworden, nicht genug Zeit, um all die Marmorbauten des Staates, die Repräsentationsgebäude der Botschaften, der Gewerkschaften, sowie die Park- und Sportanlagen zu bewundern, doch reicht die Vormittagsstunde noch zu einem Besuch im supermodernen Flug- und Weltraum-Museum.

In diesem Gebäude haben sich Besucherscharen eingefunden, um die Ausstellungsstücke zu bewundern, die vom ersten Flugzeug bis zum amerikanischen Mond-Programm und bis zur neuesten Weltraumfähre reichen. Erst vor wenigen Jahren wurde dieses Museum zur 200-Jahrfeier der Stadt Washington eröffnet — heute zeigt es die wichtigsten Meilensteine der Luftfahrt in originalen Stücken oder im Modell. Nur ein paar Beispiele: Da sieht man das erste Flugzeug der Brüder Wright, dann den »Spirit St. Louis« von Lindbergh, der darin 1927 als erster Mensch den Luftraum des Atlantiks überquerte, weiter die Kapsel des ersten Weltraumfahrers Glenn (1962), die Kapsel, die dem ersten Weltraumspaziergang diente, das erste Flugzeug, das die Schallmauer durchbrach, dann Raketen aus dem Zweiten Weltkrieg, amerikanische und russische Raketen, das erste Weltraumlabor, die Kapsel der ersten Mondfahrt, die Fähre, die auf dem Mond landete. Ein Museum, das nicht nur den technischen Riesensprung unseres Jahrhunderts zeigt, sondern auch die nachdenkliche Frage erweckt, ob der Mensch mit alledem einen glückbringenden Weg eingeschlagen hat.

Nun entwerfen wir heute keine Zukunftsphantasien! Es ist schon eigenartig, wenn man hier auf einem Sockel einen schwarzen Stein berührt, den man vom Mond herunterholte. Er ist festgemacht, und ein Wärter steht außerdem noch daneben, da man schon versucht hat, diesen Original-Mondstein zu stehlen. In anderen Ländern berühren die Menschen Reliquien oder Heiligenfiguren, um für sich den Segen zu erbitten, hier greift man nach dem Stein von einem anderen Stern, da dies Glück bringen soll.

In Washington gibt es viel zu sehen, allein die Einrichtungen der Smithsonian-Institution verdienten einen tagelangen Besuch. Ein Zentrum für die verschiedensten Wissenschaftszweige. Wir merken es uns

WASHINGTON: Mann fährt zum Mond (Air-and-Space-Museum)

BUNDESHAUPTSTADT WASHINGTON: Nationalheld und Präsident George Washington ist mit einer Statue im Capitol verewigt (oben links) — Das Capitol (oben rechts) — Arlington-Nationalfriedhof mit dem Grab des Unbekannten Soldaten (unten)

NEW YORK: Die Freiheitsstatue empfängt die Atlantikfahrer in der Neuen Welt

NEW YORK: Die Metropolitan-Opera (oben links) — Straße im Chinesen-Viertel (oben rechts) — Die Skyline von Manhattan mit den überragenden Zwillingstürmen des World-Trade-Center (unten)

für später vor. Heute fahren wir durch einige Straßenzüge, um einen Blick zu werfen auf die weißen modernen Baublöcke dieser Stadt, auf die Verwaltungsgebäude mit ihren kubischen Formen, auf die klar überschaubaren Marmorfronten, auf das Museum für moderne Skulpturen. Der klassizistische Stil feiert hier Triumphe in weißem Marmor! Seltsam dazwischen, fast anachronistisch, eine alte Burg mit roten Backsteinmauern, die wie bei einem englischen Adelssitz von Efeu umrankt ist.

Bei allem Besichtigungseifer rührt sich nun doch unser Magen, seit sieben Uhr früh haben wir keinen Bissen gegessen. Es ist schon 13 Uhr und so unterbrechen wir unser Programm, um bei »Hogate's«, einem berühmten »Seafood Restaurant« zu Mittag zu essen. Das Restaurant kann die vielen Besucher kaum verkraften, aber dann klappt es doch mit einer feinen Scholle und einem Obstkuchen als Nachtisch. Dazu gibt es Eiswasser, Coca Cola und Kaffee.

So — frisch gestärkt kann es weitergehen. Zuerst zum Capitol, dem Sitz des amerikanischen Kongresses. Wohl hat man schon am Ende des 18. Jahrhunderts mit diesem Gebäude begonnen, es ist aber dann erst in der Mitte des 19. Jahrhunderts fertig geworden. Mit der fast 100 Meter hohen Kuppel, die den Mittelbau krönt, mit den zwei Seitenflügeln und seinen Säulenreihen steht das Capitol anspruchsvoll im Herzen der Stadt. Repräsentativ: ein Machtzentrum. Wir haben Gelegenheit, auch das Innere des Gebäudes zu besichtigen, die Rotunde unter der Kuppel, die Gemälde, die Statuen, unter denen sich auch Lincoln und Washington befinden. Ebenso können wir den Parlamentssaal betreten, da heute keine Tagung der Abgeordneten stattfindet. Ein marmorner Palast, der Repräsentantenhaus und Senat beherbergt und schon so viele weltbewegende Debatten und Entscheidungen in seinen Mauern erlebte. Man weiß die Würde dieses Hauses zu wahren, und so gibt es auch eine baupolizeiliche Bestimmung, nach der kein Gebäude hier höher gebaut werden darf als das Capitol.

In der Nähe des Capitols befindet sich auch die Kongreßbibliothek, gern hätte ich ihr einen Besuch abgestattet, da ich früher als Bibliothekar ungezählte Male den gedruckten Katalog der Kongreßbibliothek mit seinen vielen Bänden in der Hand gehabt habe.

Unser nächstes Ziel ist der Arlington-National-Friedhof. Viele Tausende von toten Soldaten ruhen hier unter schmuck- und blumenlosen Marmorkreuzen in langen Reihen. Man verzichtet auf den Blumenschmuck, da im Tod jeder von diesen Soldaten in gleicher Weise geehrt werden soll, der Tod hat sie ja ohnedies alle gleichgemacht. Nur am Grab des Präsidenten J. F. Kennedy und am Grab seines Bruders Robert F. Kennedy, die beide ja Mordanschlägen zum Opfer fielen, hat man Blumen hingelegt. Dort am Präsidentengrab brennt auch die Ewige Flamme. Mitunter hat man auf diesem größten Soldatenfriedhof der Vereinigten Staaten auch Kinder und Frauen der Gefallenen beigesetzt.

In die Stadt zurück! Typisch für den Stil von Washington ist das Lincoln-Memorial. In klassizistischer Baugesinnung hat man das marmorne Monument zu Anfang unseres Jahrhunderts dem Athener Parthenon nachgebildet. Es bewahrt das Gedächtnis an den Präsidenten Lincoln, der in der Mitte des 19. Jahrhunderts den Kampf um die Aufhebung der Sklaverei führte. Von 36 Säulen ist das Bauwerk wie von einem Kranz umgeben, jede von diesen Säulen symbolisiert einen der Staaten, die damals zu den USA gehörten.

Wir durchqueren das Kennedy-Zentrum mit Theater, Oper und Konzerthalle. Berühmte Orchester gastieren hier, so die Mailänder Scala und die Berliner Philharmoniker. Dann reihen sich Universitätsgebäude, Kathedrale, große Wohnblöcke, Ministerien, Gesundheitsamt, Nationalarchiv, Park-Centralhotel aneinander.

Auch hier prunkt die Stadt mit weißem Marmor, auch hier schmückt sie sich immer wieder mit antiken Giebeln, Pfeilern, Säulen — und auch da, wo man gläserne moderne Fronten hinsetzt, erstrebt man eine Kapitale, die repräsentieren möchte.

Zwischen alle diese Monumente der Verwaltung und der staatlichen Macht sind weite Grünflächen eingestreut und Sportplätze für Polo und Fußball. Man läßt sich durch die steinerne Welt nicht einengen. Da blühen im Frühjahr an einem See viele Kirschbäume, einst von Japan geschenkt, da feiert man auch ein Kirschblütenfest!

Diese Verwaltungsstadt am Potomac-River weiß sich zu schmücken. Sie hat unter ihren Denkmälern die bewährten Formen der Rossebändiger, ist aber liberal genug, auch abstrakte modernste Plastiken ins Stadtbild einzugliedern. Auch wenn heute ein grauer, sonnenleerer Tag ist, an dem es sogar mal regnet, haften die Bilder dieser »kühlen« Marmorstadt eindringlich. Wie Athen mit seiner Akropolis hohen Anspruch erhob, so versucht man auch dieser Stadt ein bedeutsames marmornes Gesicht zu geben. Auch dort, wo man moderne Fassaden dem

klassizistischen Bild beigibt, hat man den Wunsch vornehm zu wirken. Dazu gehört natürlich das »Weiße Haus«, der Amtssitz des Präsidenten der Vereinigten Staaten, das wir zwar nicht im Inneren besichtigen können, an dessen Nord- und Südfront wir aber anhalten. Weiß schimmern die Säulen vor dem dunklen Grün der Parkanlagen.
Es ist bereits Abend geworden, und da wir in unserem »Greyhound« wieder drei Stunden für die Rückkehr nach Philadelphia brauchen, schlägt die Stunde, von der »weißen Stadt« Abschied zu nehmen. Kühne Autobahnbrücken, die sich auf Betonpfeiler stützen, führen uns aus Washington heraus. Wieder geht es an Reklametafeln vorüber, man preist Marlborough-Zigaretten an, aber hier im Bus heißt es »no smoking« — »kein Smoking«, wie ein Spaßvogel bemerkt.
Man sieht lange in das Dunkelwerden hinaus. Der Fahrer lenkt den Bus sicher im Strom der Autos. Endlich taucht der Delaware auf, der Fluß von Philadelphia — die Stadt selbst kommt nahe mit den zuckenden Lichtern eines Rummelplatzes, mit dem Feuer einer Raffinerie, mit lichterglänzenden Schiffen, die am Ufer des Delaware ankern. Da — ein Strom von Autolichtern läuft über eine Brücke, die selbst mit roten und grünen Lampen bestückt ist. Noch eine kurze Fahrt am Kai entlang. Wir sind wieder auf der »Maxim«.
Und bekommen sogar zu so später Stunde — die Essenszeit ist längst überschritten — noch ein warmes Abendessen. Ein langer Tag — schnell ins Bett! Denn morgen gibts wieder eine große Überlandfahrt: nach New York!
Vor unserem Kabinenfenster gleißen die Lichter von Philadelphia, gleißen die Feuerbäume der Schiffe, ihre Strahlen liegen wie ein funkelnder Teppich über dem Wasser.

Weltstadt der Gegensätze

New York, 7. Juni
Strahlender Sonnenaufgang! Und es bleibt sonnig den ganzen Tag. Heute ist Pfingstsonntag. Um halb neun Uhr morgens sitzen wir wieder im »Greyhound«, dem angenehmen Bus, um in zwei bis drei Stunden, diesmal von Philadelphia nordwärts fahrend, New York zu erreichen. Unsere Führerin ist eine österreichische Emigrantin, nicht mehr ganz jung, aber auch jetzt noch eine charmante Wienerin. Sie wohnt

seit vielen Jahren in New York, kennt also alles genau. Wieder verlassen wir Philadelphia, die viertgrößte Stadt der USA, um mit New York die größte Stadt der Vereinigten Staaten zu erreichen. Ein Blick zurück auf die Wolkenkratzer von Philadelphia, dann geht es über die Benjamin-Franklin-Brücke, auf ihr fahren wir über den Delaware-Fluß. Der Fahrer muß den Straßenzoll entrichten, dann kann er in das angrenzende Land New Jersey einfahren.

Die Autobahn ist tadellos in Ordnung. Seitwärts gibt es mehrere Motels, hier ein »Oasis-Motel«, dort ein »Wilson-Motel«. Die vielen Autos, die vor den Herbergen parken, zeigen, daß man diese Einrichtung schätzt.

Wir kreuzen eine andere große Autostraße und nun geht es zwischen Laub- und Mischwald, Wiesen und Weiden dahin. Die Landschaft bleibt grün und hell und gleicht der Strecke, die wir gestern südwärts nach Washington durchfahren haben.

Einer der Passagiere meint: »Die anderen »Greyhounds« fahren schneller, da sitzen Neger am Steuer, die fahren rasanter als unser weißer Chauffeur! Warum kriechen wir auf der Autobahn so dahin?«

Der Fragende muß sich von unserer Wienerin belehren lassen: »Lieber Herr! Erstens sprechen Sie bitte hier in den USA nicht von Negern! Das Wort hört man nicht gern. Sprechen Sie lieber von Schwarzen. Die Schwarzen sind eben feuriger als die Weißen. Unser Driver ist aber ein Weißer, der will nichts mit der Polizei zu tun haben. Die Höchstgeschwindigkeit bei uns sind 90 Stundenkilometer.«

Als sollte diese Aussage sofort bekräftigt werden, erscheint da auf der äußersten Fahrbahn rechts ein Polizeiauto mit Blinklicht und fährt zu einem Privatwagen, der ausgebrannt auf der Strecke geblieben ist.

»Hoffentlich sind die Insassen rechtzeitig rausgekommen«, bemerkt unsere Wienerin.

Je mehr wir uns New York nähern, desto mehr drängen sich Industriebauten und Versorgungsanlagen aneinander. Fabriken, runde weiße Tanks, Rohre, Gestänge, Eisenbahnschienen, Güterwägen, Kesselwägen, Gaskessel, Hebekranen, Container, rauchende Kamine — dies alles verkündet die Nähe der Weltstadt New York.

Die Geschichte dieser Stadt geht auf den Beginn des 17. Jahrhunderts zurück. Die Niederländer waren es, die sich hier im Mündungsgebiet des Hudson-River mit einigen hundert Menschen ansiedelten. Im Jahre 1626 kaufte dann ein niederländischer Gouverneur die Insel Manhat-

tan einem Indianerstamm ab. Er legte dafür Glasperlen und andere billige Dinge auf den Tisch, die nicht mehr wert waren als 60 Gulden. Ein Landkauf, der als besonders spektakulär in die Geschichte eingegangen ist. Im Jahr 1664 kam die Stadt dann unter britisches Regiment, nach dem Herzog von York erhielt sie den Namen New York. Im amerikanischen Unabhängigkeitskrieg spielte die Stadt eine große Rolle. Ende des 18. Jahrhunderts wurde sie dann die Hauptstadt des Staates New York. In den ersten Jahrzehnten des 19. Jahrhunderts war es noch eine normale Großstadt zwischen 100 000 und 200 000 Einwohnern, aber dann stieg die Bevölkerungszahl schnell an, und bereits zu Beginn unseres Jahrhunderts war die Dreimillionengrenze überschritten. Heute zählt man in der Stadt selbst rund acht Millionen Einwohner, dazu kommen weitere Millionen in der Provinz.
Durch den Lincoln-Tunnel fahren wir unter dem Hudsonfluß in dieses ungeheure Stadtgebilde ein. Unser Fahrer hat eine besonders schwierige Aufgabe vor sich. Findet doch am heutigen Pfingstsonntag in verschiedenen Hauptstraßen ein Aufmarsch von volkstümlichen Gruppen statt, eine »Parade«, wie man hier sagt, und da haben sich bereits zahlreiche Zuschauer eingefunden, die Polizei hat Barrieren errichtet, und nun muß unser Driver seine Fahrt so wählen, daß er jeweils vor der Ankunft des Zuges durch die Kreuzungen noch durchkommt. Daher geht es mit dem Wagen mitunter auch ein wenig kreuz und quer durch die Stadt.
Verwirrend erscheint zunächst das Stadtbild demjenigen, der zum ersten Male nach New York kommt, wenn er sich zwischen den ungeheuren Wolkenkratzern orientieren will. Hundertmal hat man die Skyline von Manhattan schon in Film und Bild gesehen — dem Zentrum dieser Riesenstadt, in der es so viel Sehenswertes gibt. Auch wenn man dieses Bild in seinem Kopf hat, ist man jetzt fasziniert, fast erschrocken, wenn man nun de facto an den Hausgiganten, die wahrhaft in den Himmel ragen, hinaufblickt. Man hat nicht das Gefühl, daß sie einen erdrücken, zudem heute die Sonne immer hell eine Straßenseite anstrahlt. Man hat vielmehr den Eindruck, daß hier der Mensch das Äußerste an Bautechnik gewagt hat. Hier ist das Wort »Gigantisch« berechtigt — aber wie bei allem »Gigantischen« hat man die Besorgnis, daß der Mensch das ihm gesetzte Maß bereits überschritten hat. Nun heute wollen wir diese Besorgnis nicht hochspielen. Denn uns erscheinen diese Bauten aus Stahl, Zement und Glas im lich-

ten Glanz der Sonne so festgefügt auf dem Felsengrund von Manhattan, als wären sie unzerstörbar. Bei alledem erinnere man sich, daß man erst um 1870 begonnen hat, hier Hochhäuser zu errichten.
In dieser Riesenstadt haben selbst die Einheimischen mitunter Orientierungsschwierigkeiten. So heißt es in einem amerikanischen New York-Führer: »New York ist so übervölkert und kompliziert, daß selbst der hier geborene Einwohner die Besichtigungsfahrten mit dem Bus oder dem Boot um Manhattan herum oder um die Freiheitsstatue als angenehm empfindet.«
Mit Neugier und der Gier, möglichst viele Bilder in uns aufzunehmen, fahren wir nun durch den »sagenumwobenen Broadway«, einem Straßenzug, der sich durch ganz Manhattan windet, fahren durch die »hochnäsige« Fifth Avenue, über die »börsengewaltige« Wallstreet.
Unser erster Halt ist im Lincoln-Center. Wir stehen vor der Metropolitan Opera, der ehrwürdigen Met, in der schon Caruso gesungen hat. In ihrem Umkreis befinden sich auch das Haus des Philharmonischen Orchesters, Bibliothek und Museum der Bildenden Künste, Musikschule und weitere Theater.
Im Herumwandern sieht man eine monumentale abstrakte Plastik von Henry Moore, sieht eine Statue des ermordeten Negerführers Martin Luther King, sieht — als sollte die religiöse Vielfalt der Millionenstadt noch bewiesen werden — ein Mormonenzentrum, eine lutherische Kirche, ein Gebetshaus der »christlichen Wissenschaft«.
Wir sind im Bereich des Centralparks angekommen. Mitten in Manhattan, wo jeder Quadratmeter gleichsam mit Gold aufgewogen wird, erstreckt sich der Park in einer Länge von vier Kilometern und einer Breite von 800 Metern von der 59. bis zur 110. Straße. Er ist ähnlich ausgedehnt wie der Englische Garten von München. Unter den nahezu 700 Parkanlagen und Sportplätzen in New York ist der Centralpark, wie schon der Name sagt, der größte und meistgerühmte. Er bietet in seinem Inneren nicht nur idyllische Gartenwege, er hat Wiesen, auf denen man lagern und sein Picknick einnehmen kann, er enthält auch Seen für Bootsfahrten, Reit- und Tennisplätze, hat Raum für Fahrrad-Rennen, hat auch einen Tiergarten, Spielgärten für Kinder.
Wer sich nach einem Spaziergang durch den Park einen Kunstgenuß schenken will, findet gleich in der Nähe das Metropolitan Museum of Art, wo man Wunderbares von den Zeiten der Ägypter bis in die Gegenwart hinein zusammengetragen hat.

Nennen wir noch einige von den weiteren wissenschaftlichen und künstlerischen Zentren dieser Millionenstadt: das naturwissenschaftliche »American Museum of Natural History«, ein Planetarium mit einer Zeiß-Projektion, das Guggenheim-Museum in der eigenwilligen Architektur von Frank Lloyd Wright. Bei dieser Fülle möchte man den Aufenthalt in New York auf viele Tage ausdehnen.
Fahren wir nun erst einmal durch die Fifth Avenue und die angrenzenden Straßen. In der Gegend des Centralparks liegen hier die teuersten Wohnungen von New York. Nicht nur Diplomaten und Konsuln, auch Millionäre aller Gattungen haben hier ihr Domizil aufgeschlagen. Unsere Führerin nennt Namen der Anwohner: die ehemalige Filmkönigin Gloria Swanson, dann Jackie Kennedy-Onassis. Früher wohnte hier auch Arthur Miller, der übrigens auch in dieser Gegend geboren wurde. Und da wohnte auch John Lennon, einer von den Beatles, der gleich dort vor seinem Haus erschossen wurde. Wer sich's leisten kann, nimmt hier Quartier — die Adresse ist gleichsam eine Visitenkarte für Berühmtheit.
Da blitzen wieder Namen auf! Hier wohnte Rockefeller, hier gibt es einen Playboy-Club mit den berühmt-berüchtigten »Häschen«, es gibt den Juwelier Cartier — es gibt aber auch ein Denkmal für die Gefallenen des Ersten Weltkrieges und die katholische Kathedrale St. Patrick! Eine Stadt der Gegensätze schon hier! Die Welt spiegelt sich in ihrer Vielfalt wider. Daß hier auf einem Denkmal Atlas schwer an seiner Weltkugel trägt — wer wollte ihm das in einer solchen Stadt verargen. In einer Stadt, in die auch das Viertel Harlem eingeblendet ist. Unsere Wiener Begleiterin warnt uns auf dem Weg dorthin: »Unterlassen Sie bitte in diesem Viertel — besonders in »Black-Harlem« jegliches Fotografieren! Hier, wo der Rauschgifthandel eines seiner Zentren hat, riskieren Sie sonst nicht nur Steinwürfe gegen das Auto, sondern auch Überfälle. Wo man mit Drogen handelt, will man nicht fotografiert werden!«
Man beachtet das Ersuchen der Wienerin, sie macht ja nicht in Panik, sondern hat Grund zu ihrer Warnung.
Wer sich in Harlem enge Gassen vorgestellt hat, wird eines anderen belehrt. Dort sind normal breite Straßen, gesäumt von mehrstöckigen Häusern, aber — aber — viele dieser Häuser zeigen eingeschlagene, kaputte Fenster wie nach einem Bombenangriff. Und der Dreck, der Abfall, Papierkram, leere Büchsen, Flaschen — das alles liegt auf der

Straße nur so herum, als gäbe es keine Müllabfuhr. Da stehen von einer Anzahl Häusern nur noch Trümmer, mehrere sind auch ausgebrannt. Man sagt, daß die Feuerwehr hier an jedem Tag mindestens einmal gerufen werden muß. Manche Häuser sind gänzlich unbewohnt. Statt der Grünflächen gibt es Grundstücke, die völlig verwahrlost und über und über mit Scherben bedeckt sind. Heute am Sonntag sind die Läden, die Geschäfte geschlossen. Wohl taucht mal ein Schild für einen Woolworth-Laden auf, aber mit den Auslagen im Schaufenster kann man wirklich keinen Staat machen. Dafür treibt der Wind weggeworfene Papiere und achtlos liegengelassenen Unrat straßauf und straßab dahin — niemand gibt sich hier Mühe, den Abfall auf einen Müllhaufen zu werfen.

Ja, man hat in Harlem auch Kirchen, eine Moschee, die übrigens auch der Boxweltmeister Mohammed Ali besuchte, man hat hier sogar einen Baptistentempel. Daß all diese Religionsgemeinschaften Anhänger haben, das sieht man heute an den Negerinnen, die zur Kirche gehen. Sie haben sich feiertäglich in weiße Kostüme gekleidet. Dazu tragen sie weiße Hütchen mit Tüllschleier und weiße Stöckelschuhe. Eine von ihnen hat sogar an diesem warmen Sommertag eine weiße imitierte Nerzjacke aus dem Schrank geholt und trägt dazu auf dem schwarzen Kraushaar einen weißen Strohhut mit weißer Feder.

Während diese Frauen festlich gekleidet über die schmutzige Straße zur Kirche gehen, sitzen dunkle Gestalten scheinbar teilnahmslos auf den Außentreppen der Häuser herum. Andere haben sich einen Hocker herbeigeholt und träumen auf dem Gehsteig wie apathisch vor sich hin. Seltsam zwischen ihnen ein weiß gekleideter Mönch, der irgendwelche fromme Zettel an den Mann zu bringen sucht. All diese Typen würde man nicht als so ungewöhnlich empfinden, wenn man nicht immer wieder die kaputten Hausfassaden, die leeren Fensterhöhlen, die zertrümmerten Scheiben, die ausgebrannten Wohnungen, den Schmutz auf den Straßen, die Haufen von Glasscherben in den Höfen, die elenden Baulücken sehen würde.

»In Harlem brennt es dauernd«, sagt unsere Führerin. »Ein Stadtviertel voller ungelöster Probleme!«

Wir verlassen Harlem. Da wartet man am Straßenrand bereits auf die »Parade«: Ein buntes Völkergemisch, das sich hier sitzend und stehend, kauend und plaudernd zusammengefunden hat. Wir können noch durch diese Straße fahren und landen dann in einem Viertel, wo

Banken, das Waldorf-Astoria-Hotel und das Chrysler-Gebäude sind. Seltsam manchmal diese Wolkenkratzer, die bis zum soundsovielten Stockwerk ganz modern und mit schmucklosen Fassaden dastehen und dann auf einmal in den oberen Bezirken barocke Schmuckformen tragen, so daß man meint, der Bauriese würde aus zwei verschiedenen Epochen stammen.

Wir gelangen zum UNO-Hauptquartier, dem Gebäudekomplex der United Nations. Da ist der Block, in dem sich die Völker der Erde um die Lösung der Probleme bemühen. Daneben über 150 Meter hoch schwebend das Bürogebäude.

Mit dem Mittagessen wollen wir nicht viel Zeit verlieren. Wir folgen daher der amerikanischen Gewohnheit, nur einen kurzen Lunch einzunehmen. An der Straßenecke bietet sich ein Restaurant aus der Kette »Burger King« an. Schwarze Mädchen und Boys stehen in ihrer braun-gelb-roten Kluft an der Theke. Wir wählen einen appetitlichen Cheeseburger, Kaffee und Apfelstrudel.

Danach muß unser Fahrer wieder einen großen Bogen um die »Parade« herum machen, die wir im Hintergrund mit Fahnen und Musik vorbeiziehen sehen. Ein Blick auf das Hyatt-Hotel: Weit vorgebaut sind hier Glasveranden und Wintergarten, eine feudale Angelegenheit. Dann wundert man sich wieder, wenn zwischen den Bauriesen Häuser stehen, die nur zehn oder gar nur vier Stockwerke aufweisen. Gegenüber den üblichen Dimensionen wirken sie wie Zwerge. Bei den teuren Baulandpreisen wird auch hier eines Tages die Spitzhacke erscheinen. Zwischen der fünften und sechsten Avenue durchqueren wir das sogenannte Diamantenviertel. Hier müssen wir uns heute damit begnügen, die Beton- und Glasfronten der Häuser zu mustern; denn für einen Besuch in dem unterirdisch miteinander verbundenen Geschäftsviertel sind uns heute Geld und Zeit zu schade. Ebenso bezeigt niemand unserer Reisegenossen Interesse an einem Besuch der Sexfilme, der Movies, die sich in einer anderen Straße aneinander reihen.

Der Times Square könnte allerdings mit seinen modischen Geschäften das Interesse der Damenwelt erregen.

Auf einen Besuch all dieser Dinge müssen wir verzichten, dagegen unternehmen wir einen Spaziergang durch China-Town. Auch hier leben die Chinesen nach ihrer Art zusammen. Es wird behauptet, die Bevölkerung der USA sei wie in einem Schmelztiegel zusammengeflossen. Aber Kenner des Landes sagen, daß die einzelnen Volksgruppen auch

dort, wo sie nur noch Englisch sprechen, sich ihrer Herkunft bewußt sind und ihre Tradition pflegen. Gerade an der heutigen Trachten-Parade haben wir schon gesehen, daß man das überlieferte Brauchtum achtet.
Unsere Wiener Führerin läßt nun den Bus nach Greenwich Village fahren, einem Viertel, das man mit dem Pariser Montmartre vergleichen kann. Es ist ein Künstlerviertel, in dem Maler und Schriftsteller wohnen. Auch heute am Feiertag sind Bildergalerien auf der Straße aufgestellt, sie reihen sich vor den roten Ziegelbauten im viktorianischen Stil aneinander. Es gibt französische Restaurants, ein Café Figaro, vor dem man auch auf der Straße sitzen kann, dann ein italienisches Ristorante, eine spanische Bodega. Neben den Bildern, die man hier feilbietet, verkauft man auch auf offener Straße Kleider, und daneben entfaltet sich das Leben eines ganzen Flohmarktes. In diesen Straßen haben sich auch Vororttheater niedergelassen. Wer sich aus dem Künstlergetriebe einmal zu einem stilleren Platz flüchten will, findet dazu Gelegenheit in einer Kirche mit dem Namen »Our Lady of Pompeji«.
Unsere Wienerin ist unermüdlich. Sie dirigiert den Fahrer in ein Armenviertel. Da hat man an ein Haus futuristische Gemälde angepinselt, da liegt Müll in Kartons herum, Dreck und Papier häufen sich überall auf den Straßen. Dort auf einer Bank schläft ein Penner seinen Rausch aus. Bedauernd meint die Wienerin: »Tja, Glanz und Elend sind in New York eng beieinander. Aber manche dieser Stadtstreicher wollen ihr ungebundenes Leben gar nicht aufgeben und lehnen es ab, wenn man ihnen ein festes Quartier zuweisen möchte.«
Weiter geht der Weg: Hier ist St. Paul's Chapel, die älteste Kirche von Manhattan. Dort die Trinity Church, ein neugotisches Gotteshaus. Früher ragten diese Kirchtürme beherrschend über die Stadt, während jetzt die weltlichen Bauten der Wolkenkratzer alle Kirchen gleichsam in die Tiefe gedrückt haben.
Und da ist auch die Wallstreet, das Finanzviertel. Man erinnert sich, daß von hier aus der schwerwiegende Börsenkrach 1929 seinen Anfang nahm. Wenn man hört, daß in diesem Finanzviertel Hunderttausende arbeiten, dann ahnt man, was für eine Finanzkraft, was für eine kapitalistische Macht hier zusammengeballt ist. Da rattern untertags die Rechenmaschinen, da laufen sich die Telefondrähte heiß beim Abschluß der Geschäfte, da werden die Kurse notiert, beobachtet, da wird spekuliert, da werden Millionen transferiert — aber — aber

abends ist das Viertel wie ausgestorben. Die Finanziers und ihre Hilfskräfte sind in die Außenviertel geflüchtet. Allerdings versucht man hier neuerdings wieder Wohnblöcke zu bauen, um der Gegend auch nachts wieder zu einem Leben zu verhelfen.
Nach den vielfältigen Fahrten durch die Straßenzüge kommen wir am frühen Nachmittag bei strahlendem Sonnenschein zur Uferpromenade, von der aus wir zur Insel hinüberfahren wollen, auf der sich die berühmte Freiheitsstatue erhebt. Das Fährboot ist dicht gefüllt, während wir den Wasserarm von Manhattan aus überqueren. Man hat die Freiheitsstatue »die berühmteste Dame der modernen Welt« genannt. An die 50 Meter hoch überragt die Statue den mächtigen Steinsockel, sie grüßt mit hocherhobener Fackel als Symbol der Freiheit alle, die als Gäste oder Einwanderer mit dem Schiff hier ankommen. Frankreich hat diese Statue den Amerikanern geschenkt und damit an die gemeinsame Geschichte im amerikanischen Unabhängigkeitskrieg erinnert. Sie ist das Werk des elsässischen Bildhauers Bartholdi. In ihrem Inneren kann man mit einem Lift bis zu einer Terrasse fahren, um von dort aus See und Stadt weithin zu überschauen. Eindrucksvoll zeigt sich dann die Statue der Freiheit von allen Seiten, während wir langsam zwischen den Anlagen rings um die Felseninsel wandern.
Bei der Rückfahrt entfaltet sich vor unseren Augen die Skyline von Manhattan. Dort angekommen, haben wir uns für diese sonnenhelle Nachmittagsstunde noch etwas Besonderes vorgenommen. Während man bisher gerne alle Besucher von New York zu dem Empire State Building führte, das mit 380 Metern und 102 Stockwerken weit seine Umgebung überragt, wollen wir heute zur Terrasse eines noch höheren Gebäudes fahren, dem »World-Trade-Center«. Es sind zwei gewaltige Türme, sie zählen 110 Stockwerke und sind mit 411 Metern eines der höchsten Gebäude unserer Erde. In einem dieser Zwillingstürme fahren wir mit dem Lift 107 Stockwerke empor, die letzten drei Stockwerke »ersteigen« wir mit einer Rolltreppe und stehen dann auf einer freien Terrasse. Wir haben Glück, heute weht kaum ein Luftzug und der Sonnenglanz fällt weithin über ganz Manhattan. Da schauen wir nun aus der Vogelperspektive diese ungeheure Ansammlung von Hochhäusern und Wolkenkratzern, sehen hinein in die Straßenfluchten, schauen auf der anderen Seite die Wasser des Atlantiks. Wahrhaft eine Aussicht, die man nicht vergessen kann!
Ein kleines Zwischenspiel. In einer darunterliegenden Terrasse, wo

sich Läden und ein Restaurant befinden, entdecken wir auch ein Telefon. Mit Hilfe des »Operators«, der in Amerika unser früheres Telefonfräulein ersetzt, versuchen wir eine telefonische Verbindung zu unserem Enkel zu bekommen, der gerade als Austauschschüler in einem Vorort von New York ist. Leider klappt es nicht, offenbar ist er heute mit seinen Gasteltern an die See gefahren.
So, nun geht es mit dem Lift wieder in die Tiefe. Schnell einsteigen! Denn der Busfahrer drängt zur Heimfahrt, es liegen ja wieder ein paar Stunden Fahrt nach Philadelphia vor uns.
Durch einen Tunnel gelangen wir in das freiere Land. An einem Flughafen, einem Kraftwerk, an Containerhalden, an einem Autofriedhof vorbei kommen wir zurück an den Delaware-Fluß. Über die Brücke läuft ein einziger Strom von grünen, roten und gelben Lichtern — so wie gestern abend... Die Stadt Philadelphia selbst, die jetzt vor uns liegt, verschwebt im steigenden Nachtgrau.

Am Delaware-River

Philadelphia, 8. Juni
Der dritte Tag an der nordamerikanischen Ostküste. Wir wollen heute die Stadt Philadelphia näher anschauen, da ja hier unser Schiff an der Pier liegt.
Um neun Uhr können wir vom Hafen aus losfahren. Philadelphia ist zwar keine von den Riesenmetropolen wie Hongkong, Tokio oder New York, aber mit 1,8 Millionen Einwohnern zählt sie doch zu den größten Städten der Vereinigten Staaten. Philadelphia — ein schöner Name: »Stadt der Bruderliebe«. Hier am Delaware-River wurde sie im 17. Jahrhundert gegründet. Damals kamen auch zahlreiche Deutsche hierher und ließen sich in dem heute noch existierenden Stadtviertel »Germantown« nieder. Eine historische Bedeutung gewann die Stadt dadurch, daß man hier im Jahr 1776 die Unabhängigkeit der Vereinigten Staaten deklarierte.
Beim Hafen stehen noch eine Reihe kleinerer Häuser aus früherer Zeit, doch hat man in der Gegenwart gleichsam als Wahrzeichen auch drei hohe Wohntürme nicht weit vom Ufer des Flusses aufgerichtet.
Auf der Fahrt durch die Stadt sieht man viele Gebäude im klassizistisch griechischen Stil. Wie in Washington, so hat man häufig den an-

tiken Athener Bauten nachgeeifert. Daneben existieren aber auch zahlreiche Klinkerbauten aus dem 19. Jahrhundert.
Durch besonderen Schmuck hat man das Rathaus hervorgehoben. In seiner Nähe sind mehrere Hochhäuser. Seltsam erscheint mittendrin ein Riesendenkmal aus Granit, fast zehn Stockwerke hoch: eine Wäscheklammer! Es ist die Nachbildung einer echten Wäscheklammer, ein originelles Sinnbild von Einigkeit und Zusammenhalten.
Im Umkreis der Hauptstraßen befinden sich bedeutende Gebäude: Eine Kathedrale, eine große Bibliothek, ein wissenschaftliches Franklin-Institut, auch ein Institut für schwer erziehbare Kinder, ein Rodin-Museum sowie ein Denkmal für die Flüsse, die das Stadtbild von Philadelphia begrenzen.
Längere Zeit verweilen wir bei dem »Philadelphia-Museum of Art«. Der weite Platz davor wird von einem barocken Reiterstandbild beherrscht, das Museum selbst ist sowohl am Haupteingang wie bei den Seitenflügeln mit zahlreichen Säulen und Giebelfeldern herausgehoben, auch bei diesem Bau hat man von Europa die antiken Bauformen übernommen. Hier haben wir eine wahre Schatzkammer der Kunst, sie beherbergt über 100 000 Meisterwerke aus allen Jahrhunderten. Eines der berühmtesten Museen der Welt! Daß hier ein junger Amerikaner treppauf treppab sein Jogging-Pensum absolviert, ist eine kleine Arabeske vor diesem Kunsttempel.
Von hier aus geht es zurück ins Zentrum und ins Geschäftsviertel.
Nur eine kurze Promenade durch das John-Wanamaker-Warenhaus und durch Woolworth, auf dem Postamt ein paar Marken gekauft, und bei Mc Donald's ein Coca Cola getrunken.
Schöne Geschäfte hier. Aber wir wollen erst einmal zu dem historischen Kern der Stadt wandern. Wir kommen durch den Historical Park in die geschichtsträchtige Unabhängigkeitshalle. Hier wurde am 4. Juli 1776 die Unabhängigkeit der Staaten verkündet. In einem Glaspavillon zeigt man »The Liberty Bell«, die Freiheitsglocke.
Ein historisches Gesicht zeigt auch die schmale Straße Elfreth's Alley. Niedere alte Häuser reihen sich aneinander, vielfach sind es Klinkerbauten, die Holztüren sind schön bemalt und mit Messingschlössern versehen, die Fenster haben noch Butzenscheiben. Die Straße sieht aus wie in einer alten englischen Kleinstadt. Durch 200 Jahre hindurch sind die Häuser bewohnt, man hat an ihren Fassaden nichts verändert, so daß man sich in die Gründerzeit zurückversetzt fühlt.

In einem dieser Häuser wohnte einst Betsy Ross, in die Geschichte eingegangen dadurch, daß sie die erste amerikanische Flagge 1776 webte. Heute ist das Haus ein Museum, wo man die einstigen Bewohner und ihre Arbeitsweise in Schaubildern betrachten kann.
Der Vormittag ist mit dem Besuch des Museums, des Geschäftsviertels, der Unabhängigkeitshalle und der Elfreth's Alley schnell vergangen. Gönnen wir uns auf dem Schiff eine kleine Mittagspause. Nachmittags fahren wir dann noch einmal in die Stadtmitte hinein! Gern schlendert man durch die Straßen, die jetzt recht belebt sind, schaut die Auslagen der Geschäfte an, betrachtet auch mal in einer Buchhandlung, was man hier so führt, und freut sich über die im ganzen recht vornehm wirkende Stadt. Schließlich landen wir im Warenhaus »Gimbel«: Hier kann man in 150 Einzelgeschäften alles sehen, was die Vereinigten Staaten anzubieten haben. Ich begnüge mich damit, mir ein paar amerikanische Bonbons zu kaufen, während sich Inge an die indianischen Ureinwohner erinnert und ein paar bequeme Mokassins ersteht. Bevor wir uns dann einen Tee gönnen, gelingt es uns, unseren Enkel Matthias telefonisch zu erreichen. Wir freuen uns, daß er mit dem Flugzeug von Deutschland her gut in Amerika gelandet ist. Als Austausch-Schüler wohnt er bei einer chinesischen Familie in Long Island.
Wir müssen nun in der späten Nachmittagsstunde zum Hafen zurück. Es ist ein ziemlich langer Weg zu Fuß, aber wir sehen dabei immer wieder Einzelheiten, die uns interessieren.
Bereits um 18 Uhr legen wir mit der »Maxim« von der Pier ab.
Steuerbord verschwindet im Abendgrau die Skyline von Philadelphia.

Kanada entgegen

Auf See, 9. Juni

An der Ostküste Nordamerikas entlang fahren wir von Philadelphia aus nordostwärts. Unser nächster Hafen ist Halifax in Kanada.
Es hat gegenüber den tropischen Temperaturen, die wir oft erlebten, eine wesentlich kühlere Luftströmung eingesetzt. Der Matrose muß jetzt schon das Wasser im Swimming-pool anwärmen. Nachdem ich vormittags meine Notizen über die großen ostamerikanischen Städte gemacht habe, genieße ich nachmittags das Schwimmen auch bei

schwappenden Wellen. Wenn man auf dem Rücken liegt und ins Wolkengrau hinaufsieht, hat das auch etwas Reizvolles — alle Tage scheint eben auch über den Meeren nicht die Sonne.
Bei einem Spaziergang über Deck kann man lange den bleiernen Wellen zuschauen, die gegen das Schiff anlaufen. Ungehindert aber durchstößt sie der Bug. Weiter draußen ist und bleibt es diesig, die Luftfeuchtigkeit bleibt mit über 90 Prozent hoch. Nebelschleier verhüllen den Blick in die Ferne.
An Bord unterhält man sich weiterhin mit Spielen und Kursen, je nachdem, ob man sich nur unterhalten lassen oder auch etwas lernen will. Und da wir während der Pfingstfeiertage unterwegs waren, holt heute an einem Seetag der Bordgeistliche seinen ökumenischen Pfingstgottesdienst nach.
Abends aber bieten die Sänger, Musiker, Tänzer, Akrobaten in einem »Atlantik-Express« wieder ein buntes Programm für alle, die noch nicht die nötige Bettschwere haben. »Atlantik-Express« — ach ja, wir kreuzen ja schon längst im Atlantik — auch jetzt in der Nacht laufen die schweren Atlantik-Wellen gegen den Lichtschimmer des Schiffes an.

Auf See, 10. Juni
Der Tag beginnt hell, sonnig. Aber im Lauf des Vormittags überzieht sich der Himmel wieder mit grauem Gewölk. Die schwarzbleierne See wogt bis zum Horizont hin, nur die weißen Schaumköpfe setzen helle Tupfen in das dunkle Gewoge des Atlantiks.
Am Vormittag haben wir Windstärke 6, Seegang 5, die Wassertemperatur ist auf 10 Grad abgesunken, auch die Lufttemperatur beträgt nur 13 Grad. Das Meer ist hier nur 90 Meter tief. Luftfeuchtigkeit ist fast 90 Prozent, wir fahren mit 19 Knoten. Schon die Zahlen sagen, daß wir uns nun wirklich in nördlichen Breiten befinden. Wenn man übers Deck geht, weht eine recht frische Brise.
Die »Maxim« soll etwa 14 Uhr in Halifax/Kanada einlaufen. Da werden wir uns nachmittags diese Stadt ansehen, um wenigstens einen Blick auf Kanada zu werfen. Abends um 19 Uhr sollen wir ja schon wieder von Halifax ablegen. Dann beginnt die Überquerung des Atlantiks — damit fängt der letzte Abschnitt unserer Reise an. Es ist bereits eine Heimreise.

Halifax/Kanada, 10. Juni

Pünktlich 14 Uhr macht die »Maxim« an der Pier des kanadischen Hafens Halifax fest. Dies ist eine Stadt mit 300000 Einwohnern, bedeutungsvoll als Zentrum der Provinz Nova Scotia (Neu Schottland). Da der Hafen das ganze Jahr über eisfrei ist, ist der Platz auch für den Atlantik-Schiffsverkehr von Wichtigkeit. Franzosen und Engländer stritten sich längere Zeit um dieses Gebiet, bis Kanada 1867 politische Selbständigkeit erlangte.

Bei unserer Rundfahrt sehen wir gleich einige Baulichkeiten, die an die Historie von Halifax erinnern. So vor allem die sternförmig angelegte Zitadelle, die sich auf einem Hügel über der Stadt ausbreitet. Sie wurde im ersten Drittel des 19. Jahrhunderts angelegt. Noch heute zeigen die Gräben und Bastionen, wie man die Einfahrt in den Hafen und das Land rings umher zu sichern und zu behaupten suchte. Eine eindrucksvolle Dokumentation ehemaliger militärischer Macht.

Daß man bei der Machtausübung auch mit individuellen Angreifern fertig wurde, davon zeugt noch heute eine Gedenkstätte, wo man dereinst Piraten aufhängte. Die Piraterie war in dieser Gegend nicht selten. Man »pflegt« das Andenken an die Seeräuber, indem man einen Ableger des Weidenbaumes, an dem die Piraten endeten, auch in die Stadt hinein gepflanzt hat.

Wir blicken zurück auf die ausgezeichnete Einfahrt in den Hafen und kommen an einem Denkmal für gefallene Matrosen vorbei. Moderne Bürohäuser schließen sich an, natürlich hat auch das Hotel Holiday-Inn eine Niederlassung, einem anderen Hotel hat man den Namen des Lord Nelson gegeben. Im Straßenbild erscheinen weiter Schulen, die durch besonders saubere Fassaden auffallen, Sportplätze, Krankenhäuser, auch ein Gebäude für die Heilsarmee, natürlich auch Banken, ein Haus für die Polizei, Einkaufszentren. Hier ein amerikanisches Restaurant à la Burger-King, dort eine mexikanische Gaststätte Zapatas. Einzelne Hochhäuser aus Beton stehen dazwischen, aber keine Wolkenkratzer. Man liebt Gebäude mit wenigen Stockwerken und baut sie gern aus rotem Backstein oder aus Holz.

Besonders jenes Viertel, das noch den ursprünglichen Kolonialstil erhalten hat, hat seine Holzhäuser nur mit Parterre und erstem Stock errichtet. Diese Einfamilienhäuser stehen meist in Gärten, umgeben von Wiesen, Bäumen und Blumenbeeten. Auf Zäune verzichtet man — ebenso auf Gitter an den Fenstern. Die Hauswände zeigen Pastellfar-

NEW YORK: Blick auf das Häusermeer von Manhattan

PHILADELPHIA: Alte Straße Elfreth's Alley im Kolonialstil (oben links) — Die Freiheitsglocke (oben rechts)

KANADA: Typisches Wohnhaus in Halifax (unten links) — IRLAND: Neugotische Kathedrale in Cork (unten rechts)

ben, sind lindgrün, grauweiß oder sanftblau angestrichen, die Fenster sind weiß umrandet. Der Eingang ist häufig durch Treppe, Portal, Säulen und Giebeldach repräsentativ herausgehoben.

Adrett sehen die Häuser aus, ebenso peinlich sauber sind die Gärten ringsum. Offensichtlich freut man sich an einem Heim, das die Kennzeichnung »proper« verdient. Und genauso sauber hält man auch die Straßen ringsum, die von Bäumen überschattet werden.

Schattig — nun heute brauchen wir den Schatten nicht erst zu suchen. Von der südlichen Sonne durch Wochen verwöhnt, erleben wir heute grau dahinziehende Wolken und einen Wind, der vom Atlantik kalt hereinbläst und die Haare zerzaust. Mit Regenmantel und Wollmütze steht man im wehenden Luftzug.

In dieser Stadt, die sich so nordisch darbietet, legt man auf Erziehung und Bildung besonderen Wert. So gibt es neben den Universitätsgebäuden und einem Institut für Ozeanographie eine Reihe von großen Studentenwohnheimen.

Daß übrigens auch deutsche Einwanderer hier einmal ein Wort mitsprachen, davon zeugt das Viertel »Dutch Village«. Hier hatten deutsche Bauern früher ihre Höfe.

Ja, die Einwandererzeit zeichnete das Land — in Erinnerung daran führen uns die Nachkommen der ehemaligen Einwanderer in den Hafen zu einer Baracke, wo die Ankommenden erst einmal geprüft wurden, bevor sie bleiben durften. Gleich daneben ist eine Rampe, über sie mußten die kanadischen Soldaten gehen, wenn sie in ferne Kriegslandschaften transportiert wurden.

Kriegsschiffe der Nato-Flotte, die heute im Hafen von Halifax angelegt haben, erinnern daran, daß die Welt noch nicht zum wahren Frieden hingefunden hat. Die »Grauen Gespenster des Ozeans«, wie man hier die graugestrichenen Kriegsschiffe nennt, sind nahebei. Heute sehen sie friedlich aus.

Aber andere Gespenster des Ozeans tauchen auf. Einst versank im Nordatlantik vor der kanadischen Küste die »Titanic« mit über 1500 Menschen. Viele Tote dieses Schiffes hat man in einem Friedhof von Halifax beigesetzt. Man scheut nicht die Nähe des Todes. Und so begegnet man bei einer Rundfahrt gleich mehreren Friedhöfen mitten in der Stadt. Sie sind nicht durch Mauern vom Leben der Straße getrennt, man kann in diese Landschaft der Toten hineinblicken, die von Steinen und Kreuzen gekennzeichnet ist.

Dazwischen hat man schöne Bürgerparks angelegt, öffentliche Gärten, wo Schwäne auf den Weihern stolz herumschwimmen, wo Fliederbüsche jetzt im Juni üppig blühen.
Auf einer der längsten Hängebrücken Kanadas erreicht man die Nachbarstadt Dartmouth. Auch hier Einkaufszentrum, Eisenbahnlinie. Ein Blick auf rot-weiß gestreifte Kamine eines Elektrizitätswerkes, aber auch ein Blick auf schwarze Felsen, gegen die die weißbrandende See anrollt, ein Blick auf das Buschgrün, das viele Felsen überwachsen hat.
Noch ein paar Splitter, während man durch Halifax zurückfährt: Man zeigt auf die See hinaus und deutet auf eine Stelle, wo dereinst das Schiff »Mont-Blanc« explodierte und die Wucht der Explosion 20000 Menschen obdachlos machte. Deutet auch auf ein Felseneiland, auf dem jetzt ein Leuchtturm steht. Dereinst hat man dort meuternde Matrosen kurzerhand aufgehängt.
Die Schatten der Toten vergißt man bei solchen Malen der Erinnerung nicht. Aber man weiß auch in der Gegenwart zu leben.
Die Einwohner von Halifax sind auf ihre Stadt, auf ihr Land stolz. Das tut nicht nur der Stadtausrufer, der »Stadtschreier«, in seinem historischen Kostüm kund, wenn er fremde Gäste willkommen heißt. Das beweist auch ein naturwissenschaftliches Museum. In übersichtlich angeordneten Schaustücken zeigt man hier Bilder aus der Vorzeit Kanadas, als hier noch die urweltlichen Fabeltiere hausten, als hier Bären, Elche und Raubvögel weite Gebiete im alleinigen Besitz hatten. Aber auch die Jahre der Einwanderung, da man aus »Old Europe« die Lebensgewohnheiten, die Trachten in die neue Welt mitbrachte, weiß man zu ehren. Dabei ist man sich der Leistungen bewußt, mit denen das so weit ausgedehnte Kanada vom Atlantik bis zum Stillen Ozean gewonnen wurde. Gewonnen freilich nicht nur mit Fleiß, auch mit Blut...
Nach New York wirkt Halifax allerdings still, beschaulich — wirkt gar nicht turbulent. Nur der Hafen, zu dem wir jetzt zurückkehren, ist als Knotenpunkt des Schiffsverkehrs ein Fenster in die große Welt. Nicht nur ein Fenster, sondern auch ein Tor: Da existiert eine große Siloanlage, über die das Getreide aus dem Hinterland, aus den Landschaften der Prärie in den Bauch der Schiffe verladen und nach Übersee versandt wird.
Wir müssen auf das Schiff zurück, schon heute abend will die »Maxim« wieder ablegen. Da ist noch eine Tanzgruppe, eine Mädchen-

Schulklasse aus Halifax in schottischer Tracht aufs Schiff gekommen. Sie zeigen zur Musik eines Dudelsacks alte schottische Tänze und beweisen damit, daß man nicht nur mit dem Provinznamen »Nova Scotia« die europäische Herkunft bewahrt hat, sondern daß man sich auch mit dem Brauchtum der alten Heimat Schottland verbunden fühlt.

Das Auslaufen unseres Schiffes verzögert sich etwas, da wir mit dem Bunkern von Öl noch nicht fertig sind. Aber dann ertönt doch wieder die Stimme des Lautsprechers: »The visitors are kindly requested to leave the ship now. Maxim Gorki is ready to sail.«

Gegen 20 Uhr können wir dann ablegen. Die Stadt bleibt zurück. Im Dunkelwerden sieht man noch einige Zeit den gewellten Zug der Uferfelsen, einen Leuchtturm auf einer Brücke, das blitzende Warnlicht auf einer Steininsel.

Der Lichterschein der Hafenstadt entfernt sich immer mehr, nur das Leuchtfeuer einer Raffinerie steht noch für eine Weile da, wo Halifax zu suchen wäre. Dann wird es auch dort dunkel — die »Neue Welt« ist für uns verschwunden.

Ostwärts über den Atlantik

Atlantischer Ozean, 11. Juni

Die Uhren haben wir in der vergangenen Nacht wieder um eine Stunde vorgestellt. Die Vase mit den Nelken, die uns ein Freund verehrte, haben wir bei dem starken Seegang besonders gesichert. Diese »Nelken aus Kanada« mit ihren roten und rosa, blauen und gelben Farben sollen frisch bleiben bis Europa.

Ich blättere das Tagesprogramm durch, das auch heute auf dem Tisch der Kabine liegt. Für die Freunde des Meeres — und wer ist dies auf unserem Schiff nicht — wird ein besonderer Vortrag geboten über »Ebbe und Flut, Passat und Golfstrom, sowie das Bermuda-Dreieck«. In das reichhaltige Programm wird nachmittags sowohl im Kino wie im Fernsehen improvisiert noch ein Film eingeschoben. An diesem unfreundlichen wolkigen Atlantiktag soll sich keiner langweilen.

Wir haben Windstärke 6, Seegang 5, Lufttemperatur 9 Grad.

Bei den heutigen Temperaturen sind an Deck nur wenige Liegestühle besetzt. Bei diesem Wetter gönnen die Frauen ihren Männern, die stun-

denlang ihren Skat dreschen, das Vergnügen mit den Karten. Zahlreiche Frauen basteln derweilen an einem Hut — ja, richtig geschrieben — denn heute abend sollen im Musiksalon bei einer Veranstaltung »Maxim à la Ascot« nicht nur »schöne Frauen, spannende Rennen, rassige Pferde« zu bewundern sein — da gibt's auch Prämien für die schönsten selbstgefertigten Hüte.
Am späten Nachmittag lichtet der Himmel auf, es kommt sogar mal die Sonne durch. Der heftige Seegang macht sich auch im Swimmingpool bemerkbar, der sich in ein hochspritzendes Wellenbad verwandelt. Es ist trotzdem schön zu schwimmen.
Aber die meisten sehnen sich nicht danach, daß die Wellen übermächtig werden, und so ist man dem Kapitän dankbar, daß er dem Zentrum eines Sturmtiefs bei Neufundland mit südlichem Kurs ausgewichen ist.

Atlantischer Ozean, 12. Juni
Früh beim Erwachen schaut der Himmel mit seiner geschlossenen Wolkendecke wieder ganz grau aus. Die kräftigen, langgezogenen Wellen heben und senken sich rußschwarz — nur unterbrochen von weißen Kämmen. Es ist kalt, es regnet, stürmisch faucht der Wind, wenn man mit leichtschwankenden Schritten übers Deck geht. Nordlandwetter — aber jetzt im Juni! Sonnengewöhnt, sonnenverwöhnt will man es noch nicht recht hinnehmen. Aber wenn man sich zu einer Reise rings um unseren Planeten aufmacht, muß man nun mal einigermaßen wetterfest sein, ob's nun draußen tropisch schwül ist oder ob einem die frische Brise um die Ohren bläst.
Nachmittags signiere ich für literarische Freunde meine Bücher in der Galerie des Promenadendecks. Ich freue mich, wieviele Interessenten an den blumengeschmückten Tisch kommen.
Die vierteljährige Reise nähert sich ihrem Ausklang. Sinngemäß hält der Bordgeistliche einen Vortrag mit dem Thema »Heimkehr ins Abendland«. Und abends gibt es nochmals eine große Festivität »Wahl der Lady Weltreise«. Die Charmanteste wird gesucht — sie wird nach ihrer Wahl wieder ein Gala-Büfett eröffnen. Hoffentlich verdirbt der starke Wellengang nicht den Appetit!
Da heute nacht die Uhren wieder vorgestellt werden müssen, wird dies für manchen nur eine kurze Nacht werden. Allerdings ist morgen ja auch wieder ein Seetag, an dem man sich ausschlafen kann.

Abends meldet die Brücke Windstärke und Seegang: 6. Es ist noch kühler als am Vormittag. Das dunkle Gewoge der Wellen ist wuchtiger geworden, eisengrau kommen sie daher im langen Rollen.
»Lady Weltreise« wird eine gebürtige Engländerin, die mit einem deutschen Weltreisenden verheiratet ist. Charmant eröffnet sie auch das Büfett, das schon dem Auge Bewunderung abnötigt.

Atlantischer Ozean, 13. Juni

Das ist nun bereits der dritte Tag auf dem Atlantik. Die Wolken sind etwas höher gestiegen, aber von dem ersehnten Hoch, das uns noch ein paar echte Sonnenstunden an Bord schenken könnte, ist nichts auszumachen.
Im frühen Nachmittag wird der Himmel endlich wieder blau, das Wolkengefieder schwebt nur noch als ein zerzaustes Weißgrau dahin, die Sonne scheint hell über die See. Die Wellen haben in weiter Schwingung zwar immer noch eine stattliche Höhe, aber ihre dunkle Farbe hat vom Sonnenlicht her einen feinen grünlich-goldenen Schimmer erhalten. Und da erscheinen auch wieder ein paar Möwen, ziehen ihre Kreise um das Schiff herum. Übrigens wohnt auch ein kleiner Vogel an Bord, er hat sich wohl in Amerika auf das Schiff verirrt und fährt nun als blinder Passagier mit nach Europa.
Abends meldet die Brücke immer noch Windstärke 7.
Natürlich hat es auch heute wieder ein volles Programm zur Unterhaltung gegeben. Für durstige Kehlen wird ein »Frühschoppen« geboten, für Lernbegierige gibt es einen Vortrag »Wissenswertes und Amüsantes über die Seefahrt«, und für heute abend haben die Artisten einen »Zirkus Maxim« angekündigt.
Wir selbst wollen nicht allzu lange aufbleiben, denn bei unserem Ostkurs werden heute nacht die Uhren schon wieder um eine Stunde vorgestellt.
Auf unserem abendlichen Weg über Deck müssen wir feststellen, daß die Wolken den ganzen Himmel erobert haben. Es regnet ein wenig. Wir stellen uns unter die Brücke, sehen zu, wie der Bug sich gegen die Horizontlinie hin hebt und senkt, und hören, wie die ungebärdigen Wellen gegen das Schiff anlaufen.

Atlantischer Ozean, 14. Juni

Auch heute tut sich die Sonne schwer durchzukommen. Immer wieder

traben Wolken über den Himmel, nur mitunter blaut dazwischen ein Streifen, ein blaues Geviert. Und doch bleibt der Tag licht. Nur die Wellen, man könnte besser Wogen sagen, rollen neben dem Schiff schwer wie flüssiges Blei einher. Die weißen Kämme verschimmern.
Nachmittags: Windstärke 7, Seegang 7.
Heute an einem Sonntag ist der letzte ökumenische Gottesdienst auf unserer Fahrt »rundherum«. Man hört dabei den klassischen Text der Schöpfungsgeschichte: »Im Anfang schuf Gott den Himmel und die Erde. Die Erde war wüst und leer, Finsternis lag über der Urflut, und der Geist Gottes schwebte über den Wassern.« Die biblischen Worte bekommen gerade für den erneutes Gewicht, der nun ein Vierteljahr lang von Land zu Land über die Meere gefahren ist und dabei im Glanz der Tage, im Sternenschein der Nacht die Schöpfung betrachtet hat.
Danach drängt wieder der Alltag vor. Bei einer Versteigerung im Kreis der Passagiere, die unter dem Motto »Weißer Elefant« steht, können alle diejenigen einen Teil des Reisegepäcks loswerden, die sich unterwegs »verkauft« haben. Man kann ja die Koffer nicht überlasten. Amüsant, wenn man sieht, was da unterwegs auch an überflüssigem Kram gekauft wurde: zu große Masken, zu bunte Kleider, zu kitschige Statuen und tatsächlich auch ein »weißer Elefant«!
Wir lassen uns heute bereits von der Kabinen-Stewardeß unsere Koffer geben und fangen an einzupacken. Dazwischen trifft man sich nochmal in der Wolga-Bar zu einem Gespräch mit Freunden, von denen man bald Abschied nehmen muß.
Am späten Nachmittag kann man backbord eine ganze Familie von Delphinen beobachten. Etwa ein halbes Hundert an der Zahl — da springen sie wieder, diese klugen Seewesen, über die Wellen.
Sollen wir uns abends am »Triumph des Bacchus« beteiligen und zum guten Abschluß der Reise ein Fläschchen Wein leeren? Nun, Inge entscheidet sich für den »Fall Paradin«, einen Hitchcock-Film, der im Maxim-Kino geboten wird. Wohl oder übel muß ich ihr folgen.

Atlantischer Ozean, 15. Juni

Heute ist der letzte der fünf Seetage über den Atlantik. Morgen früh legen wir in Irland an. Auch heute ist es draußen kühl und windig. Einige große Möwen streifen um das Schiff, vielleicht haben sie nachts an Bord geschlafen, da wir sie schon in den letzten Tagen im Umkreis des Schiffes gesehen haben.

Nur noch wenige Tage — dann heißt es: Aussteigen! Das Ende der Reise kündigt sich denn auch schon heute im Tagesprogramm an, die Lehrerinnen für Englisch und Russisch verabschieden sich von ihren Schülern, ein letztes Mal trifft man sich beim Entspannungstraining, auch mit dem Tanzkurs geht es zu Ende.
Und dann wird es feierlich. Alle Passagiere, die mehr als 100 Seetage mit der gleichen Schiffahrtslinie gefahren sind, werden im »Club der Kreuzfahrer« besonders geehrt mit einer silbernen Nadel. Eine goldene Nadel erhalten diejenigen, die mehr als 200 Seetage hier verbuchen können. Wir freuen uns, daß auch wir als »alte Seebären« dabei sind. Abends zeigt noch einmal die Besatzung der »Maxim« in einem großen Laienspiel-Konzert ihre Kunst.
Immer wieder kommt man in diesen Tagen mit Freunden ins Gespräch, die man auf dieser oder auf einer der früheren Reisen kennengelernt hat, man tauscht Adressen aus — das gemeinsame Vierteljahr auf der »Maxim« bleibt unvergessen.

Die grüne Insel

Cobh und Cork / Irland, 16. Juni
In der Frühe ist es kühl und grau. Unter einem wolkigen Himmel ist die grüne Insel Irland erschienen, wir sind wieder in Europa. Bereits um acht Uhr liegt die »Maxim« auf Reede, das Schiff bunkert. Mit dem Tenderboot brauchen wir fast eine halbe Stunde durch die ruhige See, bis wir um neun Uhr in dem Hafenstädtchen Cobh irischen Boden betreten.
Es ist ein hübscher, am Hang gelegener Ort, aus dem die neugotische Kirche mit einem spitzen Turm herausragt. Die eng aneinander gedrängten Wohnhäuser haben meist nur zwei Stockwerke und ein ausgebautes Dachgeschoß, die malerischen Hausfronten zeigen rundbogige Fenster. Die Fassaden sind verschiedenfarbig gestrichen, bald grün bald gelb, bald hellblau oder dunkelblau, taubenblau oder grau. Und graubraun sind die Schieferdächer eingedeckt. Jetzt um diese frühe Morgenstunde haben die meisten Geschäfte noch geschlossen, es ist noch wenig Leben auf dem Kai, die Boote ruhen still im schmutzigen Hafenwasser. Pünktlich um neun Uhr läuten die Kirchenglocken mehrstimmig, als wollten sie das Städtchen aufwecken.

Mit einem Bus fahren wir landeinwärts, um dort die gleichnamige Hauptstadt der Grafschaft Cork zu besuchen. Weit führt der Meeresarm hier ins Land hinein und ermöglicht es auch zahlreichen Schiffen bis Cork zu fahren. Auf längere Strecken begleitet unsere Straße das Ufer der Bucht, in die der Fluß Lee einmündet. Unterwegs sieht man auch hier eine neugotische Kirche, dann zeigt sich am grünen Hang ein Landsitz. Hinter Efeumauern stehen in einem Park Ahornbäume, Buchen, Eichen und Kiefern. In dem dahinterliegenden Herrenhaus könnte ein geheimnisvoller Roman spielen, wie man ihn aus den Büchern der Agatha Christie kennt. Mindestens einen Kilometer läuft diese vermooste alte Mauer dahin, nur einmal von einem verrosteten eisernen Tor unterbrochen. In der Umgebung schließt sich eine Moorlandschaft an mit Sumpf, Gräsern und Tümpeln, in einem dieser Weiher hält gerade ein Storch nach Fröschen Ausschau.
Die anmutige Landschaft wird aber auch einmal von einer Raffinerie, von Fabrikgestängen und Kesseln unterbrochen. Doch dauert es nicht lange, da faulenzen wieder Kühe auf einer Weide herum, Holunder blüht auf den Büschen, hellgrün schauen die Wiesen von den Hängen her, gesäumt sind sie von tiefgrünen Hecken. Inmitten der Wiesen blühen weiß die Margeriten.
Hier ist natürlich kein Raum für Wolkenkratzer, dafür stehen in der freundlichen Landschaft moderne Holzhäuser zwischen stattlichen Villen. Es ist schon einmal etwas Besonderes, wenn eine einzige hohe Palme, die hier in einem Garten steht, das nördliche Klima verträgt, welches allerdings durch den Golfstrom gemildert wird. Die feuchte Luft, die vom Ozean her kommt, verleiht denn auch der Buschlandschaft das schöne grüne Aussehen.
Eine graue Burg steht als historisches Bauwerk auf einem der Hügel, unten am Fuß des Hanges freilich sind die Tankstellen von Texaco und BP »Denkmäler unserer Zeit«.
Mit den Schildern für Hotels, mit einer Vorstadtsiedlung, in deren Gärten die Rosen blühen, mit Eisenbahnanlagen, Kanälen, mit Frachtschiffen, Lagerhallen und Silos nähern wir uns der Stadt Cork. Auf der St. Patricks-Brücke überschreiten wir den Lee-Fluß und gelangen in das Zentrum von Cork, das heute 130 000 Einwohner zählt. Man ist stolz darauf, daß die Anfänge dieser Stadt schon in das Altertum zurückgreifen, ist ebenso stolz darauf, daß man Cork, der zweitgrößten Stadt von Irland, ein modernes Gesicht gegeben hat.

Wir haben den ganzen Vormittag Gelegenheit, kreuz und quer durch die Stadt zu laufen und damit doch einen Blick in die irische Welt zu tun. Gegen Mittag allerdings müssen wir uns wieder rechtzeitig am Bus einfinden, damit wir die Abfahrt unseres Schiffes nicht verfehlen.
Wir stärken uns erst einmal mit einer Tasse Irish Coffee und dann geht es hinein in die stark bevölkerten Straßen.
Von den Kirchen gilt unsere besondere Aufmerksamkeit der Franziskanerkirche in der Nähe der Liberty Street, dann der St. Patricks Kirche, die man im 19. Jahrhundert im klassischen Stil erbaute, und schließlich wandern wir am Flußufer des Lee entlang der St. Finbarre's Kathedrale entgegen, die zwischen 1867 und 1879 im Stil der französischen Frühgotik errichtet wurde und jetzt den irisch-anglikanischen Gottesdiensten dient. Hoch ragen die gotischen Türme über die Dächer der Stadt, hier stehen die Kirchtürme noch als Wahrzeichen weit über den Dächern der Wohnbauten, die Kirche ist noch ein bestimmender Mittelpunkt. Allerdings sieht man an Hauswänden immer wieder Inschriften, mit denen man in den derzeitigen nordirischen Glaubenskrieg eingreifen möchte und Partei nimmt.
Von der St. Finbarre's Kathedrale kehren wir in die Innenstadt von Cork zurück und biegen wieder in die St. Patrickstreet ein. Man wundert sich dabei nicht, daß eine Kirche, eine Hauptstraße und eine große Brücke den Namen von St. Patrick tragen. Gilt doch der heilige Patricius, der in Britannien um 385 geboren wurde und in Nordirland um 460 starb, als Apostel und Schutzpatron von ganz Irland.
Nach den vielen exotischen Städten, die wir in den letzten Monaten gesehen haben, berührt uns nun das Stadtbild von Cork heimatlich-europäisch. Und so wandert man gerne, solange die Zeit reicht, im Strom der Menschen dahin, wirft hier den Blick in ein Schaufenster mit schottischen Stoffen, genehmigt sich dort noch einmal den unvergleichlich guten Irish-Coffee.
Dann suchen wir in der Hauptstraße unseren Bus, er quält sich mühselig durch den dichten Verkehr an den Gehsteig heran. Langsam findet er seinen Weg wieder hinaus in die Vorstadt und fährt uns durch die freie irische Landschaft zurück zum Hafen von Cobh.
Hier haben wir noch ein paar Minuten Zeit, um Fischer und Matrosen in dem Hafenstädtchen zu beobachten, das inzwischen auch aufgewacht ist.
Mit dem Tenderboot geht es über das ruhige Wasser bei hellem Son-

nenschein zur »Maxim« zurück. Um 13 Uhr verabschiedet sich unser Schiff von Irland und nimmt Kurs auf Bremerhaven, unsere Endstation. Wir verfolgen diese letzte Ausfahrt auf unserer Weltreise, schauen zurück auf das bunte Städtchen Cobh, gleiten langsam zwischen grünen Hügeln und alten Befestigungen aus der Bucht hinaus.
Lange begleiten uns die Möwen, während wir zwischen dem europäischen Festland einerseits, Irland und Großbritannien anderseits in den Kanal einfahren. Freilich ist der Kanal hier noch so breit, daß man von den Ufern nichts erkennen kann.

Die letzten Stunden an Bord

Auf See, 17. Juni
Die Sonne ist mit Gewölk leicht verschleiert, während das Schiff durch den Kanal ostwärts fährt. Doch bessert sich das Wetter im Laufe des Vormittags. Allerdings weht der Wind noch recht kräftig.
Unsere Koffer stehen schon vor der Kabine und warten darauf, von den Matrosen zum Weitertransport geholt zu werden. So können wir jetzt unbeschwert noch einmal durch das Schiff bummeln, auf dem wir einschließlich einer früheren Reise ein halbes Jahr gelebt haben. Da gehen wir nun durch die vertraute Galerie des Promenadendecks, schauen in den Spielsalon hinein, betrachten in einem Clubraum die große Weltkugel und wandern dann über das Deck.
Um 14.30 Uhr passieren wir die Meerenge zwischen Dover und Calais. Die Sonne scheint gerade hell und freundlich. So können wir hier von der Kanalmitte aus sowohl die weißen Kreidefelsen von Dover als auch die französische Küste deutlich erkennen. Mit 19 Knoten geht es der Nordsee entgegen.
Man zieht Bilanz und stellt fest, daß man auf dieser Weltreise bis Bremerhaven rund 50 000 Kilometer zurückgelegt hat, das sind 10 000 Kilometer mehr als der Erdumfang. Hier nur ein paar Zahlen, welche Mengen an Lebensmitteln der Schiffsriese für seine 600 Passagiere und die 400 Mann Besatzung verbrauchte: Fisch 2 280 kg, Fleisch 17 237 kg, Obst 40 040 kg, Eier 126 720 Stück, Mehl 8 050 kg, Tischwein 26 000 Liter, Bier 24 000 Liter.
Es ist eben doch die Bevölkerung einer kleinen Stadt, die auf einem solchen Ozeanriesen unterwegs ist.

Nachmittags trifft man sich noch mit diesem oder jenem Freund, das gemeinsam Erlebte verbindet. Man weiß nicht, ob man sich morgen im Trubel der Landung noch einmal sieht und so sagt man sich schon heute »Lebwohl oder Auf Wiedersehen!« Vielleicht wieder auf einem Schiff. Das Meer läßt unsereinen ja doch nicht wieder los. Das Schiff ist fast so etwas wie ein lebendiges Wesen geworden, von dem man sich auch verabschieden muß.
Und dankende Worte fügt man an für alle diejenigen, die um das Wohl und Wehe der Passagiere ein Vierteljahr lang bemüht waren.

Bremerhaven / München, 18. Juni
Die großen Koffer sind in der Nacht geholt worden. Das Handgepäck steht in der Kabine. So können wir in Ruhe das letzte Frühstück genießen. Die deutsche Küste nähert sich.
Am späten Vormittag kommen wir in Bremerhaven an. Die Nordsee war in der Nacht noch recht ungebärdig, aber wir waren so müde, daß wir trotzdem gut geschlafen haben.
Allgemeiner Aufbruch über die Gangway. Da müssen die einen in die Zollhalle gehen, die anderen haben den Zoll an der Ausfahrt des Freihafens zu erwarten. Wir selbst werden unser Gepäck vor den Sonderwagen des Münchner Zuges zu suchen haben, dort kann auch der Zoll kontrollieren.
Es geht dann alles recht schnell. Ich habe kaum Zeit darüber nachzudenken, daß ich selbst gerade hier in Bremerhaven vor vielen Jahren zum erstenmal als Junge vom Anblick des Meeres überwältigt wurde. Der Kreis hat sich geschlossen, über Bremerhaven kehre ich wieder nach Süddeutschland zurück.
Unser Zug nach München ist auf dem Columbusbahnhof eingefahren, wir müssen uns eilen, um aus dem Gepäckberg auf dem Bahnsteig unsere Koffer herauszuziehen. Freundlicherweise helfen Angehörige der Reiseleitung, das Gepäck einzuladen. Ich zähle nach, alle Koffer sind da, als letztes Stück erscheint auch meine Reiseschreibmaschine. Um 12.45 Uhr fährt der Zug pünktlich ab. Um 21.28 Uhr treffen wir in München ein.
Zu unserer Freude sind Tochter, Schwiegersohn und zwei Enkelkinder auf dem Bahnsteig erschienen, sie helfen uns, die Koffer heimzuschaffen. Umarmungen, Blumen, Küßchen.
»Wie geht's? Wie war es?«

Als wir zu Hause sind, muß ich bei einem Glas Wein erzählen. Ich drehe den beleuchteten Globus, der in meiner Bibliothek steht: »Voller Farbe ist dies alles: Die gelbe Wüste, der grüne Dschungel, das Leuchten der Korallen, das Weiß der Möwenflügel, der Marmorton der Kirchen, das Gold der Tempel, das Meer vom tiefsten Schwarz bis zum blitzenden Glanz, das Rosa der Wolken. Freilich unübersehbar auch das Grau der Slums, der Elendshütten.«

Farbig auch die Menschen, die Weißen und Schwarzen, die Gelben und Roten und all die Mischlinge dazwischen. Sie haben trotz der Flugzeuge und der Fernsehantennen, trotz der gleichmachenden Industrie und der Wolkenkratzer in Ost und West ihre eigenen Kulturlandschaften, ihre Sitten, ihre Weltanschauungen bewahrt — die Welt ist nicht uniform geworden. Auch die Probleme der Völker sind vielgestaltig und differenziert.

Ich hole einen Briefband von Adalbert Stifter aus dem Bücherregal und lese ein paar Sätze, die der Dichter im Anschluß an eine Italienreise geschrieben hat: »Ich habe das Meer gesehen... Kaum minder als das »ewige Meer« ergriff mich das Treiben der Menschen und das Betrachten eines Volkes, das so merkwürdig ist und eine so große Geschichte hinter sich hat... Ich bin durch das Meer und durch die Eindrücke eines fremden Volkes noch einmal so reich geworden, als ich es bisher war.«

Mir scheint es, als seien auch wir durch das Betrachten so vieler fremder Völker innerlich reicher geworden. Eine Seereise um die Welt gehört noch immer zu den großen Erlebnissen in einer Zeit, die das Staunen fast vergessen hat.

»Und wie hat euch das Schiff gefallen?«

Das weiße Schiff war uns wie ein guter Freund. Wir werden es so wenig vergessen wie unsere Reisegefährten. Wir haben uns von ihnen verabschiedet mit dem Gruß von Hawaii, der nicht nur »Willkommen« heißt, sondern auch »Auf Wiedersehn«:

»ALOHA — FREUNDE — ALOHA!«

INHALT

Weitere Werke von Hermann Gerstner
aus dem Hohenloher Druck- und Verlagshaus:

WELTREISE HEUTE

Erlebnisbericht einer Schiffsreise, die den Autor auf der Südroute rings um die Erde führte bis zu den Fidschi-Inseln und Neuseeland. Ein Buch für alle, die von Seefahrt und exotischer Ferne träumen!

*

MUSIKANTEN SPIELEN UNTER JEDEM HIMMEL

Zwischen Krieg und Frieden spielt das Lebenslied der Menschen unseres Jahrhunderts. Schicksal und Liebe bestimmen den Weg des jungen Lehrers und seiner Gefährtin. Ein packender Roman!

*

VOR ANKER

Würzburg, eine der schönsten deutschen Städte, liegt bei Kriegsende in Schutt und Asche. Der Roman erzählt von Untergang und Wiederauferstehung der Main-Metropole.

*

GONDELFAHRT

Hier bietet der Dichter phantasievolle Novellen und Kurzgeschichten für alle Freunde seiner meisterhaften erzählenden Kunst!

*

AM KAMINFEUER

Historische Novellen und Erzählungen aus der Gegenwart vereinen sich zu einem farbigen Mosaik. Am Kaminfeuer erzählt für jung und alt.

*

BIBLISCHE LEGENDEN

Menschen aus dem Heiligen Land begegnen der Gestalt Christi, viele erleben dabei eine innere Umkehr. Ein Trostbuch für unsere Zeit!

*

DIE BRÜDER GRIMM

Biographie

Diese Lebensgeschichte wurde in viele Sprachen übersetzt. Der reich illustrierte Band sollte neben den Märchen der Brüder Grimm in jeder Hausbibliothek stehen!

DIE MUTIGEN

Berühmte Menschen, für die das Wort galt ,,Ich hab's gewagt", werden hier historisch getreu dargestellt. Das Buch ermutigt zur sinnvollen Gestaltung des eigenen Lebens.

*

LORENZO ENTDECKT DIE ETRUSKER

Die abenteuerliche Geschichte eines Hirtenjungen, der am Meer ein Etruskergrab findet. Für alle Freunde der Archäologie.

*

KOLIBRI FLIEG NICHT FORT

Ein Jugendroman aus Rio de Janeiro. Jungen und Mädchen folgen gebannt dem Schicksal des kaffeebraunen Mädchens und seines weißen Freundes in Südamerika.

*

ÜBERFALL AUF MALLORCA

Gespannt begleitet man zwei junge Freunde, die unverschuldet in geheimnisvolle Verbrechen hineingezogen werden. Ein Jugendkrimi mit Niveau, der beweist: Verbrechen lohnt sich nicht!

*

KURS KARIBISCHE SEE

Eine Weihnachtskreuzfahrt in die Karibische See. Zwei Teenager erleben die Wunder der Karibischen Inselwelt.

*

DAS MÄDCHEN MARTINIQUE

Die tropische Insel Martinique gibt den Hintergrund für diese exotische Erzählung, die von der ersten bis zur letzten Seite fesselt.

*

ABENTEUER IN DER LAGUNE

Vor der Kulisse von Venedig spielt dieser Jugendroman, in dem der Zauber der Lagunenlandschaft eingefangen ist.